Kommunikation als Herausforderung im Alltag und in der Wissenschaft

Josef Schenk & Gisela Schenk

Kommunikation als Herausforderung im Alltag und in der Wissenschaft

Königshausen & Neumann

Die Deutsche Bibliothek — CIP-Einheitsaufnahme

Schenk, Josef:
Kommunikation als Herausforderung im Alltag und in der Wissenschaft / Josef Schenk und Gisela Schenk. – Würzburg : Königshausen und Neumann, 1998
ISBN 3-8260-1484-7

Gedruckt auf säurefreiem, alterungsbeständigem Papier
Umschlag: Hummel / Lang, Würzburg
Bindung: Rimparer Industriebuchbinderei GmbH

Printed in Germany
ISBN 3-8260-1484-7

Inhalt

1 Mißlungene Gespräche

1.1 Arten mißlungener Gespräche

Gespräche sind eine mögliche Form menschlichen Handelns, sind ein Bemühen um gedanklichen Austausch zwischen Menschen, ein Wagnis zwischenmenschlicher Begegnung. Da sie grundsätzlich ein Versuch sind, bergen sie in sich die Möglichkeit des Gelingens, aber auch des Scheiterns. Akzeptiert man, daß zwischenmenschliche Kommunikation das Risiko des Mißlingens einschließt, so ist fehlerhafte Kommunikation keine grundsätzliche Gefährdung dieser selbst. Es gilt auch hier, was Erich Kästner ganz allgemein für das Leben sagte: "Das Leben ist lebensgefährlich". Wollte man den Anspruch haben, fehlerfrei zu kommunizieren, so würde man das Gespräch mit einer Auflage belasten, die diese erdrücken würde. Damit ist nicht gemeint, daß man achtlos gegenüber Fehlern werden dürfe. Aber es gilt, Kommunikation als lebendigen Prozeß zu bewahren und sich damit auch einmal einen Fehler zu verzeihen. Weit wichtiger als das rigorose Vermeiden von Fehlern wäre vielmehr das grundsätzlich richtige Verständnis von Kommunikation und damit die Möglichkeit, eigene Fehler wenigstens nachträglich zu erkennen. Mangelt es daran, so ist Kommunikation gefährdet.

Manche Gespräche stehen unter keinem guten Stern. Man geht z.B. schon gereizt in ein Gespräch, möchte unter allen Umständen das Ansprechen eines "heißen", relevanten Themas vermeiden, hat aufgrund äußerer Umstände nicht die Ruhe zu dem wichtigen Gespräch und weiß eigentlich von Anbeginn schon, daß aus diesem Gespräch nichts werden wird. Wen wundert es, wenn ein Gespräch unter diesen Bedingungen für alle sichtbar tatsächlich mißlingt.

Es gibt aber andere Gespräche, Gespräche, um die man sich bemüht, die gelingen sollen. So mag es sein, daß man in ein Konfliktgespräch mit dem besten Willen zur Verständigung geht und dennoch im Streit endet. Oder man möchte sich dem anderen mitteilen und kann dann doch nicht die rechten Worte finden. Man möchte den anderen gerne besser verstehen und scheitert dennoch an dessen Verschlossenheit. Auch hier mißlingen Gespräche, aber entgegen der eigenen Absicht und es stellt sich die Frage "warum war es nicht möglich". Die Unruhe ob des nicht verstandenen Mißerfolgs mag ein Ansporn sein, sich vertieft mit dem Geschehen auseinanderzusetzen und hat damit ihr Gutes. Im nachhinein, also im Wissen um den Ausgang, mag man dann manche Elemente des Gesprächs anders bewerten, Fehlentwicklungen im Gespräch erkennen. Aus diesem vertieften Verständnis des Gesprächs ist dann ein neuer Anfang möglich. Gefährlich hingegen wird es, wenn man mit allgemeinen Kommentaren über das konkrete Gespräch hinweggeht, mit Bemerkungen wie "Er ist halt stur", "Reden hat ja doch keinen Sinn", "Typisch Mann" oder "Typisch Frau". Mit solchen Aussagen wird Verstehen nur vorgetäuscht. Solche Kommentare sind ein Endpunkt, sie sind die Sackgasse, die keine Vorwärtsbewegung mehr zuläßt.

Das Ehepaar des folgenden Gesprächs hat durch viele fruchtlose Auseinandersetzungen im Verlaufe ihrer Ehe die Überzeugung gewonnen, daß ein den jeweiligen

Partner bejahendes und unterstützendes Zusammenleben nicht möglich ist. Mit dieser Grundüberzeugung gehen beide in das Gespräch, in dem abgeklärt werden soll, wie der kommende Sonntag verbracht werden soll. Die Stimme der Frau ist während der gesamten Zeit leise und brüchig.

Sie: Ich habe heute früh 'mal die Zeitung durchgeschaut und habe da was gefunden, das würde ich mal gerne als Vorschlag in den Raum stellen. Und zwar ist es eine Rhododendron-Schau irgendwo im Odenwald. Ich weiß nicht, welche Vorstellungen du hast. Wir könnten sie ja auf einen gemeinsamen Nenner bringen.

Er: Ich habe keine Vorstellungen. Ich habe schon deshalb keine Vorstellungen, weil ich ja nie weiß, ob wir etwas gemeinsam unternehmen am Sonntag oder ob wieder so ein Krach ist, daß ich wieder allein da herumhänge. Was machst du denn mit unserer Tochter - geht die mit oder macht die etwas anderes. Sie war ja heute nacht auch weg.

Sie: Ich hatte noch keine Gelegenheit, mit Andrea zu sprechen. Da hat sich gestern ein Mädchen, die Sonya, angemeldet. Ihre Eltern gehen zum Fußballplatz und sie möchte nicht mit. Und sie wollte wissen, ob sie mit der Andrea spielen kann. Ich habe gesagt, du kannst kommen, ob wir wegfahren oder nicht. Ihr könnt dann entscheiden, ob ihr mitwollt oder nicht.

Er: Also es ist praktisch schon eine Vorentscheidung gefallen - wenigstens was die Andrea betrifft.

Sie: Die Andrea hat ja den Wunsch geäußert, sie möchte immer entscheiden können, ob sie mit will oder nicht. Wenn es ihr keinen Spaß macht oder wenn es ihr nicht gefällt, möchte sie sagen können, daß sie daheim bleibt.

Er: Schön für die Andrea. Das ist die einzige in der Familie, die nicht nur Wünsche äußern kann, sondern deren Wünsche auch erfüllt werden.

- Lange Pause -

Sie: Jetzt sind wir bei der Andrea. Ich weiß nicht, ich habe von dir noch nichts gehört, was du zu dem Vorschlag meinst.

Er: Es ist für mich schon wichtig, die Andrea. Es ist ja schließlich noch immer unser Kind und es ist ja nicht uninteressant, ob sie immer allein daheim bleibt - mit der Claudia oder wie die sonst immer heißen. Ob sie wo anders schläft oder ob sie mit uns geht. Vielleicht hat das einen Grund, warum sie keinen Wert mehr darauf legt mit uns zu gehen. Vielleicht geht ihr auch die ewige Streiterei auf den Geist.

- Lange Pause -

Sie: Willst du jetzt weiter über die Andrea reden oder wollen wir jetzt über meinen Vorschlag oder über einen von dir reden.

Er: Wenn du eine Antwort haben willst, dann möchte ich erst einmal genau wissen, worum es geht. Rhododendron-Schau ist gut, im Odenwald ist auch gut. Aber wo und wann?

Sie: Das ist irgendwo im Odenwald, da möchte ich noch einmal in der Zeitung nachschauen. Man hat die Möglichkeit, sie am Nachmittag anzuschauen.

Er: Das kann relativ nah sein, das kann aber auch weit sein, denn der Odenwald zieht sich quer durch. Das würde mich schon interessieren. Mich würde auch interessieren, ob du am Vormittag oder am Nachmittag dahin willst, ob daheim gegessen wird oder nicht gegessen wird.

Sie: Ich habe das so verstanden, daß es nur um den Nachmittag geht. Der Vormittag ist ja immer das gleiche. Wir gehen in die Messe, dann geht es heim. Entweder wird gekocht oder wir gehen zum Essen. Da gibt es keine andere Möglichkeit.

Er: Doch es gibt eine andere Möglichkeit.....

Sie: ... denn ich weiß, daß du am Abend nicht gerne in die Messe gehst und am Samstag abend auch nicht gern in die Messe gehst. Also bleibt irgend eine andere... Das möchte ich akzeptieren und irgendeinen Vorschlag für den Nachmittag....

Er: Die Andrea geht ja auch schon am Samstag in die Messe. Und wenn du Lust hast, gehst du auch früher in die Messe. Das ist jetzt schon mehrfach vorgekommen. Das ist also kein Grund. Und es stimmt auch nicht, daß entweder gekocht oder außerhalb gegessen wird. Ich habe mir auch schon alleine was gemacht, weil Krach war und du nicht da warst. Letzten Sonntag, wo du in Wertheim warst.

Sie: Wie gesagt, jetzt sind wir wieder bei einem anderen Thema: Da hast du mir gesagt, du ißt hier nicht. Gut, dann habe ich mir überlegt, mit der Andrea allein möchte ich jetzt nicht essen und dann habe ich auch die Möglichkeit, alleine wegzugehen.

Er: Ich habe gleich nach dem Aufstehen zu entscheiden, ob ich hier essen will - wobei nie zur Debatte stand, daß ich nicht hier essen will. Die selbstverständlichen Dinge, die jahrelang geübt worden sind, die werden auf einmal plötzlich in Frage gestellt und ich habe früh zu entscheiden, ißt du da oder ißt du nicht da. Ich frage mich sowieso, woher das kommt, daß ich jetzt am Wochenende solche Entscheidungen treffen muß. Ich habe immer am Sonntag mittag zuhause gegessen oder wir sind gemeinsam wohin essen gegangen - was aber relativ selten war. Aber jetzt auf einmal muß gleich beim Aufstehen entscheiden, ob ich hier esse, damit du woanders hinfahren kannst. Da liegt doch wirklich der Gedanke nahe, daß du woanders hinfahren willst, dich aber nicht zu sagen traust und mich auf diese Art und Weise dazu zwingst. Denn die Gestaltung des Wochenendes ist ja nun wirklich ein Problem - bei uns.

- Lange Pause -

Sie: Also ich habe jetzt nur noch die Möglichkeit wegen des Vorschlags zu warten bis ich dir anhand der Zeitung zeigen kann, was ich da gerne möchte. Ich glaube, es ist in der Nähe von Eberbach.

Er: Ja, und nach dem Mittagessen möchtest du dahin fahren?

Sie: Ich habe das als einen Wunsch in den Raum gestellt und wäre es möglich, daß du...

Er: Ohne Andrea? Andrea enscheidet dann selbst, ob sie mitfährt oder nicht? ... Ja, fahren wir alleine oder fahren wir mit Andrea und Sonya?

Sie: Ich habe vorhin gesagt, ich mit Andrea darüber noch nicht reden. Ich konnte ihr auch den Vorschlag noch nicht machen, also kann ich dazu auch keine Antwort geben.

Er: Ich soll also meine Meinung dazu sagen, ohne daß ich die Voraussetzungen kenne. Ich soll sagen 'ja, ich mache mit' und erst dann wird entschieden, ob die Andrea mitfährt...

Sie: Nein....

Er: ob sie alleine mitfährt, ob das andere Kind mitfährt, vorher zuhause gegessen wird ... Du brauchst also nur meine Zustimmung? Gut, dann gebe ich meine Zustimmung.

Gespräche dieser Art sind zwar gescheitert, aber sie sind nicht nur durch das Verfehlen des beabsichtigten Ziels gefährlich, sondern mehr noch durch ihre Beurteilung, durch das scheinbare Verstehen bei völligem Unverständnis. Beide Personen sind z.B. nach dem Gespräch in ihrer Meinung bestätigt, daß der jeweils andere ein schwieriger Mensch sei und daß der eigene Wunsch nach Harmonie am anderen scheitere. Da das Scheitern jedoch unübersehbar ist, bleibt der Stachel des Mißlingens als beunruhigendes Element, wodurch diese Art von Gespräch als Herausforderung erkennbar bleibt.

Existentiell noch bedrohlicher aber werden Gespräche, die scheinbar gelungen sind, denen jedoch die Substanz eines Dialogs fehlt, in denen Begegnung nur vorgetäuscht, statt wirklich gelebt wird. Es sind Gespräche, in denen beide Gesprächspartner in einem ersten Kommentar ihre Zufriedenheit über das Gespräch äußern und Außenstehende ihnen beipflichten. Wenn Beteiligte und Unbeteiligte das Gespräch als gelungen ansehen, dann muß es wohl gelungen sein, dann beeinträchtigt kein Zweifel das Urteil. Dann fehlt dieser Stachel der Unzufriedenheit bei einem mißlungenen Gespräch, denn das Gespräch scheint ja gelungen. Dies mag z.B. der Fall sein, wenn man einem vom Unglück betroffenen Menschen sein Mitgefühl versichert, wenn man einem in Bedrängnis Geratenen einen guten Rat gibt, wenn man einem von anderen Menschen Abgelehnten versichert, daß man selbst ihn aber möge. Wenn man selbst das Gefühl hat, das richtige getan zu haben und der Adressat mit Dankbarkeit oder Erleichterung reagiert, dann wird man doch angemessen gehandelt haben. Aber wenn dies falsch gewesen sein sollte, dann ist man in einer ausweglosen Situation, denn man hat ja keinen Anlaß, über eine Situation sich Gedanken zu machen, die man nach allgemeinem Befinden gut gemeistert hat, man muß nicht über alternative Verhaltensweisen nachdenken, weil kein Bedarf dafür vorhanden ist. Gespräche dieser Art wären die eigentliche zentrale Gefahr für das Wagnis von Kommunikation zwischen Menschen. Ein Beispiel soll diesen Fall illustrieren.

Es handelt sich um einen Lehrer, der an einem Gymnasium die Kollegstufe im Leistungskurs Französisch betreut. In den ersten Kursen hat er die Hausaufgaben der Kollegiaten immer sehr ausführlich korrigiert - ausführlicher als dies von ihm zu erwarten gewesen wäre. Im letzten Kurs vor dem Abitur kann er dies nicht mehr in diesem Ausmaß tun. Nach beendetem Abitur begegnet er auf dem Schulhof einem Kursteilnehmer, der auch an der diesjährigen Abiturientenzeitung mitarbeitet. Nachdem in diesem Jahr das Verhältnis zwischen Kollegiaten und Lehrerkollegium etwas belastet war, sehen die Lehrer der Abiturientenzeitung mit etwas Nervosität entgegen. Der Kollegiat begrüßt seinen Lehrer und sagt zu ihm: "Ich habe eine Zwei geschafft. Das hätte ich gar nicht erwartet, wo wir doch im letzten Kurs gar nicht mehr so intensiv gearbeitet hatten." Der Lehrer bekommt ob dieser Bemerkung einen großen Schrecken, sieht sich schon in der Abiturientenzeitung ob seines Nachlassens gerügt und kann gar nichts erwidern. Er erzählt danach einem Kollegen von dieser Begegnung und dieser sagt spontan: "Wenn die dich kritisieren, stehen wir zu dir. Wir lassen nichts auf dich kommen." Der Französisch-Lehrer fühlt sich durch die solidarische Reaktion des Kollegen erleichtert und gestärkt. Er empfindet das Gespräch als hilfreich und sein Kollege meint entsprechend, ihm geholfen zu haben. Beide sehen das Gespräch sehr positiv - und doch ist es mißlungen. Auch dieses Gespräch wird in einem späteren Kapitel aufgegriffen.

1.2 Wollen und Scheitern

Es gehört zu den bedrückenden Erlebnissen unseres Lebens, daß viele unserer Wünsche und Absichten nicht in Erfüllung gehen. Friedrich Schiller hat in seinem Gedicht "Die Ideale" den Wandel eines vom Tatendrang beseelten, begeisterten Jünglings zu einem um seine Ideale gebrachten alternden Mannes bewegt geschildert. "Wie groß war diese Welt gestaltet,/ so lang die Knospe sie noch barg;/ wie wenig, ach! hat sich entfaltet,/ dies wenige, wie klein und karg!" Die Ideale sind diesem Menschen verloren gegangen: die Suche nach Wahrheit, das Streben nach Glück und Ruhm, selbst die Liebe. Nichts von all dem hat Bestand und bestimmt sein Leben noch; seinen "finstern Weg" erhellt am Ende nur noch ein "bleicher Schimmer". Er muß dennoch nicht auf alles verzichten, denn es bleibt ihm sein Tätig-sein und es bleibt ihm die Freundschaft, "die des Lebens Bürden liebend teil(es)t". Trotz dieses Trostes, er hat viel verloren; selbst die intimste soziale Beziehung, die Liebesbeziehung, ist davon nicht ausgenommen.
In einem Lied mit dem Titel "Wir" (s.Text 1) hat Reinhard Mey dieses Scheitern einer Liebesbeziehung zum Thema gemacht. Ähnlich Schiller stellt er die ursprünglichen Absichten dem erreichten Ergebnis gegenüber und die Bilanz fällt wiederum äußerst dürftig aus. Die Liebe ist jedoch noch nicht erloschen, der Wille zu einem erneuten Versuch gelebter Gemeinschaft besteht. Ein zur Hoffnung berechtigender Ausklang? Vielen Zuhörern des Liedes erscheint es so. Warum aber kam es dazu, daß die offensichtlich einander noch zugetanen Ehepartner einen zweiten Anlauf benötigen? Wieso sind Ehepartner, die einander lieben, in der Ehe einsam und bleiben ihnen nur Mißverständnisse und Streit? Wenn das aber alles

Text 1: Reinhard Mey "Wir".

Heimkehr in wohlbekannten Wegen, / Ich schließe die Wohnungstür auf.
Sie kommt mir kaum noch je entgegen,/ Schaut kaum von ihrer Arbeit auf.
Und es gibt nichts zu sagen,/ Und es gibt keine Fragen
Und auch keine Antwort darauf.

Und Tage kommen, Tage gehen,/ Und so fliegt mein Leben dahin.
Wag' nicht in den Spiegel zu sehen,/ Wie müde ich geworden bin.
Und von so vielen Plänen/ Bleiben Scherben und Tränen
Und nur die Frage nach dem Sinn.

Ich wollte Freiheit, grenzenlose Weite/ Und keine Schranken in unsrem Lebens- raum
Und Sieger sein mit ihr an meiner Seite./ Nun scheit're ich vor ihr an meinem Traum.

Ich hör' die Schlüssel in den Türen,/ Ich weiß, jetzt ist er endlich hier,
Und ich weiß, seine Schritte führen/ Ihn nicht als erstes mehr zu mir.
Und ich weiß, er wird schweigen,/ Und ich werde nicht zeigen,
Daß ich auf meiner Insel frier'.

Was da vergeht, das ist mein Leben,/ Ist vielleicht meine beste Zeit!
Es muß noch etwas andres geben,/ Mehr als das Einsamsein zu zweit,
Als Mißversteh'n und Streiten/ Um Nebensächlichkeiten als einzige Gemeinsamkeit!

Ich wollte hoch hinaus, ich wollte fliegen./ Ich wollte wachsamer als andre sein.
Der Alltag sollte mich nicht unterkriegen,/ Jetzt holt der Alltag meine Höhenflüge ein.

Und sie ist alles, was ich liebe!/ Und er ist alles, was ich will
Und wenn doch eine Chance bliebe?/ Und meine Zweifel schweigen still.
Wir könnten neu beginnen,/ Einander neu gewinnen
Und wenn sie es nur will,ich will.

Warum geht leben miteinander/ Nur mit so viel Leiden einher?
Warum ist der Weg zueinander,/ Warum der erste Schritt so schwer?
Es ist so leicht zu kränken/ Und so schwer einzulenken!
Ich liebe sie so sehr.

Wir wollten doch den Horizont erreichen/ In keinem Lebenssturm die Segel streichen,
Und haben nur ein Schiffchen aus Papier,/ Wir können es noch immer, zusammen - WIR.

trotz der Liebe zum Partner möglich war, was kann ein erneuerter allgemeiner guter Wille dauerhaft an diesem Zustand ändern? Leiden die Ehepartner unseres Eingangsbeispiels nicht erkennbar an dem gegenwärtigen ehelichen Zustand und wünschen sie sich denn nicht eine harmonische Beziehung - aber ohne Erfolg. Was offensichtlich in dem Lied von Mey fehlt und Anlaß zur Hoffnung für dieses Paar geben könnte, wäre die Einsicht in eigene Fehler und ein verbessertes Verständnis von zwischenmenschlichen, insbesondere ehelichen Beziehungen. Erst dann könnte man sagen, daß der gute Wille beider eine Chance zur Verwirklichung seines Zieles hätte. Würde allein die Absicht ohne Einsicht in die Natur der Dinge reichen, so wären die Menschen viel erfolgreicher als sie es sind. So wäre z.B. der Traum vom Fliegen oder gar vom Flug zum Mond nicht erst in der Gegenwart erfüllt worden, sondern schon in früheren Jahrhunderten, weil damals bereits heftigst herbeigesehnt. In dem Lied von Mey ist nicht erkennbar, daß die Menschen dort mehr als ihren guten Willen haben. Es ist zu befürchten, daß sie bei ihrem erneuten Versuch wieder scheitern werden und sie werden danach resignierter sein als zuvor. Vielleicht werden sie dann am Sinn der Ehe zweifeln, wahrscheinlicher ist, daß sie wie andere in vergleichbarer Situation nur an ihrer Partnerwahl zweifeln und das gleiche Spiel mit einem neuen Partner beginnen.
Nun wird man in einem Lied nicht notwendigerweise die Aufarbeitung eines inhaltlichen Problems erwarten müssen - es ist durchaus legitim, wenn im Lied z.B. nur das Aufbäumen gegen die Niederlage ausgedrückt wird. Dennoch scheint in dem Lied ein strukturelles Problem des Alltags bezüglich zwischenmenschlicher Beziehungen sichtbar gemacht: die geringe Verzahnung von Wollen und Einsicht bzw. Verständnis. Wenn die letztere Komponente unzureichend ausgebildet ist, ist das von Schiller beklagte Ergebnis die natürliche Konsequenz. Man wird dann sogar noch fragen müssen, wie denn bei solchen Voraussetzungen die Freundschaft überleben konnte.
Angesichts einer stetig steigenden Zahl von Ehescheidungen - um nur einmal einen Indikator für brüchige zwischenmenschliche Beziehungen zu erwähnen - scheint es berechtigt, an dem "Sachverstand" der Menschen bezüglich des Umgangs mit Menschen zu zweifeln. Dies gilt selbst für sogenannte "Fachleute". Stierlin u.a. (1977, 1980[2]) haben in ihrem Buch über "Das erste Familiengespräch" darstellen wollen, wie ein therapeutisches Familiengespräch abzulaufen hat. Sie haben u.a. darauf hingewiesen, daß den Familienmitgliedern Hoffnung gemacht werden muß, daß das Verständnis für die Familienbeziehung vertieft, die einzelne Person hellhöriger für den eigenen Anteil an den Schwierigkeiten gemacht und nicht zuletzt der Stigmatisierung einzelner Personen entgegengearbeitet werden soll. In ihren eigenen Familiengesprächen ist davon wenig zu merken (s. Schenk u.a. 1984). Ein Auszug aus dem in der Kritik aufgearbeiteten Familiengespräch soll das verdeutlichen. Bei dem herausgegriffenen Fall geht es im wesentlichen um die Schwierigkeiten, die die Mutter mit ihren beiden heranwachsenden Töchtern hat. In der folgenden Szene (Schenk u.a. 1984 S.37) ist Sabine, die jüngere der beiden Töchter, beteiligt.

Therapeut:	So, Sabine, wie die Mutter jetzt spricht, so'n bißchen starke Stimme und so weiter, ist das ein Beispiel dafür, wo es bei dir aushakt?
Sabine:	Das ist ja noch geschmeichelt, was sie jetzt gesagt hat.
Therapeut	Das ist noch geschmeichelt, was sie gesagt hat?
Sabine:	Ja ... was sie da für Worte sagt, die will ich aber jetzt nicht sagen, weil die können, den es betrifft, irgendwie schon weh tun, was sie da manchmal sagt, und das möchte ich jetzt nicht sagen.
Therapeut:	...Was mich interessiert - denn ich glaubte zu beobachten, daß ...daß du abgeschaltet hast, in dem Maße, in dem die Mutter die Stimme hob - hast so ein bißchen den Kopf hängen lassen, 'hat ja doch keinen Zweck', nicht, und dich so ein bißchen mit dem Hund beschäftigt und ... laß sie reden, so ungefähr.
Sabine:	Ich laß' sie auch reden. Es ist das beste. Hauptsächlich, sie gibt ihren Senf ab, den sie hat, und ich gehe, mir stinkt es dann, weil sie dann immer weiter redet, und ich hau dann halt die Türe zu, und dann ist der Fall erledigt.
Therapeut:	Aber, meinst du, daß das nicht auch... kein gutes Muster ist, wenn die Mutter immer lauter redet, immer mehr schimpft, du immer mehr den Vorhang runterläßt und sagst, laß sie doch reden, und schließlich die Tür zuhaust und abhaust...?
Sabine:	Aber ich weiß, daß das nichts gutes ist, aber es gibt ja nichts daran zu ändern, man kann es nicht... Was soll ich da mich immer nur beeinflussen, wenn sie selber nicht es versucht, soll ich immer da die jenige sein....
Therapeut:	Weißt du, jetzt habe ich den Eindruck, daß da Trotz ist bei dir, oder bin ich da unfair, wenn ich das sage?
Sabine:	Ich weiß nicht, dann sind wir wahrscheinlich beide trotzig.
Therapeut:	Zwei trotzige ... zwei Trotzköpfe, die da aufeinanderprallen?

Stierlin hat in diesem Beispiel seine Ziele gründlich verfehlt. Weder ist es ihm gelungen, die Tochter von ihrem Beitrag am Geschehen zu überzeugen, noch überhaupt transparent zu machen, was in den angedeuteten Gesprächen zwischen Mutter und Tochter in der letzteren vorgeht. In seinem Bemühen, dennoch Einsicht zu erzwingen, bedrängt er die Tochter mit dem Vorwurf des Trotzes, die sich in einem Ausfallversuch aus dieser Lage befreien will und nun die Mutter ebenfalls als trotzig charakterisiert. Der Therapeut läßt die Kennzeichnung der Mutter als Trotzkopf in Frageform zu. Scheinbar behandelt er damit Tochter und Mutter gleich, aber es ist ein Unterschied, ob man ein junges Mädchen oder ob man eine Mutter gesetzten Alters verdächtigt, ein Trotzkopf zu sein. In diesem Beispiel hat der Therapeut die negative Klassifikation der Mutter nicht selbst vorgenommen, er hat sie aber durch seine Gesprächsführung gefördert und sie dann stehenlassen. Wir kommen auch auf dieses Gespräch später nochmals zurück.

Bedingt sind solche Fehler dadurch, daß die Autoren sich nur Gedanken über ihre Ziele, keine jedoch über deren methodische Umsetzung gemacht haben. Im kon-

kreten Tun waren sie damit ohne Anleitung, orientierungslos. Dies bedeutet u.a., daß Stierlin zwar keine Person stigmatisieren wollte, aber im exemplarisch dargestellten Fall die schwächste Person dennoch deutlich stigmatisiert. Daß das Familiengespräch ruhiger abläuft als übliche Gespräche, liegt nicht an dem methodisch richtigen Vorgehen, sondern - so der Kommentar des Vaters - einfach an den veränderten allgemeinen Bedingungen, d.h., daß eine fremde Person dabei und der Kontext ein "therapeutisches Familiengespräch" wart. Wenn aber selbst manche Fachleute den Wert methodischen Vorgehens so wenig begreifen und sich in der Beurteilung ihrer Wirkung so sehr irren, wieviel mehr ist es dann bei einem sogenannten Laien zu erwarten?
Karl Rahner hat als Theologe immer wieder in überzeugender Weise die Bedeutung der Liebe bzw. der Nächstenliebe als zentralen Inhalt christlichen Lebens benannt. Man wird wohl die Briefwechsel mit jungen Menschen (Rahner 1982, 1985) als Versuch der praktischen Ausübung dieser liebenden Beziehung zum Mitmenschen verstehen dürfen. Hier wie bei Stierlin beeindrucken jedoch die Umsetzungsprobleme. Als Beispiel sei der Briefwechsel mit dem 21- jährigen Matthias genannt. Matthias schildert sich in seinem Brief als einen Menschen, dem im Leben vieles mißlungen ist, sowohl im sozialen wie im Leistungsbereich. Er ist darob tiefgehend verunsichert, kritisiert sich selbst, wird depressiv, hat einen Selbstmordversuch hinter sich. Er kann vordergründig Menschen blenden, fühlt sich aber letztlich nicht anerkannt. Er hängt an seinen Freunden, kann ihnen keinen Wunsch abschlagen, auch wenn es die Situation erfordern würde. Er wagt es nicht, seine Gefühle zu zeigen, so daß auch in der Beziehung zum anderen Geschlecht Möglichkeiten vertan werden. Seine Minderwertigkeitsgefühle ertränkt er immer wieder im Alkohol. Rahner antwortet ihm darauf, daß Schwierigkeiten auch ausgehalten werden müßten und das Nichtbestehen einer Prüfung nicht das endgültige Scheitern bedeute, weil ja durch die Wiederholung der Prüfung die Chancen des Bestehens gesteigert würden. Letztlich solle er die eigene Schwäche nicht zum billigen Vorwand des Nichtstuns nehmen. Soweit es seine kleinen Laster anbelange, könne er sich ja auch zusammennehmen. Es käme nun darauf an, daß er nicht zuviel von sich verlange und in kleinen Schritten Veränderungen herbeiführe. Auszüge aus dem Brief Rahners sollen seinen Stil verdeutlichen.
"Natürlich sind Deine Krankheit und Deine depressive Anlage, die Dich einmal in eine Nervenklinik gebracht hat, sicher Zeichen, daß es für Dich auch Schwierigkeiten gibt, die Dir ohne Deine Schuld auferlegt sind. Aber auch solche Schwierigkeiten können ausgehalten und überwunden werden. Du brauchst Dich nicht aufzugeben. Du bist einmal bei einer Prüfung durchgefallen. Eine Prüfung kann man mit Erfolg wiederholen, weil man vor der ersten Prüfung doch schon irgendetwas in diesem Fach gelernt hat und bei einigem Fleiß so viel dazulernen kann, daß die zweite Prüfung gut ausfällt.
Du empfindest Dich oft, teils ohne Deine Schuld, teils durch Deine Schuld (das läßt sich nicht leugnen) in einem Zustand der Schwäche und Mutlosigkeit, des Gefühls, aus diesem Teufelskreis einfach nicht herauskommen zu können. Da ist zunächst die Gefahr, daß man insgeheim diese sicher bestehende Schwäche und

Depressivität zum billigen Vorwand macht, in dieser Situation auch das nicht zu tun, was man noch wirklich tun könnte. Da solltest Du selbstkritisch gegen Dich selbst sein" (Rahner 1985 S. 88).

Es ist offensichtlich, daß Rahner diesem Matthias helfen, ihn aus einer scheinbar ausweglosen Situation befreien, ihn aufrütteln wollte. Aber ging er wirklich auf die Probleme von Matthias ein? Allein schon das akzeptierte Verfahren, in einem Briefwechsel die Schwierigkeiten aufarbeiten zu wollen, ist bedenklich, denn es fehlt der unmittelbare Dialog, das Nachfragen zu konkreten Aussagen und die präzisierende Auskunft. Somit kann Rahner manche wichtigen Aussagen von Matthias nicht verstehen: Matthias sagt z.B. von sich, es fehle ihm an Einfühlungsvermögen und er sei nun total verunsichert. Ist diese Selbstdarstellung richtig? Vielleicht, Rahner läßt sie zumindest so stehen. Es mag sein, daß es Matthias an Einfühlungsvermögen fehlt. Er behauptet aber auch, daß er in manchen Situationen zu sehr die Bestätigung der eigenen Person gesucht habe, hat vielleicht da schon gegen ein unterschwelliges Minderwertigkeitsgefühl angekämpft und dann überzogen. Vielleicht ist mangelndes Selbstbewußtsein sein Problem, auf das er nicht die richtige Antwort zu geben wußte. Er deutet es immer wieder an.

Kann man dann nur einfach sagen, nach der nicht bestandenen Prüfung bekäme er ja eine zweite Chance und er könnte sich auf diese zweite Prüfung mit Fleiß noch besser vorbereiten und dann wird es schon gut gehen? Hilft man einem solchen zutiefst verunsicherten Menschen, wenn man ihn "in die Pflicht nimmt" und zu zähem Streben ermahnt? Nimmt man dann die Not dieses Menschen wahr? Muß man ihn nicht fragen, warum er so sehr an sich zweifelt, warum er nur im Zustand der Trunkenheit zu ernsthaften Gesprächen fähig ist? Geht es nicht - gerade im Geiste der Nächstenliebe - darum, einen Menschen erst zu verstehen und ihn damit grundsätzlich anzunehmen, bevor man ihn de facto kritisiert und belehrt? Wobei sich dann die Frage stellt, ob man noch belehren würde, wenn man zuerst verstünde, ob liebendes Verhalten sich letztlich nicht anders artikulieren würde. Wahrscheinlich wäre es dann auch so, daß in einem vertieften Dialog nicht nur der Zuhörer besser versteht, sondern auch der sich Mitteilende durch das Gespräch sich besser wahrzunehmen lernt. Das gewählte Verfahren des einmaligen Briefwechsels ist allerdings für ein solches Verstehen wenig günstig.

Fehler dieser Art sind vielleicht bestürzend, aber sie geben auch Anlaß zur Hoffnung. Würden soziale Beziehungen mißlingen, obwohl sich alle Beteiligten richtig verhalten, wäre das ein Grund zur Resignation. Werden jedoch gravierende Interaktionsfehler begangen, in ihren Konsequenzen bemerkt oder unbemerkt, so ist dies Anlaß zur Hoffnung, zur Hoffnung nämlich, daß mit Vermeidung dieser Fehler soziale Beziehungen besser gelingen werden.

2 Kommunikation im Alltag

2.1 Die Bedeutung von Kommunikation für soziale Beziehungen

Menschliches Leben ist ohne Mitmenschen nicht vorstellbar. Der Mensch als soziales Wesen wächst in einer Gemeinschaft auf. Es gibt kein Erleben und Verhalten des Menschen, das nicht den Einflüssen des menschlichen Zusammenlebens ausgesetzt wäre. All dies ist ohne Kommunikation nicht denkbar. Was man über einen Menschen denkt, wird zwar teilweise durch Taten deutlich, mehr noch aber dadurch, daß man es ihm mitteilt. Die soziale Natur des Menschen zeigt sich deshalb in besonderem Maße im Kommunikationsakt. Branden (1980) bezeichnet Kommunikation als das "Lebensblut", Phillips & Wood (1983) benennen sie im gleichen Sinne als das "Herzblut" sozialer Beziehungen. Kath (1984) meint, daß alle sozialen Schwierigkeiten eigentlich Kommunikationsschwierigkeiten seien und Becker & Becker (1985) sehen diese als die häufigste Schwierigkeit in der Ehe an. "Es geht darum, unser Dasein erfolgreich und lohnend zu machen. Dies schließt eine Vielzahl von Kommunikation ein: Liebeserklärungen, das Entleihen einer Zuckerdose, den morgendlichen Gruß, gemeinsames Spielen oder das energische Wort, mit dem man unterbindet, daß Nachbars Kinder die eigenen Blumen zertreten. Je weniger wirksam unsere Kommunikation ist, umso weniger sind wahrscheinlich diese Beziehungen wirksam und angenehm" (Schramm 1973 S.26).
Kommunikation bedeutet, die alltäglichen Dinge des Lebens mit Mitmenschen erfolgreich zu regeln. So wichtig das ist, es geht um noch mehr. Es geht letztlich darum, in der Kommunikation mit dem anderen sich selbst und den Mitmenschen zu finden, das Ganze zu sehen und Teil des Ganzen zu werden. Aus philosophischer Sicht erklärt Jaspers (1956) die Kommunikation zum "Existenzursprung" (S.60) und Versagen in der Kommunikation zum "Seinsverlust" (58). "Sein ist Miteinandersein nicht nur des Daseins, sondern der Existenz.... Daher trifft so innerlich und leise wie an die letzte Wurzel rührend, was mir in Kommunikation wird und ausbleibt" (Jaspers 1956 S.58).
Die Bedeutung der personalen Kommunikation, des Sich-findens und Aufgehens in der vorbehaltlosen Begegnung mit dem anderen, wird über Jahrhunderte hinweg in vielen Beiträgen des Geisteslebens hervorgehoben. Am deutlichsten wird die Verwiesenheit des Menschen auf den Mitmenschen in der liebenden Haltung. Der Apostel Paulus hat dies in seinem "Lobpreis der Liebe" (1 Korinther 13) betont: "Wenn ich in den Sprachen der Menschen und Engel redete,/ hätte aber die Liebe nicht,/ wäre ich dröhnendes Erz oder eine lärmende Pauke. Und wenn ich prophetisch reden könnte und alle Geheimnisse wüßte/ und alle Erkenntnisse hätte,/ wenn ich alle Glaubenskraft besäße/ und Berge damit versetzen könnte,/ hätte aber die Liebe nicht/ wäre ich nichts." Wichtiger als alles ist danach die Art der Zuwendung zum Mitmenschen, die liebende Hinwendung zum Mitmenschen, dem Ebenbild Gottes. "Deshalb ist die letzte und tiefste Angst immer jene, endgültig nicht geliebt, sondern gehaßt zu sein oder gar der Gleichgültigkeit anheimzu-

fallen" (Dosenberger 1983 S.80). Diese Angst brachte der römische Philosoph Seneca zum Ausdruck als er sagte: "... Hört einen Tag mich, eine Stunde bloß,/ nur einen Augenblick, auf daß ich/ nicht vergeh' im Grauen wilder Einsamkeit!/ O Gott, ist niemand da/ der mich hört?" (zitiert nach Weber 1975 S.51). "Es ist immer besser einen Menschen zu haben, an den man denkt, auf den man Rücksicht nehmen muß, über den man sich sogar ärgert als überhaupt niemand zu haben" (Fromme 1965 S.195, Übers.v.Verf.).
Einige Jahrhunderte später als Paulus hat Wolfram v. Eschenbach um das Jahr 1200 in seinem Epos "Parzival" das Leben Parzivals geschildert. Dieser ist vom Schicksal auserkoren, Herr auf der normalen Sterblichen nicht wahrnehmbaren und zugänglichen Gralsburg zu werden. Durch ein tugendhaftes Leben als Ritter wird Parzival die Gnade zuteil, Gast auf der Gralsburg zu sein. Bei einem Festmahl erlebt er den Glanz dieses Hofes, aber auch das Leiden seines Königs. Er nimmt dies alles staunend und schweigend wahr. Es ist eine Prüfung für ihn und er hat sie nicht bestanden. Am Morgen nach dem festlichen Abend findet er die Burg verwaist und verläßt sie; das Burgtor wird hinter ihm unwirsch zugeschlagen. Auf dem Wege begegnet er einer Frau, die ihn nach seinem Herkommen befragt und - als er sagt, er wäre hier auf einer Burg zu Gast gewesen - in ihn dringt, ob er die Frage gestellt habe. Nachdem er verneint, eine Frage gestellt zu haben, schilt ihn die Frau ob seines Verhaltens. Lange Jahre ehrbaren Lebens vergehen bis Parzival erneut der Gnade teilhaftig wird, Gast auf der Gralsburg zu sein. Wieder nimmt er an dem Festmahl teil und diesmal stellt er die Frage, die Frage an den König: "Was fehlt dir, Ohm?". Es geht dabei nicht um die Befriedigung eines Informationsbedürfnisses, in der Frage kommt vielmehr Anteilnahme, Mitgefühl zum Ausdruck. Durch diese Frage ist es dem König vergönnt, von seinem Leiden erlöst zu werden. Durch diese Frage wird Parzival Herr der Gralsburg.
Wolfram v. Eschenbach zeigt mit diesem Epos die Bedeutung des Gesprächs auf, hier in der Frage an den Mitmenschen, in der Zuwendung zum Leidenden. In gleicher Weise stellt J. P. Neumann (1826) in seinem Text am Anfang der Deutschen Messe von Franz Schubert die Bedeutung eines mitempfindenden Wesens heraus: "Wohin soll ich mich wenden, wenn Gram und Schmerz mich drücken/ Wem künd' ich mein Entzücken, wenn freudig pocht mein Herz?/ Zu dir, zu dir, oh Vater, wend' ich mich voll Vertrauen...."
Wiederum mehr als ein Jahrhundert später schreibt Antoine de Saint-Exupery (1946) die Geschichte vom kleinen Prinzen, der von seinem kleinen Planeten auf die Erde gekommen ist und hier viele wunderliche Dinge erlebt. So begegnet er auch dem Fuchs, der ihm von seinem eintönigen Leben erzählt und daß ihm viele Dinge nichts bedeuten, wie z.B. die Weizenfelder. Er leidet unter diesem Zustand und bittet den Prinzen, ihn zu zähmen. Aber der Prinz lehnt es ab, weil er keine Zeit habe, denn er suche Freunde. Durch dieses "Zähmen", dieses Vertraut-werden miteinander aber bekommt man das, wonach der Prinz sucht und es ohne den Fuchs nicht gefunden hätte: man gewinnt einen Freund. Fuchs und Prinz werden so Freunde. Am Ende ihrer Begegnung sagt der Fuchs, daß er weinen werde. So habe der Fuchs durch ihre Freundschaft nichts gewonnen, entgegnet ihm der

Prinz. Er habe eine Erinnerung gewonnen, belehrt ihn der Fuchs. Dinge, die ihm bisher bedeutungslos waren wie das Weizenfeld, würden ihn nun an etwas erinnern; das Weizenfeld würde ihn nun an das weizenblonde Haar des Prinzen erinnern.

Diese Bedeutung der Kommunikation für menschliches Leben ist mittlerweile auch in der wissenschaftlichen Forschung anerkannt. "Die Kommunikationslehre ... ist zu einem außerordentlich lebhaften Gebiet der Forschung und der Theorie geworden. Sie ist einer der Knotenpunkte der Erforschung menschlichen Verhaltens. Das ist verständlich, denn die Kommunikation ist ein - vielleicht *der* - grundlegende soziale Vorgang. Ohne Kommunikation würden menschliche Gruppen und Gesellschaften nicht bestehen" (Schramm 1973 S.10). Es würden aber auch die Individuen nicht bestehen. Ohne adäquate Kommunikation nehmen sie nach Ansicht von Jourard Schaden: "Jede fehlangepaßte Person ist eine Person, die sich anderen Menschen nicht bekannt gemacht hat" (Jourard 1971b S.32, Übers.v.Verf.). In der gleichen Weise sieht es Rogers aufgrund seiner psychotherapeutischen Erfahrung: "Die ganze Aufgabe der Psychotherapie besteht darin, einen Verfallszustand der Kommunikation zu behandeln. Der emotional fehlangepaßte Mensch, der 'Neurotiker', befindet sich zum einen in Schwierigkeiten, weil die Kommunikation in ihm selber zusammengebrochen ist, und zum zweiten, weil - daraus resultierend - seine Kommunikation mit anderen gestört ist.... Die Psychotherapie hat die Aufgabe, dem Menschen zu helfen, durch eine besondere Beziehung zu einem Therapeuten eine gute Kommunikation in sich selber herzustellen. Sobald dies geleistet wird, kann der Betreffende freier und wirksamer mit anderen kommunizieren. Wir können dann sagen, Psychotherapie heißt gute Kommunikation im Menschen und zwischen Menschen. Wir können den Satz auch anders herum drehen, und er gilt ebenso: Gute Kommunikation, freie Kommunikation im Einzelnen oder zwischen mehreren ist immer therapeutisch" (Rogers 1973 S.321 f). Kommunikation erhält danach im Sinne von Jaspers existentielle Bedeutung.

Kommunikation kann diese herausragende Bedeutung jedoch nicht in jeder Situation und in der Beziehung zu jedem Menschen erlangen. Innerhalb eines reichhaltigen Lebens kann eine flüchtige, an Banalitäten orientierte Interaktion nicht diesen existentiellen Stellenwert besitzen. Den tiefergehenden Wert von Kommunikation kann man daher nur erfassen, wenn man die entscheidenden Beziehungen zum Gegenstand der Betrachtung macht. Wesen und Wert von Kommunikation kann man nur verstehen, wenn man in gleicher Weise die zentralen Beziehungen der Menschen versteht. Als solche gelten die Ehe und auf der Gefühlsebene die Liebe.

Aufgeschreckt durch sinkende Heiratsquoten, steigende Scheidungszahlen und negative Kommentare zur Ehe sahen viele die Institution der Ehe in einer Krise (z.B. Perrez 1979). Aber trotz gewisser Warnzeichen kann man sagen, daß die Ehe bzw weitergehend die Familie die Institution ist, die nach wie vor als am bedeutsamsten für das eigene Lebensglück angesehen wird, trotz Irritationen strebt ständig eine Mehrheit der Befragten eine feste Partnerschaft an (z.B. Kmieciak 1976, Campbell 1981, Vogler & Ebersole 1981, Ryffel-Gercke 1983, Allerbeck & Hoag

1985) und ist in der Mehrzahl mit ihr zufrieden. Scheitert eine solche Beziehung, so führt das nicht zu einem grundsätzlichen Zweifel an der Institution, sondern nur zum Zweifel an der Wahl des konkreten Partners. Die Konsequenz einer Scheidung ist daher in der Regel Wiederheirat, wie es Heekerens (1985) als Fazit seines Überblicks über verschiedene Studien zusammenfaßt. Man könnte entsprechend Scheidungen sogar als Indikator für die Bedeutung der Ehe ansehen (Renne 1970). Selbst wenn ein Teil der Population keine institutionelle Ehe eingeht, muß man dies nicht notwendigerweise als Infragestellung des Sinns einer Liebesbeziehung ansehen, sondern kann es im Gegenteil als besondere Verpflichtung gegenüber dem Ideal einer engen persönlichen Beziehung verstehen (König 1979, Korczak 1979, Sauter-Servaes 1979).

Allerdings hat sich im Verlauf der Jahrhunderte das Verständnis der Ehe geändert. Die Ehe als "der Traum der liebenden Jugend" (Peters 1920 S.2) ist ein neuzeitliches Phänomen der westlichen Welt (s. Schlesinger 1973, Aries 1975, Peal 1975). Die Ehe wurde in früheren Zeiten als Zweckgemeinschaft angesehen, ging in einer übergreifenden Familienbindung auf. Die Wahl eines Ehegatten, den man erwählt, weil man ihm als individueller Person in Liebe zugeneigt ist, stellt auch weltweit eine Besonderheit dar. Üblicher war vielmehr in anderen Kulturen, daß Familien einander heirateten, daß Eltern den Ehegatten für das eigene Kind bestimmten wie z.B. in der japanischen Miai-Ehe (s. Blood 1967). In der Smetana-Oper "Die verkaufte Braut" wird für Europa der Übergang von einer durch die Eltern bestimmten Ehe zur selbstbestimmten Ehe der Liebenden illustriert. Dieser neue Typus von Ehe hat als Hintergrund die Veränderung der Struktur unserer Gesellschaft, insbesondere durch die industrielle Revolution und das neue Verhältnis der Geschlechter zueinander. Scanzoni & Scanzoni (1981) haben eine an Machtverhältnissen orientierte Typologie der Entwicklung der Geschlechterbeziehung erstellt: der Mann als Besitzer der Frau; die Frau als Ergänzung des Mannes; die Frau als Junior-Partner des Mannes; beide Geschlechter als gleichberechtigte Partner. Die von Mayntz (1955) als Ideal der modernen Familie benannte Gefährtenehe hat die Gleichrangigkeit der Ehepartner zur Grundlage. Diese Ehe ist von gesellschaftlichen Fesseln befreit, sie verdankt ihre Stabilität nicht mehr äußeren Zwängen, sondern nur noch dem Wunsch und der Kraft der Ehepartner. Sie dient nun vor allem dem Wohlergehen der Ehepartner, beider Ehepartner, das umso mehr als "... in einer verwalteten und technisch-rationalen Welt... die Zweierbeziehung zur letzten Enklave der Gefühle geworden...(ist)" (Horx & Stock 1985 S.20). Damit werden die Anforderungen an beide Ehepartner höher (Seeber 1988), insbesondere werden auch an den Mann höhere Erwartungen in diesem Bereich gestellt (Bernard 1981).

"Jedermann braucht eine warme intime Beziehung" (Hatfield 1984 S.213); die Menschen suchen sie in einer glücklichen Ehe mit einem liebenden Menschen (Lederer & Jackson 1968). In der Ehe sollen die Partner vor allem Liebe erleben (Levinger 1964, Reiss 1980), aber auch - im Begriff Liebe wohl enthalten - Geborgenheit, Solidarität und Verständnis (D.v.Werdt 1970, Schulz 1978). Im Ehepartner sucht man eine Person, der man vertrauen kann (Reiss 1973, Parlee 1979) und die auch einem selbst vertrauen kann. Offenheit ist so ganz grundsätzlich eine Erwartung an beide Ehepartner (Waring u. a. 1980). Damit ist die Person des Ehepartners in besonderer Weise gefordert. "In keiner Beziehung ist der andere so wichtig, die Verpflichtung tiefer, das Risiko größer als in der Ehe" (Hendrick 1981 S.1151, Übers.v.Verf.). Die Ehe ist damit der Übergang zu einer anderen Lebensdimension: vom Ich zum Wir (Künkel 1936,1973[4]). Das Ich geht im Wir auf, sucht nicht mehr seinen Vorteil in Abgrenzung zum Ehepartner, sondern findet seine Erfüllung im Erreichen gemeinsamer Ziele. Das Ideal ist das Vertrauen in den Partner, die Hingabe an ihn, die Bedingungslosigkeit dieses Handelns. Aus diesem Grunde fällt es den meisten Ehepartnern so schwer, das zu tun, was erfahrene Scheidungsanwälte ihnen raten: sich selbst in der Beziehung rechtlich abzusichern, einen Ehevertrag abzuschließen (Flaherty 1975). In der Tat hat der Ehepartner eine herausragende Position; er ist die entscheidende Vertrauensperson (Fischer & Phillips 1982, Noelle-Neumann & Piel 1983, Schenk & Pfrang, o.D., Bierhoff 1991). Das Lebensglück wird wesentlich von der ehelichen Beziehung bestimmt (Shaver & Freedman 1976, Glenn & Weaver 1979). Nichts hat so erhebliche Anpassungsversuche zur Folge wie Veränderungen im Bereich der Familie (Holmes & Rahe 1967; Masuda & Holmes 1967).

Diese im historisch-kulturellen Vergleich neue Form der Ehe lebt durch die Liebe. Sie ist nur verstehbar, wenn man das Ideal der Liebe versteht. Viele Autoren haben versucht, in einer Übersicht über bisherige Äußerungen zum Phänomen der Liebe dessen Wesen zu extrahieren (z.B. Sternberg & Grajek 1984, Lasswell & Lasswell 1985, Murstein 1986). Angesichts der großen Variation der Meinungen zum Thema Liebe resignierten sie jedoch bei dem Versuch, durch eine Art Synopsis den Kern der Liebe zu bestimmen. Niemand wüßte genau was Liebe sei; dieses Gefühl sei ebenso schwer zu fassen wie es wichtig sei, meinen Sternberg & Grajek (1984) in der Einleitung ihres Artikels zur "Natur der Liebe". Entsprechend versuchte Lee (1974, 1977) nicht mehr das Wesen der Liebe, sondern nur noch Formen der Liebe zu beschreiben (ihm folgend auch Kelley 1983, Lasswell & Lasswell 1985, Bierhoff 1991). Er beschrieb so unterschiedliche Formen wie die altruistische Liebe und die besitzergreifende Liebe, wie die romantische Liebe aber auch die pragmatische. Wenn dies unterschiedliche Formen des gleichen Phänomens sein sollten, die z.B. zwischen den Extremen der Hingabe an den anderen und des Strebens nach dem eigenen Gewinn oder zwischen Leidenschaft auf der einen Seite und vernunftdeterminiertem Handeln schwanken, dann wird es schwer, den Kern zu benennen, von dem aus dies Varianten sein sollen.

Diese Formen der Liebe sind so divergent, daß es schwer fällt, einen gemeinsamen und entscheidenden Nenner für alle Formen zu finden. Muß die Lösung aber darin bestehen, einen gemeinsamen - d.h.den kleinsten - Nenner zu finden? Lee würde es für unmöglich, aber auch für irrelevant ansehen. Dennoch wird man fragen müssen, ob das, was Lee versucht, so machbar ist. Er illustriert das für die Definition von Liebe sich stellende Problem an einem anderen Thema, der Bestimmung der Kategorie "Farbe", und meint, es sei leichter, konkrete Farben zu beschreiben als die Kategorie "Farbe" zu definieren (Lee 1988). Kann man, so wie er, die Frage nach dem Wesen von Farbe gänzlich unbeantwortet lassen und dennoch ein Gespür für einzelne Farben erlangen? Oder entwickelt man doch ein implizites Verständnis des Wesens von Farbe, wenn man sich mit den einzelnen Farben beschäftigt? Das bedeutet nicht automatisch, daß man den Gegenstand definieren kann, aber es bedeutet doch, daß man ein Verständnis davon hat und sinnvoll damit umgehen kann. Viele der Objekte sind uns nicht über Definitionen, sondern über Prototypen vertraut. Rosch (z.B. 1973, 1978) hat durch ihre Beiträge darauf aufmerksam gemacht, daß natürliche Begriffe sich oftmals dadurch auszeichnen, daß manche Phänomene, die der formalen Definition genügen, als typischer für die Kategorie angesehen werden als andere. Im Unterschied zu einer strengen Definition, wo alle Mitglieder allen Definitionselementen gleichzeitig genügen müssen, gibt es bei diesen natürlichen Begriffen zwar einen zentralen Pool von Charakteristika, den aber die verschiedenen dazu gehörenden Mitglieder in unterschiedlicher Ausprägung realisieren. Der Prototyp ist der am meisten typische Vertreter der Kategorie. Manche Mitglieder entsprechen somit der zugrundegelegten Idee besser als andere, obwohl alle von der gleichen Idee her zu begreifen sind (s. hierzu auch Bourne u.a. 1979, Wessels 1982) und auch so begriffen werden. Im Sinne dieses Prototypen-Ansatzes gibt es durchaus ein kulturelles Verständnis von dem Phänomen Liebe - wie wir ja auch ein Verständnis von Krieg, Gerechtigkeit, Treue etc. haben. Durch die von Lee gewählte Methode, jeden beliebigen Beitrag zu dem Thema gleich ernst zu nehmen, wird eine Patt-Situation erzeugt, die nicht auf den Gegenstand, sondern auf die gewählte Forschungsmethode zurückzuführen ist.

Kennzeichnend für die Liebe ist die Ausrichtung auf einen anderen Menschen, die Abkehr von sich selbst, die Zuwendung zum anderen. Es ist ein Überwältigt-sein vom Wert des anderen. "Liebe ist ... unsere emotionale Antwort auf das, was wir sehr schätzen. Als solche ist sie das Erleben von Freude an der Existenz des geliebten Objektes, Freude an seiner Nähe und Freude an der Interaktion oder des Beteiligtseins. Zu lieben bedeutet, sich an dem Wesen zu erfreuen, das man liebt, Freude zu empfinden an der Gegenwart dieses Wesens ..." (Branden 1980 S.63, Übers.v.Verf.). Mark Twain hat diese Haltung in seinen "Tagebüchern" von Adam und Eva (sh.z.B. die Ausgabe von Güttinger, 1980) lebendig werden lassen. Er schildert Adam in seiner steten Freude und in seinem Staunen über Eva und in all seinen Zeilen wird immerzu dieses innige Gefühl Adams für Eva spürbar. Es war das Gefühl, das Mark Twain seiner Frau Olivia entgegenbrachte. Paine (s. Wilson 1987 S.95) hebt hervor, daß das Tagebuch von Eva, geschrieben nach dem Tode von Olivia, von dem ersten bis zum letzten Wort die Liebe, Verehrung und Zärtlichkeit sichtbar macht, die Twain für seine Frau empfand. In der Liebe wird der andere als Person bedingungslos bejaht (Fromme 1965). Der Apostel Paulus hat das Wesen dieser Haltung so charakterisiert: "Die Liebe übt Nachsicht; in Güte handelt die Liebe. Sie eifert nicht, die Liebe macht sich nicht groß, sie bläht sich nicht auf. Sie benimmt sich nicht ungehörig; sie sucht nicht das Ihre; sie läßt sich nicht erbittern. Sie rechnet das Böse nicht an... Sie erträgt alles, sie glaubt alles, sie hofft alles, sie duldet alles" (1 Korinther 13, 4-7). Liebe ist zwar nicht blind und Fehler werden nicht wegdiskutiert, aber der so mit Fehlern behaftete Mensch weiß sich dennoch geliebt. Er weiß sich geliebt als der Mensch, der er ist und muß nicht in Sorge sein, daß diese Liebe endet, wenn die Wahrheit über ihn bekannt wird (Branden 1980).

Liebe erschöpft sich jedoch nicht in einem Gefühl, sondern ist nach Fromm (1956, 1990) eine aktive Kraft. Der Liebende ist nicht ein Nehmender, sondern ein Gebender, den es drängt, sich zu verschenken, der in diesem Akt seine Lebendigkeit erfährt, durch die sein Leben und das des geliebten Menschen gleichermaßen bereichert wird. Der aktive Charakter der Liebe zeigt sich in der Fürsorge, dem Verantwortungsgefühl, der Achtung vor dem anderen und der Erkenntnis über ihn (Fromm 1956, Branden 1980). Im Rahmen einer Ehe-Studie von Pfrang und Schenk ergab die Faktorenanalyse über einen größeren Item-pool unter anderem einen Faktor, in dem die Freude über den anderen, dessen Bejahung und Unterstützung zum Ausdruck kommt (s.Schenk 1983). Dieser Faktor wurde "Wertschätzung und Unterstützung" genannt, enthält aber wesentliche Elemente des Liebeskonzepts und korreliert hoch mit dem eigenen wie mit dem Eheglück des Partners. Die Skala enthält nur Aussagen, die die Hinwendung zum Partner zum Ausdruck bringen.

In einer weit verbreiteten Liebes-Skala von Zick Rubin (1970) kommt jedoch neben vielen Items, in denen die Orientierung auf den Partner ausgedrückt wird, auch dieses Item als Ausdruck von Liebe vor: "I feel very possessive towards my partner" (Ich bin sehr besitzergreifend gegenüber meinem Partner). Es gibt eine ausgiebige Diskussion über den Punkt, ob Liebe auch besitzergreifend sein könne (s.Hazo 1967). Maslow (1954) unterschied zwischen einer reifen, gebenden Liebe (Being-love) und einer unreifen, nehmenden Liebe (Deficiency-love). Nun könnte man darin eine Wertung sehen und eine solche Aussage damit relativieren. Lee (1988), in Fortführung des oben schon erwähnten Vergleichs der Liebe mit Farbe, würde sagen, daß man zwar eine Vorliebe für eine Farbe wie für eine Form der Liebe entwickeln könne, diese Vorliebe aber nicht als die "wahre" Farbe oder Liebe ausgeben dürfe - so wie es sich z.B. in der Kennzeichnung "reif" ausdrückt. Was jedoch für die Bewertung von Farben einleuchtend ist, daß nämlich jede oder zumindest viele Farben das Wesen von Farbe repräsentieren, gilt dies in gleichem Maße für Einstellungen oder Eigenschaften von Menschen, hier für das Phänomen der Liebe? Sind alle "Liebesstile" letztlich gleichwertige Verwirklichungen der Liebe? Mit der von Hazo (1967) gestellten Frage, wer denn die geliebte Person sei, klärt sich der Sachverhalt. Bei der nehmenden Liebe ist die geliebte Person das eigene Selbst, bei der gebenden Liebe ist es die Person des anderen. In der nehmenden Liebe bleibt die "liebende" Person auf sich selbst bezogen, wird das Du für die Pflege des Ichs mißbraucht. In diesem Fall gibt es nicht die besondere Qualität der Liebe, sie ist nichts weiter als eine Variante im Kampf ums eigene Überleben. Deutlich wird dies z.B. an der spielerischen Form von Liebe (Ludus), die, Lee folgend, Bierhoff so beschreibt: "... bei der Verführung, sexuelle Freiheit und sexuelle Abenteuer im Vordergrund stehen, ohne daß eine Bindung intendiert ist. Versprechen sind im Augenblick wahr, aber ohne Langzeitperspektive, da sie nur auf das Hier und Jetzt bezogen sind" (Bierhoff 1991 S. 201). In ähnlich deutlicher Weise auf das eigene Wohlergehen bezogen ist z.B. die pragmatische Liebe. Liebe wäre dann allerdings nicht, was Fromm ihr zuschreibt: "Sie ist eine Kraft, welche die Wände niederreißt, die den Menschen von seinem Mitmenschen trennen, eine Kraft, die ihn mit anderen vereinigt. Die Liebe läßt ihn das Gefühl der Isoliertheit und Abgetrenntheit überwinden ... In der Liebe kommt es zu dem Paradoxon, daß zwei Menschen eins werden und trotzdem zwei bleiben" (Fromm 1956, zit. nach Ausgabe 1990 S. 31). Nur in der gebenden, primär auf das Du ausgerichteten Liebe werden die ichhaften Grenzen wirklich gesprengt. Das auf das Ich bezogen gebliebene Gefühl ist ein Mißverständnis von Liebe.

Wo jedoch ein Mensch in sich selbst gefangen bleibt, ist alles Verstehen vordergründig und das Gefühl der Gemeinschaft eine Täuschung. Es wird nicht eine Beziehung vom Ich zum Du hergestellt, sondern eine vom Ich zum Es (Buber 1962), indem der Partner als Mittel zum eigenen Zweck instrumentalisiert wird und keinen oder einen zu geringen eigenständigen Wert erhält. Einsamkeit ist dann die natürliche Konsequenz eines Lebens letztlich ohne gleichwertige Mitmenschen. In dem Schauspiel "Don Carlos" von Friedrich Schiller beklagt sich der König bei dem Marquis von Posa über seine Einsamkeit und die Unehrlichkeit seiner Untertanen. Er erkennt nicht, daß seine Einsamkeit die Folge des von ihm beanspruchten Absolutismus ist. Wohl aber sieht es der Marquis, der dem König entgegenhält: "Da Sie den Menschen aus des Schöpfers Hand/ In Ihrer Hände Werk verwandelten/ und dieser neugegoßenen Kreatur/ zum Gott sich gaben - da versahen Sie's/ in etwas nur: Sie blieben selbst noch Mensch- / Mensch aus des Schöpfers Hand. Sie fuhren fort/ als Sterblicher zu leiden, zu begehren;/ Sie brauchen Mitgefühl - und einem Gott/ kann man nur opfern - zittern - zu ihm beten!/ Bereuenswerter Tausch! Unselige/ Verdrehung der Natur! Da Sie den Menschen/ zu Ihrem Saitenspiel herunterstürzten, wer teilt mit Ihnen Harmonie?" Nicht immer haben Einsame ihren Zustand durch ihr eigenes Verhalten verursacht, doch es zeichnet alle einsamen Menschen die Verzweiflung über die nicht gelungene Verbindung mit dem Mitmenschen aus (s.die Beispiele zu Beginn des Kapitels). In der Einsamkeit wird das Du als ein so schmerzhafter Verlust erlebt, daß - nach Hatfield - ein solcher Mensch beinahe alles täte, um diesem Zustand zu entkommen. In der personalen Begegnung und am intensivsten in der liebenden Beziehung hingegen wird das Du erfahren und damit auch das Ich zur Entfaltung gebracht.

In einer solchen liebenden Beziehung wird die Person des Liebenden besonders gefordert. Die bedingungslose Liebe fordert den bedingungslosen Einsatz der Person und stellt Anforderungen an den Charakter. Liebe ist nicht zu verwechseln mit einem Gefühl, das man nur auskostet, sondern lebt in der Begegnung der Liebenden (Künkel 1936, 1973[4]), fordert z.B. die Wahrnehmung der Person des Geliebten, das Verstehen dieser Person. Dies setzt auf seiten des Liebenden Sensibilität und Erfahrung voraus, auf seiten der geliebten Person die Bereitschaft, sich dem anderen zu zeigen, ihm Einblicke in die eigene Person zu gestatten. Angesichts vieler Probleme, die sich im Lebensfluß den Liebenden stellen, muß das Ringen um das Wir erfolgen, ohne sich dem Du zu beugen. "Man muß die Gegensätze und die ungelösten Aufgaben begreifen, die der Partner in sich trägt und die man selber in sich trägt; man muß auf ihre Lösung dringen und muß selber diese Lösung herbeiführen helfen; man muß fruchtbar, erfinderisch, schöpferisch sein, ob man will oder nicht" (Künkel 1973[4] S.165). Wer nur Glück anstrebt, ohne sich diesem Prozeß stellen zu wollen, der sollte nach Künkel besser nicht heiraten. In gleicher Weise unterschied Guggenbühl-Craig (1981) zwischen dem Wohl und dem Heil eines Menschen, wobei Wohl mit Wohlbefinden verbunden ist. Heil hingegen bedeutet, den Weg zu sich, zu den Mitmenschen und zur Welt generell zu finden. Die Ehe kann ein solcher Heilsweg sein, aber, da sie eine besondere Herausforderung für die beteiligten Menschen darstellt, ist sie es nicht für jeden Menschen. Ehe als ein Massenphänomen stellt somit für sich selbst eine Gefahr dar, wird als Heilsweg verwässert und nur noch als Mittel zum Wohlbefinden verkannt. Liebe und Ehe können nur ihre Eigenart entfalten, wenn sie von Menschen gelebt werden, die sich des besonderen Charakters dieser Lebensform bewußt sind und sie durch ihre Person zur Entfaltung gelangen lassen.

Diese Form der Liebe und Ehe ist ein Ideal. Ideale können im Leben nicht realisiert werden, sie sind jedoch die Orientierungspunkte, an denen sich das Leben ausrichten kann. Gerade weil das Leben insgesamt schwierig ist, dürfen diese Fixsterne nicht ihre Leuchtkraft verlieren, dürfen sie nicht als Licht unter vielen Lichtern behandelt werden, darf das Phänomen nicht zerredet werden. Es ist nicht zu bestreiten, daß viele Menschen in ihrer Liebe auch besitzergreifend sind, zu viel dabei an sich selbst denken, daß sie u.U. eine Form der Liebe pflegen, die letztlich ichbezogen ist. Sie haben vielleicht geheiratet, "...bevor sie ihre Liebesfähigkeit oder Begegnungsfähigkeit überhaupt nur entfalten konnten" (Künkel 1973[4] S.143). Ihr Verhalten muß daher als Beispiel für die Schwierigkeiten bei der Umsetzung des Ideals verstanden werden; man wird aber nicht erwarten dürfen, daß derjenige, der diese Probleme hat, sie auch als solche erkennen kann. Jeder wird in dem Maße, wie es seine Persönlichkeit zuläßt, dieses Ideal realisieren, es vielleicht sogar nur in geringem oder verzerrtem Maße verwirklichen oder aber resignierend vor dem hochgesteckten Anspruch aus seiner Verzagtheit eine eigene Ideologie machen. Dies muß aus seiner Situation heraus verstanden und entsprechend gewürdigt werden. Vollkommen falsch wäre es, die Idee der Liebe aus den Daten einer Repräsentativerhebung herausfiltern zu wollen, etwa in Form des Mittelwertes einer Verteilung zu charakterisieren oder indem man im blinden Vertrauen auf das formale Vorgehen eine Liebes-Skala durch die Faktorenanalyse über einen Itempool erstellt, ohne das ganze Verfahren inhaltlich kritisch zu begleiten.

Sternberg (1988) hat ein Modell von Liebe entwickelt, das seine Basis in drei Dimensionen hat (Intimität, Leidenschaft, Entscheidung/Bindung). Je nach Verwirklichung einer oder mehrerer Dimensionen ergeben sich unterschiedliche Formen der Liebe, die jedoch nicht gleichrangig sind. Die "leere Liebe" basiert allein auf der Dimension Bindung/Entscheidung, der "albernen Liebe" mangelt es an Intimität, während die "erfüllte Liebe" auf der Realisation aller drei Bereiche beruht. Versteht man die echte Liebe im Sinne Künkels als "echte" Begegnung, so kann es unterschiedlich ausgeschöpfte Formen der Begegnung geben, von der nur oberflächlichen bis hin zur zum Wesen der jeweiligen Personen vordringenden Begegnung. Man könnte das Modell von Sternberg in etwa so auslegen. In den "Wirrnissen ichhafter Gefühlstäuschungen" (Künkel 1936) aber kann es dann sogar geschehen, daß etwas als Liebe mißverstanden wird, was dem Wesen der Liebe widerspricht wie z.B. die "leere Liebe", die zwar eine Festlegung auf einen Partner beinhaltet, jedoch ohne ihn intensiv zu kennen und dies gefühlsmäßig umsetzen zu können. Selbstverständlich gibt es diese Lebensart wie es z.B. auch die mit einer deutlichen sexuellen Komponente versehene Leidenschaft gibt. Sie sind jedoch im Sinne eines Konstrukts deutlich von der oben beschriebenen Liebe abzugrenzen. Liebe und Ehe sind ein Versuch der Menschen, der eigenen Isolation zu entrinnen. Manche sogenannten Formen der Liebe bleiben aber auf das Subjekt bezogen und können deshalb nicht dieses Ergebnis haben. Die Beschreibung solcher Lebensformen legt es offen. Sie sind nicht Spielformen der Liebe, sondern Mißverständnisse von Liebe.

In der bisherigen Beschreibung von Liebe und Ehe wurde bereits immer wieder implizit oder explizit die Kommunikation angesprochen. "Um eine Beziehung einschließlich der der Ehe als wirklich intim bezeichnen zu können, müssen die Partner fähig sein, ihre innersten Gedanken, Gefühle, Überzeugungen und Ängste über sich selbst, über andere Personen und über die Welt mitteilen zu können" (Jorgensen 1986 S.205, Übers.v.Verf.). Diese offene Kommunikation (Goldberg & Deutsch 1977), die ihre Grundlage in der "Aussprachefähigkeit zwischen Mann und Frau ..(hat)" (Mayntz 1955 S.20), ist das Ideal. Sie entwickelt sich in Abhängigkeit von dem Stand der Beziehung (Reiss 1960, Murstein 1971, Levinger & Snoek 1972), ist zu gleichen Maßen Ausdruck des Entwicklungsstandes wie entscheidender Träger der Entwicklung. Liebe ist danach kein statischer Zustand, sondern ein dynamischer Prozeß, für den man durch die Art der eigenen Interaktion Verantwortung übernimmt. Am Ende einer solchen Entwicklung steht die "vollkommene Einheit", das "phantastische Extrem" (Levinger & Snoek 1977). Das Optimum jeder Beziehung besteht in der vorbehaltlosen Öffnung gegenüber dem Partner (Jourard 1971b). Entsprechend ist es für Becker & Becker (1985) ein Hinweis auf die Krise einer Ehe, wenn immer mehr Themen ausgespart werden oder Gespräche immer öfter in Streit oder Schweigen enden; das Absterben jeglicher Gefühle ist dann die größte Krise der Ehe. Schaef (1990) spricht bei Personen, die eine persönliche Beziehung intensiv anstreben, zu einer innigen Begegnung jedoch nicht fähig sind, von Romanzen- oder von Beziehungssucht; durch diese Fehlform wird der Dialogcharakter einer liebenden Beziehung nochmals unterstrichen. Es gibt jedoch auch Einwände gegen diese unbegrenzte Offenheit (zu dem Thema Offenheit sh.Kapitel 3.1). Faktum ist, daß durch offenherzige Kommunikation nicht jede intime Beziehung enger wird (Norton & Montgomery 1982).

Teilweise dürfte die Diskussion um Privatheit in einer engen Beziehung eine etwas artifizielle Auseinandersetzung sein, in der zu wenig auf Beispiele eingegangen wird, teilweise wird hier ein Auffassungsunterschied über Ehe sichtbar, der gesehen und in seiner Konsequenz diskutiert werden muß. Sieht man von extremen Ausnahmen einmal ab, so ist es nicht verstehbar, warum man einem Partner, den man liebt, dem man vertraut, wesentliches absichtlich verschweigen sollte. "Wenn ich jemanden liebe, möchte ich ihn nicht nur kennenlernen, ich zeige meine Liebe dadurch, daß ich mich kennenlernen lasse; dadurch erlaube ich ihm gleichzeitig, mich zu lieben" (Jourard 1971b S.5, Übers.v.Verf.). Werden im Fall der Verweigerung nicht Vorbehalte, Ängste sichtbar, möglicherweise nicht auf die Person des Partners formuliert, sondern grundsätzlicher Art, die dann aber auch für die Person des Partners gelten? Eine bedingungslose Partnerschaft mit Vorbehalten? Hier wird sicherlich eine Entscheidung getroffen werden müssen und jede beteiligte Person muß darum bemüht sein, die Bedingungen zu schaffen, die in der Situation einer personalen Beziehung, insbesondere einer liebenden Beziehung, eine offene Begegnung möglich machen. Man darf jedoch nicht vergessen, daß es um die Begegnung zweier Individuen geht, die ihre Eigenständigkeit haben und die zusammenwachsen müssen, ohne daß man das erzwingen darf. Es handelt sich um einen Prozeß, der von beiden Personen getragen werden muß, der sich entwickeln muß unter Berücksichtigung des Ausgangspunktes beider Personen. Hierzu gehört viel Gespür. Wo immer die Behutsamkeit für diesen leicht störbaren Prozeß verloren geht, werden sich notwendigerweise Probleme ergeben. Wer jedoch verstanden werden will und verstanden wird, beklagt sich nicht über diesen Zustand.

In einer intimen Beziehung wird offene Kommunikation gefordert. Aber Verliebten ist nicht notwendigerweise klar, wie sie ihre Liebe bewahren können. Aus diesem Zustand des Verliebtseins heraus ist nicht automatisch ableitbar, wie man sich bei Alltagsproblemen verhalten sollte (Fromme 1965). "Ihre Liebe lehrt sie weder automatisch Kommunikations-Fertigkeiten oder effektive Methoden der Konfliktbewältigung, noch die Kunst, ihre Liebe in den Rest ihrer Existenz zu integrieren; aber das Fehlen eines solchen Wissens kann zum Tod ihrer Liebe führen" (Branden 1980 S. 57 Übers.v.Verf.). Liebe als Gefühl führt nicht notwendigerweise zu den Fähigkeiten, diese Liebe aufrechtzuerhalten. In dem eingangs zitierten Lied von R. Mey wird es deutlich. Trotz ihrer Liebe scheiterte das Ehepaar; offensichtlich mangelte es den Ehepartnern an der Fähigkeit, ihre Emotionen effektiv umzusetzen. Ohne Begegnung durch Kommunikation verkümmert eine liebende Beziehung.

In der liebenden Beziehung haben sich zwei Personen um ihrer selbst willen gewählt. In gleicher Weise verhält es sich bei der Freundschaft. Auch hier wird der andere um seiner Person willen gewählt. Diese persönliche Beziehung ist allerdings im Lebenszyklus Veränderungen unterworfen, was angesichts des Charakters einer solchen Beziehung nicht verwundert. Da eine Freundschaft durch die daran beteiligten Personen mit Leben gefüllt werden muß, wird dies altersabhängig von den Möglichkeiten dieser Personen bestimmt. So überwiegt im Kindesalter mehr der funktionale Aspekt (der Spielkamerad), während ab dem späten Jugendalter der Charakter von Begegnung und Gemeinschaft in den Vordergrund tritt. Nach dem Entwicklungsmodell von Bigelow (1977) wird in der dritten und letzten Phase der Entwicklung, dem internal-psychologischen Stadium, die innerliche Öffnung auf der Basis von Vertrauen und Verständnis zu einem zentralen Inhalt der Freundschaft. Bigelow (1980) hat dies in einer differenzierteren Skala zur

Entwicklung von Freundschaftserwartungen nochmals bestätigt. Die letzte Stufe hat das Thema Intimität zum Inhalt, was bedeutet, daß Freunde Personen sind, denen man seine Gedanken anvertrauen kann, von denen man sich verstanden fühlt, mit denen man seine Probleme teilen kann und das heißt, mit ihnen darüber offen reden kann (ähnlich Selman & Selman 1975 oder Hindy 1980). All diesen Modellen ist gemeinsam, daß die oberste Stufe der Freundschaft ganz wesentlich durch den vertrauensvollen und offenen Dialog bestimmt ist. Dies unterscheidet eine Freundschaft von anderen Beziehungen (LaGaipa 1977).

Diese Freundschaft gleicht in vielen Punkten einer liebenden Beziehung. Und umgekehrt kann man sagen, daß nach dem modernen Eheideal der Ehegatte die Rolle des Vertrauten und besten Freundes hat (Derlega & Chaikin 1975). Was im ersten Moment wie die Möglichkeit der Ausweitung enger persönlicher Beziehungen aussieht - Freundschaften plus Liebesbeziehung-, erweist sich in der Realität jedoch gerade wegen der Ähnlichkeit als eine Konkurrenzsituation zum Schaden bestehender Freundschaften. Mit der Entwicklung einer beständigen Liebesbeziehung in Form einer Ehe werden die bestehenden Freundschaften geschwächt, unterliegen diese im Verdrängungswettbewerb der Ehe (Milardo & Murstein 1979, Johnson & Leslie 1982, Milardo 1982). Offensichtlich absorbiert die Liebesbeziehung so viel Zeit und Energie, leistet die Ehe so vergleichbares zur Freundschaft (Fatke & Valtin 1988), ist aber dennoch zentraler, daß dadurch die Existenz von Freundschaften erschwert wird. Die Rivalität des Ehepartners, der ein Monopol an Intimität beansprucht, erschwert die Pflege von Freundschaften; Freundschaften stellen dabei für Frauen, aber nicht für Männer, eine Möglichkeit dar, sich von ihrer Familie etwas zu emanzipieren, nicht von ihr total vereinnahmt zu werden (Birkmann 1981, Marx 1982). Die Möglichkeit der Aussprache durch die Existenz von Freundschaften ist so zwar theoretisch gegeben, faktisch aber reduziert bei Verheirateten, da diese sich auf ihren Ehepartner als Vertrauensperson konzentrieren - was wiederum mehr für Männer als für Frauen gilt.

Eine Umfrage des Allensbacher Instituts für Demoskopie ergab, daß als die engste vertraute Person, der man sich in einer schwierigen Situation rückhaltlos anvertrauen kann, von den befragten Erwachsenen vor allem der Ehepartner genannt wurde, wobei 1979 53 Prozent der Männer die Ehefrau angaben, aber nur 44 Prozent der Frauen den Ehemann benannten. Freund (10 Prozent der Männer) und Freundin (14 Prozent der Frauen) werden im Vergleich dazu erheblich seltener benannt (Noelle-Neumann & Piel 1983 S.96); ähnliche Resultate ergab die Untersuchung von Fischer & Phillips (1982). Wenn man diese Ergebnisse ganz nüchtern analysiert, bedeuten sie, daß ein erheblicher Teil der Bevölkerung keine engen Vertrauten außerhalb der Familie hat. In einer Studie von Schenk & Pfrang (o.D.) wurde Freundschaft in einer hoch reliablen Skala durch Items definiert, die Offenheit, Vertrauen und Verläßlichkeit zum Gegenstand hatten. Die Pbn konnten in einer fünfstufigen Skala angeben, ob die Aussage auf sie zutrifft. Rund 25 Prozent der Frauen und ein Drittel der Männer lehnten diese Aussagen für sich ab, d.h. sie hatten nach der eigenen Bewertung keine solche Person. Schließt man die Personen ein, die sich nicht sicher sind, ob sie eine solche Person haben, so erhöht sich der Prozentsatz für Frauen auf ca. 37 Prozent und für Männer auf rund 50 Prozent. Da ein Zweifel in diesem Bereich ein negatives Urteil darstellt, bedeutet es, daß mehr als ein Drittel der Frauen und die Hälfte der Männer keinen solchen Freund besitzen. Daß es auch bei dieser Fragestellung zu einer Vermischung von Ehe und Freundschaft kommt, zeigt sich, wenn man die gleiche Frage mit dem Maßstab der ehelichen Beziehung stellt ("Auf wenigstens eine(n) Freund(in) kann ich mich genauso verlassen wie auf meinen Ehepartner."). Während bei der allgemein gehaltenen Formulierung auf dieses Item ca. 35 Prozent der Frauen verneinend reagierten, waren es bei dem Item, das den Vergleich zum Ehepartner enthielt, ca. 53 Prozent (bei den Männern 44 Prozent versus 62 Prozent). Aus dem Vergleich beider Fragen wird deutlich, daß in der allgemeinen Frage oftmals der Ehepartner einbezogen wird und - wenn dieser ausdrücklich herausgehalten bzw. zur Norm erhoben wird - die Ergebnisse weit negativer für die Freundschaftsbeziehung ausfallen. Dies wieder mit deutlicherem Akzent für die Männer, deren emotionaler Lebensmittelpunkt mehr noch als der der Frauen in der Ehe ruht.

Die Ausnahmestellung der Ehe oder der eheähnlichen Beziehung wird besonders deutlich, wenn man sie vergleicht mit Beziehungen zu Berufskollegen und Nachbarn. Diese beiden Personengruppen kämen im Prinzip ebenfalls als enge Bezugspersonen in Betracht, einfach aufgrund des engen Kontakts. Was theoretisch möglich ist, wird in der Realität jedoch so nicht gefüllt. In der bereits erwähnten Umfrage des Allensbacher Instituts waren Nachbarn und Berufskollegen als Ratgeber in einer Notsituation, als Vertraute, mit denen man alles besprechen kann, ohne Bedeutung (Noelle-Neumann & Piel 1983). In einer Studie von Jost u.a. (1985) wurde das Interaktionsverhalten zu den verschiedenen Bezugsgruppen auf fünf Dimensionen verglichen, u.a. Gespräche über persönliche, aber nicht zu intime Angelegenheiten; Offenheit im Gespräch über intime Aspekte der eigenen Person. In allen kam es zur sehr deutlichen Unterscheidung zwischen Ehe/Freundschaft und Kollegen/Nachbarn. Es bleibt somit der entscheidende Unterschied zwischen freiwillig ausgewählten persönlichen Beziehungen wie in der Ehe und Freundschaft und den durch die Umstände diktierten, eher funktionalen Beziehungen zu Kollegen und Nachbarn, wobei die Distanz zum Nachbarn wesentlich größer ist als die zum Berufskollegen. Die Interaktionen mit Kollegen oder Nachbarn sind eher strategischer Natur. Da man gezwungen ist, mit Kollegen und Nachbarn zu leben, ist es sinnvoll, das Beste daraus zu machen, d.h. aus strategischen Erwägungen heraus ein gutes Verhältnis zu ihnen zu unterhalten. Man darf jedoch insgesamt nicht zuviel erwarten oder fordern, da es sonst zu Konflikten kommen könnte, die - wegen des Aufeinander-Angewiesenseins - schwierig zu lösen wären. Die Folge ist ein freundliches, aber nicht zu enges Verhältnis (Noelle-Neumann & Piel 1983). Dieser strategische Umgang mit Nachbarn und Kollegen wird auch durch Studien von Bachmann & Jäger (1986) und Plankenhorn (1986) belegt.

Wenn auch die Freundschaft in ihrem Interaktionsverhalten und in ihrer Bedeutung der Ehe sehr nahe kommt, es bleibt (s.Jost u.a. 1985) dennoch ein signifikanter Unterschied bestehen, der dadurch noch betont wird, daß Freundschaften ein relativ seltenes Phänomen sind. In einer inhaltlich begrenzteren Studie zeigten

Argyle & Furnham (1982) in gleicher Weise die Sonderstellung der Partnerschaft und Ehe auf. Letztlich bedeutet es, daß der Ehe bzw. der eheähnlichen Beziehung eine einmalige Bedeutung zukommt. Wenn man von dem Funktionsverlust der Familie gesprochen hat, so mag dies für viele Bereiche gelten, in einem entscheidenden Bereich aber ist der Monopolcharakter der Ehe immer stärker geworden. Die Ehe ist immer mehr für die personalen Beziehungen des Menschen zuständig. In einer immer anonymer werdenden Welt wünschen sich die Menschen intime Liebe, die ihnen das Gefühl von Wert und Identität vermittelt (Bach & Deutsch 1970). Wir erwarten von der Welt nicht, daß sie uns verwöhnt, daß wir uns in ihr geborgen fühlen können, aber genau das erwarten wir von Ehe und Familie - und sind dann enttäuscht von ihr, wenn sie nicht besser ist als die Welt, sondern so ist wie die Welt (so Levy & Munroe 1949, s. Leslie 1976[3]). Wir verlangen von der Ehe, daß sie eine emotionale Oase ist, und unser Bedürfnis nach Soziabilität und Bedeutung wird weitgehend in die Ehe investiert. Und weil das so ist, sind wir von der Ehe enttäuscht, da wir von ihr etwas erwarten, was sie überfordert, wir ihr allein die ganze Last aufbürden (Gagnon & Greenblat 1978, Kellerhals 1979). "In einer übersteigerten Weise" (Seeber 1988 S.259) verlegen wir die Befriedigung emotionaler Bedürfnisse in Partnerschaft und Ehe. Die besondere Position der Ehe als einer Oase in einer vom Konkurrenzkampf beherrschten Welt wird so betont.
Die scheinbare Stärkung der Ehe könnte jedoch gerade dadurch ihre Gefährdung bedeuten. Wie ist es möglich, daß nur in der Ehe realisiert werden soll, was ansonsten nicht machbar ist? Es ist zum Teil ein unhinterfragtes Modell, wodurch normale Fehler zu Katastrophen werden (Skolnick 1985). Es erinnert in seiner extremen Form an den Narren Rigoletto in der gleichnamigen Oper von Verdi, der sich die heile Welt seiner Familie, reduziert auf seine Tochter, bewahren will in einer Welt des Zynismus - zu der er außerhalb seiner Familie einen wesentlichen Beitrag leistet. Wie ist es möglich, daß die gleiche Person in einer Beziehung fürsorglich, in der anderen aber konsequent ausnutzend sein kann? Wie läßt sich das in der gleichen Person stimmig realisieren? Die Hippie-Bewegung hat dies als einen unüberbrückbaren Widerspruch demaskiert, als Unredlichkeit, die letztlich die heile Welt in Frage stellt (Reich 1970). In der Tat muß man sich fragen, wie jemand die Sensibilität im Rahmen seiner Familie besitzen soll, die er im Wirtschaftskampf ständig vermissen läßt, wo er sich sogar darauf festlegt, daß der bedingungslose Kampf die notwendige Lebensform ist. Aber muß eine solche Strapaze nicht generell hart machen, die Persönlichkeit verändern? Ist diese angebliche Oase dann doch nicht das, wofür sie gehalten wird? Ist sie vielmehr ein Zerrbild, eine notwendigerweise beschädigte Idylle?
Die Konsequenz könnte sein, daß man die Einheit zwischen ehelichen und anderen Beziehungen herzustellen versuchte, durchaus mit einem herausgehobenen Status für die liebende Beziehung. Die eheliche Beziehung wäre dann aber kein unrealisierbarer Ausnahmefall mehr, sondern nur noch der Extrempunkt einer ansonsten vorhandenen Linie, und damit durch diesen Hintergrund abgesichert. Kommunikation als zentrales Element der liebenden Beziehung würde dann für alle zwischenmenschlichen Beziehungen stärker eingefordert werden müssen, zum

einen, um die Kommunikation des Paares wirklich möglich zu machen. Zum anderen aber, weil aus den möglichen Verstrickungen bisheriger Kommunikation sich nicht notwendigerweise ableiten läßt, daß der Mensch generell mehr oder weniger raffiniert auf Distanz zum Mitmenschen gehen muß, sondern daß er vielleicht nur mehr und richtige Kommunikation wagen muß. Dieses Unterfangen wird man nicht unkontrolliert eingehen dürfen, da die Gefahr des Scheiterns zu groß ist und man sonst in seiner alten Auffassung von der Hoffnungslosigkeit eines solchen Tuns bestätigt würde, sondern wird es aufgrund eines vertieften Verständnisses von Interaktionsprozeßen wagen müssen. Vielleicht würde sich dann sehr schnell herausstellen, daß die bisherige Zufriedenheit mit den strategischen Beziehungen eher Resignation war, die nun aber durch die Hoffnung auf mehr Mitmenschlichkeit in allen zwischenmenschlichen Beziehungen abgelöst werden könnte.

2.2 Wesentliche Elemente von Kommunikation.

Innerhalb der Psychologie und insbesondere der Sozialpsychologie nimmt die Erforschung des Kommunikationsverhaltens nunmehr breiten Raum ein. Als Folge davon wird der Kommunikationsprozeß transparenter und Elemente dieses Prozeßes werden greifbarer. Versteht man Kommunikation als die Mitteilung eines Senders an einen Empfänger, so ist damit naheliegend, daß das erste Augenmerk dem Sender und der von ihm gemeinten Mitteilung gilt. Historisch gesehen hat hier Jourard bahnbrechende Arbeit geleistet und damit das Thema des self-disclosures, der Selbst-Offenbarung oder Selbst-Enthüllung zu einem Standardthema moderner Sozialpsychologie gemacht. Der grundlegende Vorgang der Kommunikation erzwingt aber auch die Beschäftigung mit dem Empfänger bzw. mit dem Verstehen der Botschaft.

Kommunikation bedeutet zunächst, daß ein Mensch sich einem anderen mitteilt. Diesen Vorgang hat Jourard als self-disclosure (SD) bezeichnet und damit letztlich gemeint, daß man sich dem Mitmenschen in seinem eigenen Sosein offenbart, den anderen teilhaben läßt an seinem eigenen Leben. An diesem Ansatz lassen sich ein theoretischer und ein methodischer Teil unterscheiden.

Der theoretische Ansatz geht von dem Verständnis sozialer Beziehungen aus, die sich nach Intimitätsgraden unterscheiden lassen und an die unterschiedliche Erwartungen gestellt werden (s. z.B. die bereits erwähnte Untersuchung von LaGaipa, 1977). Große soziale Distanz bedeutet geringes self-disclosure, während eine enge Beziehung großes self-disclosure fordert. Für intime Beziehungen besteht die Norm der vollen Selbstenthüllung (Reiss 1960, Rubin u.a. 1980, Waring u.a. 1980). Die Liebesbeziehung ist der Höhepunkt einer engen Beziehung. Das Ich geht im Wir auf und nichts wesentliches bleibt auf die eigene Person begrenzt. Die Person hat das Bedürfnis, sich mitzuteilen, ihre Erlebnisse, Gedanken und Gefühle zu teilen. Es geht hier nicht um die Tatsachen des eigenen Lebens, wie sie auch ein Detektiv beschreiben könnte, sondern es geht um die persönliche Erlebniswelt der Person. Jourard sah in seinem Self-Disclosure-Fragebogen als Maß für volles SD folgende Einstufung vor: "Die andere Person kennt mich in diesem Punkt so wie ich bin, weil ich mit ihr über diesen Punkt umfassend geredet habe und sich die Dinge seither nicht geändert haben. Ich habe sie über diesen Aspekt meiner Person umfassend informiert" (Jourard 1971a S.196, Übers.v.Verf.). SD ist danach, wie andere Autoren (z.B. Pearce & Sharp 1973, Goodstein & Reinecker 1974, Chelune 1979) in ihren Definitionen deutlich gemacht haben, ein absichtsvoller Akt, nichts, was ohne eigenes Zutun oder vielleicht sogar gegen eigenen Willen erfolgt, sondern der Versuch, sich dem Mitmenschen als Person zu zeigen, sich ihm mitzuteilen - ein Anliegen, das vor allem von Rogers mit seiner Betonung der Selbstexploration des Senders und des komplementär bejahenden, empathischen Verhaltens durch den Empfänger unterstützt wurde. In diesem Akt ist die Person wirklich sie selbst, findet sie sich teilweise erst.

In Stufenmodellen hat man die Entwicklung einer Liebesbeziehung beschrieben (Reiss 1960, Murstein 1971, Levinger & Snoek 1972, Altman & Taylor 1973); sie ist u.a. durch eine zunehmend offenere, vertrauensvolle Kommunikation gekennzeichnet. Self-disclosure erscheint als der Motor dieser Entwicklung (Waring & Chelune 1983). "Viele, wenn nicht die meisten Theorien über das Wachstum von Beziehungen, setzen die Entwicklung einer Beziehung mit dem Austausch zunehmend intimerer Informationen gleich" (Fitzpatrick 1988 S.177, Übers.v.Verf.). Die Paare erreichen immer mehr tiefere Schichten gegenseitigen self-disclosures (Murstein 1971), am Ende steht dann -wie bereits erwähnt- die "vollkommene Einheit", das "phantastische Extrem" (Levinger & Snoek 1977 S.112). Das "Optimum" jeder Beziehung und damit auch der partnerschaftlichen Beziehung besteht in der vorbehaltlosen Öffnung gegenüber dem Partner (Jourard 1971b). "Im Idealfall einer vollkommen wechselseitigen Beziehung wird nichts absichtlich zurückgehalten und alles, was von zwischenmenschlicher Bedeutung ist, wird zu Wissen, das von den Partnern geteilt wird" (Levinger & Snoek 1977 S.120). SD wird so nach Jourard (1959) zu einem Gradmesser von Nähe in einer Beziehung. Personen, die sich in einer Beziehung derart mitteilen können, empfinden sich als glücklich (Jourard 1971a, Burke u.a. 1976, Hendrick 1981, Schenk 1983, Berg & McQuinn 1986). Umgekehrt beschreiben Personen, die sich als einsam erleben, nicht nur ihre soziale Distanz zu anderen Menschen, sondern auch den mißlungenen Prozeß, sich verständlich zu machen (Russell u.a.1980). Einsame Menschen zeichnen sich durch geringe Selbstoffenbarung aus (Berg & Peplau 1982, Solano u.a. 1982, Wheeler u.a.1983).

Personen mit vollem SD können sich im Vertrauen auf die Reaktion des Partners so geben wie sie sind. Und dies ist keineswegs selbstverständlich in unserer Welt, denn self-disclosure bedeutet im Prinzip, sich dem Risiko auszusetzen, verletzt zu werden oder dem Risiko, der Situation nicht mehr gewachsen zu sein (Rawlins 1983, Hatfield 1984). Dieses Risiko ist prinzipiell gegeben, da z.B. die Kenntnis intimer Inhalte die Möglichkeit einschließt, diese zu mißbrauchen und den anderen an einer für ihn wichtigen Stelle zu treffen. Die Ehe als der Bereich, in dem heute größte Offenheit angestrebt wird, ist deshalb auch der Ort, ".. wo wir uns am stärksten verletzen können" (Becker & Becker 1985 S.75). Geht man von dem Ideal zur Realität über, so muß es also keineswegs so sein, daß eine enge Beziehung durch offenherzige Kommunikation noch enger wird (Norton & Montgomery 1982). Sie kann durch die Darstellung von persönlichen Überzeugungen oder durch die Verarbeitung neuer Erlebnisse und Erfahrungen, die zu keiner Übereinstimmung zwischen den Partnern führt, auch gefährdet werden. Jeder Partner muß deshalb abwägen, ob seine Mitteilung die Partnerschaft stärken oder gefährden könnte. Altman & Taylor (1973) sehen entsprechend das SD in einer sich vertiefenden Beziehung nicht als ein fortschreitendes, einheitliches Geschehen an, sondern als ein nach Inhalten zu differenzierendes Geschehen. "Wenn einmal ein Bereich, der Konflikte enthält oder extreme Privatheit betrifft, in einer Entwicklungsstufe aufgegriffen wurde, gibt es zwischen den Partnern oftmals ein gemeinsames Einverständnis, diesen Bereich in der Zukunft zu vermeiden - entweder wegen seines Gefährdungspotentials oder wegen seines außergewöhnlich hohen Privatheitscharakters" (Altman & Taylor 1973 S.141 Übers.v.Verf.). Nach Ansicht von Mace (1976) haben viele Partner Angst vor Konflikten und nehmen deshalb mit einer oberflächlicheren Beziehung vorlieb, um den Konflikten dadurch zu entgehen. Intimität einer Beziehung wird von den Partnern oftmals durch Ausklammern besonders strittiger Themen gesichert (Gilbert 1976). Zumindest scheinen manche Ehepaare dazu zu neigen, ihre Beziehung durch zeitweilige Lügen zu bewahren (Goodrich u.a. 1968). Auf offenes Kommunikationsverhalten wird vor allem deshalb verzichtet, weil man die eigene Person schützen oder eigene Ansprüche durchsetzen will (Rosenfeld 1979). All dies aber geschieht nicht bei erfolgreichem self-disclosure Verhalten, offensichtlich, weil es keine Notwendigkeit zu einer Verteidigungshaltung gibt, weil man im Vertrauen auf die beteiligten Personen offenes Verhalten wagen kann. Durch die geglückte offene Kommunikation erfolgt eine Bestätigung der eigenen Person in zentralen Punkten - wodurch auch der Gesprächspartner an Bedeutung gewinnt.

Dieser Prozeß der Selbstmitteilung setzt aber voraus, daß der Sender sich selbst kennt. "Effektive Kommunikationsfähigkeiten beginnen mit Selbstwahrnehmung" (Jorgensen 1986 S.205 Übers.v.Verf.). Es ist nur als Extrembeispiel vorstellbar, daß eine Person sich einer anderen offenbart und gar nicht weiß, was sie zu offenbaren hat. Sollte es trotz mangelnder Voraussetzung zu einem ausgeprägteren Senderverhalten kommen, so ist es Geplapper, Reden um des Redens willen. Der Normalfall hingegen ist, daß eine Person in unterschiedlichem Ausmaß etwas von sich mitteilen kann, etwas, das sie von sich weiß, von Fenigstein u.a. (1975) als Selbstwahrnehmung (self-consciousness) operationalisiert. Das Wissen um sich selbst und die Bereitschaft, dieses Wissen einem anderen anvertrauen zu wollen, sind jedoch zunächst einmal zwei voneinander unabhängige Größen, aus dem einen folgt nicht automatisch das andere. So ergab z.B. eine Studie von Miller u.a. (1983) nur schwache Zusammenhänge zwischen zwei Maßen der Selbstwahrnehmung und dem SD. Der Zusammenhang zwischen Selbstwahrnehmung und Selbstmitteilung kann unterschiedliche Ursachen haben und ist wohl komplexer Natur: motivationale und nicht-motivationale Faktoren sind denkbar (Davis & Franzoi 1987). Zu den nicht-motivationalen gehört das tatsächliche Wissen um sich selbst und damit die Verfügbarkeit von Inhalten, zu den motivationalen gehören das Bedürfnis, sich mitzuteilen oder das Bedürfnis, sich zu schützen. Selbstwahrnehmung ist so in einem gewissen Maße Voraussetzung für Selbstmitteilung, aber gewinnt einen positiven Einfluß auf die Lebenszufriedenheit des Menschen nur in Verbindung mit Selbstmitteilung (Franzoi u.a. 1985). Die Tiefe des self-disclosures ist vom Maß der Selbstwahrnehmung abhängig: differenziertere und tiefgründigere Selbstmitteilung setzt notwendigerweise Selbstkenntnis voraus. Umgekehrt fördert aber das Gespräch die Kenntnis der eigenen Person.

Gegen die Betonung der schrankenlosen Kommunikation gibt es jedoch auch Bedenken. Es wurde vor der die Individuen aufsaugenden Gemeinschaft gewarnt, von der Tyrannei der Intimität (Sennett 1983) oder der Tyrannei der Offenheit (Taylor & Altman 1973) gesprochen. Peters verglich schon 1920 die schrankenlose Kommunikation in einer Ehe mit einem Untersuchungsgefängnis, in der eine Ehe zerredet werde (Peters 1920). Stattdessen wurde die Notwendigkeit von Privatheit auch in einer solch engen Beziehung betont (Schultz 1976). Gilbert & Horenstein (1975) meinen, daß das transparente Selbst nicht für alle Menschen das Ideal sei. Zumindest zeigt es sich, daß Männer in der Regel weniger expressiv sind als Frauen (Hendrick & Hendrick 1983, Schenk 1984, Schenk & Hahn 1987). Das Recht auf Privatheit ist ernstzunehmen. Die Überwachung durch den Ehepartner gilt als das Schreckgespenst einer Ehe, ist - je nach Veranlagung - Inhalt von Komödien oder Tragödien. In der Tat, geht man vom Geist einer liebenden Gemeinschaft aus, so wäre eine bloß formale Forderung nach grenzenloser Offenlegung des Partners der Tod für eben diesen Geist (s. hierzu Norton & Montgomery 1982); ebenso wenn man in einem Entwicklungsverlauf von sich oder dem Partner Verhalten fordern würde, das dem Entwicklungsstand nicht gemäß wäre. Offenheit wäre dann aus der Sicht des Fordernden die Möglichkeit, jederzeit über das Innenleben des Partners verfügen zu können, wäre letztlich eine Okkupation des Partners. Umgekehrt ließe sich ein gezieltes Spiel mit der eigenen Offenheit als Waffe gegen den Partner einsetzen, könnte man ihn dadurch in die Defensive zwingen. Dies vor allem dann, wenn man weiß, daß er Schwierigkeiten hat sich mitzuteilen. Man kann ihm dann die eigene Offenheit als Norm vorhalten.

Offenheit ist hingegen nicht als Technik mißzuverstehen, die man nach Belieben einsetzen kann. Sie ist vom Geist her ein Angebot zum Dialog, in ihrer Erfüllung etwas, was sich aus der Natur der Beziehung selbst ergibt (s.die positive Korrelation zwischen Liebe und SD bei Rubin u.a.1980), wozu man sich und den anderen nicht zwingen muß - und nicht zwingen darf. Offenheit ist ein Teilaspekt erfüllter Begegnung. Wird Offenheit problematisiert, so, weil dieser natürliche Prozeß gestört ist (unter Umständen durch die Schwierigkeiten einer oder beider beteiligter Personen, diesen anspruchsvollen Prozeß mit Feingefühl mittragen zu können), und Offenheit dann zu Recht als etwas Künstliches, Wesensfremdes erscheint. Das Problem ist die Störung der Offenheit und damit der Begegnung, nicht jedoch die

Offenheit selbst. Nicht die Offenheit gilt es zu problematisieren, sondern den unsensiblen Umgang mit Offenheit.
Trotzdem stellen Gegner dieses Konzeptes die Frage, ob ein Zuviel an Offenheit nicht auch schädlich sein könne - methodisch formuliert als die Frage, ob die Beziehung zwischen SD und Glück, Zufriedenheit etc. vielleicht kurvilinear sein könnte, mit der Annahme, daß größte Zufriedenheit mit mittlerem SD verbunden sei. Jorgensen & Gaudy (1980) bestätigen in ihrer Untersuchung jedoch die lineare Beziehung zwischen SD und Glück, d.h. daß es kein schädliches Zuviel an SD gibt. Letztlich wird man diese Frage jedoch nur klären können, wenn man in Theorie und Methodik differenzierter und präziser arbeitet; dann könnte vielleicht nicht die Privatheit das Problem sein, sondern das Verständnis von Offenheit selbst (s.unten).
Der einfache Zusammenhang zwischen Selbstoffenbarung und Zufriedenheit bzw. Glück ist aus methodischer Hinsicht in Frage zu stellen. In vielen Untersuchungen wurden für die Erfassung von SD Skalen eingesetzt, die in irgendeiner Version Positives zur Grundlage hatten; sei es, daß direkt Positives berichtet wurde, sei es, daß Dinge mitgeteilt wurden, die durch diesen Mitteilungsprozeß für die Partner etwas Positives bedeuteten (vor allem Vertrauen in den Partner). Im Endeffekt könnte es bedeuten, daß aus einer insgesamt positiven Beziehung zwei darunterfallende Aspekte aufgegriffen werden - und diese deshalb positiv miteinander korrelieren, weil sie ja letztlich das gleiche messen, ganz nach der Methode, nichts ist erfolgreicher als der Erfolg. Es würden letztlich inhaltliche Erfolgsmaße miteinander korreliert. Die Bedeutung einer formalen Variablen wie der des Miteinander-Redens ist durch die Konfundierung von Form und Inhalt schwer nachzuweisen. Man stelle sich ein Ehepaar vor, das in der Verwirklichung seiner Lebenspläne erfolgreich ist und sich über den Alltag unterhält. Reden ist dann immer Reden über Erfolge - und wen würde es wundern, daß solches Reden über Erfolge mit Wohlbefinden korreliert (s. auch Navran 1967). Was als formale Variable gedacht war, könnte durch mangelnde Kontrolle der Inhalte eine versteckte Inhaltsvariable sein. Führt man gezielt negative Inhalte ein, z.B. Kritik am Partner oder andauernde Mitteilung eigener negativer Empfindungen, so verschwinden die positiven Korrelationen zwischen SD und Wohlbefinden irgendwelcher Art, kommt es zu Null-Korrelationen oder sogar negativen Korrelationen (Levinger & Senn 1967, Gilbert 1976, Morton 1978, Sprenkle & Olson 1978, Tolstedt & Stokes 1984, Taylor & Belgrave 1986). Coates & Winston (1987) sprechen von einem Dilemma bezüglich des Mitteilens persönlicher Belastungen, da miteinander Reden eigentlich gut ist, aber das Offenbaren persönlichen Leids die Mitmenschen eher belastet. Das Dilemma wird noch größer, wenn sich die negativen Inhalte auf den Partner beziehen: einerseits ist es gut, sich auszusprechen, andererseits aber birgt der Inhalt Sprengstoff, geht es um Verletzungen, die dem, der die Aussprache sucht, zugefügt wurden, und um Verletzungen, die dem Kritisierten in der Aussprache zugefügt werden könnten. Es verwundert nicht, wenn "erfolgreiche" Paare gelernt haben, solch heiklen Situationen auszuweichen (s. oben). Unterscheidet man zwischen einer fordernden Offenheit und einer vertrauenden Offenheit, so ist die

Korrelation von Eheglück mit vertrauender Offenheit signifikant größer (Schenk 1983) - offensichtlich, weil dies dem Phänomen mehr entspricht als die auf eigene Rechte pochende fordernde Offenheit dies tut.
Ist danach SD als eigenständige formale Variable von geringerer Bedeutung, vielleicht sogar ein Artefakt, letztlich nur eine indirekte, verschwommene Erfassung einer inhaltlich positiven Beziehung? Bleibt man jedoch bei methodischen Überlegungen, so stellt sich die Frage, ob denn in den bisherigen Untersuchungen die offene Kommunikation adäquat erfaßt wurde und ob der theoretische Rahmen hinreichend reflektiert und in das methodische Vorgehen eingebracht wurde. In allen Untersuchungen wurde in relativ naiver Weise das SD-Verhalten erfaßt. In den vorherrschenden Fragebogen-Untersuchungen war die Basis die Selbstauskunft der Befragten, womit faktisch unterstellt wurde, daß diese ihr eigenes Verhalten beurteilen könnten. Davon aber kann man nicht ausgehen; theoretisch kann es so sein, daß eine Person ein so gestörtes Verhältnis zu sich, zu anderen, zur Kommunikation hat, daß sie überhaupt nicht in der Lage ist, in diesen Bereichen valide Urteile abzugeben. Eine Person, die über ein geringes self-disclosure Verhalten verfügt - sei es z.B., weil sie ein solches Verhalten in ihrer Herkunftsfamilie nicht erlebt hat oder weil es ihrem persönlichen, handlungsorientierten Lebensstil widerspricht -, wird nicht in der Lage sein, ihr eigenes Verhalten nach diesem ihr fremdem Maßstab zu beurteilen. Sie wird vielleicht etwas als offenes Verhalten ansehen, was nach einem tieferen Verständnis von self-disclosure geringe Öffnung wäre. Man darf die Pbn in Untersuchungen zwar nach ihrem Urteil befragen, darf dieses Urteil aber in keiner Weise automatisch mit dem tatsächlichem Kommunikationsverhalten gleichsetzen (s. hierzu auch die kritischen Anmerkungen von Dindia, 1985). Genau dies aber erfolgt stillschweigend bei Fragebogen-Untersuchungen. Andererseits wird in Experimenten, mit denen tatsächliches Kommunikationsverhalten erfaßt wird, oftmals ein relativ unverbindliches Thema oder eine wenig persönliche Situation vorgegeben, was durchaus berechtigt sein mag, aber die Verallgemeinerungsfähigkeit der Ergebnisse erheblich beschränkt.
So mag sich denn ein Fehler in die meisten Untersuchungen eingeschlichen haben, der zunächst das methodische, dann aber auch das theoretische Verständnis betrifft. Methodisch betrifft es die Frage, was das tatsächliche SD-Verhalten im Alltag ist, ob es durch die Untersuchungen überhaupt erfaßt wird. Theoriebezogen gilt es zu klären, ob das tatsächliche SD-Verhalten dem entspricht, was richtiges SD-Verhalten i.S. von Selbstoffenbarung sein könnte und welche Relevanz richtiges SD-Verhalten für die Gestaltung von Beziehungen hat. Möglicherweise ist das übliche Verständnis von SD so fehlerhaft, daß Verhalten im Sinne dieses Verständnisses zu Schwierigkeiten führen muß. Wie aber sollen dann unkritische empirische Untersuchungen den Nachweis der Bedeutung von SD für die Gestaltung zwischenmenschlicher Beziehungen, insbesonders enger dauerhafter Beziehungen erbringen können? Gilbert (1976) kam daher nach einer kritischen Diskussion der Themen Selbstoffenbarung und Intimität zu der Schlußfolgerung, daß es vor allem darauf ankommen muß, beide Variablen stärker qualitativ zu erforschen und so

z.B. bei SD den Inhalt, die Valenz der Aussage (positiv versus negativ) und den Grad der Intimität zu unterscheiden.

Wer sich mitteilt, will verstanden werden. Verstehen wird danach formal mindestens gleich wichtig für den Kommunikationsprozeß wie Sich-mitteilen. Seneca (s. oben) hat in seinem Flehen die existentielle Bedeutung des Wahrgenommen- und Verstandenwerdens für den sich Mitteilenden deutlich gemacht. William James (s. Stinnett 1985) hielt das Bedürfnis nach Anerkennung für das wichtigste der Menschen. Diese Anerkennung des anderen wird in seiner geringsten Form in der Wahrnehmung, in der Auseinandersetzung mit dem anderen Menschen verwirklicht. Das schlimmste ist, selbst dieser minimalen Aufmerksamkeit nicht wert, der Gleichgültigkeit ausgeliefert zu sein (Fromme 1965, Dosenberger 1983). In seinem Märchen vom kleinen Prinzen ließ Saint-Exupery (1946, dt. 1965) den Prinzen entsprechend zu den Rosen sagen, daß sie noch nichts seien, denn niemand habe sich ihnen vertraut gemacht. Niemanden zu haben, der es für Wert befindet, einen kennenzulernen, sich um einen zu kümmern, dies ist wohl ein vernichtendes Urteil über die eigene Person. Dem Zuhörer kommt daher bei der Gestaltung menschlichen Lebens eine wesentliche Rolle zu: indem er sich dem anderen zuwendet, ihn in seiner Mitteilung ernst nimmt, bestätigt er diesen in seiner Existenz.

Einander verstehen ist ein wichtiges Anliegen der Menschen (s. Fields 1983, Fischer u.a. 1985), wobei sich Menschen in einer schwierigen Lage vor allem nach einem Mitmenschen sehnen, der ihnen zuhört (Young 1982). Sie suchen nicht den Ratgeber oder den Beurteiler einer Situation, sondern einen Menschen, der sie in ihrer Situation wahrnimmt, sie gelten läßt und der Anteil an ihrem Leben nimmt. Es war vor allem C. R. Rogers, der in seinem Lebenswerk die Bedeutung des empathischen Verhaltens hervorgehoben hat. Im Sinne dieses Ansatzes von Rogers haben z.B. Schumm u.a. (1983) die Bedeutung von Empathie, positiver Wertschätzung und Selbstkongruenz für den Kommunikationsprozeß betont. Fox & Tausch (1983) haben nachgewiesen, daß diese von Rogers bestimmten Variablen zufriedene von nicht zufriedenen Paaren signifikant unterscheiden. Andere Autoren haben den "therapeutischen Aspekt" des Zuhörens betont (Nye & McLauglin 1976), der im gleichen Sinne dem Sender die Möglichkeit gibt, sich aussprechen zu können. Der gute Zuhörer zeichnet sich zunächst dadurch aus, daß er etwas nicht tut: er stellt sich nicht selbst in den Mittelpunkt, er wird nicht zu dem, der das Geschehen bestimmt, ihm seinen Stempel aufdrückt. Zuhören ist jedoch nicht zu verwechseln mit Schweigen. Zuhören und Verstehen bedeutet, sich in den anderen Menschen eindenken können, nachempfinden können, was den anderen bewegt - wobei dies allerdings in einer gegenüber dem Mitteilenden positiven Grundhaltung erfolgt.

Im Rahmen sozialpsychologischer Forschungsarbeiten hat man das Empfängerverhalten entsprechend als "perspective-taking" (= den Standpunkt des anderen einnehmen) operationalisiert (Davis 1980). Ein solches verstehendes oder empathisches Verhalten korreliert deutlich mit der ehelichen Zufriedenheit oder dem ehelichen Glück (Schenk & Pfrang 1983, Franzoi u.a. 1985, Long & Andrews 1990). Dieses perspective-taking ist unabhängig vom self-disclosure Verhalten (Miller u.a. 1983, Franzoi u.a.1985), womit deutlich wird, daß sich-offenbarendes Verhalten als Mitteilender und verstehendes Verhalten als Zuhörer keine Einheit sind. Das eine bewirkt nicht automatisch das andere: wer sich gut mitteilen kann, ist nicht notwendigerweise ein guter Zuhörer; ein guter Zuhörer kann sich nicht unbedingt anderen Menschen mitteilen. Für die Zufriedenheit mit einer Beziehung kann jedoch nach einer Untersuchung von Falk & Wagner (1985) das Empfängerverhalten im Sinne von perspective-taking wichtiger sein als das Sender-Verhalten im Sinne des self-disclosures. Berücksichtigt man die Unschärfe der meisten Untersuchungen zum SD-Verhalten, so ist ein solches Ergebnis nicht überraschend. Mit dem perspective-taking wird vielleicht deutlicher als beim SD-Verhalten der ichbezogene Ansatz verlassen. SD-Verhalten kann man im Sinne einer hingebenden, vertrauensvollen Öffnung verstehen, es kann aber auch, wie Norton & Montgomery (1982) zu Bedenken gaben, als Mittel eigenen offensiven Durchsetzungswillens gebraucht werden. Es hängt offensichtlich vom Geist des Gebrauchs ab, ob SD gemeinschaftsstiftend wirkt. Dies gilt grundsätzlich für jede Verhaltensweise, aber es ist denkbar, daß in einer stark auf das Individuum und die Durchsetzung seiner Ansprüche orientierten Zeit ein Verhalten, das auf das Verständnis des Gegenübers ausgerichtet ist, eher dem gemeinschaftsstiftenden Geist entspringt. Selbstverständlich läßt sich auch mit dieser Verhaltensweise spielen, kann man sie mißbrauchen, aber dies setzt ein größeres Maß an distanziertem Systemverständnis voraus als beim Mißbrauch von SD-Verhalten notwendig wäre. Aus diesem Grunde mag es sein, daß das verstehende Verhalten einen größeren Zusammenhang mit dem aktuellen Zufriedenheitsgefühl hat als das sich-mitteilende Verhalten. Anders ausgedrückt: vielleicht gelingt uns das mitteilende Verhalten leichter als das aufnehmende Verhalten und kommt dem letzteren Verhalten deshalb eine größere Bedeutung bei, weil es mehr vermißt wird.

Sich-mitteilen und Verstehen stellen zwei Elemente des Kommunikationsgeschehens dar, die man zwar zum besseren Studium zeitweilig isoliert untersuchen darf, die aber letztlich nur als Teile eines übergreifenden Prozesses verstanden werden können (Fitzpatrick 1988). Eigene Selbst-Mitteilung (self-disclosure) führt beim Partner zu größerer Selbst-Mitteilung (z.B. Cohn & Strasberg 1983). Situationsadäquate Selbst-Mitteilung bewirkt Sympathie für den Sender; umgekehrt erleichtert Sympathie für den Gesprächspartner die Selbst-Öffnung (Taylor u.a. 1969, Worthy 1969, Broder 1982). Das Ineinandergreifen von Sich-mitteilen und Sympathie (s. auch Fisher 1982) setzt eine Entwicklung zu größerer Nähe in Gang, wie sie von Vertretern der Stufentheorie zwischengeschlechtlicher Attraktion beschrieben wird. Damit wird Verhalten als reziprok erkannt: man verhält sich dem anderen gegenüber so, wie er sich mir gegenüber verhält. "Reziprozität des disclosure-Verhaltens ist das bei weitem konsistenteste Ergebnis der self-disclosure Literatur" (Berg 1987 S.111, Übers.v.Verf.); ähnlich Myers (1989). Nach der Meinung von Autoren, die Übersichten über die Forschungsarbeiten erstellten, ist der beste Prädiktor für das SD-Verhalten von Person B gegenüber Person A das SD-Verhalten, das diese von Person A selbst gezeigt bekam (s. Berg 1987). Entsprechend formuliert Schneider: "Wenn ein Partner dem anderen sehr intime, persönliche Dinge erzählt, werden beide nur dann eine Ausgeglichenheit der Kommunikation empfinden, wenn auch der andere persönliche Themen anschneidet" (Schneider 1985 S. 157). Aus dem weiteren Text bei Schneider geht hervor, daß die Wahrnehmung der Ausgewogenheit zur Zufriedenheit mit der Beziehung führt.

Diese oft vertretene These kann sich jedoch grundsätzlich nur auf die Gesamt-Bilanz des Verhaltens beziehen, was bedeuten würde, daß der Begriff "Reziprozität" auf seine zeitliche Komponente hin genauer zu fassen ist. Bleibt man beim unmittelbaren Gesprächsverhalten, so wird zunächst komplementäres Verhalten gefordert. Sich-Mitteilen ergibt nur einen Sinn, wenn auf der Gegenseite ein Zuhörer vorhanden ist. Mit Experimenten, in denen man den Zusammenhang zwischen SD und SD, sowie zwischen SD und Sympathie nachgewiesen hat, wird der dynamische Aspekt des Kommunikationsverhaltens nur angedeutet. Die Dynamik wird jedoch deutlich, wenn man das Zusammenspiel zwischen Senden und Empfangen zum Thema macht (s. z.B. das Ablaufmodell eines Gesprächs bei Stuart 1980). Ob es langfristig gesehen zu verstärktem gegenseitigem SD und Sympathie kommt, hängt letztlich auch von der Art ab, wie ein Gespräch geführt wird. Beide Gesprächspartner müssen den Prozeßcharakter des Gesprächs akzeptieren und realisieren. Öffnet sich z.B. eine Person einer anderen und zeigt diese kein ihrer Zuhörerrolle entsprechendes empathisches Verhalten (Berg & Archer 1978), so kommt der Mitteilungsprozeß in der Regel sehr schnell zum Erliegen, ohne gestiegene Sympathie.

Die These von der Reziprozität des SD-Verhaltens wird hingegen nicht durch Verweis auf den Prozeß zu belegen versucht, sondern durch zwei andere Vorgehensweisen. Bei der einen wird Bezug genommen auf artifizielle oder inhaltlich sehr eingeschränkte Experimente. So sollen sich zwei Personen miteinander bekanntmachen und die eine Person, die die echte Versuchsperson ist, hört die experimentell variierte Mitteilung der anderen Person über Telefon und soll darauf mit einer eigenen Mitteilung reagieren, ohne daß ein weiterer Dialog möglich ist. Das SD-Verhalten der zweiten Person ist die unmittelbare Reaktion auf das SD-Verhalten der ersten Person, weil experimentell so erzwungen; die Versuchsperson kann nur den Grad ihres self-disclosures variieren. Bei dem zweiten Untersuchungstyp ist SD der zweiten Person nicht deren unmittelbare Reaktion, sondern erfolgt erst im Verlauf des weiteren Gesprächs an späterer Stelle und das vorher abgelaufene Gespräch ist die Basis dafür, ob die zweite Person mit eigenem SD reagiert. Oder aber es werden Selbstaussagen zur eigenen Offenheit mit der wahrgenommenen oder von der anderen Person berichteten Selbstaussage korreliert. In jedem Fall wird das Ausmaß von SD der einen Person mit dem Ausmaß von SD der anderen Person verglichen, ohne daß der Kommunikationsprozeß intensiver einbezogen würde. Reziprok bedeutet dann, daß allein das Maß des SD-Verhaltens beider Personen zueinander in Bezug gesetzt wird. Auf der Basis solcher Untersuchungen kommt man dann zu dem Ergebnis, daß self-disclosure der einen Person self-disclosure der anderen Person bewirkt (so z.B. Tubbs & Baird 1976).

Versucht man jedoch, sich den dazugehörigen Prozeß vorzustellen, wird die Beschreibung in der Regel etwas anders aussehen müssen. Das SD-Verhalten der zweiten Person erfolgt zeitverzögert und dies ist meistens aus inhaltlichen Gründen zwingend. Man stelle sich direktes reziprokes Verhalten vor: eine Person will über ein erlittenes Leid reden und der Gesprächspartner antwortet darauf sofort mit dem Bericht über eigenes Leid. Formal wäre das Verhalten der zweiten Person self-disclosure Verhalten und nach dem einfachen Modell würde damit ein positiver Interaktionsprozeß unterstellt, mit immer größer werdender Offenheit der Partner. Faktisch demonstrierte das Verhalten der zweiten Person die Egozentrik des Zuhörers und würde zum Zusammenbruch des Gesprächs führen. Aber auch das Gegenteil ist vorstellbar, wenn man sich eine von beiden Seiten so gewollte "therapeutische" Beziehung vorstellt, in der der eine dem anderen helfen will. Hier ist Reziprozität eher unerwünscht, will und soll sich nur der eine dem anderen mitteilen. Schneider (1985) hat seine oben erwähnte allgemeine Formulierung zur Reziprozität durch das negative Beispiel zu untermauern versucht, wonach ein Vorgesetzter persönliche Mitteilungen seiner Untergebenen "verlange(n)", ohne selbst solche von sich zu geben. Dies wäre eine eklatantes Beispiel von Unausgewogenheit und müßte zu Unzufriedenheit führen - freilich fügt er danach einschränkend hinzu, sofern diese Unausgeglichenheit nicht von beiden Seiten durch Standesunterschiede als legitimiert erschiene. Mit diesem Zusatz aber stellt er die allgemeine Regel - berechtigterweise - in Frage.

An einer zu wörtlich verstandenen Auffassung von Reziprozität hat Dindia (1985) Kritik geübt. So kann Reziprozität ganz offensichtlich nicht gemeint sein. Methodisch wird durch den einen Untersuchungstyp die Reziprozität zu eng vorgegeben, durch den anderen wird die Analyse des Prozeßes unterschlagen. Weitet man den Blick jedoch auf den Prozeß aus, so wird deutlich, daß die Reziprozität nicht vom Buchstaben, sondern vom Geist her verstanden werden muß. Reziproke Offenheit erfolgt langfristig, weil beide beteiligten Personen diese wachsende Gemeinschaft spüren und sie aus diesem Verständnis heraus handeln (Derlega & Chaikin 1975). Und deshalb kommen Tubbs & Baird nach Einbeziehung des Prozeßcharakters von Kommunikation zu einem anderen Verständnis von Kommunikation, freilich ohne explizit ihre weiter oben erwähnte Reziprozitätsthese zu widerrufen: "Nur durch die Nutzung dieses rhetorischen Prozeßes können die Kommunikationspartner die Wahrscheinlichkeit erhöhen, disclosure-Verhalten zu zeigen, das die Entwicklung effektiver interpersonaler Beziehungen eher fördert statt sie zu behindern" (Tubbs & Baird 1976 S.26, Übers.v.Verf.). Zu diesem "rhetorischen Prozeß" gehört u.a. die unmittelbare (!) Reaktion des Empfängers von self-disclosure im Sinne von Aufgeschlossenheit für dieses SD. Würde man Reziprozität hingegen zeitlich eng begrenzt definieren, so würde damit die Einsamkeit der Menschen durch eine solch geübte Reziprozität gefördert. Wollte man sie in jeder Beziehung einfordern, so würde man die Art dieser Beziehung ignorieren: je nach der Art der Beziehung ist Gemeinschaft auch ohne diese unmittelbare, buchstäbliche Reziprozität möglich. Gerade Autoren der Exchange- oder der Equity- Theorie haben immer wieder betont, daß die Partner nicht mit gleicher Münze zurückzahlen müssen.

Enge Beziehungen schließen Konflikte nicht aus, im Gegenteil. Die eigene Lebensgestaltung stimmt nicht unbedingt mit der des Partners überein und daraus ergeben sich Konflikte, die es zu lösen gilt und deren Lösung den Beteiligten im Alltag durchaus schwer fällt. Verärgerung eines Partners ist dann nichts ungewöhnliches. Würde das Prinzip der Reziprozität im zeitlich engen Zusammenhang gelten, so müßte auch der Partner verärgert sein und die Eskalation des Streits wäre voll im Gange. Es zeichnet jedoch gerade erfolgreiche Paare aus, daß sie dieser kuzfristigen Reziprozität entsagen können, dem Ärger des Partners nicht mit eigener Wut entgegentreten. Umgekehrt reagieren Partner einer im Niedergang befindlichen Ehe reziprok aufeinander: ein Wort gibt das andere, der Streit wird ausgebaut (Gottman u.a. 1976, Gottman 1979, 1982).
Gespräche sind jedoch nicht nur davon abhängig, wie weit dabei die innere Logik des Gesprächsablaufs beachtet wird, sondern auch davon, ob die Rahmenbedingungen berücksichtigt werden. Ein Verhalten nach der Überzeugung "Selbst-Mitteilung ist immer gut und schadet nie" würde zwar das Leben einfacher machen, entspricht jedoch nicht den Anforderungen. Man muß dieses Verhalten in seinem komplexen Bedingungsgefüge verstehen, abhängig von vielen Variablen (Goodstein & Reinecker 1974, Tubbs & Baird 1976, Giles & Street 1985). Experimente zum self-disclosure Verhalten haben gezeigt, daß große Offenheit des Senders unter Freunden angemessen ist, unter Fremden aber unangemessen sein kann und als Distanzlosigkeit erlebt wird (Suls & Marco 1991). Offenheit ist somit kein Verhalten, das man in immer gleicher Weise praktiziert, sondern wird von den beteiligten Gesprächspartnern abhängig gemacht (Dion & Dion 1978). Aber selbst auf Fremde bezogen gibt es kein starres Schema, ist Offenheit möglich (Derlega & Chaikin 1975). Das Urteil der Distanz- oder Hemmungslosigkeit wird nur dann gefällt, wenn der Gesprächspartner sich nicht mehr situationsadäquat verhält, also er einseitig, ohne Gespür für die Beteiligung des anderen, Vertrautheit herstellen will (Suls & Marco 1991).
Im Kern zielen die bisherigen Aussagen auf ein Verständnis des Kommunikationsprozesses, in dem dann das SD keinen absoluten Wert darstellt, sondern als ein Teil der Kommunikation angesehen wird (s. hierzu Fitzpatrick 1988). Dazu gehört auch ein reflektiertes Verständnis der Situation, in der man sich eigenes Kommunikationsverhalten vorstellen kann (z.B. Berücksichtigung der unmittelbaren zeitlichen Gelegenheit daraufhin, ob sie für den Zweck geeignet ist; Verantwortung übernehmen für den gesamten Kommunikationsprozeß im Sinne des dadurch möglichen Ergebnisses). Die Beachtung aller Variablen mag dazu führen, daß man seinem unmittelbaren Impuls nicht nachgibt. Eine Untersuchung von Pfefferkorn (1984) ergab, daß solche, die Situation reflektierenden Einstellungen wenig stark ausgeprägt sind und sie nicht konsistent mit dem eigenen Eheglück korrelieren. Das Feingefühl für die Situation ist nach dieser Untersuchung bei Partnern nicht weit entwickelt. Bei Frauen ergibt sich sogar eine signifikant negative Korrelation: subjektives Eheglück korreliert bei ihnen negativ mit dem Verständnis dafür, was man in einer bestimmten Situation inhaltlich ansprechen kann. Frauen fühlen sich somit wohler, wenn sie sich alles von der Seele reden, ohne auf die

Folgen oder Voraussetzungen für eine solche Aussprache Rücksicht zu nehmen (Pfefferkorn 1984). Folgt man jedoch dem undifferenzierten Schema "Ich sage, was ich denke", so sagt man vielleicht vieles, was letztlich von den Konsequenzen her so nicht gewollt wäre, weil es langfristig keinen Sinn ergibt. Trotzdem scheint ein solches Verhalten das Lebensgefühl in einem begrenzten Maße zu stärken. Vor einem solchen unstrategischen Vorgehen aber hat Stuart (1980) gewarnt. Man kann jedes Problem z.B. zu einem Grundsatzkonflikt hochstilisieren, man kann es aber auch in seiner richtigen Größenordnung erkennen und behandeln, sich fragen, was man eigentlich will. Offenheit muß im Prinzip nicht das Gegenteil zu Augenmaß und Gespür für die Situation sein, ist es aber im Alltag oftmals, weil Offenheit nur als ein eigenes Recht gesehen wird, ohne die Pflichten zu berücksichtigen, die sich aus diesem Recht ergeben.
Kommunikation ist danach nicht ein schematisch anzuwendendes Verfahren, sondern ein Versuch, Begegnung zwischen Menschen möglich zu machen, ein Versuch, den man von seinem Geist her verstehen muß. Kommunikation ist, wenn in seinem Kern begriffen, ein Versuch zum Dialog mit dem Mitmenschen. Der Versuch garantiert nicht den Erfolg. Kommunikation ist zunächst ein formaler Prozeß - allerdings auch ein Prozeß, der, wenn er vorbehaltlos gewagt wird, sehr viel über die beteiligten Personen aussagt. So gelebt, zeigt er das Bemühen der Personen, hat also dadurch auch eine inhaltliche Komponente. Es kann den gemeinschaftsstiftenden Wert von Kommunikation nur geben, wenn man sich dazu eine im Grunde große Substanz der beteiligten Personen vorstellt, durch die der Kommunikationsprozeß getragen wird und deren Substanz sich durch diesen Prozeß entfaltet. Diese Substanz führt jedoch nicht notwendigerweise zu inniger Gemeinschaft. Personen, die in ihrem Lebensentwurf unvereinbar sind, werden durch offene Kommunikation nur eben dies feststellen können. Sie werden sich aber in ihrem Scheitern als Paar dennoch als Personen respektieren. Daneben gibt es die vielleicht weit größere Möglichkeit, daß scheinbare Gegensätze sich durch eine vertiefte Kommunikation überwinden lassen und dadurch eine innigere Gemeinschaft möglich wird. Offene Kommunikation ist deshalb kein Mittel, um ein vorweg definiertes Ziel durchzusetzen. Kommunikation ist ein Weg zur Begegnung und zur Wahrheit, den man mit dem ganzen Einsatz der eigenen Person wagen muß, damit diese Begegnung eine Chance auf Erfüllung erhält.

2.3 Kommunikationsdefizite der Bevölkerung

Eine Studie von Argyle & Furnham (1983) ergab, daß die Zufriedenheit mit dem Ehepartner weit größer ist als die mit Berufskollegen und Nachbarn, mit dem Nachbarn an letzter Stelle. In der gleichen Untersuchung wurde das Ausmaß der Konflikte mit den jeweiligen Bezugspersonen erfragt. Für beide erfaßte Faktoren ergab sich, daß, etwas vergröbert dargestellt, die Konflikte mit dem Ehepartner am größten sind, vergleichsweise relativ gering aber mit dem Nachbarn und dem Berufskollegen. Die Konflikte sind somit am größten mit dem Ehepartner, also der Person, mit der man in der Beziehung am zufriedensten ist. Dies gilt auch für den

Konfliktfaktor II, der als eines der drei Bestimmungselemente den Streit über die mangelnde Kommunikation enthält. Man kann darin einen Widerspruch sehen, mit dem man sich auseinandersetzen muß. Einen solchen Widerspruch benennen auch Gottman u.a. (1976) aufgrund ihrer Forschung, wenn sie sagen, daß man mit niemand gröber umgeht als mit dem Ehepartner.
Wie ist es möglich, daß die Konflikte ausgerechnet mit der Person am größten sind, die einem am nächsten steht, für einen am bedeutsamsten ist? Da damit ja ein Vergleich angesprochen ist, könnte man sagen, das liegt an dem zum Vergleich herangezogenen Personenkreis der Berufskollegen und Nachbarn, mit denen man - wie bereits früher erwähnt - nur ein eher strategisches Verhältnis eingeht. Aufgrund geringerer Ansprüche an die Begegnung mit diesen Personen bleibt eine solche Beziehung erkennbar oberflächlich, wie das grundlegend strategische Handeln dazu führt, daß Reibungsmöglichkeiten frühzeitig unter Kontrolle gebracht werden. Die Ehe hingegen gilt als der Bereich, in dem vorbehaltlose Gemeinschaft und persönliches Glück durch diese Gemeinschaft gesucht wird. Dieser Anspruch läßt es eigentlich nicht zu, daß man wesentliche Lebensbereiche bei Divergenzen einfach ausklammert. Konflikte widersprechen zwar dem Klischee einer harmonischen Lebensgemeinschaft, sie sind jedoch unter dem Gesichtspunkt, eine umfassende und tiefe Begegnung mit dem Ehepartner zu wollen, eine Herausforderung, der man sich stellen muß. Vergleicht man Beruf und Ehe (Schenk & Hahn 1987, s. Tab.3 S.174), so haben Männer und Frauen von der Tendenz her eher negative Gefühle im Beruf als in der Partnerschaft, neigen aber insbesondere Frauen mehr dazu, ihre negativen Gefühle in der Partnerschaft auszudrücken. Das Ergebnis kann man durch die Erwartungen bezüglich beider Bereiche erklären. Mit dieser Erklärung wird jedoch nicht notwendigerweise die Frage beantwortet, warum es in der Ehe zu einer derartigen Zahl an Konflikten kommt - wobei allerdings theoretisch denkbar ist, daß die Zahl der Konflikte nicht größer, wohl aber deren Wahrnehmung in der Ehe intensiver erfolgt. Es erscheint jedoch naheliegend, daß mit der Intensität der Begegnung auch die Reibungsmöglichkeiten steigen. Aber warum muß dies so sein - bei Personen, die sich lieben und damit ist ja irgendwie impliziert, daß es Personen sind, die einander vertrauen, die sich vom Partner verstanden fühlen und diesen verstehen? Vielleicht liegt es daran, daß partnerschaftliches Verhalten bisher nicht lernbar ist (Bleske 1981) und die Ehepartner bei ihrem anspruchsvollen Versuch ohne Unterstützung sind.
Vergleicht man die am Eheprozeß unmittelbar Beteiligten, also die Ehepartner, mit Fachleuten bezüglich der Erwartungen an eine Ehe, so sind die Beteiligten im wesentlichen ergebnisorientiert, während die Fachleute ihre Aufmerksamkeit mehr auf die strukturellen Variablen lenken (Fisher 1982). Es ist jedoch einsichtig, daß Personen, die auf ein Ergebnis ausgerichtet sind, ohne den Weg zu diesem Ergebnis zu beachten, ihr Ziel nur eher zufällig und das heißt meistens gar nicht erreichen werden. In diesem Sinne ist auffällig, daß die Einstufung eines - oder nach Ansicht mancher Autoren: des entscheidenden - Prozeßelementes nicht eindeutig genug erfolgt. Während ganz allgemein die Bedeutung von Kommunikation für zwischenmenschliche Beziehungen und insbesondere für die partnerschaftliche

Beziehung anerkannt ist, sehen in ihrer Ehe gescheiterte Personen die Art ihrer Kommunikation nicht als Scheidungsgrund an (Albrecht & Kunz 1985, Henslin 1985). Geschiedene ziehen aus ihrer gescheiterten Ehe die Konsequenz, in Zukunft eher konfliktbereit sein zu müssen (Furstenberg 1982), so als ob das Vermeiden von Konflikten ein oder das Hauptproblem der gescheiterten Ehe war.
Dem entspricht eine Tendenz unter Fachleuten, die mangelnde Konfliktoffenheit als ein Hauptproblem enger Beziehungen anzusehen, vor allem vertreten von Bach. Während Bach (s. Bach & Wyden 1970) ein neues Verhältnis zu dem strukturellen Thema "Streiten" erreichen will, verweisen andere Autoren auf unterschiedliche Positionen der Geschlechter, die zum Mißtrauen zwischen ihnen, hier zum Mißtrauen der Frauen gegenüber den Männern führen (Steinman & Fox 1966, Pfeil 1975). Nach den Untersuchungen dieser Autoren fühlen sich die Frauen entgegen den offiziellen Aussagen der Männer von diesen auf ein reduziertes Frauenbild festgelegt. In diesem Sinne haben Metz-Göckel & Müller (1986) die Männer zu entlarven versucht, freilich mit einer in sich problematischen Logik, nach der sie auch die erdrückende Mehrheit der Frauen gleichermaßen entlarvt hätten (Schenk 1994). Wie auch immer, die Diskussion zeigt, daß es ein gewisses Mißtrauen der Frauen gegenüber der Haltung der Männer gibt - und dies ist ein Kommunikationsproblem. Dieses Kommunikationsproblem zeigt sich auch am Beispiel Sexualität. Häufigkeit und Intensität des Geschlechtsverkehrs sind zwischen den Geschlechtern umstritten, wobei die Frau die Rolle des Bremsers und letztlich Bestimmenden übernimmt (z.B. Ard 1977). Der Unterschied zwischen den Geschlechtern wird jedoch deutlich größer gesehen als es den tatsächlichen Verhältnissen entspricht (Schenk & Pfrang 1982).
Die Diskussion um die Einstellung der Männer verweist auf Kommunikationsprobleme. Im partnerschaftlichen Bereich wird dabei deutlich, daß vor allem die Erwartungen der Frauen enttäuscht werden. Es sind die Frauen, die einen offenen Kommunikationsstil anstreben, und die mehr an Öffnung und Selbstwahrnehmung ihrer Person, wie an Eindenken in den anderen Menschen (perspective-taking) zeigen. In der Ehe mit Männern können sie ihr Anliegen nach innigerer Kommunikation nur begrenzt durchsetzen und reagieren mit Enttäuschung auf diesen Zustand (z.B. Rubin 1976, Aries 1987). Sie suchen deshalb verstärkt nach einer Ergänzung in Form einer Freundin (s. Aries 1987). Bezogen auf den am traditionellen Männerbild orientierten Mann, der sich im wesentlichen auf den Leistungsaspekt konzentriert, haben Frauen (Bernard 1981) kritisch von einem emotionalen Parasiten gesprochen und eine stärkere Öffnung und Beteiligung des Mannes im sozial-emotionalen Bereich gefordert. Männer sind in der Tat durch den Mangel an anderen engen Beziehungen stärker auf den Ehegatten verwiesen; sie erleben die Interaktion mit Frauen als erfüllter als die mit Männern (Wheeler u.a.1983).
Trotz dieser Daten wird die Rolle der Geschlechter auch von Männern diskutiert, werden Veränderungen des Rollenbildes auch von Männern mitgetragen (s. Schenk 1984). Im ehelichen Bereich werden Männer von ihren Ehefrauen bezüglich empathischen Verhaltens durchaus positiv beurteilt, besser dargestellt als sie sich selbst sehen (Schenk & Pfrang 1983). Entgegen dieses Trends ist es heute bei

populärwissenschaftlichen Autoren jedoch wieder in Mode gekommen, das Kommunikationsdefizit der Männer in den Vordergrund zu stellen. Man muß solchen Tendenzen aus zwei Gründen mit Skepsis begegnen. Zum einen ist gar nicht gesichert, daß es tatsächlich eine so krasse Unterscheidung zwischen den Geschlechtern gibt, daß man deren Verhalten gleich zwei verschiedenen Kategorien (weiblicher Stil, männlicher Stil) zuordnen kann, statt vielleicht sinnvoller nur von Akzentunterschieden zu sprechen. Gleichzeitig wird mehr oder weniger explizit die Vorstellung genährt, Kommunikationsdefizite seien im wesentlichen Defizite des Mannes - was in dieser Form weder erwiesen, noch der Sache dienlich ist, wenn man sich vorschnell einen Sündenbock sucht. Zum andern lenkt die Suche nach den Unterschieden von der Hauptsache ab, die es immer noch zu bewältigen gilt: der Kommunikationsprozeß muß in seiner Struktur noch besser verstanden werden und man muß sich mit den Schwierigkeiten aller Gesprächspartner bei der Gestaltung eines Dialogs auseinandersetzen. Erst wenn diese grundlegenden Schwierigkeiten verstanden sind, kann man die Probleme einzelner Kreise von Beteiligten adäquat analysieren und einordnen.

Diese Diskussionen zeigen jedoch, daß es in der Tat ein Kommunikationsproblem gibt. Es würde jedoch verwundern, wenn ein Problem, das generell vorhanden ist, in einer besonderen Variante der Geschlechter-Beziehung, nämlich der Ehe/Partnerschaft, nicht mehr vorhanden wäre. Prinzipiell könnte dies wohl sein, aber dann müßte man fragen und erklärt bekommen, warum etwas, was sonst üblich ist, hier im positiven Sinne außer Kraft gesetzt wird. Woher kämen plötzlich diese Fähigkeiten? Naheliegender ist, daß das, was allgemein nur schwer gelingt, auch im besonderen Fall kaum Verwirklichungschancen hat. Die anfangs erwähnten Beispiele von Stierlin und Rahner illustrieren den allgemeinen Fall, das Lied von Mey die zu erwartende Hilflosigkeit im besonderen Fall der Ehe. Wenn man für einen Augenblick einmal bereit ist, das Pferd von hinten aufzuzäunen, also bei den Schwierigkeiten des besonderen Falles, der Intimform zwischenmenschlicher Beziehung zu beginnen, so haben viele Kommentatoren ein düsteres Bild der Ehe gezeichnet. Für deutsche Verhältnisse wurde als Einstieg in jede öffentliche Diskussion auf das - scheinbare - Faktum verwiesen, daß heutzutage jede dritte Ehe geschieden werde. Diese weitgehend akzeptierte These ist zwar falsch, weil dabei immer die geschlossenen mit den geschiedenen Ehen eines gleichen Jahres verglichen werden - eine ausgesprochen unsinnige Vorgehensweise -, aber in der groben Tendenz stimmt die Zahl in etwa schon. Nur die Begründung ist falsch. Korrekt ist, daß man auf der Basis bisheriger Erkenntnisse schätzt, wieviel Prozent einer in einem bestimmten Jahr geschlossenen Ehen im Verlauf einer natürlichen Ehespanne von den Ehepartnern aufgelöst wird. Danach wird hochgerechnet (s. Bundesinstitut für Bevölkerungswissenschaft 1984), daß von den im Jahr 1982 geschlossenen Ehen zwischen 25 und 30 Prozent wieder geschieden werden. Für die USA, die eine weit höhere Scheidungsquote haben, wird prognostiziert, daß jede zweite Ehe, die im Jahr 1972/ 73 geschlossen wurde, geschieden wird (s. Schwarz 1981). Dies sind keine unveränderbaren naturwissenschaftlichen Ereignisse, sondern ist im Prinzip vom Menschen bestimmbares Verhalten. Damit ist es möglich, daß u.U. allein schon das Wissen in der Bevölkerung um solche Prognosen dazu führt, daß diese nicht vollständig zutreffen. In der Tat muß man feststellen, daß es in den letzten Jahren keine Zunahme der Ehescheidungen pro Jahr mehr gab (Pohl u.a. 1992), so daß man Grund zur Annahme hat, daß ein verändertes Verhältnis der Bevölkerung zur Ehe auch die Scheidungsquote bezogen auf einen Heiratsjahrgang stagnieren lassen oder sogar senken könnte. Unter der Voraussetzung jedoch, daß der Trend früherer Jahre ungebrochen wirksam wäre, würde man vielleicht langfristig auch in der Bundesrepublik die Zahlen zu erwarten haben, die schon jetzt für die USA hochgerechnet werden. Dies sind Zahlen, die zur Beunruhigung Anlaß geben. Bei einer Fehlerquote von fünfzig Prozent kann man nicht mehr von stabilen Strukturen ausgehen und man wird fragen müssen, warum jetzt geschlossene Ehen so begrenzte Zukunftsaussichten haben. Angesichts von Umfrage-Ergebnissen des Allensbacher Instituts, wonach sich ca. 90 Prozent der Verheirateten als mehr oder weniger glücklich einstufen, muß dies nachdenklich stimmen. Gleichzeitig bewerten die gleichen Befragten die Mehrzahl der Ehen anderer als mehr oder weniger unglücklich. Nachdem sich beide Aussagen auf die gleiche Population beziehen und deutlich diskrepant sind, bleibt ungeklärt, welche Zahl den wirklichen Zustand der Ehen in dem jeweiligen Land wiedergibt (s. Schenk 1984). Die ansteigenden und erheblichen Scheidungsquoten lassen es naheliegend erscheinen, daß der Zustand der Ehen nicht optimal ist - zumal wenn man bedenkt, daß nicht jede unbefriedigende Ehe in einer Scheidung endet.

Cuber & Harroff (1963) haben eine vielbeachtete Typologie ehelicher Beziehungen aufgestellt, wobei von den fünf Typen nur eine voll dem Ideal der Ehe entspricht (die "totale" Beziehung), eine weitere nur noch in Einschränkungen (die "vitale" Beziehung, in der sich die Gemeinschaft auf wenige Bereiche beschränkt). Die Mehrzahl der Typen, nämlich drei, stellt letztlich ein Versagen der Ehe dar: die passiv-congeniale Beziehung, ein angenehmes Arrangement der Partner; die entvitalisierte Beziehung, ohne Streit, aber leer; schließlich die konfliktgewohnte Beziehung, in der Spannungen zwischen den Partnern dominieren. Die Operationalisierung dieser Typen wurde von den Autoren nicht vorgenommen, ist letztlich auch eine sehr schwierige Aufgabe; von daher weiß man auch nicht, wieviel Prozent der existierenden Ehen auf welchen Typus fallen. Es stimmt jedoch nachdenklich, daß nur ein Typus dem Ehe-Ideal entspricht, und alle anderen sich mehr oder weniger deutlich von diesem Ideal entfernen, drei davon so weit, daß sie eigentlich als Verfehlen der ehelichen Lebensform anzusehen sind. Aufgrund von Interviews hat Komarovsky (1967) Zahlen zum Kommunikationszustand in der Ehe vorgelegt. Bewertet wurde das self-disclosure Verhalten in Arbeiter-Ehen, die von Rubin (1976) als hoch problematisch eingestuft wurden. Danach konnte nur bei ca. der Hälfte der Paare die Mitteilung der Partner als mehr oder weniger vollständig eingestuft werden. Komarovsky kommentierte ihr Ergebnis so: "Wenn es eine der Funktionen der modernen Ehe ist, mit dem anderen seine Verletzungen, Sorgen und Träume zu teilen - eine große Zahl der Paare verfehlt diese Erfüllung" (Komarovsky 1967 S.140, Übers. v. Verf.).

Diese Daten sind sicherlich nur als Impressionen über den Zustand der Ehe anzusehen, aber sie nähren die Skepsis. Berücksichtigt man die Tendenz mancher Partner zum Vermeidungsverhalten bei Konflikten (z.B. Raush u.a.1974), den bereits erwähnten Verzicht auf ein differenzierteres Verständnis und entsprechende Berücksichtigung der Auswirkung eigener Kommunikation, das Vorherrschen negativer Kommunikation in gestörten Beziehungen (Jacobson u.a. 1982), den Mangel an adäquater Dekodierung der Sendung gerade des Partners (Noller 1981), die Diskrepanz zwischen Absicht und erzielter Wirkung beim Partner (Gottman u.a. 1976) und die Überschätzung bestehender Gemeinsamkeiten bei Vermeidung von offener Kommunikation (Knudson 1980), so erscheint die eheliche Kommunikation doch eher mißlungen. Man kann sich dann wieder an die Überbewertung von self-disclosure Verhalten erinnert fühlen, wo ignoriert wurde, daß die positiven Auswirkungen des self-disclosure Verhaltens stark an positive Inhalte gekoppelt waren.
Untersuchungen mittels Systemen zur direkten Verhaltensbeobachtung ergaben im Vergleich glücklicher und unglücklicher Paare den folgenden Trend: "Glückliche Paare zeigen während einer Problemdiskussion mehr positives und weniger negatives Verhalten als unglückliche Paare. So äußern zufriedene Partner häufiger ihre Gefühle, stimmen einander verbal und nonverbal öfter zu, akzeptieren den anderen mehr, sind humorvoller und lachen häufiger als unzufriedene Partner. Diese hingegen beschweren sich öfter bei ihrem Partner, kritisieren ihn mehr, werten ihn häufiger ab, blicken ihn im Gesprächsverlauf seltener an und schweigen mehr als Zufriedene" (Hahlweg 1986 S.88). Damit würde ein Kommunikationsproblem bei unzufriedenen Paaren sichtbar werden. Solche Untersuchungsergebnisse sind jedoch schwierig zu interpretieren, weil sie auf der Unterscheidung von glücklichen und unglücklichen Paaren beruhen, also einen Vergleich darstellen, bei dem die operationale Definition der Vergleichsgruppen ein eigenes Problem ist. Die Gleichsetzung von Paaren, die eine Eheberatungsstelle aufsuchen, und Paaren, die keine aufsuchen, mit den Kategorien gestört vs nicht gestört, ist zu naiv (s. Sporr & Schenk 1980). Mit solchen Vergleichen werden im übrigen grundsätzlich nur Unterschiede beschrieben, nicht jedoch automatisch fehlerhaftes Verhalten. Erst auf der Basis theoretischer Annahmen zum richtigen Umgang mit dem Ehepartner kann man die Unterschiede als fehlerhaftes Verhalten bei unglücklichen Paaren interpretieren. Ältere, aber noch eingesetzte Skalen zur Messung der Ehequalität wurden jedoch wegen ihrer inhaltlichen Ausrichtung kritisiert. Eine vielbeachtete Kritik zu Skalen, die marital adjustment messen sollen, stammt von Kolb (1948, 1950). Man sieht in ihnen eine zu große Fixierung auf das Anpassungskonzept in der Ehe, wonach das reibungslose Funktionieren der Ehe der Gradmesser für die Qualität der Ehe sein soll. Wird die Unterscheidung von Probanden auf der Basis einer solchen Skala getroffen, so muß es notgedrungenermaßen Auswirkungen auf das Ergebnis haben. Bisherige Forschungsergebnisse sind somit auch bezüglich der eingesetzten Forschungsinstrumente kritisch zu hinterfragen.
Studien zum Kommunikationsverhalten, das nicht in einer ehelichen Beziehung stattfand, aber an Personen durchgeführt wurden, die in ehelichen oder partner-

Text 2: Test-Beispiele aus dem Gesprächstest von Schenk & Schenk (s. Schenk 1993) mit Kommentaren der Pbn

Beispiel A:

Ulrike ist 22 Jahre alt und hat noch keinen Freund gehabt. Sie macht sich deshalb Gedanken und fragt sich, ob sie etwas falsch mache. Sie fragt ihre Freundin Heike: "Was glaubst du, wovon hängt es ab, ob eine Frau auf Männer anziehend wirkt?" Heike: "Ich habe letzthin in einer Illustrierten gelesen, daß für Männer das wichtigste bei Frauen die Figur ist. Das haben wissenschaftliche Untersuchungen ergeben und ich glaube, daß das stimmt."

Kommentare:

"Die Figur ist nicht das wichtigste, aber sie wirkt anziehend auf Männer. Der Charakter wäre wichtiger."

"Ulrike hat noch Zeit für einen Freund, darum sollte sie sich noch keine Gedanken machen."

"Heike geht überhaupt nicht auf ihre Freundin ein, sondern speist sie mit einer wissenschaftlichen Untersuchung ab. Das hilft ihrer Freundin gar nicht."

"Jemand, der sich Freundin nennt, kann doch der anderen nicht sagen, sie sieht nach überhaupt nichts aus. Sie tut sie ja total mit Komplexen beladen."

"Ulrike ist ehrlich zu Heike und fragt sie nach ihrer Meinung. Heike gibt ihr einen Tip."

Beispiel B:

Dem jungen Arzt ist zum ersten Mal ein Patient gestorben. Erschüttert berichtet er es seiner Frau. Sie sagt: "Du mußt Dir keine Vorwürfe machen. Diesem Patienten hätte kein Arzt mehr helfen können und Du hast getan, was einem Arzt noch möglich war."

Kommentare:

"Die Frau baut den Arzt wieder auf, gibt ihm Kraft, denn die braucht er für seinen Beruf. Sie gibt ihm auch Trost."

" Die Frau zeigt viel Verständnis und Mitgefühl für die Situation des Mannes."

"Die Frau gibt ihrem Mann Sicherheit durch die realistische Einschätzung und Wertung der Situation."

"Es ist gut, daß die Frau ihrem Mann in seiner seelischen Not beigestanden hat."

schaftlichen Beziehungen lebten, ergaben ebenfalls teils schwerwiegende Ausfälle im Kommunikationsbereich. Im Rahmen eines fünfjährigen Kommunikationsprojektes von Schenk & Schenk füllten die Teilnehmer jeweils zu Beginn eines Kurses einen Test aus, in dem ihre Fähigkeit zum Verständnis von Gesprächen erfaßt wurde (s. Schenk 1993). Die Aufgabe bestand darin, schriftlich vorliegende Gesprächsbeispiele in einem freien Kommentar danach zu beurteilen, ob das jeweilige Gespräch gelungen sei. In den zu beurteilenden Gesprächsbeispielen waren gravierende Kommunikationsfehler eingebaut, die die Probanden in ihren Kommentaren hätten erwähnen müssen.

Die überwältigende Mehrheit der Teilnehmer war nicht in der Lage, sich der Aufgabe zu stellen. Sie konzentrierten sich auf das Gesprächsthema und darauf, ob die im Gespräch erzielte Lösung ihrer Vorstellung entsprach. Statt sich mit dem Gespräch selbst auseinanderzusetzen - wie in der Instruktion gefordert - setzten sie sich typischerweise nur mit dem vordergründigen Inhalt des Gesprächs auseinander (s. hierzu die Illustration in Text 2). Bei Beispiel A waren sie in der Regel darüber verärgert, daß die Figur der Frau bei Männern eine so große Rolle spielen soll. Sofern sie auf die Interaktion im Gespräch selbst eingingen, mißfiel ihnen, daß Heike ihre Freundin so abblitzen ließ bzw. sie derart brutal mit ihrem Mangel konfrontierte. Es war die große Ausnahme, daß ein Proband mit dem Gespräch zufrieden war - was jedoch auch falsch war. Mit all diesen Kommentaren aber bewertet man das Gespräch nicht adäquat. Sofern überhaupt auf die Struktur des Gesprächs selbst eingegangen wurde, kam darin eine große Verkennung der Interaktion zum Ausdruck. Die Kommentare zu Beispiel B sind weitgehend positiv. Trotz der hohen Übereinstimmung in der Bewertung dieses Gesprächs wird die Interaktion in krasser Weise verkannt, nicht gesehen, wie stark die Ehefrau den Ehemann zurechtbiegen will.

Offensichtlich waren die Probanden der Meinung, sich mit einem Gespräch auseinanderzusetzen bedeute, sich mit dem angesprochenen Problem und dem angezielten bzw. erreichten Ergebnis auseinanderzusetzen. Die Beurteilung eines Gespräches aber würde erfordern zu bewerten, ob ein Gesprächspartner sich dem anderen wirklich öffnet und dabei sich selbst hinreichend versteht - und ob der andere hört, was sein Partner sagt, ob er darauf reagiert, einen Gesprächsfluß zuläßt, für eine Entwicklung offen ist, vorbehaltlos gefühlsmäßig zu reagieren bereit ist, eine Situation geistig aufarbeiten will. Die dargestellten Beispiele zeigen, daß dies nicht der Fall ist. Die von den Teilnehmern benannten Fehler beziehen sich in der Regel nicht darauf. Es werden nicht die beteiligten Personen in ihrem konkreten Empfinden und Handeln wahrgenommen, sondern nur das von einer Person angedeutete Problem und dessen Lösung. Entspricht das Gesprächsergebnis den eigenen Vorstellungen, war das Gespräch gut, entspricht es nicht den eigenen Vorstellungen, war es schlecht. In späteren Interviews bestätigten die Probanden, daß die Berücksichtigung des Gesprächsprozeßes selbst eine für sie völlig neue Sicht darstelle. Damit wird eine grundsätzliche Schwäche deutlich, die sich z.B. bei der geistigen Verarbeitung von Spielfilmen zeigt. In dem gleichen Projekt von Schenk & Schenk wurden Filmszenen diskutiert und es zeigte sich, daß die Teilnehmer viele der sozialen Interaktionen nicht nachvollziehen konnten, z.T. zu ganz krassen Fehlinterpretationen kamen. Es waren Spielfilme, die sie oftmals schon kannten, vielleicht sogar schon häufig gesehen hatten, glaubten, sie verstanden zu haben und trotzdem - nach ihrem eigenen späteren Urteil - nicht verstanden hatten (Schenk 1993).

Bastian (1988) untersuchte in einer Studie, ob die Probanden in Gespräche eingebaute Fehler erkennen konnten. Die Gespräche wurden auf Tonkassetten vorgespielt; die Pbn bewerteten in einem freien Kommentar, ob das jeweilige Gespräch gelungen war. Der Kommentar wurde danach einem Rating-Verfahren unterzogen. Bei den Fehlern wurde unterschieden nach formalen und nach inhaltlichen Fehlern. Bei formalen Senderfehlern wurden z.b. uneindeutige oder widersprüchliche Botschaften bzw. versteckte, indirekte Botschaften gesandt. Bei inhaltlichen Fehlern wurde auf die Beziehung selbst nicht korrekt eingegangen, z.B. dann, wenn der Sender nur seine Sicht apodiktisch darstellte, ohne eine Frage nach der Meinung des Partners - obwohl dieser mit der gleichen Sache beschäftigt war. Insgesamt wurden ca. 60 Prozent der Kommunikationsfehler entdeckt. Erkannt wurden mehr formale als inhaltliche Fehler. Fehler in Beispielen, in denen Kritik geäußert wurde, waren leichter zu identifizieren als Fehler in Beispielen, in denen nur eine Mitteilung gemacht wurde. Wurde der Fehler von einer männlichen Person begangen, so wurde er eher erkannt, als wenn der gleiche Fehler von einer weiblichen Person begangen wurde. Die Studie zeigte, daß die Fehlererkennung sich in Grenzen hält und bestimmte Fehler eher erkannt werden als andere. In der gleichen Studie wurde überprüft, wie das von Ratern nachträglich bewertete Verhalten der Beurteiler mit deren allgemeinem Selbstverständnis als Kommunikationspartner zusammenhing. Die Korrelation war null, d.h., die allgemeine Selbstdarstellung hing mit dem in der Untersuchung erfaßten Kommunikationsverständnis nicht zusammen. Pbn beschrieben sich z.B. als gute Kommunikationspartner, die im konkreten Fall aber nicht notwendigerweise in der Lage waren, Verstöße gegen gutes Kommunikationsverhalten zu benennen. Dies läßt Zweifel an ihrer Selbstdarstellung zu.

In einer Untersuchung von Ott (1992) wurde wiederum an Fallbeispielen mit freien Reaktionsmöglichkeiten überprüft, in welchem Ausmaß die Pbn mit Vorwürfen bzw. Unverständnis reagieren, wenn sie sich in einem Beispiel als Partner der handelnden Person sehen. In unterschiedlichen Varianten hat die handelnde Person sich entgegen des Rates vom Partner verhalten und Schiffbruch erlitten. In der gleichen Studie wurde erfaßt, wie sich die Pbn ganz allgemein bezüglich der Variablen Verständnis und Vorwürfe-machen sehen. Ganz generell und auch auf die Beispiele bezogen hielten sich die Pbn mit Vorwürfen zurück, zeigten bei den Beispielen sogar noch weniger Vorwürfe als ihrer allgemeinen Haltung entsprach. Das Verständnis war jedoch generell geringer als es der allgemeinen Selbstbeschreibung entsprach, wobei es hier fallspezifisch deutliche Unterschiede gab. Am geringsten war das Verständnis dort, wo der Fehler am deutlichsten war. Nun könnte man sagen, das sei doch normal und eine natürliche Reaktion. Nachdem sich das ganze aber zwischen Ehepartnern abspielt und mit Verständnis nicht

Billigung gemeint ist, sondern Einfühlung in die Situation des anderen, bedeutet dieses Ergebnis, daß das Verständnis dort endet, wo die eindeutigen Fehler beginnen. Vorwürfe werden zwar grundsätzlich und mehr noch im konkreten Fall vermieden, aber die gewählten Beispiele zeigen, daß der Partner nicht (!) reagiert.
Der entscheidende Testfall ist somit nicht, ob sich der Ehepartner der Kritik enthält, sondern ob er Verständnis aufbringt. Läßt man die einzelnen Operationalisierungsbeispiele nicht so einfach an sich vorbeigleiten, sondern versucht sie in ihrem Kern zu begreifen, so wird man wohl sehen müssen, daß in einem bestimmten Beispiel Person A in eine - auf seine Person bezogen - mittlere Katastrophe geraten ist. Person A wollte weiter aufwärts streben, war vor diesem Weg gewarnt worden, meinte, etwas riskieren zu müssen - riskierte es und verlor. Dies kann auch für Person B bitter sein, ist es aber garantiert und vor allem für Person A! In einer solchen Situation braucht man Beistand, braucht man Freunde und vor allem den Ehepartner, der einen trotz des Fehlschlags nicht fallenläßt, sondern auffängt, nicht allein läßt. Und genau dies aber geschieht nicht, wenn im Testfall das Verständnis zurückgenommen wird. Im Fall eines Erfolges schwimmt man auf der Woge des Erfolges, wird von ihr getragen. Verständnis benötigt man dann, wenn es kritisch wird, wenn der Weg beschwerlich, unsicher, risikoreich wird, und insbesondere dann, wenn man gewagt und verloren hat. Greift man dann nach der Hand, die einen trotz allem halten soll, und greift man ins Leere, dann ist das die Verlassenheit, die Ingmar Bergman in seinem Film "Licht im Winter" als Sinnbild menschlichen Leids mit Jesus am Kreuz gezeichnet hat. "Warum hast du mich verlassen" ist ein Entsetzen, das viele Menschen bei überaus banaleren Beispielen, aber mit tendenziell ähnlicher Empfindung zum Ausdruck bringen. Die Zurücknahme des Verständnisses ist die eigentliche Katastrophe; es ist die Angst von Seneca, nicht mehr in seinem Anliegen vernommen zu werden, dem Schweigen anheimzufallen. Bedeutet das Ergebnis dieser Untersuchung nicht, daß derjenige, der auf seinem Weg besteht oder der sich zu einem Weg verleiten läßt, als Konsequenz das mangelnde Verständnis der nächsten Personen, hier des Ehepartners, in Kauf nehmen muß. Anders ausgedrückt: Verständnis verdient nur, wer sich wohlverhält; begeht man Fehler, so muß man in Abhängigkeit von der Schwere seiner Fehler auf Verständnis verzichten. Hat Seneca mit seiner Angst vor der Einsamkeit doch recht; droht einem das für den Fall, daß man mit seinem Verhalten von dem "rechten Weg" abkommt?
Diese Untersuchungen lassen erhebliche Zweifel an der Qualität unserer Kommunikation zu. Vielleicht täuschen wir uns über deren Qualität, vielleicht ahnen wir die Mängel, wollen sie aber nicht wahrhaben. Wir können jedoch nicht daran vorbeigehen, die Qualität unserer Kommunikation ernsthaft zu überprüfen.

3 Schwierigkeiten bei der Realisation von Trainingsverfahren

3.1 Das Angebot an Trainingsverfahren

Wissenschaft wurde oftmals als ein wertfreies Unternehmen verstanden, dem es nur um Erkenntnis geht und das keine eigenen Ziele verfolgt. Diese Auffassung ist umstritten, läßt sich bei kritischer Analyse so nicht halten. Aber jenseits des Streits um den Charakter von Wissenschaft ist durch die Praxis des Wissenschaftsbetriebs evident, daß sich Wissenschaft nicht nur mit der Analyse bestehender Sachverhalte beschäftigt, sondern im Rahmen einer angewandten Wissenschaft auch mit der Anwendung ihres Wissens und der Verbesserung dieser Anwendung. So hat z.B. die Medizin als zentralen Gedanken die Bekämpfung von Krankheiten beim Menschen, ohne daß man ihr deshalb den Status einer Wissenschaft absprechen würde. Innerhalb der Psychologie hat die Klinische Psychologie einen hohen Stellenwert; ihr geht es nicht nur um die Beschreibung und Analyse psychischer Störungen, sondern in sehr starkem Maße um die Entwicklung von Interventionsverfahren, mit denen diese behandelt werden können. Wissenschaft erweist sich somit in der Praxis immer als engagierte Wissenschaft - und das ist nachvollziehbar. Wissenschaft verdankt ihre Existenz eben nicht nur dem Wunsch nach Wissen, sondern ebenso dem Wunsch, durch dieses Wissen Einfluß ausüben zu können. Wenn man z.B. das Leid von Menschen erlebt und durch sein Wissen Möglichkeiten sieht oder ahnt, dieses abzuwenden, wird man als eben dieser Wissender sich genötigt fühlen, mit diesem Wissen dieses Leid zu beheben. Es erscheint danach als eine unvermeidliche Konsequenz, daß ab einem gewissen Wissensstand das Wissen einer Wissenschaft nutzbar gemacht werden soll und auch wird.
Bezogen auf psychische Probleme dominierte zunächst in starkem Maße der therapeutische Ansatz, d.h. der Versuch der Milderung bzw Beseitigung von bestehenden psychischen Störungen. Im Vergleich zu den vielen Publikationen zur Therapie gab es nur sehr wenige (z.B. Brandtstädter & v.Eye 1982), die ausschließlich dem Thema Prävention gewidmet waren. Die Verbindung zwischen Wissen und Therapie ist leicht herzustellen, da es auf Seiten des Patienten einen Leidensdruck gibt, der fachliche Intervention einfordert. Beschäftigt man sich jedoch von fachlicher Seite intensiver mit menschlichem Sein, versteht man die inneren Zusammenhänge zwischen strukturellen Fehlern und psychischen Leiden besser, so erscheint es ebenso zwingend, durch Interventionen das Auftreten psychischer Störungen zu verhindern (wie im gemeindepsychologischen Ansatz versucht; s. z.B. Sommer u.a. 1978). Prävention erscheint vom Prinzip her wichtiger als Therapie. Selbst wenn man von seiner Aufgabe als Therapeut überzeugt ist, man kann sich der Erkenntnis nicht verschließen, daß der alleinige Ausbau der Therapie niemals der Königsweg sein kann, um häufig verbreitete psychische Probleme in den Griff zu bekommen. So erkannte z.B. Mace (1975) erst nach einer Herzattacke in einer persönlichen Stellungnahme, daß sein eigener immenser therapeutischer Einsatz

gegen Familienprobleme nicht die Lösung des Problems sein konnte. "Es ist die schlechteste aller Strategien für die Anwendung unseres hart erworbenen Wissens und Könnens, zu warten, bis Ehepaare in ernsthaften Schwierigkeiten sind. Dies wird überzeugend demonstriert durch die Tatsache, daß wir jetzt zehntausende gut ausgebildeter und bemühter Fachleute im Bereich von Ehe-und Familienberatung haben - und die Familie sinkt tiefer und tiefer in ein Meer von Schwierigkeiten" (Mace 1975 S.31, Übers.v.Verf.). In der Tat muß man fragen, ob es sinnvoll und moralisch verantwortbar ist, abzuwarten, bis ein Problem auftritt - das man vielleicht in seinen Ausmaßen hätte verhindern können - und dieses dann in einer solch großen Zahl auftritt, das die eingesetzte Zahl der Helfer und ihr Engagement grundsätzlich überfordert. Allerdings muß an dieser Stelle auch gefragt werden, ob stimmt, was Mace postuliert, daß nämlich die Helfer hinreichend qualifiziert seien - eine Frage, die nicht nur bezüglich der Therapie, sondern auch bezüglich der Prävention entscheidende Bedeutung erhält.
Angesichts der Größenordnung der Probleme - erhebliche Scheidungsquoten, wenige Freundschaften, Resignation im Verhältnis zu Kollegen und Nachbarn - muß man notwendigerweise auf präventive Maßnahmen setzen. Diese Interventionen dürfen jedoch nicht nur in einem defensiven Stil, als Bewahrung eines status-quo, verstanden, sondern müssen auch offensiv gesehen werden. Hintergrund wäre dann der Glaube an die Entwicklungsmöglichkeiten des Menschen (Otto 1976), die es durch entsprechende Interventionen zu realisieren gilt. Das Ziel wäre, die Entwicklung der Menschheit zu mehr Mitmenschlichkeit zu fördern und damit auch dem Individuum mehr Entfaltungsmöglichkeit zu ermöglichen. Daher dürfen sich die entsprechenden fachlichen Disziplinen nicht als Reparaturbetrieb verstehen, beschränkt auf das Klientel der Patienten. Mit Angeboten zur Verbesserung des eigenen Kommunikationsverhaltens, die sich explizit als Enrichment Programme verstehen, wird der klinische Rahmen verlassen und damit für Personen, die sich als nicht behandlungsbedürftig ansehen, wählbar. Damit werden nach Otto (1976) auch "subklinische" Ehepaare einbezogen, also Ehepaare, die behandlungsbedürftige Probleme haben und die weit unter ihren Möglichkeiten ihr Leben führen, die aber sonst keine Hilfe suchen würden. Es werden aber auch - und vielleicht vor allem - Personen an solchen Veranstaltungen teilnehmen, die keine gravierenden Defizite haben, sondern in der Tat nur ihr Leben noch reichhaltiger und intensiver gestalten wollen. Berücksichtigt man die in unserer Kultur üblichen Kommunikationsprobleme, so ist die Verbesserung des Kommunikationsverhaltens nicht eine Aufgabe für einzelne Individuen, sondern für die gesamte Gesellschaft. Wenn wir eine Welt ohne Krieg, wenn wir eine friedvolle Welt anstreben, so ist dies nicht ein Vorgang, der auf die Beziehungen zwischen Staaten beschränkt sein kann, sondern in den Bürgern dieser Staaten verankert sein muß. Das steigende Beratungsangebot bei psychischen Problemen verweist nach Seeber (1988) auf die Hilflosigkeit der Bevölkerung, mit der sich die Betroffenen allerdings nicht mehr abfinden wollen, sondern nach einer Verbesserung im Umgang mit sich und dem Mitmenschen suchen.

In den letzten drei Jahrzehnten hat es eine große Anzahl von Versuchen zur Verbesserung des Sozialverhaltens, insbesondere auch des Kommunikationsverhaltens gegeben. Aus wissenschaftlicher Sicht wurden entsprechende Ansätze von jeder klinischen Schulrichtung her versucht: Verhaltenstherapie, Gesprächspsychotherapie, Psychoanalyse (hier vor allem als Transaktionsanalyse), Individualtherapie nach Adler, Gestalttherapie, Kommunikationstherapie im engeren Sinne. Die größte Bedeutung haben hier die Verhaltenstherapie und die Gesprächspsychotherapie, auf die deshalb weiter unten ausführlicher eingegangen werden soll. Neben der allgemeinen Verbesserung des Interaktionsverhaltens gibt es Schwerpunkte für verschiedene Zielgruppen: Ehepaare, Eltern, Jugendliche, Führungspersonal, Lehrer, Patienten mit unterschiedlichen Defiziten etc.
Größeren Einfluß auf die Bevölkerung haben aber vielleicht Beiträge anderer Anbietergruppen: a) Trainingsangebote von Privatinstituten an den Wirtschaftsbereich, die teils in Anlehnung an wissenschaftliche Ansätze entwickelt, teils wohl eher wenig fundierte Action-Programme sind und deren Konzepte in der Regel in der wissenschaftlichen Literatur nicht dargestellt sind; viele Arbeitnehmer müssen im Rahmen ihrer Dienstaufgaben an solchen Schulungen teilnehmen. b) Trainingsangebote von Laien, die - teils in Anlehnung an wissenschaftliche Literatur - im kirchlichen Rahmen sich vor allem an Ehepaare und Familien wenden. c) Beiträge von Lebenshilfe-Autoren, die in ihren Büchern das richtige Lebensverständnis und Anleitungen zu dessen Umsetzung geben. Zumindest in den Auflagen übertreffen die Lebenshilfe-Autoren bei weitem die wissenschaftlich orientierten Autoren, möglicherweise auch in ihrer Wirkung auf die Bevölkerung.
Im folgenden Teil soll keine erschöpfende Darstellung der verschiedenen Beiträge geleistet werden, zu diesem Zweck wird auf die bereits vorliegenden Arbeiten anderer Autoren verwiesen (z.B. Bellack & Hersen 1979, Curran 1979, Twentyman & Zimering 1979, L'Abate & Milan 1985, Denton 1986, Gresham 1988). Es sollen stattdessen hier an einigen exemplarisch ausgewählten Autoren zentrale Probleme im Bereich des Kommunikationstraining aufgezeigt werden.

3.2 Vorwissenschaftliche "Lebenshilfe"- Ansätze

Vorwissenschaftliche Ansätze sind dadurch gekennzeichnet, daß die Autoren oder Organisatoren vor allem durch die Aufgabe selbst inspiriert wurden, ohne durch eine wissenschaftliche Ausbildung für diese Tätigkeit qualifiziert zu sein.
"Marriage Enrichment" (Ehebereicherungs-) Programme haben das Ziel, gute Ehen noch besser zu machen, also das gemeinsame Leben zusätzlich zu bereichern. Sie sind daher nicht mit therapeutischen Bemühungen zu verwechseln. Ihre Basis haben sie in der "human potential movement", in der Menschen die Fähigkeit erwerben wollten, ihr eigenes Potential mehr auszuschöpfen, mehr zu sein, was sie im Prinzip sind. In diesem Zusammenhang hat dann das Konstrukt Konflikt eine positive Bedeutung, ist es doch Teil des Wachstumsprozesses (s. hierzu L'Abate 1978). Ohne daß dies zwingenderweise so sein muß, entwickelte sich diese Bewegung sehr stark im kirchlichen Rahmen. Das Engagement christlicher

Kreise ergibt sich aus der Überzeugung, daß man den Wert der Familie nicht nur herausstellen sollte, sondern den Menschen auch helfen muß, ihrer religiösen Überzeugung entsprechend Familie zu leben. Hier finden sich dann Ehepaare zusammen, die gemeinsam über die christliche Ehe nachdenken und in konkreten Schritten deren Verwirklichung erarbeiten wollen. Eine besondere, in Spanien entstandene, dann über die USA weltweit verbreitete Enrichment Form ist die katholische Marriage Encounter Bewegung (s. Genovese 1975, Pompey 1980). Die einzelnen Enrichment Programme streuen stark bezüglich Inhalt und Organisation. Sie sind durch ihre Organisatoren stark geprägt (Otto 1976, L'Abate 1978). Trotz dieser Unterschiede gibt es wohl auch wesentliche Gemeinsamkeiten: die meisten Kurse konzentrieren sich auf ein Wochenende oder auf wenige Abend-Treffen in regelmäßigen Abständen; den Kursen liegt Literatur zugrunde, die für Laien leicht verständlich ist wie z.B. Gordon, Bach, Transaktionsanalyse, Satir. Im Zeitraum 1973/1974 führte Otto (1976) eine Umfrage unter Kursleitern durch. Danach hatten 75 Prozent der Befragten ihren Kurs selbst konzipiert, wobei die Basis oftmals das Buch von Gordon "Parent effectiveness training" (dt."Familienkonferenz") war, aber auch die anderen Autoren waren vertreten. In der Regel orientierte sich ein Kursleiter nur an einem Autor. Die Kursleiter waren vor allem Priester und Erzieher, nur ein Kursleiter war Psychologe. Achtzig Prozent der Kursleiter und Kursentwickler bildeten weitere Kursleiter aus. Die bisher erzielte insgesamte Teilnehmerzahl pro Kursleiter variierte von einigen hundert bis zu einigen Tausend.

Zum besseren Verständnis soll ein Anstz dargestellt werden. Der Ansatz von Prunty (1976) basiert sehr stark auf Gordon (s. hierzu ausführlicher Kapitel 3.4.2). Der Kurs wird an einem Wochenende von Freitag abend bis Sonntag nachmittag durchgeführt. Es seien hier nur die fachlichen Teile der Begegnung skizziert. Der Abend beginnt mit einem kurzen Gottesdienst (halbe Stunde), in dem auch Selbstwert, Liebe und Gnade Themen sind. Danach wird in einer halben Stunde das Thema erörtert, wer ein Problem "besitze". In einer Stunde werden Blockaden für Kommunikation erlebbar gemacht. Der Abend schließt mit einem halbstündigen Teil, in dem Zuhören als effektiver Weg, um Menschen bei der Lösung von Problemen zu helfen, aufgezeigt wird. Der nächste Morgen beginnt mit einer viertelstündigen Erörterung, wie Blockaden Kommunikation und Beziehungen beschneiden können. Danach wird in 50 Minuten das Modell des aktiven Zuhörens erläutert und in Rollenspielen illustriert und geübt. In einer weiteren Stunde wird aktives Zuhören geübt. Danach wird in einer halben Stunde der Wert aktiven Zuhörens erörtert. Der Nachmittag beginnt mit einer halben Stunde über das Thema, warum man Angst hat, sich mit dem Verhalten des anderen auseinanderzusetzen, das einem Probleme bereite. In einer viertel Stunde wird erörtert, wie man sich mit den Themen Liebe und Fürsorge auseinandersetzen könne. In einer Stunde wird das Senden von Ich-Botschaften geübt; in einer weiteren viertel Stunde wird der Wert dieser Methode diskutiert. Der letzte Teil des Tages ist dem Thema Konflikt gewidmet: eine viertel Stunde ist der Frage vorbehalten, was unsere Konflikte sind und wie wir sie gewöhnlich lösen, eine weitere viertel Stunde dem Risiko, Macht zur Lösung eines Konflikts einzusetzen und der Alternative der niederlagenlosen Methode. Etwas mehr als eine Stunde gilt der Darstellung der niederlagenlosen Methode und deren Übung, sowie der Bewertung dieses Vorgehens. Am Sonntag werden in ca. zwei Stunden das Thema eigene Werte und Wertekonflikte bearbeitet. An einem solchen Kurs, von Prunty als Care-Lab eingeführt, nahmen pro Durchführung 15 bis 60 Personen teil. An Care Labs haben in einem Zeitraum von zwei Jahren 1200 Personen teilgenommen.

An diesen Beispielen wird deutlich, daß die Marriage Encounter Bewegung vor allem von gutem Willen getragen ist, es ihr aber an fachlicher Qualität mangelt. So sinnvoll es ist, miteinander zu reden, wie es die katholische Marriage Encounter Bewegung vermitteln will, so wenig ist gesichert, daß dieses unkontrollierte Reden miteinander den Kern der Dinge erreicht und zu wesentlichen strukturellen Verbesserungen führt. Mason (1985) will mit seinem Programm nicht zwingend Strukturen verbessern, da er nur die positiven Aspekte darstellen läßt. Wenn z.B. bei dem Thema "Erwartungen an die Ehe" nur die erfüllten Erwartungen berichtet werden sollen, so ist das zwar gut, da Positives oftmals zu Unrecht ungesagt bleibt, aber was wird mit den Erwartungen, die unerfüllt blieben? Und was ist, wenn der eine Partner unter diesem Stichwort relativ unwichtige Aspekte erwähnt, muß dann der andere Partner nicht im Umkehrschluß daraus ein vernichtendes Urteil ableiten? Darf man dann darüber reden und wie wird ein solches, an die Substanz rührendes Gespräch zu führen sein? Hier bleiben offene Fragen. Solche Fragen stellen sich besonders bei dem Ansatz von Prunty, hier stellvertretend für die meisten Ansätze. In kürzester Zeit werden die schwierigsten Themen behandelt. Dies sieht nach einem revolutionären Vorgehen aus - oder nach absoluter Naivität der Aufgabe gegenüber. Wie ist es möglich, das schwierige Thema Konfliktbewältigung mit der Alternative "beide gewinnen" in - großzügig gerechnet - zwei Stunden abzuhandeln, mit einer Mindestbeteiligung von 15 Teilnehmern? Dies ist nur möglich, wenn man das Thema bloß an der Oberfläche streift.

Im beruflichen Bereich ist es ein anerkanntes Anliegen, die Interaktion der Mitarbeiter von Reibungsverlusten zu befreien, da solche Reibungsverluste die Effizienz eines Unternehmens beeinträchtigen. Insbesondere das Führungspersonal muß nicht nur in Sachfragen, sondern auch in seiner Führungsaufgabe, d.h. im Umgang mit Mitarbeitern, unterstützt werden. Nur einige Autoren (z.B. Neuberger 1985) haben ihre Konzepte für die wissenschaftliche Diskussion verfügbar gemacht. Der Wert dieser Maßnahmen läßt sich somit nicht einstufen. Die umsatzkräftigsten Institute in diesem Bereich wurden nicht von wissenschaftlich ausgebildeten Fachleuten gegründet und konzipiert (s. Impulse 1990 Heft 11).

Neben diesen Bemühungen, die sich vor allem durch Aktivität im Sinne der Durchführung von Kursen auszeichnet, gibt es ein großes Spektrum von Autoren, die durch ihre Publikationen wirken. Sie vermitteln eine bestimmte Auffassung vom Leben und wie man diese konkret umsetzen kann. Man muß sie zur Kenntnis nehmen, weil ihre Auflagen die von wissenschaftlichen Autoren weit hinter sich lassen und in einer Sprache verfaßt sind, die der Laie verstehen kann - wohingegen der Laie sich mit einem wissenschaftlichen Buch so schwer tut, daß er es kaum lesen wird. Autoren dieses Genres verkünden einfache "Wahrheiten", wobei sie oftmals an die "niederen Instinkte" des Menschen appellieren und sie hoffähig zu machen suchen. In der Regel ist die Botschaft schon im Titel des Buches plakativ formuliert: "Die Kunst, ein Egoist zu sein"; "Sorge dich nicht, lebe"; "Wege zur Gelassenheit", "Sie sollten nach den Sternen greifen". Wie Parkinson einmal ironisch bemerkt hat, ist der Umschlag und der Titel das wichtigste bei dieser Art von Büchern.

Die Kompetenz dieser Art von Autoren demonstriert stellvertretend für seine Kollegen der deutsche Bestseller-Autor Lauster. In seinem Buch über die Liebe (Lauster 1980) erklärt er, daß er sich nun dieses Themas annehmen müsse, weil es die Psychologie bisher nicht getan habe. Zu diesem Zeitpunkt gab es aber schon lange das Buch von Fromm über die Liebe, gab es schon die - wie immer man sie bewertet - Liebes-Skala von Rubin und Skalen anderer Autoren, die Eingang in die Forschung fanden. Um die Krise der Ehe zu dokumentieren, greift Lauster auf den unsinnigen Vergleich geschlossener zu geschiedener Ehen eines Jahres zurück. Es ist nicht erkennbar, daß Lauster über Fachwissen verfügt. Er demonstriert wirre Vorstellungen vom Leben, die er als Wahrheiten verkündet. So meint er allen Ernstes, daß es für einen erfolgreichen Unternehmer, der mit einer "patenten" Ehefrau verheiratet ist und eine ihn verwöhnende Geliebte hat, trotzdem aber sehr verkrampft ist, gut wäre, wenn er loslassen könnte. " Ich antwortete dem Unternehmer: 'Du hast dich angespannt und verkrampft, du wolltest etwas werden, hast Ehrgeiz entwickelt, hast dich innerlich angespannt, dich einem Ziel verschrieben....' Gelöstheit bedeutet losgelöst sein. Ich sagte ihm: 'Du mußt erst losgelöst sein von deinem Wollen und Streben, du mußt das alles erst loslassen, bevor sich die Spannung legen kann. Kein Ehrgeiz mehr, und du fühlst dich sofort freier, glücklicher und vitaler. Löse dich, das ist die Lösung all deiner Probleme" (Lauster 1984 S. 24). Über die Kleinigkeit, wie der Unternehmer das erreichen soll, äußert sich Lauster nicht. Es ist auch gar nicht klar, wovon sich der Unternehmer lösen soll. Ist damit auch sein Unternehmen gemeint? Lauster rät ihm, aufzugeben, ohne sich als schwach oder als Feigling zu fühlen. Auf Details geht Lauster in diesem Fall vorsichtigerweise nicht ein, damit er seinen Standpunkt zumindest vordergründig halten kann. In einem Buch mit dem Titel "Lebenskunst" (1991^3) wiederholt er diese Auffassung. So sagt er zu einem Ratsuchenden: "Du erwartest Anerkennung und Liebe; solange du das erwartest, wirst du von der Angst nicht loskommen .... Überprüfe deine Erwartung. Brauchst du wirklich Anerkennung und Liebe? Du wirst sagen: Jeder Mensch braucht Anerkennung und Liebe. Aber was geschieht, wenn du nicht erhältst, was du angeblich brauchst? Du stirbst nicht davon, du wirst feststellen, daß du auch ohne Anerkennung leben kannst, du machst dich frei davon, du läßt das Streben danach einfach fallen, du löst dich davon, weil du es nicht brauchst" (Lauster 1991^3 S. 187 f). Hier löst sich Lauster ganz souverän von wissenschaftlichen psychologischen Erkenntnissen.

Es beeindruckt, mit welchem Anspruch solche Autoren auftreten. So hat Fiddelke (1993) das Onlife-Konzept entwickelt, den Weg zum positiven Selbst. Kernsätze von Fiddelke: "Glück, Freude und Erfolg stellen sich von selbst ein, sobald wir in

Einklang mit uns selbst sind" (S.7). "Persönliche Schwierigkeiten sind Anzeichen dafür, daß wir entscheidende Dinge noch nicht gelernt oder übersehen haben" (S.7). "Der Onlife-Prozeß bietet hier Hilfe an,... er gibt uns den Schlüssel, wie wir uns selbst verwirklichen und geistig gesund werden können" (S.9). Der Autor veröffentlichte sein Buch mit 32 Jahren, war zunächst -laut Klappentext- Vertriebsleiter, dann Lebensberater und Seminarleiter. Trotz seiner Jugend und mangelnder fachlicher Qualifikation war er in der Lage, ein - nach dem von ihm vermittelten Eindruck - bahnbrechendes Buch über "richtiges" menschliches Verhalten zu schreiben.
Aus wissenschaftlicher Sicht sind solche Beiträge hoch problematisch. Sie verkaufen sich aber in unserer Gesellschaft gut und werden Auswirkungen haben, zumindest als Verunsicherung der Leser, manche aber werden solche Offenbarungen sogar glauben und ihr Leben davon beeinflussen lassen.

3.3 Entwicklung von Fertigkeiten, oftmals auf dem Hintergrund von Verhaltenstherapie

3.3.1 Grundsätzliche Logik und deren Kritik

Im Rahmen der Verhaltenstherapie hat man sich frühzeitig mit sozial inkompetentem Verhalten beschäftigt und dies auf der Basis von lerntheoretischen Erkenntnissen zu verbessern versucht (s. hierzu die Kurzübersicht bei Pfingsten & Hinsch 1991). Im Sinne der klassischen Konditionierung sah man die Defizite bedingt durch Angst, die man durch das Üben, Gefühle auszusprechen oder Rollenspiele selbstsicheren Verhaltens beseitigen wollte (Salter 1949, Wolpe 1958). Der social-skills Ansatz ging davon aus, daß - im Rahmen des instrumentellen Lernens - bestimmte Fertigkeiten im Lauf der Entwicklung nicht erworben wurden und diese nun im Sinne der Repertoire-Erweiterung dem Individuum vermittelt werden müßten. Methoden hierzu waren Instruktion richtigen Verhaltens, Lernen am Modell, Verhaltensübungen, soziale Verstärkung adäquaten Verhaltens. Im Rahmen einer vertiefenden, von methodisch restringierenden Auflagen befreiten Verhaltenstherapie wurde deutlich, daß das Verhalten auch - und vielleicht entscheidend - von Kognitionen gesteuert wird. Die fehlerhafte Verarbeitung von Informationen oder irrationale negative Sätze, die das Individuum notwendigerweise in eine ausweglose Lage bringen, sowie das Fehlen kognitiver Prozesse und Strukturen, insbesondere auch für Konflikte (Beck u.a. 1991, Lazarus 1978, Ellis 1977, Meichenbaum u.a. 1981, D'Zurilla & Nezu 1982), bewirken sozial ineffektives Verhalten und können durch Wahrnehmung und Aufarbeitung dieser Defizite behoben werden. Noch einen Schritt weiter gehen prozeßorientierte Ansätze (Kanfer u.a. 1991), in denen Selbstbeobachtung, Selbstbewertung und Selbstverstärkung wesentliche Elemente sind. Das Training der Personen erfolgt teilweise, indem von diesen Erkenntnisse aus gehandelt wird und Teilnehmer schlicht trainiert werden, teils aber

auch dadurch, indem den Teilnehmern dieses Wissen explizit vermittelt wird, so daß sie sozusagen verhaltenstherapeutisch denken und handeln lernen.
Geht man davon aus, daß es sich dabei um wissenschaftlich abgesicherte Erkenntnisse handelt, so ist ein solches Vorgehen legitimiert. Man würde es jedoch immer als ein vorläufiges Wissen und darauf aufgebautes Handeln verstehen müssen, weil ein wissenschaftlicher Erkenntnisprozeß grundsätzlich nicht als abgeschlossen angesehen werden kann - das gilt für jede wissenschaftliche Schulrichtung. Jede Erkenntnis provoziert neue Fragen. Dies wäre für das Verständnis von Trainingsverfahren von entscheidender Bedeutung. Es kann danach kein endgültiges Wissen vermittelt werden, sondern es sind Versuche, sich den Kommunikationsprozeß vorstellbar zu machen. Alle Ansätze, mit denen ein Endgültigkeitsanspruch vertreten wird, verletzen dieses Grundverständnis. Nachdem Kommunikation keiner bestimmten Schulrichtung zugeschrieben werden kann, sind Trainingsansätze, die sich auf einen bestimmten Denkansatz beschränken, als de facto verdeckt geschlossene kognitive Systeme anzusehen. Dies gilt z.B. für die Transaktionsanalyse oder den gestalttherapeutischen Ansatz, aber auch für die gesprächstherapeutische Richtung nach Rogers und einen Ansatz, der sich nur an den Anfängen der Lerntheorie orientiert. Ein solches selbst verordnetes Reduzieren auf wenige mehr oder weniger richtige "Lehrsätze" widerspricht wissenschaftlichem Denken als einem lebendigen, offenen, fortschreitenden Erkenntnisprozeß. Kochbuchwissen wird vielleicht von der Öffentlichkeit verlangt, darf aber niemals vermittelt werden.
Dies jedoch nicht nur wegen der grundsätzlich niemals abgeschlossenen wissenschaftlichen Erforschung eines Gegenstandes, sondern auch deshalb, weil das damit zu vermittelnde Verständnis nur möglich ist, wenn die Person die entsprechende Sensibilität für das Thema entwickelt. Um dies an einem Beispiel zu erläutern. Man kann im Prinzip verstanden haben, daß Bestrafung eine Verhaltensweise ist, den anderen von einem bestimmten Verhalten abzuhalten und daß ein solches Vorgehen letztlich nur sehr begrenzt sinnvoll ist. Etwas anderes ist es, ob man die verschiedenen Formen der Bestrafung erkennen kann, auch die, die man selbst bevorzugt einsetzt. "Ich kann den anderen bestrafen durch Geringschätzung, durch abwertende Bemerkungen, durch Liebesentzug, und sei es nur durch Entzug von Aufmerksamkeit. Ich kann ihn bestrafen durch Rückzug und Schweigen, durch Vorwürfe und Anklagen. Ich kann ihn sogar durch meine Krankheit bestrafen und unter Druck setzen. Ich verlange Rücksichtnahme oder ich verweigere mich. Ich bestrafe den anderen, indem ich leide. Ich leide an ihm oder unter ihm und lasse es ihn spüren. Ich kann auch bestrafen, indem ich meinen Partner von meiner Erlebniswelt ausschließe: Ich teile meine Gedanken nicht mehr mit ihm und halte mich in meinen Empfindungen zurück" (Becker & Becker 1985 S.30). Diese vielfältigen, oftmals subtilen Formen der Bestrafung zu erkennen, bedarf es des Gespürs für menschliches Handeln, insbesondere bezogen auf die damit gemeinte Person.
So einfach es ist, grundsätzlich von Bestrafung oder von C^--Verhalten zu sprechen, so schwierig kann es im konkreten Fall sein, dieses zu erkennen. Krankheit des Ehepartners muß so z.B. nicht zwingenderweise Bestrafung des Ehepartners

sein oder so von ihm erlebt werden. Krankheit wird u.a. dann zur Bestrafung, wenn man den Ehepartner dafür verantwortlich machen kann ("Sieh, wie ich unter dir leide!"). Krankheit des Ehepartners kann jedoch auch als Entlastung empfunden werden und damit den Wegfall einer C^--Konsequenz bedeuten, wenn z.B. die Krankheit des Partners dazu führt, daß dieser keinen so massiven Druck mehr auf die eigene Person ausüben kann. Es geschieht sogar, daß beide C-Varianten in ein und derselben Ehebeziehung auftreten, also die von der Krankheit des Partners betroffene Person durch eben dieses Geschehen sich be- und entlastet fühlt.
Oftmals hängt es von der Interpretation der Absicht des Täters ab, ob ein Verhalten (z.B. kritische Äußerungen) letztlich als C^+- oder als C^--Verhalten oder als Wegfall einer dieser beiden Varianten angesehen wird. Unterstellt man dem Handelnden für sein den anderen formal belastendes Verhalten eine eher feindselige Absicht ("er will mich fertigmachen"), so ist es C^--Verhalten. Geht man letztlich von einer wohlwollenden Einstellung aus ("er will mich anspornen, daß ich es doch noch schaffe"), so wird man das gleiche Verhalten eher positiv einstufen. Eine ähnliche, etwas kompliziertere Logik gilt, wenn man von der populären Auffassung des Krankheitssgewinns ausgeht. Sie besagt, daß eine Person negative Konsequenzen wie z.B. schimpfen in Kauf nimmt, um dadurch überhaupt Zuwendung zu erlangen. Die oberflächlich gesehene C^--Konsequenz ist eine mit Leiden erkaufte C^+-Konsequenz. Gelingt es, diese Interaktion zu verstehen, so ist es nicht die schematische Anwendung abstrakter Prinzipien, sondern Einblick in die Lebensweise von Individuen, von denen her allein sich bestimmen läßt, was für diese Menschen C^+- oder C^-- Verhalten ist. Wenn die Orientierung an Lerngesetzen oder Attributionsprozessen überhaupt einen Sinn ergibt, dann in der Form, daß sie für die konkrete Situation eines Menschen sensibilisieren kann. Wann immer ein solches Verfahren zu einem mehr oder minder blinden Schematismus entartet, wird der Geist des Unterfangens verfehlt. Die Beschränkung auf die Erkenntnisse der frühen Lerntheorie wäre ein solcher Sündenfall (s. dazu z.B. den Ansatz von Schindler u.a. 1980).
In manchen verhaltenstherapeutisch orientierten Ansätzen (s. z.B. Schindler u.a. 1980) wird nur festgestellt, daß die Personen mit bestrafendem Verhalten versuchen, einander zu steuern oder daß sie in der Kommunikation nicht offen sind und man ihnen dann ein an positiven Konsequenzen orientiertes oder offenes Verhalten empfiehlt. Ein solches Verhalten steht in der Tradition der alten Lern- und Verhaltenstherapie, die sich nur an dem äußerlich greifbaren, operationalisierbaren Verhalten orientierte und einfach entsprechende Bedingungen setzte. Versucht man jedoch den Prozeß zu verstehen, so wird man nicht nur feststellen müssen, was ist, sondern auch, warum es so ist. Die Beeinflussung des Partners über negative Konsequenzen mag so verschiedene Ursachen haben: mangelnde Einsicht in die Interaktion zwischen Menschen; Konzentration auf die unerwünschten Ereignisse, die man vor allem verhindern will; Verlust an Vertrauen in den Partner, wodurch man nur noch zu einem defensiv-aggressiven Verhalten fähig ist, etc. Ähnlich mag der Mangel an eigener Offenheit durch Nicht-Wissen um die Bedeutung dieser Verhaltensweise, vielleicht aber auch durch Furcht vor den Risiken

einer solchen Offenheit begründet sein. Unterstellt, für das bestrafende Verhalten des Partners oder die mangelnde eigene Offenheit gelte jeweils die letzte Ursache, gibt es dann einen Sinn, der betreffenden Person einfach das andere Verhalten nahezulegen - ohne sich ganz entscheidend darum zu bemühen, die Voraussetzungen für das jeweils bessere Verhalten zu schaffen? Oder anders formuliert: Ist eine, die Hintergründe ignorierende, allein auf die Verschreibung richtigen Verhaltens ausgerichtete Strategie vom Ansatz her nicht schlichtweg Unfug? In einem artifiziellen Rahmen mag das noch nicht auffallen, in Situationen, die für das Individuum bedeutsam sind, wird ein solcher verkürzter Ansatz seine Schwächen offenbaren.
Die Problematik wird bereits deutlich, wenn man nach der Definition gelungener Kommunikation fragt. In der Regel wird dabei auf das technische Sender-Empfänger-Modell Bezug genommen, wonach eine gute Kommunikation darin besteht, daß die Sendung beim Empfänger genau so ankommt, wie sie vom Sender gemeint ist (Fisher 1982, Jorgensen 1986, Gottman u.a.1976). "Effektive Kommunikation ist der Austausch von Information zwischen zwei oder mehreren Individuen in einer Art, daß die von der einen Person (dem Sender) ausgesandte Botschaft von der anderen Person (dem Empfänger) genau interpretiert und verstanden wird, und umgekehrt" (Jorgensen 1986 S.189, Übers.v.Verf.). Gottman u.a. (1976, S.1) bringen es auf die Formel: "Intent equals impact" ("Absicht ist gleich Wirkung"). Legt man ein solches technisches Modell zugrunde, so ist die richtige Kommunikation leicht zu benennen. Der Sender muß seine Sendung richtig abstrahlen, die Sendung darf auf ihrem Weg nicht gestört werden und der Empfänger muß empfangsbereit und -fähig sein. Wenn die abgestrahlte Sendung so vom Empfänger aufgenommen wird, wie sie vom Sender gemeint ist, dann ist es gute Kommunikation. Bei dem Rundfunkmodell ist dieser Sachverhalt leicht nachvollziehbar, aber bei zwischenmenschlichen Beziehungen wird die Sache schon allein dadurch komplizierter, weil die "Absicht" des Senders nicht notwendigerweise klar ist.
Gerade Gottman u.a. (1976) haben mit dem von ihnen selbst angesprochenen Punkt der "verdeckten Themen" (dazu ausführlicher weiter unten) gezeigt, daß der wahre Inhalt einer Botschaft nicht identisch sein muß mit dem vordergründig behandelten Gegenstand. Man muß dabei davon ausgehen, daß dem Sender das "wahre" Thema nicht notwendigerweise bewußt ist. Wäre es dann gute Kommunikation, wenn der Sender seine oberflächliche oder unvollständige Empfindung, von der er zu diesem Zeitpunkt voll überzeugt ist, richtig mitzuteilen weiß und sie so auch vom Empfänger aufgenommen wird? Mit ihrem Hinweis auf die verdeckten Themen geben Gottman u.a. darauf eine klare Antwort: es ist verfehlte Kommunikation. Gute Kommunikation hat also sehr viel auch mit Selbstwahrnehmung zu tun, die vielleicht erst im Gespräch vertieft wird. Das technische Modell reduzierte die Begegnung von Menschen im Gespräch auf einen Austausch zwischen zwei festen Größen, sieht nicht die Möglichkeit, daß die Personen durch das Gespräch erst zu sich selbst finden - und eben dies auch die Güte eines Gespräches ausmacht.

Ansätze, die mehr auf die technischen Elemente des Kommunikationsprozesses eingehen, haben ihren Sinn, weil es in diesem Bereich in der Tat zu Störungen kommen kann und die Personen für diese möglichen Fehlerquellen sensibilisiert werden müssen. So hat z.B. Cawood (1983) ein Buch über Selbstsicherheit für Manager geschrieben, in dem sie diesen deutlich machen will, worauf es dabei ankommt. Diese Selbstsicherheit drückt sich im Geben und Nehmen aus. Auf der Geber-Seite geht es darum, die eigenen Gedanken und Gefühle direkt, ehrlich und angemessen auszudrücken, ohne unberechtigte Angst. Auf der Nehmer-Seite ist es ebenso wichtig, aufzunehmen, was andere denken und fühlen, ohne Reaktionen, die diesen das Recht über eigene Gedanken und Gefühle nehmen. Die give- und take-skills sind nun auszudifferenzieren. Bei den give-skills nennt Cawood sechs Elemente: 1) Information geben, 2) eine eigene Ansicht vertreten, 3) eigene Bedürfnisse oder Erwartungen formulieren, 4) seine eigenen Gefühle mitteilen, 5) seine eigenen Entscheidungen klar mitteilen, 6) Kritik oder Komplimente äußern. Die take-skills sind annähernd komplementär dazu: 1) Information suchen, 2) Zuhören, 3) Empathie zeigen, 4) Kritik akzeptieren, 5) Komplimente annehmen, 6) Flexibilität zeigen. Alle diese Punkte können dann noch weiter ausdifferenziert werden. Man kann sich nun sofort auf das Training der einzelnen Punkte konzentrieren und dabei viel an Fertigkeiten erlernen. Man würde jedoch etwas übersehen, was auch in dem Buch von Cawood unbeachtet bleibt: hier geht es ganz entscheidend um ein bestimmtes Rollen- und Selbstverständnis. Der selbstsichere Manager wird hier als offen, sensibel und dennoch zielorientiert definiert, was sicherlich nicht sofort auf Zustimmung bei allen Betroffenen stoßen wird.
So ohne Umschweife kann man wohl kaum in die technische Umsetzung dieser Definition eintreten. Sowohl das Rollen- wie das Selbstverständnis wird bei vielen Punkten zwingenderweise gefordert und es stellt sich die Frage, ob dies in seiner Bedeutung erkannt wird. So wird bei Punkt 2 der give-skills gefordert, daß man das Recht auf eigene Gedanken vertreten müsse. Im betrieblichen Bereich könnte es im Einzelfall recht gefährlich sein, dieses Recht zu verwirklichen, beispielsweise dann, wenn der eigene Vorgesetzte so etwas überhaupt nicht schätzt. Darf man dann einfach blauäugig den Kursteilnehmer dazu ermutigen? Wie aber sollte man dann unter Berücksichtigung realer Bedingungen sein Recht auf eigene Meinung wahrnehmen? Unter Punkt 4 (seine Gefühle mitteilen) wird zu Recht als erster Unterpunkt genannt, seine Gefühle erst einmal zu akzeptieren. Dies mag richtig sein, kann aber schon das Thema für ein ganzes Programm sein. Läßt sich ein solch schwieriges Thema einfach so nebenbei als Unterpunkt abhandeln? Im Extremfall kann dies ja bedeuten, daß man sein ganzes bisheriges Leben überdenken muß, um dazu fähig zu sein. Die angesprochenen Punkte mögen so alle richtig sein, entscheidend ist jedoch, ob man sich ihnen wirklich zuwenden will oder sie nur anreißt. Reißt man sie nur an, so mag es technische Verbesserungen geben, an der Grundkonstruktion aber wird nichts geändert, die technischen Veränderungen werden in die bestehende Grundkonstruktion eingepaßt.
In dem Programm von Schindler u.a. (1980), das im Unterpunkt 5.3.2 ausführlich dargestellt wird, werden Regeln für den Sender und den Empfänger formuliert.

Die Sender-Regeln sind - wie dies vorher bereits Gottman u.a.(1976) gemacht haben - an der verhaltenstherapeutischen Logik orientiert, in der ein Reiz, ein Verhalten und eine Konsequenz Bestandteile der Beschreibung sind. Entsprechend soll der Sender mit den Regeln zwei bis vier eine konkrete Situation, ein konkretes Verhalten im Hier und Jetzt benennen. Mit den Regeln eins und fünf wird der Sender angehalten, sich persönlich zu öffnen und zu seiner Aussage als Person zu stehen. Während die Regeln zwei bis vier auf den ersten Blick leicht trainierbar erscheinen, stellt die letzte Regel (sich öffnen) Anforderungen an die Person, die erkennbar über einen technischen Umgang mit dem Sendegeschehen hinausgehen. Hier genügt nicht der Appell an den Sender, da self-disclosure Verhalten - wie bereits erwähnt - auch mit Risiken behaftet ist, mit denen man sich auseinandersetzen muß. Im Einzelfall kann es bedeuten, daß der Sender ein vollkommen neues Verhältnis zu sich und seinen Mitmenschen aufbauen muß, um dazu fähig zu sein. Ähnliches gilt für die Empfänger-Seite.
In einem in den USA populären Programm von Miller u.a. (1975) wird in einem Wahrnehmungs-Rad (awareness-wheel) der Sender-Anteil in seine logisch aufeinander aufgebauten Teile zerlegt, so daß sie dem Teilnehmer des Kurses bewußt werden. Die einzelnen Teile in ihrer Abfolge: Wahrnehmen, Denken, Fühlen, Wünschen, Handeln. Beim ersten Punkt geht es darum, daß - wie bei anderen Autoren auch - Wahrnehmungen für eine bestimmte Situation sehr spezifisch formuliert werden. Davon zu unterscheiden sind die Interpretationen zu dieser Wahrnehmung, die auch klar getrennt davon zu formulieren sind. Als nächstes sind die damit zusammenhängenden eigenen Gefühle zu nennen. Dem folgt das Mitteilen eigener Wünsche und schließlich werden die daraus folgenden Handlungsabsichten mitgeteilt. In der Realität mag es oftmals vorkommen, daß z.B. Interpretationen als Wahrnehmungen ausgegeben werden, wodurch der Sender nicht mehr in der Lage ist, seine Interpretation durch die Wahrnehmung als unabhängige Instanz zu überprüfen. Das awareness-wheel dient somit dem Sender als Anleitung zu einem kontrollierteren Senden, aber auch der besseren Verständigung mit dem Empfänger, da der Meinungsbildungsprozeß des Senders für den Empfänger durch dieses Auseinanderziehen der einzelnen Schritte leichter nachvollziehbar ist. Der Vorteil dieses Programms ist nach Derlega & Chaikin (1975), daß die Partner angeleitet werden, ihre eigenen Gefühle und die des anderen besser wahrzunehmen und ein Konzept zum Verständnis des Kommunikationsprozesses geliefert bekommen.
Das Zerlegen einer komplexen Handlung in seine einzelnen Schritte ist zunächst etwas technisches. Aber es schließt natürlich inhaltlich die Öffnung des Senders ein, weshalb die Autoren nicht umhin können, einige Gedanken zum Risiko von Self-Disclosure (SD) und dem dennoch bestehenden Vorteil von SD zu sagen. Ob dieses eher technische Modell angenommen wird, hängt also entscheidend davon ab, ob das Risiko des SD gewagt wird. Dieser Teil wird in dem Programm von Miller u.a. nur argumentativ angegangen. Man muß zweifeln, ob damit eine Einstellungsänderung bewirkt werden kann. Das beherrschende Thema von Miller u.a. ist die präzise Äußerung und das Vermeiden von Mißverständnissen im Kommunikationsprozeß. Während in der alltäglichen Kommunikation die Gesprächs-

partner relativ unkontrolliert aufeinander reagieren und damit die Gefahr von Mißverständnissen gegeben ist, wollen die Autoren diese Gefahr dadurch ausschließen, daß sie den Empfänger einer Nachricht zunächst dazu verpflichten, den Kern der Aussage zu wiederholen; erst nach Bestätigung durch den Sender nimmt das Gespräch seinen Fortgang. Es sind also nach Miller u.a. grundsätzlich nach jeder Sender-Aussage Kontrollschleifen vorgeschrieben, um der Gefahr von Mißverständnissen und Unterstellungen zu entgehen. Der Gesprächsfluß wird damit dem Sicherheitsanliegen geopfert. Wird es dann noch Gespräche geben?
Trainings-Programme, die eigentlich nur auf die Vermittlung von Fertigkeiten angelegt sind, enthalten somit oftmals Elemente, die diesen Rahmen sprengen und zu einer grundsätzlichen Auseinandersetzung mit dem Kommunikationsgeschehen und der daran beteiligten Menschen veranlassen müßten - ohne daß dies aber notwendigerweise geschieht. Die Autoren versuchen ihr technisches Modell aufrechtzuerhalten, obwohl gerade sie manchmal eindrucksvolle Belege für die Notwendigkeit einer weiter ausgreifenden Konzeption liefern. Gottman u.a. (1976) gehen von der Auffassung aus, daß gute Kommunikation dadurch ausgezeichnet sei, daß der Sender bei dem Empfänger den Eindruck hinterläßt, den er beabsichtigt. "Der Sprecher versucht das Anliegen seiner Botschaft abzuklären, indem er exakt darstellt, was er denkt, wünscht oder fühlt. Er nimmt nicht an, daß der Zuhörer 'weiß', was in seinem Kopf vorsichgeht ... Der gute Zuhörer versucht sicherzustellen, daß das Anliegen verstanden wird und er füllt nicht Lücken mit Vermutungen darüber, was im Kopf des Sprechers vorsichgeht. Beide Partner versuchen sicherzustellen, daß die Absicht gleich der Auswirkung ist" (Gottman u.a. 1976 S.1f, Übers. v.Verf.). Nachdem Gottman u.a. anschaulich destruktive Formen der Kommunikation beschrieben haben, stellen sie fest, daß es zwei besonders problematische Arten des Umgangs miteinander gibt: den Verzicht auf eine Aussprache, auf Ansprechen eines Konfliktes und den rüden Umgangston miteinander. Für das Ansprechen eines Problems empfehlen sie dem Sender, sich bei der Botschaft an das Schema zu halten "Tust du X in Situation Y fühle ich Z". Als Gegengewicht gegen rüdes Verhalten formulieren sie Höflichkeitsregeln wie z.B. "Sei höflich und zuvorkommend", "Zeige Interesse an den Aktivitäten deines Partners", "Konzentriere dich auf die jetzige Situation". Insbesondere bei den Höflichkeitsregeln wird deutlich, daß es dabei nicht nur um Fertigkeiten, sondern auch um Einstellungen geht. Einstellungen kann man aber nicht wie Fertigkeiten behandeln und trainieren. Einstellungen beeinflussen auch die Wahrnehmung und führen dazu, ob ein bestimmtes Interaktionsverhalten überhaupt als problematisch erkannt wird.
Gottman u.a. haben mit dem ausführlichen Hinweis auf die verdeckten Themen deutlich gemacht, wie wichtig Sensibilität im Gespräch ist. Verdeckte Themen sind unterschwellige, aber eigentlich zentrale Themen eines Gesprächs. Da sich das Gespräch jedoch an dem offiziellen Thema orientiert, läuft es ins Leere. So mag der Ehemann zu seiner Frau sagen, sie sehe schlecht aus und sollte doch mal zum Arzt gehen. Sie macht für sich daraus das unterschwellige Thema, sie sei für ihren Mann unattraktiv. Solange sie die Vor- und Nachteile des Arztbesuchs diskutieren, bleibt das unterschwellige Thema unberührt. Gottman u.a. haben zu

Recht darauf verwiesen, daß solche unterschwelligen Themen aufgegriffen werden müssen, da sie sonst die Beziehung vergiften. Auf der anderen Seite aber haben die Autoren bei der Erörterung destruktiver Kommunikation vor der Gefahr des Gedankenlesens oder des Abschweifens vom Thema gewarnt. Unterschwellige Themen müssen dem betreffenden Inhaber einer solchen Auffassung in diesem Augenblick nicht bewußt sein; er mag intuitiv aus diesem Verständnis heraus handeln. Dadurch wird der Umgang mit solchen verdeckten Themen zu einem Verfahren, das viel Fingerspitzengefühl erfordert.
Die einfachere Variante eines Beispiels von verdeckten Themen wäre, wenn der Empfänger ein solches verdecktes Thema ins Spiel brächte. Dann würde die Definition guter Kommunikation von Gottman u.a. noch greifen. Die Absicht entspräche dann eben nicht der Wirkung und damit wäre der eindeutige Fall einer schlechten Kommunikation gegeben. Ist das verdeckte Thema jedoch beim Sender angesiedelt, so erweist sich die Formel als zu einfach, weil die Absicht des Senders doppelbödig ist und für ihn erkennbar das formulierte Thema gilt (im Beispiel: die Sorge um den Gesundheitszustand des Partners). Was wäre dann gute Kommunikation? Hier werden komplizierte Kommunikationsprobleme sichtbar und die einfache Formel von guter Kommunikation greift nicht mehr. Sie wird aber auch durch Bemerkungen der Autoren gesprengt, wenn sie z.B. festhalten, daß es für eine enge Beziehung notwendig sei, den anderen an seinen Gefühlen und Gedanken teilhaben zu lassen (Gottman u.a.1976 S.29), womit gute Kommunikation nicht nur das procedere selbst meint, sondern ein gewisses Ausmaß fordert. All dies wollen die Autoren Kursteilnehmern in sehr knapp gehaltenen 1 1/2 Tagen vermitteln. Das kann letztlich nur Wissensvermittlung sein, obwohl durch die Darstellung der Autoren deutlich wird, daß hier Einstellungsänderung und damit auch die Entwicklung von Feingefühl gemeint ist.
Ein Programm von Innerhofer (1977) ist ebenfalls sehr stark an der Entwicklung von Fertigkeiten orientiert. In aufeinanderfolgenden Schritten sollen die Eltern lernen: das Kind in der Auseinandersetzung mit seiner Umwelt zu sehen; das Verhalten des Kindes in Abhängigkeit von seiner Umwelt zu verstehen; das Kind durch Setzen von Konsequenzen zu lenken; Schwierigkeiten durch Hilfestellungen und Verändern des Wohnraumes und der Zeitpläne vorzubeugen. Dieses Programm ist durch die Verhaltensbeobachtung und Interaktionsanalyse stark auf technische Fertigkeiten ausgerichtet. Innerhofer will sich nur auf Verhaltensweisen der Erzieher beziehen, "die unmittelbar mit dem beklagten Verhalten des Kindes in Zusammenhang stehen. Auf eine grundlegende Veränderung familiärer Strukturen ... wird verzichtet" (Innerhofer 1977 S.3). "Es besteht nicht die Absicht, im Training den Erziehungsstil der Eltern völlig umzukrempeln. Im Gegenteil, wir machen die Eltern von Anfang an darauf aufmerksam, daß wir nur ein, zwei Probleme angehen werden, und daß wir uns ganz auf die Lösung dieser Probleme beschränken werden" (Innerhofer 1977 S.11). Für die vier Schritte stehen dem Autor maximal vier Tage zur Verfügung, in der Regel zwei bis drei. Behandelt werden nur wenige Fallbeispiele, da die Aufarbeitung eines Rollenspiels von 1-2 Minuten Länge ca. 30 bis 60 Minuten benötigt. Dies steht in deutlichem Kontrast zu den vielen

Kurzprogrammen einschließlich des von Gottman u.a., die eine Vielzahl von komplexen Themen in kürzester Zeit bewältigen. Die Schulung der Wahrnehmung ist in dem Programm von Innerhofer nicht nur ein zentraler Baustein, sondern beansprucht offensichtlich diese Zeit. Obwohl Innerhofer sein Vorgehen am Training von Fertigkeiten orientiert und daran festhält, wird durch seine eigene Darstellung deutlich, daß die Wirkung seines Programms auf etwas anderem beruht, wozu die technischen Schritte nur das Werkzeug sind.

Der Geist des Programms wird von dem Autor nur in einigen Sätzen erwähnt, wird nicht zum organisierenden Mittelpunkt und führt nicht zu neuen Überschriften des Ablaufs. "Am Vortag haben die Eltern gelernt, systematisch zu beobachten. Um mit den Beobachtungsdaten erzieherisch arbeiten zu können, müssen sie miteinander in Beziehung gebracht werden. Die Eltern sollen lernen, eine Beziehung zwischen Ereignissen zu erfassen... Die Eltern müssen lernen, bestimmte Ereignisse aus dem gesamten Reizspektrum zu abstrahieren; sie müssen lernen, das funktional Wesentliche vom funktional Unwesentlichen zu trennen" (Innerhofer 1977 S.35). Ein Verständnis zu entwickeln bedeutet: "Es kommt uns nicht darauf an, daß die Eltern weniger strafen und dafür mehr loben, sondern daß sie lernen, die Nöte des Kindes zu sehen, daß sie lernen, das Positive am Kind zu sehen. Oder kurz zusammengefaßt: daß sie lernen, das Kind von seinen eigenen Erwartungen her zu sehen. Wo dieses Ziel erreicht wird, kann der Erzieher gar nicht mehr auf Versagen mit Strafe reagieren, und umgekehrt, wo bei den Eltern dieses Mitleben mit den Kindern erreicht wird, fällt es nicht nur leicht, das Positive zu bestärken, die Eltern spüren dann auch, was für das Kind echt belohnend ist" (Innerhofer 1977 S.18).

Nachdem die Eltern Situationen wahrnehmen lernten und Verhalten in Abhängigkeit von der Situation verstanden, erfolgte eine tiefgreifende Einstellungsänderung. "Eltern sehen plötzlich ihr Leben neu. Sie begreifen ihre eigene Erziehung und interpretieren die Probleme, die sie mit den eigenen Kindern haben, nicht mehr als Folge von Erbanlagen, sondern als Folge von Umweltbedingungen und nicht zuletzt als Folge ihres erzieherischen Verhaltens. Man kann geradezu von einem Bekehrungserlebnis sprechen" (Innerhofer 1977 S. 38). Das Programm von Innerhofer ist somit nicht allein darauf ausgerichtet, Eltern die Grundlagen der Verhaltenstherapie, insbesondere die geistige Verarbeitung von Interaktionen, zu vermitteln, sondern ihnen Verständnis für die Situation ihrer Kinder nahezubringen. Das technische Hilfsmittel dazu ist das verhaltenstherapeutisch orientierte Handeln. Das Ziel ist, daß die Eltern verstehen lernen, was u.a. bedeutet, die richtigen Elemente miteinander in Beziehung zu bringen, sie überhaupt wahrzunehmen. "Das Kind von seinen Erwartungen her sehen" bedeutet, eine andere Haltung entwickeln, neue Schwerpunkte setzen. Nicht das Beherrschen eines diagnostischen Instrumentariums wäre der Erfolg dieses Programms, sondern die Vermittlung einer neuen Einstellung mit Hilfe einer präziseren Wahrnehmungsmöglichkeit. In der Gliederung des Buches schlägt sich dieser Ansatz nicht nieder; dies ist wohl ein "verdecktes Thema", vom Autor wohl gesehen, aber nicht zum Leitthema erhoben.

Bei vielen verhaltenstherapeutischen Ansätzen dominiert die Ausrichtung an der formalen Logik der Verhaltenstherapie, obwohl die Autoren Elemente aufnehmen bzw. sogar explizit hervorheben, die einem mehr technisch orientierten Vermitteln von Fertigkeiten widersprechen. Trotz dieser widerstrebenden Elemente wird an einem einfachen Schema festgehalten. Gleichzeitig werden jedoch Unschärfen im Detail sichtbar, die es zu verstehen gilt. Warum sind Generalisierungen im Gespräch, das Zurückgreifen auf ältere Ereignisse verboten? Warum muß man sich allein auf das letzte Beispiel beziehen, auch wenn einem dabei einfällt, daß es ja schon immer so war (so z.B. Schindler u.a. 1980, Pfingsten & Hinsch 1991 S.86)? Verhaltenstherapeutisch läßt sich eine solche Einengung nicht begründen. Wohl ist es sinnvoll, daß man sich auf auslösende Reize in einer konkreten Situation bezieht, aber dazu gehört auch, daß die kognitiv-emotionale Reaktion des Wahrnehmenden in diesem Augenblick darüber hinausgreift. Solche Reaktionen aus der Erörterung auszuschließen, hieße, die Empfindungswelt der Personen künstlich beschneiden. Das Ergebnis wäre, daß Kommunikation u.U. vordergründig würde und damit ihr Ziel der Verständigung unter Menschen verfehlte. Orientiert man sich an einem formalen Schema, mit dem aber die Beispiele nicht adäquat erfaßt werden, so löst man sich dadurch von der Realität, steht man in der Gefahr, blind für diese zu werden. Diese Diskrepanz zwischen formaler Konzeption und für richtig angesehenen Beispielen deutet an, daß die Theorie keine ausreichende Orientierung für die Praxis ist und dadurch im konkreten Handeln Freiräume vorhanden sind, die es zu sehen gilt und die vielleicht in einer Weise genutzt werden, wie man es von der theoretischen Grundposition aus nicht erwarten würde.
Daß diese Gefahr ernsthaft besteht, soll am Beispiel des Programms von Shure & Spivack (1981) illustriert werden, ausführlicher später an dem Beispiel von Schindler, Hahl weg & Revenstorf (1980). Shure & Spivack sind mit dem Problem beschäftigt, wie man aggressive Kinder auf andere Möglichkeiten der Konfliktverarbeitung lenken kann. Die Methode besteht letztlich darin, ihnen überhaupt eine neue Einsicht in das Geschehen zu vermitteln und damit Alternativen zu dem bisherigen aggressiven Verhalten zu eröffnen. Die Autoren formulieren ihr Verfahren so: "Wir haben eine Methode entwickelt, die dem Kind das rationale Durchdenken von Problemen lehrt und es ihm auf dieser Grundlage ermöglicht, selbst zu entscheiden, was es tun will und was nicht. .... Wir akzpetieren die Antwort des Kindes (unabhängig von ihrem Inhalt), sagen dem Kind aber, daß es in der gegebenen Situation noch weitere Verhaltensmöglichkeiten gibt..." (Shure & Spivack 1981 S.19). "Für die beteiligten Kinder wird eine Verbesserung ihrer sozialen Kompetenz angestrebt. Die Verbesserung ihrer Problemlösungsfähigkeiten wird als Mittel dazu angesehen" (Shure & Spivack 1981 S. 51). In diesem Sinne soll das Kind "... sich selbst Lösungen ausdenken und sie anschließend auch selbst bewerten. Das Kind wird Lösungen, die es selbst gefunden und bewertet hat, eher in die Tat umsetzen, als wenn ein Erwachsener ihm sagt, was es tun und nicht tun soll" (Shure & Spivack 1981 S. 54). Methodisch bedeutet es, daß der Erwachsene das Kind nach seiner Sichtweise des Problems befragt und das Kind nach den Beweggründen seines Handelns fragt. Im nächsten Schritt wird das Kind veranlaßt, darüber

nachzudenken, welche Gefühle wohl das andere Kind gehabt hat und wie man herauskriegen könnte, welche Gefühle und Vorstellungen das andere Kind hat. Dann wird das Kind nach seinen Vorstellungen über Problemlösungen und die damit verbundenen Konsequenzen befragt. Schließlich wird das Kind dazu veranlaßt, die verschiedenen Lösungsvorschläge zu bewerten. Das Verfahren zielt also auf die kognitive Variable des Verhaltens. Durch größere Einsicht in das Geschehen soll die Handlungskompetenz des Kindes erhöht werden. Das Kind soll lernen, eigene Lösungen zu finden, weil "... Kinder die selbst gefundenen Lösungen mit einer ganz anderen Motivation in die Tat umsetzen, die aus dem Bewußtsein herrührt, daß sich um die eigene Lösung und eine eigene Entscheidung handelt" (Shure &

Text 3: Gesprächsbeispiel aus Shure & Spivack (1981 S.138)

Mutter: Was ist mit dem Lastwagen, den du zum Geburtstag bekommen hast?
Kind: Kaputt.
Mutter: Wie ist das passiert?
Kind: Ich habe das Lenkrad herausgebrochen.
Mutter: Warum?
Kind: Weil es Spaß gemacht hat.
Mutter: Was habe ich wohl für ein Gefühl, wenn ich dir teures Spielzeug kaufe,
und du machst es einfach kaputt?
Kind: Du ärgerst dich.
Mutter: Glaubst du, daß du diesen Lastwagen verdienst?
Kind: Ja.
Mutter: Warum?
Kind: Weil ich ihn gerne haben möchte.
Mutter: Wie kannst du mich dazu bringen, daß ich dir noch einen Lastwagen kaufe?
Kind: Wenn ich ihn nicht kaputtmache.
Mutter: Wie kann ich merken, daß du ihn wirklich nicht kaputtmachst?
Kind: Ich werde keines von meinen Spielsachen mehr kaputtmachen.
Mutter: Wirst du mit ihnen auf dieselbe oder auf eine andere Weise spielen?
Kind: Anders.
Mutter: Wie denn?
Kind: Ich werde das Lenkrad nicht herausbrechen und den Lastwagen nicht herumwerfen.
Mutter: Gut. Wenn du mir zeigst, daß du mit deinem Spielzeug spielen kannst, ohne es kaputtzumachen, können wir über den Lastwagen noch einmal reden.

Spivack 1981 S.133). In Text 3 ist ein Beispiel von Shure & Spivack wiedergegeben.
Formal folgt das Gespräch dem vorgegebenen Muster. Die Mutter befragt das Kind zunächst danach, wie das Problem von seiner Sicht her gesehen wird, um dann das Kind zu veranlassen, auch die Gefühle und Vorstellungen des anderen Menschen zu sehen. So erfährt die Mutter, daß es dem Kind Spaß gemacht hat, das Lenkrad herauszubrechen. Sind damit die Beweggründe des Kindes verstanden - sowohl für die Mutter wie für das Kind? Davon gehen die Autoren wohl aus, denn nun kommt bereits die zweite Stufe, in der das Kind sich in den anderen Menschen eindenken soll. Dieses Eindenken in den anderen bedeutet, das Problem vom Standpunkt der Mutter aus zu durchdenken. Danach bringt die Mutter ihr Kind dazu, in Richtung Problemlösung zu denken ("Wie kannst du mich dazu bringen....").
Nimmt man das zugrundeliegende Konzept und Schema ernst, insbesondere auch mit der durchaus richtigen Zielsetzung, das Kind zum Finden eigener (!) Lösungen zu befähigen, so kann man das vorliegende Beispiel nur als böse Karrikatur bewerten. In diesem Beispiel hat die Mutter erkennbar nicht die Absicht, das Kind bei der eigenen kognitiven Aufarbeitung einer Situation zu stützen, sondern nur das Ziel, ihre eigene Vorstellung durchzusetzen und zwar so rigoros, daß dem armen Kind keine Gegenwehr mehr bleibt. Dies fängt bereits damit an, daß die Mutter gar nicht wissen will, warum es dem Kind Spaß gemacht hat, das Lenkrad herauszubrechen, womit die Situation des Kindes nur oberflächlich dargestellt wird. Das Kind muß sich hingegen sofort mit der Sicht der Mutter auseinandersetzen, die alleine noch zählt. Obwohl Anklagen und Vorwürfe ausdrücklich verboten sind, tut dies die Mutter, ohne daß es beanstandet wird ("...wenn ich dir teures Spiezeug kaufe..." "...und du machst es einfach kaputt.") Und die anklagende Frage der Mutter ("Glaubst du, daß du diesen Lastwagen verdienst?"), kommentieren die Autoren so: "Das Kind wird dahin geführt, das Problem vom Standpunkt der Mutter aus zu durchdenken" (S.138). Ohne daß der Sohn davon gesprochen hat, stellt die Mutter die Frage, wie der Sohn sie wohl dazu bringen könne, ihm "noch einen" Lastwagen zu kaufen. Aus der Sicht der Autoren bringt die Mutter das Kind dazu, in Richtung Problemlösung zu denken - aber wessen Sichtweise des Problems und wessen Lösung setzt sich hier durch! Das Kind hat zu keinem Zeitpunkt gesagt, daß es "noch einen" Lastwagen haben wolle! Dies sind allein Ziele der Mutter. Dem Kind bleibt nur noch die Aufgabe, durch Zusicherung von Wohlverhalten die Auffassung der Mutter umzusetzen. Das Empfinden und Wollen des Kindes wurde in diesem Gespräch von Anfang an rücksichtslos ignoriert.
So praktiziert ist das Verfahren eine raffinierte Unterwerfungsmethode, mit der gefügige Untertanen geschaffen werden. Es ist beeindruckend, wie blind die Autoren für das tatsächliche Geschehen sind. Unter Wahrung des formalen Vorgehens wird den eigenen Zielen konsequent zuwidergehandelt. Die Grenzen eines ausschließlich an technischem Handeln orientierten Ansatzes wird durch Shure & Spivack eindrucksvoll demonstriert.

3.3.2 Das Beispiel EPL bzw. der Ansatz von Schindler, Hahlweg & Revenstorf

Ein verhaltenstherapeutisch orientiertes Programm soll nach seiner Erprobungsphase nun in der Bundesrepublik in "Großserie" gehen. Es ist ein Programm, das neben staatlicher Förderung vor allem Unterstützung von der katholischen Kirche (der Diözese München u.Freising sowie der Deutschen Bischofskonferenz) erhielt und der Stärkung der Kommunikation in der Ehe dienen soll, möglichst schon in Vorbereitung auf die Ehe. Das EPL (= Ein partnerschaftliches Lernprogramm) und erste Ergebnisse dazu wurden u.a. in einem Forschungsbericht von Thurmaier u.a. (1993) und Engl & Thurmaier (1992, 1994 2.Aufl.) vorgestellt.
Die EPL-Kurse werden wahlweise an sechs Abenden zu je 2 1/2 Stunden oder an einem Wochenende von Freitag Abend bis Sonntag Nachmittag angeboten. Der Kurs ist in sechs Einheiten gegliedert. In den ersten beiden Einheiten lernen die Teilnehmer das Sprecher- und Zuhörerverhalten. Die dritte Einheit dient dem Erwerb problemlösenden Verhaltens in Konfliktgesprächen. In den darauffolgenden Einheiten werden die erworbenen Fertigkeiten an speziellen Themenkreisen erprobt: Erwartungen an Partnerschaft und Ehe (vierte Einheit), Wünsche im erotisch/sexuellen Bereich (fünfte Einheit) und Bedeutung christlich gelebter Ehe (sechste Einheit).
An einem Kurs nehmen jeweils vier Paare teil, die von zwei Kursleitern betreut werden. "Ein wesentliches Merkmal des EPL-Kurses ist der graduelle Aufbau seiner Paarübungen. Alle zentralen Gesprächsfertigkeiten werden den Paaren zuerst spielerisch vermittelt, um sie dann in zahlreichen Rollenspielen und echten Paargesprächen einüben zu lassen" (Thurmaier u.a. 1993 S.34). In den ersten drei Sitzungen wird das Basiswissen und -können mit den Teilnehmern erarbeitet, das dann in den nächsten beiden Sitzungen an ausgewählten relevanten Themen angewandt wird. Die letzte Sitzung dient der Reflexion von Ehe als einer christlichen Institution. Das in den ersten drei Sitzungen vermittelte inhaltliche Konzept wird von den Autoren unverständlicherweise äußerst knapp dargestellt; sie verweisen dazu auf die Arbeit von Schindler, Hahlweg & Revenstorf (1980). Hahlweg ist Mitautor der Arbeit aus dem Jahr 1980 und wissenschaftlicher Begleiter des EPL. Die folgende inhaltliche Darstellung bezieht sich daher auf die Darstellungen von Schindler u.a. (1980). Im EPL ist allerdings nur der Kommunikationsteil der Arbeit von Schindler u.a. (1980) aufgegriffen worden.
Die Autoren gehen von allgemeinen Lernprinzipien aus, was auf die Ehe angewandt bedeutet, daß man zum einen durch sein eigenes Verhalten für den Erfolg der Ehe mitverantwortlich ist und zum anderen diesen Erfolg nicht durch bestrafendes, sondern nur durch belohnendes Verhalten sicherstellen kann. Fälschlicherweise greifen Ehepartner bei Konflikten oftmals auf strafendes Verhalten zurück, womit das Unglück seinen Lauf zu nehmen beginnt. Durch strafendes Verhalten - verhaltenstherapeutisch formuliert C^{-}-Konsequenzen - wird nur Verhalten unterdrückt, aber das kann letztlich nicht das Ziel sein. Das Ziel wäre wohl, daß man sich in der Ehe glücklich und geliebt fühlt, was man durch entsprechendes

positives Verhalten spüren muß. Es geht also um den Aufbau dieses positiven Verhaltens - verhaltenstherapeutisch gesehen Verhalten mit C^+-Konsequenzen, womit man den Partner verstärkt. Diese Überlegung fassen die Autoren in dem Satz zusammen: "Je mehr ich meinen Partner verstärke, desto mehr wird er sich zu mir hingezogen fühlen und desto mehr wiederum mich verstärken" (Schindler u.a. 1980 S. 19).

Auf diesem allgemeinen Hintergrund wenden sich die Autoren nun dem Training des Kommunikationsverhaltens zu, wobei sie zwischen Sender- und Empfänger-Verhalten unterscheiden. Der Sender hat fünf Fertigkeiten zu entwickeln: 1. Ich-Gebrauch; 2. Konkrete Situationen; 3. Konkretes Verhalten; 4. Hier und Jetzt; 5. Sich öffnen. Derjenige, der etwas von sich mitteilt - technisch als Sender gekennzeichnet - soll danach klar und deutlich von sich sprechen, erkennbar durch den Gebrauch des Wortes "ich" (1). Er soll über konkretes Verhalten (3) in konkreten Situationen (2) aus der jüngsten Vergangenheit (4) sprechen. Sowohl der Sender wie der Empfänger sollen wissen, was genau gemeint ist, was z.B. durch allgemeine Charakteraussagen nicht geleistet wird. Bezieht man sich z.B. auf die Party gestern abend und sagt, was einem da am Verhalten des Partners gestört hat, so wissen beide Seiten wovon geredet wird. Bei einer solchen Aussprache ist es dann wichtig, daß man sich selbst als Person öffnet und von seinen Empfindungen spricht (5).

Die Autoren warnen ausdrücklich davor, bei Konflikten auf sogenannte "alte Hüte" zurückzugreifen. Sie erläutern dies am Beispiel eines Ehepaares, bei dem sich die Ehefrau am Abend mit ihren Freundinnen trifft und der zuhause gebliebene Mann sich vernachlässigt fühlt. Wenn er dann im Verlauf der Aussprache darauf zurückkommt, daß die Ehefrau ja schon kurz nach der Heirat ihn allein ließ und für vier Wochen bei ihrer Mutter blieb - übrigens weil diese krank war -, so wäre dies ein verbotener Rückgriff auf alte Geschichten. "Mit solchen Rückgriffen auf die Vergangenheit, sog. 'alten Hüten', weicht das Gespräch völlig vom Thema ab" (Schindler u.a. 1980 S.38). Die Autoren fordern, daß man sich nur mit dem gestrigen Abend beschäftigt. Deshalb sind auch verallgemeinernde Aussagen verboten. Um das Senderverhalten zu erleichtern, werden u.a. modellhaft Redewendungen angeboten, mit denen man Empfindungen wie Freude, Liebe, Trauer, Furcht direkt ausdrücken kann.

In gleicher Weise werden Fertigkeiten für den Zuhörer formuliert: 1. Aufnehmendes Zuhören; 2. Paraphrasieren; 3. Offene Fragen; 4. Positive Rückmeldung; 5. Rückmeldung der eigenen Gefühle. Dies bedeutet, daß der Zuhörer seine Zuwendung zum Sender deutlich machen muß (1) und durch die Wiederholung des Gesagten in eigenen Worten (2) dem Sender signalisieren muß, daß er die Sendung verstanden hat. Sofern er etwas nicht verstanden hat, also Fragen offen sind, sollte er sie stellen (3), allerdings nur in Hinblick auf die Empfindungen, Gefühle des Senders. Sodann sollte der Empfänger Rückmeldung an den Sender geben, zum einen wie er das Gespräch empfunden hat (4), zum andern, wie er zum Gesprächsinhalt steht (5).

Schließlich wird noch erläutert, wie man mit einem Konflikt umgehen kann. Hierbei werden die Sender- und Empfänger-Fertigkeiten gebraucht. Wie in dem abgedruckten Beispiel illustriert (Text 4), soll zunächst Person A ihre Empfindungen ausdrücken, Person B ist hierbei im Sinne der Regeln Zuhörer; danach werden die Rollen getauscht. Nachdem jeder sein Problem formuliert hat, sagt jeder seine allgemeinen Wünsche und der Partner nimmt diese wahr. "Partnerschaftliche Konfliktlösung heißt, gemeinsam zu einer Lösung zu kommen. Sobald ein Konfliktpartner gewinnt und die andere Seite verliert, wird die Lösung gar nicht oder nur kurzfristig in die Tat umgesetzt werden..." (Schindler u.a.1980 S.76). Die Aufgabe besteht darin, nach Lösungen zu suchen, die den Interessen beider Partner entsprechen. Dies ist das Konzept, das bereits früher Gordon mit seiner "niederlagenlosen Methode" formulierte (s. Punkt 5.4.2). In der dritten Stufe werden aus diesen allgemeinen Wünschen konkrete Erwartungen abgeleitet. Schließlich werden in der vierten und letzten Stufe Handlungsverpflichtungen für beide Partner bestimmt, die dann wahrgenommen werden müssen.
Diese Logik dürfte nach den eher andeutenden Bemerkungen von Thurmaier u.a. (1993) auch dem EPL zugrunde liegen; sie ist auf jeden Fall die Basis des Trainingsprogrammes von Schindler u.a. (1980), das Brengelmann in einem Vorwort als ein erfolgreiches Programm bewertete. Das EPL selbst wurde durch eine Langzeitstudie über maximal drei Jahre unter Einbeziehung einer Kontrollgruppe evaluiert und als gut befunden. Um jedoch eine eigene Beurteilung dieses Programms vornehmen zu können, muß man sich nochmals mit seinen Einzelheiten beschäftigen.
Es hat zwar mit dem Programm selbst noch nichts zu tun, aber es irritiert doch, wenn Thurmaier u.a. zur Einstimmung auf die Bedeutsamkeit des Themas mit der bereits erwähnten fehlerhaften Logik und der Nichtberücksichtigung adäquater Analysen dem Leser vorrechnen, daß zur Zeit ca. jede dritte Ehe geschieden werde. Wenn bei einer solch einfachen, aber für das Ehethema durchaus bedeutsamen Frage schon ein solch schlimmer Mißgriff geschieht, was muß man dann bei in der Tat komplizierteren Fragen erwarten? Ähnliche gedankliche Unsauberkeiten finden sich allzu häufig bei Schindler u.a. in ihrem theoretischen Ansatz und dem methodischen Vorgehen, wobei diese offensichtlich von Thurmaier u.a. übernommen werden. Schindler u.a. formulieren z.B. als ihren allgemeinen theoretischen Hintergrund die uneingeschränkte Regel, daß eine Person sich zu ihrem Partner hingezogen fühlt, wenn dieser sie verstärkt. In Experimenten wurde in der Tat gezeigt, daß Personen, die einander verstärken, sich sympathischer finden. Freilich sind dies Experimente und das heißt, daß in der Regel alle anderen Variablen bei dem Versuch konstant gehalten, also ausgeklammert wurden. Es ist ausgesprochen tollkühn, aus solchen Experimenten, die nichts weiter als die allgemeine Bedeutung einer Variablen aufzeigen wollen, einen solch weitgehenden Lehrsatz als Anleitung für das komplexe Leben abzuleiten. Durch diese Experimente ist überhaupt nichts darüber ausgesagt, welche Bedeutung diese Variable im Konzert aller relevanten Variablen hat und unter welchen Bedingungen sie im komplexen Leben in dieser Form wirksam wird.

Das EPL selbst ist auf die Ehevorbereitung ausgerichtet. Im Unterschied zu vielfäl tigen Bemühungen im Rahmen der katholischen Kirche stellt das EPL nach Meinung seiner Autoren "ein völlig neues Modell dar" (S.9). Dies aus zwei Gründen: weil es wissenschaftlich evaluiert wird und "...weil Aufbau und Methodik des Programmes dem Stand der psychologischen Forschung (entsprechen)" (Thurmaier u.a. 1993 S.9). Allerdings greifen die Autoren durch ihren Verzicht auf eine eigene theoretische Aufarbeitung und durch ihren Bezug auf Schindler u.a. nur auf einige ältere Ergebnisse der Lernpsychologie zurück, sie beziehen in keiner Weise z.B. die äußerst relevante sozialpsychologische Attributionsforschung ein. Mit den Attributionen nehmen die beteiligten Personen Erklärungen des abgelaufenen Prozesses vor - für den Gang der Dinge äußerst wichtig. Eine solche Attribution wäre z.B. "er denkt nur an sich". Wollte man nun eine Person, die bisher ihren Ehepartner vernachlässigt hat, dazu anregen, sich mehr um den Ehepartner zu kümmern, mehr auf ihn einzugehen, ihn zu "verstärken", so ist eine ernstzunehmende Gefahr, daß sich die nun so umworbene Person eher finstere Gedanken dazu macht. Sie könnte z.B. denken, die andere Person mache es jetzt nur, um sie nicht zu verlieren oder sie mache es nur, weil der Ehetherapeut es angeregt habe. Statt größerer Sympathie wäre dann größeres Mißtrauen oder Ablehnung die Folge. Offensichtlich ist das Modell unvollständig.

Dies gilt auch, wenn man sich in allgemeiner Form erst einmal an lerntheoretischen Prinzipien orientiert, um menschliches Verhalten zu verstehen und um es zu verbessern. Die Autoren reden nur über Handlungen mit C^--Konsequenzen, die vermieden und Handlungen mit C^+-Konsequenzen, die angestrebt werden müssen. Sie ignorieren jedoch den Geist, aus dem diese Handlungen erfolgen und aus dem allein das C seine Einstufung als Bestrafung oder Belohnung erhält. Was "eigentlich" verstärkend sein könnte, weil es einem Bedürfnis des Adressaten der Handlung entspricht, verfehlt diese Wirkung, wenn es Mittel zu einem, aus der Sicht des Adressaten, egoistischen Ziel des Absenders ist. Der Adressat versteht eine solche Handlung so, daß nicht er, sondern letztlich der Absender gemeint ist - der Absender will etwas für sich erreichen. Erfolgte die gleiche Handlung in der Überzeugung des Adressaten, die Handlung gelte uneingeschränkt nur ihm, wäre nur Hinwendung zu ihm, so könnte sie eher als Geschenk angenommen werden und wäre dann ein C^+. Selbst wenn man sich von lerntheoretischen Lehrsätzen leiten läßt, ist es wichtig, den Geist, aus dem heraus gehandelt wird, sichtbar zu machen. Unterläßt man es, so folgt man wahrscheinlich einem vereinfachten mechanistischen Modell und verordnet ein aus dem Zusammenhang gerissenenes Verhalten, das letztlich wirkungslos bleiben wird oder sogar die Lage verschlimmert.

In ihren theoretischen Ausführungen zum Thema Kommunikation arbeiten weder Schindler u.a. noch Thurmaier u.a. ausführlich und explizit deren Bedeutung für das Gelingen von Partnerschaft heraus, obwohl sie Kommunikation als wichtig ansehen. Nimmt man den herausragenden Stellenwert von Kommunikation einmal unreflektiert hin, so ist es nachvollziehbar, daß Schindler u.a. großen Wert auf präzise Mitteilungen legen. Wenn man Kommunikation als wesentlich akzeptiert, so kann deren Sinn doch nur sein, daß sich der Sprecher durch die Kommunikation dem Empfänger darstellt, der Empfänger ihn dadurch wahrnehmen kann. Ergäben sich durch Kommunikation Mißverständnisse, so stünden sie dem Sinn von Kommunikation entgegen. Personen, die ungeübt sind, einen anderen Menschen über das Medium der sprachlichen Mitteilung am eigenen Innenleben teilhaben zu lassen, können große Schwierigkeiten bei der Beschreibung ihrer Empfindungen haben. Aus diesem Grunde wollten Schindler u.a. modellhaft dem Leser oder dem Kursteilnehmer vorführen, wie man ein bestimmtes Gefühl sprachlich umschreiben kann. "Liebe" kann man danach so direkt ausdrücken: "Ich liebe dich"; "Ich habe dich gern"; "Ich mag dich"; "Ich bin glücklich"; "Ich fühle mich geborgen"; "Ich fühle mich umsorgt"; "Ich fühle mich geliebt"; "Ich fühle mich beachtet"; "Ich fühle mich anerkannt". All dies wären nach Meinung der Autoren Äußerungen, in denen das Thema Liebe - aktiv als lieben oder passiv als geliebt werden - direkt ausgedrückt werden kann.

Tatsächlich aber ist dies gerade nicht der Fall. Rubin hat - wie bereits dargestellt - zwischen Liking und Loving, zwischen Mögen und Lieben unterschieden. Es ist ein Unterschied, der Liebenden wohl bekannt ist und große Beachtung findet. Wenn in einer Intimbeziehung Person A Person B fragt, ob sie sie noch liebe und Person B antwortet, ich habe dich gern, so wird Person A ob dieser Antwort vielleicht erheblich verunsichert sein. Möglicherweise wird Person A dann insistieren und nachfragen, ob Person B sie liebe - und wenn dann Person B antwortet, daß sie Person A schätze, dann wird A dies als Ausweichen verstehen und keine weitere Antwort mehr wollen, weil diese aussagekräftig genug ist. Es wird wahrscheinlich so sein, daß die Liebe erkaltet ist, nur noch eine gewisse Sympathie und Achtung besteht. Würde man sich an die Empfehlungen der Autoren halten, so würde man oftmals in der Formulierung daneben greifen - durch Sprache möglicherweise erst Schwierigkeiten schaffen. Dies aber müßte nicht sein, sondern ist Fehler der Autoren - ein Fehler, der sich bei allen anderen Beispielen wiederfindet. Kann man z.B. aus der Formulierung "Ich fühle mich ausgenutzt" eindeutig erkennen, daß die Person sich ärgert? Kann sie nicht auch traurig, deprimiert, enttäuscht sein? Die Autoren begehen zwei Fehler: zum einen irren sie sich oftmals bei der Beschreibung der Gefühle (z.B. lieben versus mögen), zum andern meinen sie, wenn man die Redewendung "Ich fühle mich..." gebraucht, sei damit automatisch ein Gefühl beschrieben. Um bei dem letzten Beispiel zu bleiben: wer kognitiv (!) erkennt, daß er ausgenutzt worden ist , kann in sehr unterschiedlicher Art gefühlsmäßig auf diese Erkenntnis reagieren - möglicherweise abhängig von den beteiligten Personen und der Situation. Die Autoren aber sehen dies wohl nicht. Hier scheint sich ein die Sache verbiegendes Ritual durchzusetzen.

Es muß irritieren, wenn eine solch einfache, selbst gestellte Aufgabe so deutlich mißlingt. Wichtiger aber als dieses Übungsbeispiel sind die Regeln für das Kommunikationsverhalten, das eigentliche Thema der Autoren. So nachvollziehbar es ist, daß der Sender sich in seinen Mitteilungen auf konkrete Situationen und konkretes Verhalten beziehen soll, so wenig verstehbar ist, warum er darauf begrenzt wird. Wenn bei dem anfangs erwähnten Beispiel der sich vernachlässigt fühlende Ehemann auf ein länger zurückliegendes Beispiel vom Beginn der Ehe zurückgreift, läuft er dann wirklich Gefahr "... völlig vom eigentlichen Thema abzuweichen" (Thurmaier u.a.1993 S.33) - oder kommt er dadurch erst zu seinem wahren Thema?! Ist es nicht möglich, daß eine Person über viele Situationen hinweg Sorgen und Ängste begleiten, die eine konkrete Situation transzendieren und nur als allgemeine Sorge oder Ängste aufgearbeitet werden können? Im Sinne einer äußerst verkürzten Verhaltenstherapie wollen die Autoren das Gespräch auf die Aufarbeitung eines konkreten Ereignisses beschränken - auch wenn dieses Ereignis für den einen Partner nur ein Beispiel ist, das eine generelle Haltung lediglich illustriert. Konsequenterweise sind alle verallgemeinernden Aussagen ebenfalls verboten. Es ist für ein Gespräch sicherlich verderblich, wenn die Partner in einem Gespräch völlig den Überblick verlieren und es zur Einbeziehung eines Themas in einem Streitgespräch reicht, daß man damit dem Partner etwas Unangenehmes um die Ohren schlagen kann (auf diese Gefahr haben Gottman u.a. 1976 verwiesen). Dies gilt es zu vermeiden. Aber darf man aus Angst vor dieser Gefahr Regeln aufstellen, die garantiert das Gespräch entscheidend amputieren? Gottman u.a. (1976) haben aufgezeigt, daß ein entscheidendes Problem in Gesprächen ist, ob man die "hidden agendas", die verdeckten Themen, aufgreifen und bewältigen kann. Sie sind die eigentlichen Themen. Stellt man sich ihnen nicht, beißt man sich an Vordergründigem fest, kann man hinter dem konkreten Beispiel nicht das grundsätzliche Thema erkennen, so findet das Gespräch kein echtes Ende. Irgendwann kommt die Fortsetzung, mit ebenso fruchtlosen Diskussionen, weil man zum wesentlichen nicht vordringt.

So wenig die Regeln für den Sender nachvollziehbar sind, so wenig sind es die Regeln für den Empfänger. Obwohl es sich um ein verhaltenstherapeutisches Programm handelt, sind wesentliche Bestandteile der Empfänger-Regeln vom gesprächstherapeutischen Ansatz nach Rogers bestimmt. Zwei der fünf Regeln beziehen sich auf das Verhalten nach dem Gespräch, drei davon auf das Gesprächsverhalten selbst. Diese drei sind oder entsprechen gesprächstherapeutischer Haltung. Dies ist im Prinzip nicht zu kritisieren, wäre im Gegenteil sogar positiv hervorzuheben, dokumentierte es doch ein an der Sache und nicht an Schulen orientiertes Vorgehen. Allerdings wird man sich dann mit den Problemen des gesprächstherapeutischen Ansatzes auseinandersetzen müssen (s. Punkt 5.4). Festzuhalten ist an dieser Stelle nur, daß der Zuhörer zwar Fragen zur Abklärung unklarer Inhalte stellen darf - aber nur solche, die sich auf die Gefühle oder Wünsche des Senders beziehen. Aus verhaltenstherapeutischer Sicht ist eine solche Einengung der Möglichkeiten des Zuhörers überhaupt nicht nachvollziehbar. Wenn man als Zuhörer den beschriebenen Sachverhalt nicht durchschaut hat, warum darf man keine Fragen zu den Tatsachen des Geschehens stellen? Die Autoren geben dazu keine Antwort. Man darf vermuten, daß sie damit voll auf der Linie von Rogers liegen, ohne hierzu Begründungen zu geben.

In entscheidenden Teilen sind die von den Autoren aufgestellten Regeln nicht nachvollziehbar. Wenn aber Regeln keine sachgemäße Orientierung anbieten, so erschweren sie das effektive konkrete Handeln, weil sie den sensiblen Umgang mit konkreten Personen und Ereignissen behindern bzw. erschweren. Das Verhalten

Text 4: Modellbeispiel eines Gesprächs von Schindler, Hahlweg & Revenstorf, 1980, Kapitel 5, S.71, 73, 74, 75

Sie:	Wir haben jetzt schon einige Male Streit gehabt wegen unserer Wo chenenden. Ich möchte gerne die Sache mit dir besprechen.
Er:	Ja, ich sehe da auch ein Problem, aber sag' zunächst du, was dich stört.
Sie:	Mir ist einfach langweilig. Früher habe ich mich auf das Wochenende gefreut, heute habe ich Angst davor.
Er:	Was macht dir Angst?
Sie:	Wir sitzen nur zu Hause, kommen kaum vor die Tür und ich habe den Eindruck, als hätten wir uns nichts mehr zu sagen.
Er:	Deprimiert dich das? Fehlt die Gemeinsamkeit?
Sie:	Ja, genau. Diese Wochenenden machen mich depressiv. Deshalb fürchte ich mich davor. Aber was geht denn in dir dabei vor?
Er:	Ich muß zugeben, ich bin auch nicht zufrieden mit dem augenblick lichen Zustand.
Sie:	Bist du mit dir selbst unzufrieden?
Er:	Na ja, nur zum Teil, denn ich bin auch enttäuscht von dir.
Sie:	Von mir! Warum?
Er:	Ich vermisse Vorschläge und Anregungen von dir. Ich habe immer den Eindruck, es lastet auf mir. Ich fühle mich im Stich gelassen.
Sie:	Fühlst du dich überfordert?
Er:	Ja, ich vermisse auch gemeinsame Unternehmungen, aber während der Woche habe ich keine Lust, schon etwas zu planen und am Wochenende stehe ich unter dem Druck, mir müßte schnell etwas einfallen.
Sie:	Das überrascht mich, denn ich hatte einen ganz anderen Eindruck.
Er:	Was erwartest du dir denn von den Wochenenden? Was wären deine Wunschvorstellungen?
Sie:	Wir haben die ganze Woche über sehr wenig von uns und sind meist mit dem Alltag voll beschäftigt. Am Wochenende würde ich mir wünschen, daß wir uns davon völlig freimachen und nur an uns beide denken.
Er:	Versuche doch bitte zu beschreiben, was du dann gerne machen möchtest.
Sie:	Nicht nur zu Hause herumsitzen. Wir sollten gemeinsam etwas unternehmen, alleine oder mit Freunden.
Er:	Du möchtest also mehr Aktivitäten und Erlebnisse?
Sie:	Ja, und du?
Er:	Mir geht es genau so. Nur würde ich mir vorstellen, daß du mehr Vorschläge und Anregungen einbringst. Ich denke oft, daß alles, was ich vorschlage, falsch ist. Ich möchte da gerne entlastet sein.
Sie	Du wünscht dir also mehr Initiative von mir?
Er	Ja, ich würde mich freuen, wenn ich mich auch mal Vorschlägen von dir einfach nur anschließen könnte.

Fortsetzung Text 4.

Sie:	Aber du stellst dir auch aktivere Wochenenden vor?
Er:	Ja, bei mir hat sich da auch ein flaues Gefühl eingestellt. Ich würde gerne mit dir etwas unternehmen - sow wie früher. Nur möchte ich nicht allein dafür verantwortlich sein.
Er:	Versuche mir doch konkret zu beschreiben, was du unternehmen möchtest.
Sie:	Ich sehe da eine ganze Reihe von Möglichkeiten. Aber ich möchte vor allem, daß du dich wieder mehr engagierst, also daß du aktiver bist.
Er:	Was heißt das genau?
Sie:	Daß du mit Freunden etwas vereinbarst oder überlegst, wo wir hinfahren könnten.
Er:	Du möchtest also mit unseren Freunden wieder mehr zusammenkommen. Mit wem?
Sie:	Ich denke da zum Beispiel an Franz und seine Frau. Aber auch alleine können wir jetzt im Herbest öfter zum Wandern gehen.
Er:	Ja gut. Mein Hauptanliegen war, daß du konkrete Vorschläge für das Wochenende bringst. Also daß du beispielsweise wie eben sagst, mit wem du etwas unternehmen willst.
Sie:	Was würdest du sonst noch von mir erwarten?
Er:	Daß du dich zum Beispiel dafür interessierst, was im Kino oder im Theater läuft und mir sagst, wozu du Lust hättest.
Sie:	Also wenn ich die Initiative ergreife, würdest du mit mir öfter dahin gehen?
Er:	Ja, so würde ich mir das wünschen.
Sie:	Wie könnten wir das für die kommende Woche gleich umsetzen?
Er:	Ich fände es gut, wenn du dich über Theater und Kino informierst und am Mittwoch Vorschläge machst.
Sie:	Gut, damit bin ich einverstanden. Ich fände es schön, wenn du während der Woche Franz anrufst und versuchst, mit ihm für das Wochenende etwas zu vereinbaren.
Er:	Das kann ich machen. Nur möchte ich nicht gleich an beiden Tagen etwas unternehmen. Ich möchte mich an einem Tag gerne ausruhen.
Sie:	Das verstehe ich. Aber ich möchte trotzdem gerne, daß du ihn anrufst. Er und seine Frau können ja mitkommen, wenn wir am Samstag ausgehen.

orientiert sich an diesen aufgestellten Regeln, die Kultivierung des Gespürs für eine Situation oder eine Person wird der Festigung eines Rituals geopfert. An dem einzigen aus der Sicht der Autoren positiven Modellbeispiel für richtiges Verhalten - einem Konfliktgespräch - kann dies aufgezeigt werden (s. Text 4).

Dieses Modellgespräch läuft so ab, daß zunächst jeder der Ehepartner sein Problem formuliert und der andere sich um Verständnis bemüht. In dieser ersten Phase wird also das Sender- und das Empfängerverhalten modellhaft vorgeführt. Im Beispiel beschreibt sie zunächst ihr Problem, dann er. Auf die entscheidende

Aussage von ihr "... und ich habe den Eindruck, als hätten wir uns nichts mehr zu sagen" - für eine Ehe eigentlich ein absolutes Alarmsignal -, antwortet er mit der Floskel "Deprimiert dich das? Fehlt die Gemeinsamkeit". Er antwortet, als ob er die Tragweite dieser Aussage nicht begriffen hätte, im Sinne eines Rituals, aber nicht als Betroffener, der er doch eigentlich sein müßte. Nachdem sie sich "ausgesprochen" hat und er sie "verstanden" hat, stellt er sein Problem dar. Auch er ist unzufrieden mit der gegenwärtigen Situation. Sie versucht ihn zu verstehen mit den Fragen "Bist du mit dir selbst unzufrieden" und "Fühlst du dich überfordert". Es sind Fragen, die aus einem Problem sein Problem machen, seine Unzulänglichkeiten zum Thema machen. Auf seine zwischenzeitlich geäußerte Unzufriedenheit mit ihrem Verhalten reagiert sie mit Unverständnis.

Für die Lösung eines Problems ist dessen Verständnis von entscheidender Bedeutung. Keiner der beiden Partner aber läßt sich von den Äußerungen des anderen wirklich beeindrucken. Sie kokettieren mit Verständnis, ohne es wirklich zu zeigen. Im zweiten Durchgang, wo es um die Formulierung eigener Wünsche geht, sagt sie unmißverständlich: "Wir haben die ganze Woche nur sehr wenig von uns und sind meist mit dem Alltag voll beschäftigt. Am Wochenende würde ich mir wünschen, daß wir uns davon völlig freimachen und nur an uns beide denken." Und seine Reaktion ist, daß er sie sofort darauf festlegt, zu sagen, was sie denn gerne machen möchte. Darf man so schnell durchstarten und gleich zum Lösungsverhalten übergehen? Oder ist dies nicht gerade ein entscheidender Fehler, daß man aus dem Stand heraus sofort die Lösung sucht, ohne das Problem so richtig begriffen zu haben?

Im Sinne der aufgestellten Regeln verhält sich der Ehemann scheinbar korrekt: erst einmal hört er zu, versucht den Anderen in seinem Anliegen zu verstehen, und danach kommt er als Sender dran. Ist das ein nachahmenswertes Gespräch? Beachtet man nur formal die gesetzten Regeln, so verhält sich der Gesprächspartner korrekt; dennoch erscheint ein solches Gespräch sehr künstlich. Man stelle sich die Situation vor. Eine Frau erklärt ihrem Mann, sie habe Angst, ein Wochenende mit ihm allein zu verbringen, sie denke, sie hätten sich nichts mehr zu sagen. Er aber reagiert nur nachfragend, völlig kontrolliert. Er ist nicht erschüttert, gerät nicht außer Fasssung, ist nicht verletzt. Die Mitteilung hinterläßt keine Wirkung. Es ist, als ob ein Stein ins Wasser fiele und das Wasser geriete nicht in Bewegung. Nichts deutet darauf hin, daß gerade ein Stein ins Wasser gefallen ist. Weil der Ehemann sich so ohne "Einschlag" zeigt, kann man vermuten, daß er nicht versteht, was ihm mitgeteilt wird. Sein übernommenes Ritual macht ihn unfähig, noch unmittelbar auf die Situation zu reagieren. Aber indem er offensichtlich innerlich durch die Aussage seiner Frau nicht bewegt wird, läßt er sie ins Leere laufen, läßt er ihr die ganze Last der Situationsbewältigung. Und prompt kommt sie - weil in den nächsten Gedankenschritt unvorbereitet durch den Gesprächsverlauf hineingezwungen - mit Lösungsvorschlägen, die dem Problem nicht entsprechen. Er läßt diese inadäquaten Lösungsvorschläge gelten, weil er sich mit dem Problem nicht auseinandersetzt.

Aber auch sie reagiert völlig inadäquat auf seine Mitteilungen. Ohne daß er das so sagt, macht sie aus dem von ihm formulierten Problem sein persönliches Problem. Sie blockt nicht nur das Problemverständnis ab, sondern geht offensichtlich zum Gegenangriff über, verwandelt seine Unzufriedenheit in seine Unzulänglichkeit. Müßte man nicht bei einem echten Gespräch hören und darauf eingehen, warum er glaubt, alles falsch zu machen, warum er sich überfordert fühlt und warum sie einen ganz anderen Eindruck hat; müßte umgekehrt nicht auch der Ehemann ihre wiederholten Notrufe hören und auf diese reagieren? Formal sieht es so aus, als ob der Empfänger verstehen will, bei genauer Analyse aber wollen beide Partner den anderen nicht verstehen. Alle tieferen persönlichen Äußerungen beider Personen werden von dem jeweiligen Zuhörer konsequent übergangen. Das Resultat ist eine Lösung, die eigentlich das ursprüngliche von der Ehefrau formulierte Problem konserviert: sie haben sich nichts mehr zu sagen und werden als Konsequenz nicht mehr allein sein - damit es nicht auffällt, daß sie sich nichts mehr zu sagen haben. Becker & Becker haben als ein Symptom der Ehekrise das Vermeiden des Alleinseins mit dem Ehepartner benannt, u.a. dadurch, "...daß man andere einlädt, um das Gespräch zu zweit zu vermeiden" (Becker & Becker 1985 S.21). So endet diese Modell-Ehe von Schindler, Hahlweg & Revenstorf.
Dieses oberflächliche Eingehen auf den Partner aufgrund undurchdachter Regeln ist kein Programm zur Stabilisierung von Ehen, sondern ist ein Programm, das den Aufbau einer echten ehelichen Gemeinschaft verhindert.

3.4 Einstellungsänderungen auf der Basis der Gesprächspsychotherapie

3.4.1 Grundsätzliche Logik und deren Kritik

Im Unterschied zu dem eher technologischen Vorgehen der Verhaltenstherapeuten betonen Gesprächstherapeuten die Art der Beziehung, die Einstellung. "Bei der Gesprächspsychotherapie handelt es sich nicht um eine Methode oder Technik, die mir sagt, wie ich mich bei einem therapeutischen Gespräch zu verhalten habe, sondern sie betont die innere Haltung, die der Helfer verwirklichen soll ... Der Helfer ist somit frei, seine eigene Person und Eigenart zu leben, weil es nicht um die äußere Technik geht, sondern um die innere Haltung" (Baumgartner 1982 S.26 f). Trotz dieser klaren Absicht geriet die Therapie nach Rogers immer wieder in Gefahr, als Technik eingesetzt zu werden, obwohl von Rogers anders gemeint. "R. Tausch ... hatte diese Grundhaltung ursprünglich 'Verbalisierung emotionaler Erlebnisinhalte' genannt ... Dies hat zu vielen Fehldeutungen geführt, besonders als man versucht hat, die Gesprächspsychotherapie als Technik für Gesprächsführung praktisch anzuwenden. Einfühlendes Verstehen wurde dabei entstellt zu einem echoartigen Nachsprechen der Äußerungen des Gesprächspartners ... Deshalb

wurde diese Formulierung fallengelassen ... Einfühlung bleibt ... eine wichtige Reaktion des Helfers. Aber das Entscheidende muß immer die echte innere Haltung des Beraters sein: die Haltung eines wirklich einfühlenden, nicht-wertenden Verstehens" (Baumgartner 1982 S.31). Tausch gab seine Formulierung auf, damit niemand diesen Prozeß als eine Technik mißverstehen könnte.
Diesem Zugang zum Mitmenschen entspricht eine bestimmte Auffassung vom Wesen des Menschen. "Die zentrale Hypothese lautet: Die menschliche Natur tendiert von sich aus zu konstruktiver Entwicklung, zu Selbstverständnis und Selbstverantwortung, zu immer größerer Reife, zu Selbstbestimmung und Selbstgestaltung des Lebens (Aktualisierungstendenz), wenn sie wenigstens eine Mindestmaß an geeigneten Bedingungen ... vorfindet .... Fehlen ... die geeigneten Bedingungen für personales Wachstum, kann es zu Störungen und Beeinträchtigungen kommen. Durch die Erfahrung einer personzentrierten Beziehung kann der Prozeß wieder in Gang gesetzt bzw. weiter gefördert werden. Ein Berater ... ist, so verstanden, einem Gärtner vergleichbar, der die optimalen Bedingungen für das Wachstum seiner Pflanzen herzustellen sucht, dieses Wachstum ... aber nicht selbst 'machen' kann" (Schmid 1990 S.77). Der Gesprächspsychotherapeut unterstützt den Patienten, seine Verformungen und die Entfremdung von sich selbst aufzuheben und "zu einem ihm gemäßen inneren Reifestadium" (Sorge 1972 S.67) zu gelangen. Nach Rogers sind für den therapeutischen Wachstumsprozeß drei Verhaltensweisen entscheidend: Empathie, Wertschätzung und Echtheit. Von diesen dreien ist die erste die entscheidende Variable, die durch die anderen beiden abgesichert werden muß. Aufgabe des Therapeuten oder Helfers ist es, den Prozeß der Selbstexploration des Patienten durch sein "nicht-direktives" oder - später so genannt - "clientzentriertes" einfühlendes Verhalten zu unterstützen. Das empathische Verhalten schlägt sich in der Verbalisierung persönlich-emotionaler Erlebnisinhalte des Klienten durch den Psychotherapeuten nieder, bezogen auf die unmittelbar vorher gemachten Äußerungen des Klienten (s. Tausch 1974 S. 81). Tausch & Tausch haben die dadurch vom Klienten gemachte Erfahrung zu beschreiben versucht: "Irgend jemand versteht, wie ich fühle und wie ich bin. Ich werde nicht analysiert, beurteilt oder bewertet. Ich bin nicht allein mit meiner inneren Welt. Endlich hört mich jemand! Endlich hört mir jemand zu, ohne mich zu belehren. Endlich weiß jemand, wie mir zumute ist. Ich bin erlöst aus meiner Einsamkeit" (Tausch & Tausch 1978 S. 1939). Damit dieses einfühlende Verhalten seine Wirkung entfalten kann, muß die Beziehung durch Wertschätzung des Patienten und durch Echtheit des Therapeuten geprägt sein. Im Zentrum steht somit in der Therapie der Patient, dessen Wachstum der Therapeut fördert. Der Theraeut schafft dem Patienten den Freiraum, daß dieser sich entfalten kann.
Negativ bedeutet dies, daß sich der Therapeut jeglicher Führung des Patienten, vor allem durch Fragen und Deutungen seines Verhaltens, enthalten muß. Der Klient ist sein eigener Fachmann. Der Therapeut darf durch sein Fachwissen diesen Selbstexplorationsprozeß des Patienten nicht stören. "Der Klient wird ermutigt, seine Probleme ohne inhaltliche Hilfe des Therapeuten zu lösen" (Sorge 1972 S.70). Positiv bedeutet es, daß der Patient selbst über sich entscheiden kann und

das heißt, daß er entscheidet, wann seine Therapie beendet ist: "Die Therapie ist erfolgreich beendet, wenn der Patient feststellt, daß er sich mit sich selbst und seinem Leben eins fühlt" (Tomlinson & Whitney 1970 S.456 Übers.v.Verf.). In gleicher Weise bestätigt Hersher (1970), daß er keinen Einfluß darauf nimmt, ob der Patient noch in Therapie bleibt, denn dieser sei in der besseren Position, um eine Entscheidung zu treffen. Dieses für die Therapie erarbeitete Modell wird auch auf alltägliche Gespräche übertragen. Auch hier wird dann der Zuhörer zum Helfer, der das Wachstum des Senders fördert. Für ein solches im Alltag stattfindendes Gespräch sagt Guerney: "Fragen haben den Effekt, die Aufmerksamkeit ihres Partners von seiner eigenen Kommunikationslinie abzubringen, indem Informationen gesucht werden, die ihr Partner nicht freiwillig zu geben bereit ist .... Es ist ... nicht angemessen, als empathisch Antwortender neue Informationen zu suchen" (Guerney 1977 S.28, Übers.v.Verf.). Weisbach (1987) hat im Sinne dieses Ansatzes allein die Schattenseiten des Fragens erwähnt; die Überschrift seines Artikels umreißt den Ansatz "Ihr sollt nicht zuviel fragen". Rogers (s. z.B. Rogers 1977) hat sich konsequent an diese Marschroute gehalten und den Patienten nicht durch Fragen gelenkt, sich sogar gegen dessen entsprechenden Wunsch gewehrt. In einem Modellgespräch in der Reihe "Psychologie der Gesprächsführung" hat Thielen (o.D.) in der gleichen Weise sich der Fragen enthalten und sich auf die Verbalisation der emotionalen Gehalte beschränkt.
In der Tradition des Rogersschen Ansatzes hat Pallasch (1987) für das pädagogische Gespräch alle W-Fragen (warum, wieso, weshalb) verboten. Seine Begründung: der Ratsuchende kommt ja gerade, weil er auf diese Fragen keine Antwort weiß. Und selbst manche Verhaltenstherapeuten sind -wie erwähnt (s.Punkt 5.3.2)- von dieser Logik so angetan, daß sie den Empfänger nicht ermutigen oder anleiten, durch solche Fragen das Gespräch zu strukturieren, womit sie der Logik verhaltenstherapeutischen Vorgehens untreu werden. Dies alles zumindest bei den Anhängern von Rogers aus dem Verständnis heraus, daß der Selbstexplorationsprozeß der Person von außen nicht gestört werden darf. Tausch & Tausch (1978) diskutieren auch die Möglichkeit, ob nicht zu den drei erwähnten Therapeutenvariablen gelegentlich noch andersgeartetes Verhalten hinzukommen müßte wie z.B. Konfrontation, Fragen stellen oder Lenkung. Sie haben dies damals abgelehnt, weil die Gefahr bestünde, daß statt der Haltung doch eine Technik gezeigt werde und der Therapeut niemals sicher sein könne, wann ein solches Verhalten hilfreich für den Klienten sei, während die Realisation der drei Therapeutenvariablen für keinen Klienten beeinträchtigend sei. Allein auf das Thema "Fragen" bezogen räumen sie ein, daß man hier in der Vergangenheit wohl "übervorsichtig" war und eine Frage nicht schade, wenn nur die Grundhaltung stimme (womit sie aber streng genommen die Logik ihres Ansatzes aufzuweichen beginnen). Zu diesem Punkt des therapeutischen Handelns gibt es unter Gesprächstherapeuten mittlerweile ein breiteres Meinungsspektrum, aber in der z.B. von Tausch vertretenen "reinen" Lehre bleibt die Gesprächstherapie durch diesen auf eine klare Haltung bezogenen Ansatz von anderen Therapieformen abgrenzbar. Der Zuhörer hat in dem von Rogers und Tausch vertretenen Ansatz die Funktion eines "Helfers", der - pointiert

ausgedrückt - vor allem Pflichten, aber keine Rechte hat. Das Gespräch ist nach diesem Ansatz vollkommen auf den "Sender", den Ratsuchenden, den sich Mitteilen-Wollenden ausgerichtet.
Dieser Ansatz ist in der Psychologie und ganz besonders auch außerhalb der Psychologie von großer Bedeutung. Tausch (1974) zählt eine Reihe von Möglichkeiten des Einsatzes dieser Therapeutenvariablen außerhalb der Therapiesituation auf, wobei besonders das pädagogische Gespräch zu nennen ist, womit deutlich wird, daß diese zunächst in und für die Therapiesituation entdeckten Verhaltensweisen auch außerhalb dieses Rahmens adäquat sein können. Thomas Gordon (s. 5.4.2) hat das empathische Verhalten in der Form des "aktiven Zuhörens" in seinen Ansatz für die Eltern-Kind-Beziehung, die Lehrer-Schüler-Beziehung und die Vorgesetzten-Mitarbeiter-Beziehung eingebaut. Tausch war der Meinung, daß die Therapeuten-Variablen auch für die eheliche Beziehung wichtig seien, denn er hat eine Forschungsarbeit vorgelegt (Fox & Tausch 1983), in der diese drei Variablen als "wesentliche seelische Qualitäten in Partnerbeziehungen" nachgewiesen wurden. Insbesondere für Nicht-Psychologen ist ein solcher Ansatz reizvoll, bietet er doch Handlungskompetenz im zwischenmenschlichen Bereich an, ohne das Studium der Psychologie zu fordern. "Wenn im Folgenden zur Einübung der nichtdirektiven Gesprächsführung angeleitet wird, geschieht es, weil es sich um eine wichtige, bisher zu wenig geübte Möglichkeit handelt, das Evangelium im Gespräch zu praktizieren. Die Gesprächsführung nach Rogers ist in vielen Fällen eine entscheidende Hilfe dafür, daß ein Vertrauensverhältnis entstehen kann. Wer helfende Gespräche führen will, sollte deshalb die einfühlende, nichtdirektive Gesprächsführung einüben. Er kann so die hohe seelsorgerliche Kunst des 'aktiven Zuhörens' lernen" (Eisele & Lindner 1975 S.11).
Der Ansatz, dem Individuum zu seinem Recht zu verhelfen, ihm Entfaltungsspielraum zu schaffen, empathisches Verstehen in den Mittelpunkt zu stellen, ist ein großer Verdienst von Rogers. Die Umsetzung dieses Geistes ist jedoch nicht immer nachvollziehbar. Weisbach (1987) schließt seinen warnenden Artikel über das zuviele Fragen - ursprünglich seine Antrittsvorlesung als Ordinarius - ausgerechnet mit dem zustimmend zitierten Zitat des Ohms von Parzival "Ihr sollt nicht zu viele Fragen stellen". Die zu genaue Befolgung dieser vagen, aber in der Tendenz deutlichen Regel wurde Parzival beinahe zum Verhängnis. Ausgerechnet dies empfiehlt nun Weisbach wieder. Pallasch (1987) untersagt die W-Fragen, weil sie der Ratsuchende ja nicht beantworten könne, letztlich aber auf dem Hintergrund des GT-Ansatzes. Wer über fachlich fundierte Erfahrung mit Patienten oder allgemein Ratsuchenden verfügt, weiß, daß diese sich sehr wohl oftmals Erklärungen für ihr Problem zurechtgelegt haben, nur damit an der Situation nichts ändern können und damit "mit ihrem Latein am Ende sind". Sie zweifeln dennoch nicht an ihrer Erklärung, obwohl gerade diese zur Ausweglosigkeit der Situation beitragen mag. Diesen Erklärungsversuch nicht zu kennen, wäre für den Therapeuten oder den Berater verhängnisvoll.
In den oben exemplarisch angeführten Gesprächsbeispielen von Rogers und Thielen kann man nicht darüber hinwegsehen, daß für das Verständnis entscheidende

Einzelheiten nicht benannt oder bekannt sind und trotzdem der Empathie-Prozeß weitergetrieben wird. Am Beispiel des Gespräches von Rogers mit Gloria (Rogers 1977) soll das kurz dokumentiert werden. Gloria ist eine geschiedene Frau mit einer jungen Tochter; sie hat Männerbeziehungen, verheimlicht diese aber vor ihrer Tochter und fürchtet, sie würde in ihrem Bedürfnis von der Tochter nicht verstanden werden, wenn diese davon erführe. Das Gespräch kreist um dieses Thema, allerdings ohne den Kern des Problems klar auszusprechen. Immer wieder werden von Gloria Bewertungen dieses Verhaltens eingebracht, so z.B. daß sie sich ihrer "Schattenseite" schäme, daß sie sich oft schuldig fühle, daß es einige Bereiche bei ihr selbst gebe, die sie nicht akzeptieren könne, daß sie tugendhaft sein wolle und es ihr so schwer falle. In keinem Fall fragt Rogers nach dem hinter diesen Wertungen stehenden Verständnis von Sexualität, sondern reagiert nur auf das geäußerte subjektive Empfinden. Beispiel aus dem Gespräch.

Patientin: ... Ich möchte ehrlich sein und doch habe ich das Gefühl, daß es einige Bereiche gibt, die nicht einmal ich selbst akzeptiere.

Therapeut: Und wenn Sie diese Bereiche in sich selbst nicht akzeptieren können, wie könnten sie sich wohlfühlen, wenn Sie Ihrer Tochter davon erzählten?

Patientin: Das ist wahr.

Therapeut: Und trotzdem haben Sie, wie Sie selbst sagen, diese Wünsche und Gefühle, aber Sie fühlen sich nicht wohl dabei.

Patientin: Richtig. Ich habe das Gefühl, daß Sie bloß dasitzen und mich schmoren lassen; ich möchte mehr haben ...." (Rogers 1977 S.145).

Die Patientin bemerkt das auf-der-Stelle-treten des Gesprächs, das letztlich dadurch verursacht ist, daß Rogers nicht die naheliegende Frage stellt, warum es ihr schwer falle, diese Seite an sich zu akzeptieren. Die Empfindung wird "verstanden", ohne daß der Bezugspunkt für diese Empfindung bekannt ist und ohne daß es ein aktives Anliegen des Zuhörers ist, diesen Bezugspunkt genannt zu bekommen. Ein Gefühl soll aus sich selbst heraus verstanden werden, ohne daß es in Bezug gesehen wird zu einem Ereignis, einem Gedanken etc., wodurch es provoziert ist. Ein solches Verhalten entbehrt seiner Grundlage, erscheint als ein ritualisiertes Verhalten, wirkt künstlich. Wie ist es möglich, daß man einen Menschen verstehen kann, wenn man u.U. nichts über entscheidende Details seines Verhaltens weiß, weil er sie nicht spontan mitteilt und man sie aus formalen Gründen nicht erfragen darf! Läßt man sich von dem grundlegenden Anliegen der Menschen leiten, einen Mitmenschen haben zu wollen, der einen wahrnimmt und versteht, so ist damit keineswegs gesagt, daß ein solcher Mitmensch empathisches Verhalten in dem von Rogers vorgeschlagenen Ritual zeigen muß (u.a. durch Verbalisation des emotionalen Gehalts der letzten Aussage und durch Verzicht auf Klärung von Sachfragen). Dieses Ritual läßt sich nicht zwingend aus dem Anspruch nach Verständnis für den Mitmenschen herleiten, es wird vielmehr aus einer thesenhaften Setzung über das Wesen des Menschen und über die Entstehung der Entfremdung des Menschen von sich selbst abgeleitet. Ist es wirklich so, wie Tausch & Tausch es im obigen Zitat beschrieben haben, daß sich der Sich-Mitteilende endlich verstanden fühlt oder kann es sein, daß im Einzelfall ihm nur Verständnis vorgegaukelt wird bzw. er sich in seinem Urteil über das Therapeutenverhalten täuscht, weil er dessen Verhalten nur mit einem schlimmeren und üblicheren vergleicht? Die Vertreter der Gesprächs psychotherapie nach Rogers mußten sich immer gegen die Nutzung dieses Ansatzes im Sinne einer Technik wehren. Im Rahmen einer Massenbewegung und der Ausbildung in GT mit der Einübung dieser drei Verhaltensweisen sind Mißverständnisse und Fehldeutungen zumindest nicht überraschend. Es stellt sich daher immer wieder die Frage, ob ein solches technologisches Verständnis der GT nun Mißbrauch der GT ist oder vielleicht nur die alltägliche Realität beruflichen Verständnisbemühens beschreibt - der dann auch die Protagonisten dieser Bewegung ihren Tribut zollen.

Verständnis für den anderen aufzubringen, ist ein allgemein menschliches und auch therapeutisches Anliegen, das aber im GT-Ansatz zentral ist. Damit geraten Anhänger dieser Richtung in eine Spannung hinein, die durch das hohe Ziel einerseits und den letztlich doch routinemäßigen Vollzug gekennzeichnet ist. Diese Spannung wird vielleicht dadurch gemildert, daß in der persönlichen Begegnung das Problem des anderen zu einem Problem seiner Person gemacht wird, wodurch es im Prinzip lösbar erscheint. Nimmt man in der persönlichen Begegnung den gesellschaftlichen Druck weg durch Empathie und Wertschätzung, so wird die Selbstfindung zu einem Person-immanenten Problem. Stellvertretend für viele Autoren unterschiedlicher Provenienz hat Fiddelke (1993) die krasse Form dieser Denkrichtung demonstriert (s. Punkt 5.1). Gegen einen solch reduktionistischen Ansatz unter Ausklammerung der gesellschaftlichen Bedingungen hat sich u.a. Epstein (1992) am Beispiel der Familientherapie gewandt. In der GT wird Verständnis jedoch nicht als Verstehen der Lebensbedingungen eines Individuums operationalisiert, sondern als Verbalisierung des persönlich-emotionalen Gehalts seiner letzten Aussage! Das eine aber wird nicht notwendigerweise durch das andere erreicht. Es ist keineswegs gesichert, daß ein so "verstandenes" Individuum zu einem tieferen Verständnis seiner Person und Situation gelangt. Der Therapeut oder Helfer begleitet den Klienten nur auf dem von ihm eingeschlagenen Weg - auch wenn dieser falsch sein sollte, was der Begleiter aber nicht beurteilt, solange der formale Prozeß sich entfaltet. Ist es ausgeschlossen, daß sich ein Patient durch das ausschließliche Verbalisieren seiner Gefühle und Bedürfnisse immer mehr in eine von ihm bereits eingeschlagene Richtung hineinsteigert? Wollte ein GT-Anhänger einen solchen Irrweg ausschließen, so müßte er im Gegensatz zu seinem Ansatz ein übergreifendes Wissen haben. Die Annäherung von Selbst- und Idealbild, ein Kriterium für die Selbstfindung der Person, stellt keine Antwort auf diese Frage dar, da beide dem gleichen Grundverständnis entspringen können!

Durch einen solchen Ansatz und die entsprechende Praxis besteht die Gefahr, daß Verstehen zu einem wohlfeilen Konsumgut verkommt und damit das zu verstehende Individuum in seinem Leben trivialisiert wird. Nietzsche hat lange vor der Konzipierung und vor der pragmatischen Umsetzung der GT auf diese Gefahr hingewiesen: "Das, woran wir am tiefsten und persönlichsten leiden, ist fast allen

Anderen unverständlich und unzugänglich: darin sind wir dem Nächsten verborgen, und wenn er mit uns aus einem Topf ißt. Überall aber, wo wir als Leidende *bemerkt* werden, wird unser Leiden flach ausgelegt; es gehört zum Wesen der mitleidigen Affektion, daß sie das fremde Leid des eigentlich Persönlichen *entkleidet:* - unsere 'Wohltäter' sind mehr als unsere Feinde die Verkleinerer unseres Wertes und Willens" (Nietzsche, Gesamtausgabe 1973 Bd.V_2 S.246). Läßt sich ausschließen, daß schablonenartiges Verstehen im Sinne der GT solches bewirkt?
Die Grenzen des gesprächspsychotherapeutischen Ansatzes werden deutlich, wenn man ihn mit einem den Dialog-Charakter der Begegnung mehr berücksichtigenden Ansatz vergleicht. Müller (1990) stellt in ihrer Arbeit Gesprächsbeispielen nach GT-Art solche gegenüber, in denen der Gesprächspartner auch auf den Inhalt der Aussage eingeht, sich nicht auf den pur emotionalen Gehalt abdrängen läßt. Sie folgt damit dem Ansatz der Autoren des vorliegenden Buches, wie diese ihn in ihrem fünfjährigen Projekt entwickelt haben. Ohne die emotionale Seite des Senders zu ignorieren, wurde in den Gesprächsbeispielen das kognitive Verständnis der Aussage ebenso wichtig. Das Empfinden des Senders wurde als Teil, als Folge seiner Sicht der Dinge gesehen (s. hierzu Kapitel 7), wodurch Verstehen auch bedeutet, seine Sicht der Dinge verstehen und sich mit ihr auseinanderzusetzen. Im einzelnen kann es bedeuten, daß dann ein Gefühl, das sonst im GT-Vorgehen ausgebaut worden wäre, nach seiner empathischen Wahrnehmung durch Aufarbeitung seiner Grundlagen so nicht mehr möglich ist. Wer sich z.B. in Gegenwart eines anderen ohne Wissen erlebt und sich dadurch als klein und unbedeutend vorkommt, steigert sich durch verständnisvolles Eingehen allein auf dieses Gefühl leicht in die Rolle des Mauerblümchens hinein. Stellt sich jedoch relativ früh im Gespräch auch durch den Beitrag des Zuhörers heraus, daß die sich so klein erlebende Person nicht alles für richtig erachtet, was die so bewunderte Person von sich gibt, so läßt sich das Bild der so kleinen, unscheinbaren Person nicht mehr halten. Es könnte dann sogar so sein, daß die sich-mitteilende Person durch dieses Gespräch entdeckt, daß sie auch etwas zu sagen hat, sich bisher nur nicht traute. Statt ihre Unbedeutendheit weiter zu päppeln, könnte ein solches Gespräch damit enden, daß sie zu der Erkenntnis kommt, sich nicht länger verstecken zu müssen. Legt man Probanden Gesprächsbeispiele beider Arten vor, so wird nach allen einbezogenen Beurteilungsvariablen ein Dialog-orientiertes Gespräch positiver beurteilt als ein GT-orientiertes Gespräch. Das subjektive Wohlbefinden ist bei einem Dialog-orientierten Gespräch größer, das Problem wird eher geklärt, man ist mit dem Gespräch zufriedener und würde es eher nachahmen wollen. Selbst in GT-zentralen Aspekten wird das dialogorientierte Gespräch als weit besser empfunden: die Wahrnehmung der Gefühle und das Verständnis wird als weit größer erlebt und das Gesprächsverhalten wird als deutlich natürlicher empfunden. Die Unterschiede waren bei allen Vergleichen bis auf eine Variable (Manipulation) auf dem 1-Promille-Niveau zugunsten des Dialog-Gesprächs hoch signifikant. An seinen eigenen Kriterien gemessen erscheint ein GT-Gespräch im Vergleich zu einem Dialog-Gespräch als eine signifikant schlechtere Interaktion.

Das entscheidende Problem liegt in der Beziehung zwischen dem Sich-Mitteilenden und dem Zuhörer sowie dem Verständnis des Person-Seins. Was für eine therapeutische Beziehung u.U. noch einen Sinn ergibt, wird für das alltägliche Verhalten zu einem Problem: daß allein der Sich-Mitteilende im Zentrum steht und der Zuhörer in die Rolle des "Helfers" gedrängt wird. Dadurch wird das Gespräch zu einem unterstützten Monolog. Kann das das Konzept für ein alltägliches Gespräch sein? Will der Sich-Mitteilende nur sich selbst finden oder sucht er auch den Mitmenschen, der ihm als Persönlichkeit begegnet und ihm antwortet, statt ihn nur auf sich selbst zu verweisen? Selbst Guerney als Anhänger der GT kam nicht umhin, sich Regeln für das "switching", das Umschalten von Senden auf Empfangen und umgekehrt auszudenken. Guerneys Ansatz ist kein Modell für Dialog, geht aber dennoch etwas in diese Richtung. Der Dialog könnte damit die Alternative für den unterstützten Monolog sein, in dem auch der Empfänger nicht nur Pflichten - dem Sender Entfaltungsraum zu schaffen -, sondern auch das Recht hat, die angesprochene Sache zu verstehen (s. Müller 1990). Durch sein Verhalten wird der Zuhörer nach GT in die Rolle des Helfers gedrängt, der aber dennoch das entscheidende Tun dem Subjekt überläßt. Dieses Subjekt soll sich selbst finden, zu sich selbst finden. Unterstellt wird damit, daß eine Person für sich existieren kann, ein von Bedingungen unabhängiges Wesen hat, das zwar verdeckt werden kann, aber im Kern so vorhanden ist. Die moderne Persönlichkeitspsychologie geht hingegen von einem Interaktionsansatz aus, wonach sich eine Person nur in Interaktion mit der Umwelt formt. Ein umweltlosgelöstes Wesen, wie von Rogers gedacht, ist danach Ideologie. Schulz v. Thun (1981, 1988) war nach eigener Aussage daran beteiligt, Personen im Sinne der GT für Gesprächsführung auszubilden. Rückblickend sagt er: "Allerdings ließen sich einige Naivitäten von damals mit der Zeit nicht mehr aufrechterhalten" (Schulz v.Thun 1988 S.165 f). Er nennt dafür vier Punkte: a) daß z.B. autoritäres Verhalten Produkt eines falschen Lernvorgangs gewesen sei und durch einfaches Umlernen verändert werden kann; b) daß es ein situations-, person- und beziehungsunabhängiges Verhalten gibt; c) daß Verhalten vor allem Ausdruck der Persönlichkeit sei und d) daß der institutionelle Rahmen - also die Rolle, die man in einem System spielt - ohne Bedeutung sei. All dies sind nach Schulz v. Thun naive Annahmen. Sie widersprechen einem komplexeren interaktionistischen Ansatz und sind falsifiziert.

Der gesprächstherapeutische Ansatz wäre danach in seinen theoretischen Positionen schief und in seinem praktischen Gesprächsverhalten artifiziell und würde letztlich zu kurz greifen. Es soll an dieser Stelle nicht unterschlagen werden, daß es Weiterentwicklungen der GT gibt. Die GT muß sich dann allerdings der Frage stellen, wieviel Weiterentwicklung im Rahmen des spezifischen Ansatzes der GT möglich ist und es immer noch dieser besondere Ansatz sein soll! Aus einer anderen Sicht könnte man die Weiterentwicklung der GT nicht als Vertiefung menschlichen Wissens ansehen, sondern als eine Korrektur von Fehlern, womit sich die Frage stellt, wieviele Fehler dürfen einem System unterlaufen, bis man es in seinem Ansatz als ungeeignet bewertet.

3.4.2 Beispiel Gordon

Der Beitrag von Thomas Gordon ist stark von Rogers beeinflußt; er hat dem von Rogers gemeinten empathischen Verhalten als "aktives Zuhören" einen zentralen Stellenwert in seinem Ansatz eingeräumt. Sein Hauptwerk "Familienkonferenz" erschien 1972 in deutscher Fassung, das Original wurde 1970 in den USA publiziert. Gordon wurde mit seinem Ansatz weltweit bekannt. Seinem Buch ließ er die Lehrer-Schüler-Konferenz (dt.1977) und die Managerkonferenz (dt.1979) folgen. Alle Werke sind an der gleichen Grundlogik orientiert, die Gordon in seinem ersten Buch entwickelt hat und die von ihm in den weiteren Büchern nur auf andere zwischenmenschliche Beziehungen übertragen wurde. Der englische Titel seines Hauptwerkes beschreibt deutlicher als der deutsche Titel das Anliegen des Autors: "Parent Effectiveness Training. The 'No-Lose' Program for Raising Responsible Children". Gordon geht es um ein neues Verhältnis der Menschen zueinander, hier: der Eltern zu ihren Kindern. Es soll ein Verhältnis sein, das von gegenseitigem Respekt und Vertrauen getragen ist, frei von Macht. Im bisherigen Verhalten herrschen Machtbeziehungen vor, die er als hinderlich für die Entfaltung der Menschen ansieht. Am leichtesten läßt sich der Ansatz von Gordon an der Frage deutlich machen, wer ein Problem besitzt. Im alten Verständnis ist es so, daß ein Kind zwar in Schwierigkeiten gerät, aber seine Eltern das Problem besitzen. Sie nehmen für sich in Anspruch, diese Schwierigkeit zu durchdenken, Lösungen zu suchen und anzustreben. Das Kind wird bestenfalls zum Vollzugsorgan. Im neuen Ansatz besitzt das Kind sein Problem. Die Aufgabe der Eltern besteht nur noch darin, das Kind bei der Lösung seines Problems zu unterstützen. Gordon will somit keine Technik vermitteln, sondern einen neuen Geist des Miteinanders bewirken. Freilich muß dies Auswirkungen auf das Verhalten haben und wird einem erst durch Reflexion des eigenen Verhaltens der Geist des Handelns bewußt. Den alten Geist beschreibt Gordon in den 12 Verboten: danach darf man nicht befehlen, ermahnen, predigen, belehren, kritisieren, beschimpfen, verhören u.a., weil in all dem der Erwachsene dem Kind als der Mächtigere, Wissendere gegenübertritt. Aus der gleichen Logik heraus darf man aber auch nicht beraten, die Person loben, beruhigen, aufheitern, weil auch hier die persönliche Überlegenheit deutlich wird. Ganz im Sinne von Rogers hat der Erwachsene nur förderliche Bedingungen zu schaffen, so daß das Kind seine eigenen Fähigkeiten nutzen oder entwickeln kann. Um es an einem Beispiel deutlich zu machen: die Person des Kindes darf nicht gelobt werden, da sich der Lobende damit über den Gelobten stellt. Erlaubt ist hingegen, daß die Eltern den Gedanken des Kindes als gut anerkennen, womit sie kein Beziehungsgefälle herstellen und trotzdem dem Kind ein positives feed-back geben.
Auf dem Hintergrund des neuen Geistes benennt Gordon nun zwei Verhaltensweisen und eine komplexe Verhaltensstrategie für das richtige Verhalten. Mit den zwei Verhaltensweisen versucht er das richtige Sender- und Empfängerverhalten zu beschreiben und mit der komplexen Verhaltensstrategie will er Konflikte so angehen, daß keiner der Beteiligten verliert. Insbesondere in letzterem zeigt sich die 'no-lose' Methode. Das richtige Senderverhalten besteht darin, daß der Sender

seine Aufgabe ernst nimmt: er soll sich dem anderen direkt mitteilen. Oftmals hingegen verbirgt sich der Sender, redet über den anderen und damit nur indirekt über sich, vielfach in Form von Anklagen. Diese Du-Botschaften müssen durch Ich-Botschaften ersetzt werden, in denen sich der Sender im Sinne von self-disclosure offenbart. Komplementär dazu ist das Empfängerverhalten, das im Sinne von Rogers als empathisches Verhalten realisiert werden soll. Kommt es jedoch zu Konflikten, so greift das Verhalten i.S. von Ich-Botschaften und "aktivem Zuhören" nicht hinreichend, obwohl diese Verhaltensweisen Bausteine des komplexeren Verhaltens bleiben. Im Geist gegenseitigen Respekts muß ein solcher Konflikt nun in sechs Schritten angegangen werden: 1) der Konflikt muß von beiden Personen her bestimmt werden; 2) mögliche Lösungen werden entwickelt; 3) Alternativlösungen werden kritisch bewertet; 4) beide Partner entscheiden sich für die beste Lösung; 5) es muß geklärt werden, wie dieser Lösungsversuch durchgeführt werden kann; 6) Nachbetrachtung, ob das Verfahren funktioniert hat. An einem Beispiel (s. Text 5) soll das Vorgehen von Gordon illustriert werden.
Ganz im Sinne von Rogers geht es Gordon nicht um die Vermittlung einer Technik, sondern um eine neue Haltung. Ganz wie Rogers bemüht sich auch Gordon, diesen neuen Geist zu operationalisieren, um ihn leichter vermittelbar zu machen. Aber wie bei Rogers wird auch bei ihm die Operationalisierung zum Problem. Teils deshalb, weil er eine Variable von Rogers direkt übernimmt -das von ihm so genannte "aktive Zuhören". Dieses "aktive" Zuhören ist jedoch, weil nur an der letzten Äußerung des Sprechers orientiert, eigentlich ein passives Verhalten.
Weniger problematisch scheint das Sender-Verhalten zu sein, wo nur Ich-Botschaften zu senden sind. Gordon berichtet jedoch von einem Gesprächsbeispiel (Gordon 1976 S. 121 f.), das der Regel, Ich-Botschaften zu senden, voll genügte, der Trainer trotzdem unzufrieden war. Einen solchen Fall dürfte es eigentlich nicht geben, es sei denn, der Trainer hätte sich geirrt. Aus der Sicht von Gordon - und auch aus unserer Sicht - war der Trainer zu Recht unzufrieden. Eingeführt wird das Beispiel von Gordon unter der Überschrift "Betonen Sie nicht das Negative". Wenn man sich mitteilen soll und vielleicht etwas negatives empfindet, darf man es dann nicht mehr mitteilen? Damit würde die allgemeine Regel entscheidend eingeschränkt werden und im aktuellen Gespräch eine große Verunsicherung provoziert werden (man müßte seinen Gedanken vor der Mitteilung auf den emotionalen Ton hin überprüfen). Tatsächlich läuft das vom Trainer gerügte Verhalten auf eine ganz andere Sache hinaus, die Gordon in keiner Weise bemerkt, geschweige denn theoretisch aufarbeitet. Bei diesem Beispiel wollte der Trainer wissen, was in dem Sender als erste Empfindung vorhanden war. Im Rollenspiel war die Tochter entgegen der Verabredung erst spät nachts nachhause gekommen und die Mutter empfing sie mit Schilderungen ihres emotionalen Zustandes, sprich: daß sie enttäuscht, verärgert über das Verhalten der Tochter sei. Die Frage des Trainers brachte zutage, daß die Mutter bei der Heimkehr der Tochter zunächst erleichtert war ("Gott sei Dank, es ist ihr nichts passiert"), was sich in ihrer Mitteilung an die Tochter in keiner Weise niederschlug. Dies aber gehört nach Meinung des Trainers zu Recht gesagt. Im System von Gordon schlägt sich diese von

Gordon selbst zustimmend berichtete Intervention des Trainers nicht nieder. Die Regel der Ich-Botschaft beschreibt die Aufgabe des Senders offensichtlich unzureichend. Gordon verarbeitet dieses Beispiel nicht, hält stattdessen an seinem Schema fest, obwohl es als zu einfach erkannt worden ist.

Text 5: Gesprächsbeispiel aus Gordon (1976[8] S. 189 f.)

Mutter: Linda, ich habe es satt, ständig wegen deines Zimmers an dir herumzunörgeln, und ich bin sicher, auch du bist es müde, daß ich deswegen hinter dir her bin. Von Zeit zu Zeit räumst du mal auf, aber meistens steht alles auf dem Kopf, und ich bin wütend. Laß es uns mit einer neuen Methode versuchen, die ich im Kursus gelernt habe. Wir wollen uns bemühen, eine Lösung zu finden, die wir beide akzeptieren werden - eine, mit der wir beide zufrieden sind. Ich mag dich nicht zwingen, dein Zimmer aufzu- räumen, und dich dann deswegen unglücklich sehen, aber ich mag mich auch nicht belastet und unbehaglich fühlen und deswegen ärgerlich sein. Wie können wir dieses Problem ein für allemal lösen? Willst du es versuchen?

Linda: Na schön, ich will es versuchen, aber ich weiß, das Ende wird sein, daß ich aufräumen muß.

Mutter: Nein. Mein Vorschlag ist, daß wir eine Lösung finden, die wie beide akzeptieren können, nicht nur ich.

Linda: Gut. ich habe eine Idee. Dir liegt nichts am Kochen, aber du machst gerne sauber, und mir liegt nichts am Saubermachen, aber ich koche gerne. Außerdem möchte ich in der Küche noch etwas lernen. Wie wäre es, wenn ich zweimal die Woche für dich, Vater und mich das Abendessen koche, während du ein- oder zweimal die Woche mein Zimmer saubermachst?

Mutter: Meinst du, das würde funktionieren - wirklich?

Linda: Ja, mir würde es richtig Spaß machen.

Mutter: In Ordnung, dann wollen wir es versuchen. Heißt das, daß du auch das Geschirr abwäschst?

Linda: Natürlich.

Mutter: Gut. Vielleicht wird dein Zimmer jetzt nach meinen Vorstellungen saubergemacht werden. Schließlich werde ich es selbst tun.

Wenn ihm ein tiefergehendes Verständnis der Aufgabe des Senders und des Empfängers mißlingt, so wird er wahrscheinlich auch das komplexere Konfliktlösungsverhalten nicht adäquat bewältigen. Dies springt nicht sofort ins Auge, weil Gordon an einer Reihe von nicht aussagekräftigen Beispielen erfolgreich verlaufene Gespräche vorführt. Viele seiner No-lose-Beispiele zeichnen sich dadurch aus, daß durch Ich-Botschaften und empathisches Zuhören sich eine kreative Lösung des Problems ergibt, was sicherlich gut ist, wodurch aber die Bewertung der Methode selbst verhindert wird. Wenn z.B. eine Tochter nicht mit einem weißen Regenmantel bei Regenwetter in die Schule gehen will, weil sie nicht durch eine andersartige Kleidung auffallen möchte, der Vater durch empathisches Zuhören dies erkennt und glücklicherweise die Mutter einen akzeptablen karierten Regenmantel besitzt und der Tochter leiht, dann hilft hier der Zufall einen Konflikt aufzulösen. Was wäre aber, wenn es diesen karierten Regenmantel nicht gegeben hätte? Da es ihn gibt, beschäftigt sich Gordon mit dieser Frage nicht. Man kann aber nicht immer auf glückliche Zufälle vertrauen und man kann den Wert einer Methode nicht an Beispielen demonstrieren, in denen die handelnden Personen sich durch nichts davon abhalten lassen, das Beispiel zu einem äußerlich versöhnlichen Abschluß zu bringen. Der Wert einer Methode zeigt sich nur bei solchen Beispielen, die ohne die Anwendung dieser Methode mißlingen würden. Die Methode muß ihren Wert an kritischen Beispielen beweisen.

Ein solches kritisches Beispiel ist der im Text 5 zugrundegelegte alltägliche Konflikt, daß ein Kind sein Zimmer nicht im Sinne seiner Eltern aufräumt. Bei einem erkennbaren Interessenskonflikt müßte nun die Methode ihren Wert beweisen. Die Mutter setzt explizit auf diese neue Methode und eine Einigung ist möglich. Keine der beiden Personen hat verloren, beide haben gewonnen: das ist der neue Ansatz. Schaut man sich das Beispiel jedoch nüchtern-distanziert an, so kann man gar nicht übersehen, wie die Mutter ganz allein das Problem definiert und dafür eine Lösung fordert. Die erste Reaktion der Tochter ist denn auch, daß sie ihre Niederlage ahnt. Die Mutter besteht darauf, das Problem allein zu definieren, sie "besitzt" das Problem. Die Tochter darf sich nur noch an der Lösung der so definierten Problematik beteiligen. Es ist ein letzter Versuch der Mutter, sonst droht Krieg! Die Tochter darf nicht sagen, daß sie kein Problem hat, daß sie ihre "Unordnung" nicht stört. Um zu retten, was zu retten ist, schlägt die Tochter einen Handel vor: Kochen gegen Putzen. Eltern, ermuntert zum Bericht über ihr eigenes Familienleben, halten ein solches Verhalten ihres Kindes für unwahrscheinlich. Eher wäre zu erwarten, daß dieses sagen würde, "mir gefällt es so, du mußt ja nicht hereinkommen". Es erscheint diesen Eltern nicht als realistisch, daß ihr Kind sich ihnen einfach fügt. Hätte danach Linda unter dem Druck der Mutter klein beigegeben, wäre sie doch ein Verlierer - freilich ein Verlierer, der so viel wie möglich zu retten sucht, oder wenigstens eine Gegenleistung für den eigenen Verzicht erreichen will? Welches Kind ist begeistert davon, wenn die Mutter Ordnung in sein Zimmer bringt? Dieses Bemühen der Mutter wird wohl eher als eine Okkupation des eigenen Gebiets empfunden. Zustimmung bedeutet dann doch Resignation, angesichts der Drohung der Mutter verständlich. Aber auch die Mutter verliert. Welche Mutter will ständig hinter der Tochter her aufräumen, vor allem, wenn diese in einem Alter ist, wo sie es nun wirklich selbst können müßte. Die Mutter wollte, daß ihre Tochter es macht und nun resigniert sie und macht es wieder selbst - froh darüber, dabei von ihrer Tochter nicht bekämpft zu werden. Niederlagenlose Methode? Oder ein Ergebnis mit zwei Verlierern, anders als sonst, wo es wenigstens einen Sieger gibt? Gordon wollte zwei Sieger, nun hat er zwei Verlierer.

Bestürzend daran ist, daß Gordon gar nicht bemerkt, was sich da abgespielt hat. Bei vielen kritischen Beispielen ist es so: Gordon berichtet sie als Bestätigung seines Ansatzes, obwohl sie seinem grundsätzlichen Ansatz widersprechen. Andere

Autoren folgen dieser Linie. In einem Buch von Becker (1982) wird kommentarlos richtiges und falsches Verhalten nach Gordon einander gegenübergestellt und dadurch beim Leser der Eindruck erweckt, das "richtige" Beispiel wäre in der Tat richtig. Das "richtige" Beispiel aus diesem Vergleich wird in Text 6 dargestellt. Sachlicher Hintergrund des Gesprächsbeispiels ist ein Spielzeughaus, das der Sohn geschenkt bekam und nun mit Hilfe des Vaters zusammengebaut wird. Formal entspricht das Gespräch den Vorstellungen von Gordon, wobei der Vater sich mittels Ich-Botschaften mitteilt. Schaut man sich das Beispiel jedoch theorieunabhängig an, so sticht es geradezu ins Auge, wie der Vater den Sohn dominiert, ihm keine eigene Definitionsmöglichkeit läßt, sondern seine Sicht der Dinge ungebremst durchsetzt, der Sohn nur noch willfähriges Werkzeug ist. Wie bei dem Beispiel mit Linda nimmt der Vater hier das Problem voll in Besitz. Der Sohn reagiert mit einer Art vorauseilendem Gehorsam. Gerade das aber wollte Gordon nicht. Gordon merkt diesen Mißgriff nicht, wie es überhaupt beeindruckend ist, in wievielen Beispielen von Gordon massiv Macht ausgeübt wird, obwohl Gordon doch gerade angetreten war, für eine machtfreie Beziehung zu werben und seine Beispiele Illustrationen dazu sein sollten. Das starre Verfahren scheint blind zu machen - auch nachfolgende Autoren.

Starr muß dieses Verfahren machen, weil Gordon einerseits einen hohen Anspruch hat, da er die Beziehung der Menschen zueinander neu ordnen will, er aber andererseits diesen Anspruch nicht in einer profunden Analyse sozialer Interaktionen verankert. Die dann sich ergebenden notwendigen Unschärfen werden mit schiefen Vergleichen oder Polemik verdeckt. Zweifel an dem aktiven Zuhören, insbesondere der Natürlichkeit dieses Verhaltens, begegnet Gordon mit dem Hinweis, daß ein solches Unbehagen der Eltern verständlich sei, seien sie es doch gewohnt

Text 6: Demonstrationsbeispiel richtigen Verhaltens nach Gordon: das Spielzeughaus; aus Becker & Minsel (1986 S. 293).

Vater: Ich kann schon wieder den Hammer nicht finden.

Sohn: Ach so, der liegt hier.

Vater: Ich werde ganz nervös, wenn ich weiterarbeiten möchte, und das Werkzeug ist weg. Ich fände es nämlich toll, wenn wir heute noch fertig würden.

Sohn: Wir brauchen zwei Hämmer. Dann können wir gleichzeitig arbeiten.

Vater: Hast du eine Idee, wo wir noch einen herkriegen könnten?

Sohn: Ich werde mal unseren Nachbarn fragen, ob er uns seinen leiht.

Vater: Die Idee finde ich gut.

anzuordnen, zu predigen, zu drohen etc. (s. Gordon 1972 S.62). Er tut damit so, als ob man nur aus diesem Grunde an dieser Methode zweifeln könnte, womit die Gegner seines Ansatzes als Hinterwäldler gebrandmarkt werden. Noch krasser verhalten sich Perrez u.a. (1974[2]), als sie verständlich machen wollen, daß die niederlagenlose Methode auch Grenzen hat. Sie gibt es nach Gordon dann, wenn in einem Konflikt zwischen Eltern und Jugendlichen die Eltern zumindest teilweise ihre Überzeugungen durchsetzen wollen. Perrez u.a. sagen zunächst zwar, daß die Ursachen für dieses Durchsetzungsbedürfnis der Eltern vielschichtig sein können, gehen danach aber ausschließlich auf klares Fehlverhalten der Eltern ein wie z.B., daß Eltern ihre Kinder mißbrauchen, um selbst nicht erreichte Ziele von den Kindern stellvertretend erreichen zu lassen. Fazit dieser Überlegungen zum schädlichen Verhalten der Eltern: "Konflikte, die daraus entspringen, daß Eltern versuchen, bei Kindern und Jugendlichen ihre Überzeugungen und Wertvorstellungen durchzusetzen, können nur vermieden werden, wenn Eltern ihre Einstellung dahingehend ändern, daß sie den Kindern zubilligen, ihr Leben und ihr Verhalten nach eigenen Vorstellungen zu gestalten und zu verantworten" (Perrez u.a. 1974 S.64).

Mit einer solch vereinfachenden Elternbeschimpfung aber weicht man der Diskussion über Erziehung aus, insbesondere wenn man dann noch behauptet, das andersartige Verhalten der Kinder sei oft die Folge davon, daß die Eltern ihre Werte nicht überzeugend genug gelebt hätten. Kann man die sich in einer komplexen Welt ergebenden Erziehungsprobleme so stark vereinfachen? Kann man Konflikte zwischen Kindern und Eltern ganz grundsätzlich als Wertkonflikte einstufen und dann in einem nächsten Schritt einfach als pathologisches Verhalten der Eltern abtun? Sind nicht gerade diese scheinbar absoluten Wertkonflikt-Beispiele oftmals gerade die Beispiele, an denen sich die Methode beweisen müßte und an denen sie versagt - ohne daß es eingestanden wird? Es soll nicht bestritten werden, daß es solche Wertkonflikte gibt, die letztlich nur durch gegenseitiges Respektieren zu bewältigen sind. Es ist jedoch zu befürchten, daß viele Probleme vorschnell als Wertkonflikte ausgegeben werden, um vor sich das Versagen in der Begegnung mit dem Mitmenschen zu verschleiern. Greift man zu einer solchen Argumentation als Hauptversuch, erfolgloses Handeln zu erklären, so wird deutlich, daß mißlungene Beispiele kein Zufall sind, sondern Ausdruck eines engen Welt- und Menschenverständnisses.

3.5 Zugrundeliegende Mißverständnisse im Phänomen-Verständnis

3.5.1 Beispiel Kommunikation

Ein sehr beachteter Autor im Bereich der Analyse von Kommunikation ist Paul Watzlawick. In seinem zentralen Werk mit dem Titel "Menschliche Kommunikation" (Watzlawick, Beavin & Jackson 1969, 1974[4]) stellte Watzlawick mit seinen Co-Autoren einen neuen Ansatz für das Verständnis menschlicher Interaktion vor. Dieser Ansatz wurde von vielen Autoren zustimmend aufgegriffen (z.B. Schulz v.Thun 1981, DeVito 1985). Selbst im Unterricht an Gymnasien oder in der beruflichen Ausbildung von Erziehern findet Watzlawick Eingang.

Zum besseren Verständnis des pragmatischen Aspekts von Kommunikation formulierten Watzlawick u.a. fünf Axiome. Ein Axiom ist ein Lehrsatz, der in sich selbst evident ist, der also nur formuliert und erläutert werden muß, aber keiner Bestätigung durch Forschungsergebnisse bedarf. Das erste Axiom geht ganz grundsätzlich auf die Kommunikation ein und benennt die Unvermeidbarkeit von Kommunikation; selbst die Verweigerung von Kommunikation ist ein Kommunikationsakt. Die vier weiteren Axiome beschreiben Aspekte der Kommunikation: Inhalts- und Beziehungsaspekt von Kommunikation; die Interpunktion der Ereignisfolgen; digitale und analoge Kommunikation; symmetrische und komplementäre Kommunikation. Von diesen Axiomen ist eines besonders bedeutsam, weil sich in ihm die Besonderheit des Ansatzes von Watzlawick und seiner Co-Autoren niederschlägt: das Axiom über die -willkürliche- Interpunktion der Ereignisfolgen. Dieses Axiom besagt, daß Kommunikation kreisförmig und die Bestimmung eines Anfangs, gekennzeichnet durch die Interpunktion, unmöglich sei und wenn sie doch geschehe, willkürlich erfolge.

Das Axiom ist eingebettet in einen kybernetischen Ansatz der Autoren, den sie dem mechanistischen, kausalen Ansatz gegenüberstellen. Den Unterschied versuchen die Autoren an einem Beispiel zu verdeutlichen: beim Gehen stößt der Spaziergänger gegen einen Stein, der ins Rollen kommt und dann irgendwo landet. Durch den Stoß wird Energie auf den Stein übertragen und man kann in der Analyse verfolgen, wie diese Energie weiterwirkt. Im Modell bedeutet es, daß a auf b wirkt, b auf c, c vielleicht auf d etc. Stellt man sich hingegen vor, der Stein wird durch den unabsichtlichen Stoß auf einen Hund geschleudert, so kann man nach der Meinung der Autoren den weiteren Ablauf nicht mehr verstehen, wenn man nur den Energiefluß beschreibt, denn der getroffene Hund wird nicht die Energie des Steines, sondern seine eigene Energie nutzen. Er wird auf den Steinwurf reagieren, möglicherweise in Form eines Angriffs. Der Steinwurf wird von ihm als Information verarbeitet und in seiner Reaktion wirkt er als b auf a zurück. Es kommt zu einer Rückkoppelung, wodurch die Handlungsweise von a beeinflußt wird. Beispielhaft könnte das so aussehen: Ein Spaziergänger geht gedankenverloren seines Weges, stößt unabsichtlich und unbemerkt gegen einen Stein, schleudert diesen gegen einen vor sich hindösenden Hund. Dieser erschrickt, fühlt sich angegriffen und fährt dem Spaziergänger ans Bein. Der Spaziergänger glaubt sich von einem tollwütigen Hund angegriffen und versucht, diesen durch Fußtritte abzuwehren. Beide Seiten verstärken in der Überzeugung, sich eines Angreifers erwehren zu müssen, ihre Kampfhandlungen.

Nach Auffassung der Autoren stellt eine Kausalkette ein deterministisches, lineares Modell dar. Kommt es jedoch zu einer Rückkoppelung wie bei obigem Beispiel "... so ist das System zirkulär und funktioniert auf völlig andere Weise"

(Watzlawick u.a. 1974 S.31). "Unsere These ist, daß zwischenmenschliche Systeme - also Gruppen, Ehepaare, Familien, psychotherapeutische oder selbst internationale Beziehungen usw. - als Rückkoppelungskreise angesehen werden können, da in ihnen das Verhalten jedes Individuums das jeder anderen Person bedingt und seinerseits von dem Verhalten aller anderen bedingt wird" (Watzlawick u.a. 1974 S.32). "Dem unvoreingenommenen Beobachter erscheint eine Folge von Kommunikationen als ein ununterbrochener Austausch von Mitteilungen" (Watzlawick u.a.1974 S.57). Schulz v. Thun stimmt diesem Gedanken explizit zu: "Die Frage nach dem Anfang ist so unbeantwortbar wie die Frage, ob Henne oder Ei zuerst da gewesen sei. Nach der systemtheoretischen Sichtweise ist Kommunikation kreisförmig und ohne Anfang" (Schulz v.Thun 1988 S.87). Es ist nun kennzeichnend für die am Prozeß Beteiligten, daß sie in diesen kontinuierlichen, kreisförmigen Prozeß aus ihrer jeweiligen subjektiven Sicht Struktur hineinbringen und damit zwischen Ursache und Wirkung unterscheiden wollen. "Von außen gesehen, ist weder der eine noch der andere Standpunkt stichhaltig, da die Interaktion der Partner nicht linear, sondern kreisförmig ist. In dieser Beziehung ist kein Verhalten allein als Ursache des anderen anzusehen; jedes Verhalten ist vielmehr sowohl Ursache als auch Wirkung" (Watzlawick u.a. 1974 S.93). In diesem Kreis kann man nur "willkürlich" einen Anfang festlegen (Altenthan u.a. 1980).

An Beispielen illustrieren die verschiedenen Autoren diese Sichtweise. Ein von der Art her typisches Beispiel schildert Schulz v.Thun: "Eine neue Mitarbeiterin macht viele Fehler, die der Abteilung teuer zu stehen kommen. In der Abteilung herrscht Krach und Klimavergiftung. Interpunktion des Konfliktes seitens der Kollegen: 'Weil sie uns nicht um Rat fragt und dann alles falsch macht, sind wir natürlich schlecht auf sie zu sprechen.' Interpunktion der neuen Mitarbeiterin: 'Weil die mich alle ablehnen, wage ich nicht zu fragen, um keine abweisende Reaktion zu riskieren.' "(Schulz v.Thun 1988 S.86).

Dieses Verständnis von Kommunikation hat Konsequenzen für den Umgang mit Kommunikation. Bei einem solchermaßen kreisförmig verstandenen Prozeß besteht die Aufgabe nicht mehr darin, einen möglichen Anfang, eine "Ursache", zu identifizieren - ein Vorgehen, das nach Watzlawick u.a. "zweitrangig" bzw. "bedeutungslos" wäre -, sondern das aktuelle Interaktionsmuster zu erkennen. Die Frage wäre dann nicht, warum man so miteinander umgeht, sondern wie man miteinander umgeht. Dieses Muster gilt es zu erkennen und zu verändern. Dazu dient auch die Methode der Metakommunikation, also der Kommunikation über die Art der aktuellen Kommuikation. In der Psychotherapie wäre es nach Watzlawick u.a. das Ziel, die festgefahrenen Kommunikationsmuster nach deren Identifikation durch paradoxe Interventionen zu zerstören (s. hierzu Watzlawick, Weaklund & Fisch 1974). Eine paradoxe Intervention zeichnet sich dadurch aus, daß Instruktionen gegeben werden, die in sich widersinnig sind und deshalb neue Antworten provozieren (z.B. daß etwas verlangt wird, was eigentlich nur spontan erfolgen kann).

Mit ihren Axiomen haben Watzlawick, Beavin & Jackson in einer unsystematischen Weise Lehrsätze zum Thema Kommunikationsverhalten formuliert. Mit ihrem ersten Axiom, der Unmöglichkeit, nicht zu kommunizieren, greifen sie letztlich Erkenntnisse der alten deutschen Graphologie auf, die ein Was und Wie im Ausdrucksprozeß unterschied und feststellte, daß es immer ein Wie gibt. Mit den anderen Axiomen versuchen die Autoren Dimensionen der Kommunikationen zu beschreiben. Lassen wir einmal offen, ob diese Axiome für ein systematisches Verständnis von Kommunikation sinnvoll und erschöpfend sind, so kann man doch wohl sagen, daß die Formulierung solcher teils trivialer Axiome nicht den Weltruf der Autoren begründen kann. Das aufsehenerregende ist das Axiom der Kreisförmigkeit von Kommunikation, begründet durch den kybernetischen Ansatz. Dieser kybernetische Prozeß wird von Watzlawick u.a. als kreisförmig postuliert. Es ist nicht zu bestreiten, daß es Rückkoppelungsprozesse gibt, aber sind diese, wie von Watzlawick u.a. gesetzt, kreisförmig? In der Psychologie ist es üblich, Rückkoppelungsprozesse als TOTE-Prozesse darzustellen. TOTE bedeutet: Test, Operation, Test, Exit. Damit ist gemeint, daß am Anfang ein Test steht, in dem geprüft wird, wie weit eine bestimmte Leistung einem vorgegebenen Kriterium genügt. Wird das Kriterium nicht erreicht, so wird eine Operation eingeleitet zur Erreichung dieses Kriteriums. Es wird wiederum ein Test durchgeführt und die Operation erst beendet, wenn das Kriterium erreicht ist. Ein solches Vorgehen läßt sich nicht mit einem in sich kreisenden Verfahren darstellen, das kein Ziel hat und wo jede Zielsetzung als willkürlich in Frage gestellt werden kann. Das gewählte Modell eines Kreises ist grundsätzlich falsch. Kybernetische Prozesse sind an Zielen orientiert und haben ihren Ausgang an solchen Zielen. Wer in seinem Haus eine Zentralheizung einsetzt, gibt ein Ziel vor, hier eine bestimmte Wassertemperatur der Heizung, und an diesem Ziel ist der Rückkoppelungsprozeß orientiert. Dieses Ziel ist ein absoluter Anfang. Mithin kann man einen Rückkoppelungsprozeß niemals als kreisförmig beschreiben. Richtiger ist es, einen Rückkoppelungsprozeß als einen zielorientierten Prozeß zu beschreiben, dessen Annäherungen an das Ziel dann beendet werden, wenn eine Kontrollinstanz die Erreichung des Ziels signalisiert. Mit dem Modell des Kreises haben die Autoren ein Verständnis von kybernetischen Prozessen einzuführen versucht, das diesem völlig unangemessen ist.

Selbst wenn man bei komplexeren Modellen davon ausgeht, daß b auf a zurückwirkt und dessen Verhalten beeinflußt, ist es nicht berechtigt, einen solchen Prozeß als zirkulär zu kennzeichnen. Das Beispiel von Watzlawick u.a. mit dem getroffenen Hund verdeutlicht, daß es durchaus einen klaren Anfang gibt und der Ablauf von diesem Anfang her gut verstehbar ist. Die tatsächliche Geschichte ist so, daß der Spaziergänger etwas aus Versehen und für ihn selbst unerkannt tut. Das Geschehen versteht der Hund falsch, handelt aber auf der Basis dieses falschen Verständnisses. Er verändert dadurch auch das Situationsverständnis des Spaziergängers: vom gedankenverlorenen Dahinschlendern zu einer vielleicht ängstlich-aggressiven Verteidigungsbereitschaft. Ab diesem Augenblick fühlen sich beide angegriffen und verhalten sich entsprechend. Gerade weil es hier, wie die Autoren richtig betonen, um die Verarbeitung von Informationen geht, ist das Verständnis der Informationsverarbeitung wichtig. Es kann dann nicht nur darum gehen, Interaktionsmuster festzustellen (beide wehren sich nur noch), sondern man muß auch nach der Berechtigung der Interaktionsmuster fragen und müßte dann bei diesem Beispiel das Mißverständnis aufklären - was sicherlich hier nur für den Spaziergänger gelingen würde, da allein dieser z.B. mit einem neutralen Beobachter eine gemeinsame Analyse des Geschehens durchführen könnte. Dies aber würde bedeuten, daß man sich mit der Entstehungsgeschichte auseinandersetzen müßte.

Im Gegensatz dazu aber meinen Watzlawick u.a., daß man diese Interaktionsmuster ahistorisch studieren könne, was die Autoren u.a. am Beispiel eines unterbrochenen Schachspiels zu illustrieren versuchen. Nach Meinung der Autoren kann man ein in Gang befindliches, aber unterbrochenes Schachspiel verstehen, indem man die Stellungen der Parteien analysiert - ohne den bisherigen Spielverlauf zu kennen. Dies ist richtig, wenn man es als die Partie von Computern der höchsten Schwierigkeitsstufe ansieht. Ist das Spiel zwischen zwei menschlichen Individuen damit vergleichbar? Ist es beispielsweise nicht möglich, daß ein erkennbar unterlegener Spieler gerade seine Chance darin sucht, den Gegner sich seines Sieges gewiß fühlen zu lassen und unachtsam zu werden? Ein Computer würde das nicht tun, ein Mensch vielleicht schon. Der gegnerische Computer würde auf einen solchen Trick nicht hereinfallen, ein Mensch vielleicht schon. Was ist nun ein unterbrochenes Schachspiel: ein Spiel zwischen Computern oder ein Spiel zwischen Menschen? Worauf lassen sich Watzlawick u.a. festlegen? Und wenn es ein Spiel zwischen Menschen ist, muß man nicht die Entwicklung kennen, um den jetzigen Stand beurteilen zu können?

Wenn es jedoch richtig ist, daß eine Momentaufnahme oftmals nur verstehbar ist, wenn man sie in einem Entwicklungszusammenhang sieht, so stellt dies die These der Kreisförmigkeit von Kommunikation in Frage. Die Gültigkeit dieses Axioms versuchen die Autoren nun durch Beispiele zu belegen, z.B. durch eines aus dem Bereich internationaler Beziehungen. Die Aufrüstung eines Landes wird mit der wahrgenommenen Bedrohung durch andere Länder erklärt. Es ist wiederum ein scheinbar zirkulärer Prozeß: jedes Land fühlt sich bedroht, jedes Land reagiert nur auf Bedrohung. Die Interpunktion ist willkürlich, d.h. jedes Land erklärt aus seiner Interessenslage seine Ausgangssituation. Nachdem nach der Theorie von Watzlawick jede Interpunktion willkürlich ist, bedeutet es, daß jeder aus seiner Sicht Recht hat - also auch der Aggressor. Eine Verurteilung des Aggressors wäre nach dieser Theorie Willkür. Wenn also ein gewaltbereiter Täter sich ein Opfer aussuchen würde, das sich durch seine Eigenschaften zum Angriff eignete, und dieses angriffe, dann könnte man nach der Theorie von Watzlawick objektiv keinen Anfang bestimmen, sondern müßte akzeptieren, daß der Täter sich als Opfer darstellte. Diese These der willkürlichen Interpunktion des Interaktionsgeschehens hieße, daß faktisch keine Ursache und - im Falle eines Verbrechens - keine Schuld mehr festzuschreiben wäre. Täter und Opfer wären in der Analyse letztlich gleichgestellt, Aufgabe wäre nur, eine neue Form des Miteinanders zu finden. Wie kann es geschehen, daß sich die Autoren in einen die soziale Realität derart verkennenden Ansatz versteigen?

Zum einen liegt es daran, daß sie die Natur von feedback-Prozessen nicht durchschauen und aus der nicht zu leugnenden Tatsache, daß in einem komplexen System alle Komponenten Einfluß aufeinander haben können, fälschlicherweise ableiten und als These setzen, daß damit der Prozeß insgesamt zirkulär, ohne Anfang wäre. Um bei dem Hundebeispiel zu bleiben: für Spaziergänger und Hund gibt es einen Anfang, denn sie begegnen sich zum erstenmal und die Interaktion wird definitiv durch den unbeabsichtigten Steinschuß des Spaziergängers begonnen. Daß der Spaziergänger schon Erfahrungen mit Hunden und der Hund schon Erfahrungen mit Menschen gemacht hat, stellt zwar einen Hintergrund für die konkrete Interaktion dar, sollte jedoch niemanden davon abhalten, sich mit der konkreten Begegnung dieser beiden zu beschäftigen und die hat nunmal einen Anfang. Soweit es um den feedback-Prozeß geht, ist die Einstufung "kreisförmig" schlichtweg eine falsche Metapher, da es ja in diesem Prozeß eine Entwicklung gibt, im Fall des Hundebeispiels zu einer Eskalation der Gewalt kommt. Der Kreis aber ist die sinnbildliche Darstellung eines in sich ruhenden, also nicht voranschreitenden Prozesses. Als bildliche Darstellung bietet sich hier eher die Spirale an.

Zum andern haben die Autoren und andere ihnen zustimmende Autoren Schwierigkeiten bei dem Verständnis der selbst gewählten Beispiele. Die zur Illustration benutzten Beispiele zeigen, daß mit der willkürlichen Interpunktion nicht das tatsächliche Kommunikationsverhalten gemeint ist, sondern die Interpretation des Interaktionsgeschehens aus der jeweiligen Sicht der Beteiligten. In den Beispielen wird niemals die tatsächliche Kommunikation dargestellt, sondern in irgendeiner Form immer die Reflexion über eine vielleicht sehr lange bestehende und komplizierte Interaktion. In dem oben wiedergegebenen Beispiel aus dem Firmenalltag von Schulz v.Thun wird nicht deutlich, wie die Beteiligten miteinander umgegangen sind, wie sie unmittelbar miteinander kommuniziert haben, sondern nur, wie sie diese im Detail nicht bekannte Interaktion kommentieren. Wollte man aus Beispielen dieser Art schlußfolgern, daß Kommunikation kreisförmig sei, so beginge man einen schlichten Denkfehler. Die als Beleg angeführten Beispiele sagen überhaupt nichts über die tatsächliche Kommunikation aus! Mit der Willkürlichkeit der Interpunktion meinten Watzlawick u.a. offensichtlich nicht den Kommunikationsprozeß selbst, sondern die Reflexion über diesen Kommunikationsprozeß. Leider reden sie dennoch ganz explizit vom Kommunikationsprozeß und behaupten von diesem, er sei zirkulär. Den Beweis dafür aber sind sie schuldig geblieben; im Gegenteil muß man sagen, daß ihre eigenen Beispiele bei sorgsamer Analyse gegen diese These sprechen. Das Axiom von der Willkürlichkeit der Interpunktion kann sich höchstens auf die Willkürlichkeit der nachträglichen Interpretation beziehen, was die Sozialpsychologie im Rahmen der Attributionsforschung ausführlich untersucht hat. Die objektive Interpunktion des tatsächlichen Kommunikationsprozesses wird damit nicht verneint.

Ansätze wie der von Watzlawick u.a. sind daher wenig geeignet, das Verständnis des Kommunikationsprozesses zu vertiefen, sondern stiften im Gegenteil aufgrund eines in der Form gekonnten, in der Sache aber krausen Denkens Verwirrung. Sie verhindern ein solides Verständnis des Kommunikationsprozesses. Bei der These von der Kreisförmigkeit der Kommunikation und der Rezeption dieser These durch die Öffentlichkeit könnte man sich an Andersens Märchen von des Kaisers neuen Kleidern erinnert fühlen.

3.5.2 Beispiel Phänomenverständnis von Liebe und Ehe

In Kapitel 2.2 war bereits dargestellt worden, daß es Auffassungen von Liebe gibt, durch die das Phänomen der Liebe selbst in Frage gestellt wird, indem eine derartige Heterogenität von Phänomenen darunter gefaßt wird, daß das Konzept zerfließt. Dies geschieht auch, wenn man Liebe lerntheoretisch zu erfassen versucht bzw. einen solchen Versuch als legitim anerkennt. So hat u.a. Byrne (1969) die Attraktion zu einem Menschen als eine Funktion der relativen Zahl der Belohnungen und Bestrafungen, die mit dieser Person verbunden sind, bezeichnet. Murstein (1986) hat Ansätze wie diesen als grob phänomen- inadäquat zurückgewiesen. Es wäre so, als ob man einen Kuß allein durch die Bewegung der Lippen beschreiben wollte. Jenseits der Lerntheorie wurde bereits lange diskutiert, ob der Liebende nicht doch nur an sein eigenes Wohlergehen denke, ob es ganz generell so etwas wie natürliches Wohlwollen gebe, das auf den anderen gerichtet sei. Vertreter dieser Meinung verneinen nicht, daß ein solches Wohlwollen auch positive Auswirkungen für den Liebenden selbst haben kann, sie betonen jedoch, daß das für die Fragestellung unerheblich sei (s. Hazo 1967). Entscheidend ist, warum die Tat geschieht. So mag der Liebende seine Freude daran haben, die Freude der Geliebten zu erleben, wenn diese ein Geschenk von ihm erhält. Schenkt er deshalb um seiner eigenen Freude willen? Schenkt er, weil er dadurch einen Vorteil für sich erreichen will? Im Einzelfall mag dies wohl so sein, aber gilt es grundsätzlich? Kann man die Freude des Schenkenden als Beweis nehmen, daß es diesem nur um sich selbst gehe? Eine solche Argumentation ist zweifellos nicht zwingend. Man darf durchaus ökonomische Prinzipien auf intime zwischenmenschliche Beziehungen anwenden, nicht aber, um diese damit erschöpfend zu erklären, sondern um vielleicht einige Verhaltensaspekte in diesem Kontext transparenter zu machen. So haben z.B. McKenzie & Tullock (1984) in ihrem Buch über den "Homo oeconomicus" immer wieder betont, daß sie damit nicht das Insgesamt des betrachteten Phänomens (z.B.Liebe, Familie) erklären wollten. Scheinbar nüchterne Ansätze, in denen dieses besondere Gefühl der Liebe auf einfache Lerngesetze zurückgeführt wird, erweisen sich somit als Ideologie. Autoren, die so argumentieren, sorgen jedoch für Irritationen, weil sie wissenschaftliche Erkenntnisse benutzen, um ihre Weltanschauung zu verkünden.

Etwas ähnliches gilt für die Erklärung der Ehe, wie sie in der Exchange- oder der Equity-Theorie geboten werden. Im wesentlichen besagen beide Theorien, daß es bei der Bewertung einer Ehe um einen Vergleich von Nutzen und Kosten geht. Nach der Exchange-Theorie ist ein Ehepartner mit seiner Ehe dann zufrieden, wenn sein Nutzen seine Kosten übersteigt, er also einen Gewinn erzielt (auf das für die Theorie noch wichtige Vergleichsniveau sei an dieser Stelle nicht eingegangen). Im Gegensatz dazu besagt die Equity-Theorie, daß die Bilanz zwischen

den Ehepartnern ausgeglichen sein muß, damit sich die Personen wohl fühlen. Beiden Theorien zufolge wird also gerechnet. Auf die Austausch-Theorien bezogen sagen Mikula & Stroebe: "Sie gehen alle von einer Analogie zwischen ökonomischen und anderen Arten von Transaktionen aus. Indem sie soziale Gruppen mit ökonomischen Märkte vergleichen, stellen sie eine Anwendung des ökonomischen Verhaltensmodells auf soziales Verhalten dar (vgl. Stroebe 1987). Sie interpretieren zwischenmenschliche Interaktion als Austausch von Handlungen und der damit verbundenen Belohnung und Kosten. Ausgehend von dem Postulat, daß der Mensch bestrebt ist, ein Maximum an Befriedigung durch Belohnung bei einem Minimum an Kosten zu erlangen, wird angenommen, daß belohnende Interaktionen wiederholt und nur solche Beziehungen eingegangen werden, die erwarten lassen, daß sie belohnend sind" (Mikula & Stroebe 1991 S. 69).
Dieses Modell ist somit an einem einfachen Gewinndenken orientiert, wonach jeder Spieler versucht, seinen eigenen Gewinn so groß wie möglich zu machen. Ganz anders, obwohl auch hier gerechnet wird, stellt sich die Sache nach der Equity-Theorie dar. Hier geht es um Ausgewogenheit, um eine so definierte Gerechtigkeit. "Die Bewertung der Ausgewogenheit erfolgt anhand der Beiträge, die von den Partnern in die Beziehung eingebracht werden, und der Erträge, die sie als Folge ihrer Beteiligung an der Beziehung erhalten. Ausgewogenheit oder Gerechtigkeit im Sinne der Equitytheorie besteht dann, wenn die relativen Nettoergebnisse der Partner ... als gleich groß wahrgenommen werden" (Mikula & Stroebe 1991 S.72). Hatfield & Traupman (1981) weisen auf, daß es Argumente für und gegen dieses Aufrechnungsmodell gibt. Dagegen spricht die Auffassung, daß die Ehe für viele Menschen "der Himmel in einer herzlosen Welt" sein soll (Lasch 1977), daß die Ehe und Familie der Lebensbereich ist, in dem man um seiner selbst willen anerkannt und umsorgt werden will (Zaretsky 1976). Für Zaretsky ist die Ehe der letzte Zufluchtsort in einer kapitalistischen Welt. "Auf der anderen Seite, wären Intimpartner *wirklich* absolut unberührt durch Fragen von Fairness, dann könnten intime Beziehungen nicht überleben, da reale Menschen schlichtweg nicht bereit sind, zu geben und zu geben, ohne einen Gedanken an eine Gegenleistung" (Hatfield & Traupman 1981 S.169, Übers.v.Verf.). Die Autorinnen verweisen überdies auf die Warnung von Hay & Horton, man solle vorsichtig sein im Umgang mit Menschen, die das Ideal der romantischen Liebe vertreten, weil sie es oft als Rechtfertigung zur Ausbeutung des Partners benutzten. Wie auch immer: "Gegenwärtig scheint es weniger eine Frage zu sein, ob Equity eine Rolle für die Qualität und Stabilität von Beziehungen spielt, als vielmehr *wann* dies der Fall ist" (Mikula & Stroebe 1991 S.73). Sieht man einmal von den gravierenden Problemen der Operationalisierung dieses Rechenprozesses ab, so ist auch hier unbestritten, daß gerechnet, daß aufgerechnet wird. In diesem Sinne könnte man die von Becker & Becker nicht notwendigerweise so gemeinten Sätze verstehen: "Wer unbegrenzt liebt, wird unbegrenzt geliebt werden. Wer bedingungslos liebt, wird ohne Bedingung Vergebung empfangen" (Becker & Becker 1985 S. 34). Oder wird gerade dadurch das Rechenmodell in Frage gestellt?

Bei einem verwandten Thema wird der Gegensatz zwischen nüchterner wissenschaftlicher Analyse und schwärmerischem Leben deutlich. Die Ehe gilt als ein Raum, in dem zwei Menschen aus Liebe zueinander in einer Gemeinschaft aufgehen. Stattdessen konstatieren Wissenschaftler, daß es nirgendwo einen machtfreien Raum gebe (Saxton 1982) und man deshalb akzeptieren müsse, daß auch in der Ehe Macht immer eine Rolle spiele. Es wurde sogar festgestellt, daß Machtunterschiede zwischen den beteiligten Geschlechtern der Hauptgrund dafür seien, daß Ehen scheiterten (Lott 1981). Trifft dies zu, so wäre das Ideal der Ehe als einer machtfreien Gemeinschaft eine Illusion und man müßte ein neues Verständnis von Ehe aufbauen. In der Tat haben einzelne Autoren eine ganz andere Analyse der Ehe vorgelegt. Sie sprachen davon, daß zwischen den Geschlechtern ganz generell der "längste Krieg" (Tavris & Offir 1977) ausgefochten werde, daß insbesondere in der Ehe Krieg herrsche (Charny 1972, Beer 1984). Die Ehe ist "... die Hölle eines natürlichen Krisen-Prozeßes" (Charny 1972 S.83, Übers.v.Verf.). Hölle und Feindschaft sind für Charny Begriffe, die ihm zur Beschreibung der Ehe einfallen. Er ist der Meinung, daß man am besten mit einer solchen Situation umgehen könne, wenn man sie als Tatsache akzeptiere (Charny 1972). Aus der Sicht mancher Autoren hat die Ehe den beteiligten Personen soviel Schaden zugefügt, daß man sie grundsätzlich in Frage stellen müsse; entsprechend bezeichnet Davis (1980) die Ehe als einen Scheiterhaufen und Cadwallader (1975) hält die Ehe für eine erbärmliche Institution.

Soweit geht Bach nicht, aber im Sinne eines angeblich realistischen Ansatzes hat er (s. Bach & Wyden 1970) die Ehepartner ermutigt, streiten zu lernen und damit ohne Skrupel zu streiten. Ganz in der Logik dieses Ansatzes war Bach davon überzeugt, daß ein Hauptproblem der Ehepartner darin besteht, sich eine heile, harmonische Welt bewahren zu wollen und damit einer konflikthaften Auseinandersetzung auszuweichen. Er warb für ein positives Verständnis von Aggression im Unterschied zu pur destruktiven Aspekten der Aggression und damit für ein Ausagieren dieser Aggression (was u.a. zu spielerischen Kämpfen der Ehepartner wie z.B. dem Bataca-Kampf, d.h. dem Aufeinandereinschlagen mit schaumstoffumhüllten Schlägern etc.führte). Selbst von Personen, die im kirchlichen Rahmen tätig sind, wird Streiten-lernen als eine Möglichkeit angesehen, eine Ehe zu bewahren. Bach hat jedoch im wesentlichen, dies zeigen Fallbeispiele seiner weiteren Veröffentlichungen, im Gespräch eigentlich nur die offene Aussprache gesucht (s. Bach & Deutsch 1972), was nichts mit dem Ausleben von Aggressionen zu tun hat. So mag vieles von dem, was er im Detail getan hat, vernünftig erscheinen, bekannt aber wurde er für seinen Einsatz für Streiten, für die kreative Aggressivität. Was aber ist Streiten? Streiten ist nicht nur die Bejahung unterschiedlicher Interessen und das Eintreten für die eigenen Anliegen. Streiten ist nicht gleichzusetzen mit Diskutieren; streiten heißt, für die eigenen Interessen gegen einen anderen zu kämpfen. Der Originaltitel von Bach & Wyden verbietet jede verharmlosende Interpretation: "The intimate enemy" (Der intime Feind). Vom Feind, nicht vom Gegner ist hier die Rede, ganz im Sinne eines lang andauernden Krieges. Selbst die Kennzeichnung des Ehepartners als Gegner müßte Verständnisschwierigkeiten

auslösen, aber das ist er nicht, er ist ein Feind. Wie aber soll man sich verhalten, wenn der Feind in den eigenen Reihen steht? Was hat das für Auswirkungen auf die Kommunikation, wenn man wirklich ein solches Verständnis hat? Wenn man ein solches Bild ernst nimmt, ist offene Kommunikation dann noch möglich?
Diese in der Sache scheinbar nüchternen Analysen gilt es zu problematisieren. Die Unvermeidbarkeit von Macht in der Ehe und damit als Folgeproblem des Streitens hat ihre Basis in einer weit verbreiteten Auffassung von Macht, die diese mit Einfluß gleichsetzt. "Macht ist die Fähigkeit oder das Potential eines Individuums, das Verhalten anderer Mitglieder einer sozialen Gruppe zu beeinflussen" (Reiss 1980 S.234 Übers.v.Verf.). Einfluß ist in der Tat ein notwendiges Element sozialer Beziehungen und so nicht zu bestreiten. Eine solche Definition ist inflationär und trifft nach Meinung vieler Autoren nicht das Wesen von Macht, in Abgrenzung zu sozialem Einfluß; so fügt z.B. Huston (1983) als Definitionselemente die asymetrische Beeinflussung und die Intention der Beeinflussung hinzu. In Diskussionen über konkrete Machtbeziehungen oder in empirischen Untersuchungen zu diesem Thema u.a. mittels der "revealed difference technique" (Technik der aufgedeckten Differenzen) wird jedoch Macht in einem anderen Sinne verstanden. Macht ist hier die Fähigkeit, seinen Willen gegen den des anderen durchzusetzen und damit den Spielraum des Partners zu beschränken (s. die Definitionen von Blau, 1964 oder Luhmann, 1975). In der "revealed difference technique" vertreten die beiden Personen unterschiedliche Standpunkte und es stellt sich dann die Frage, wer setzt sich mit seiner Meinung mehr durch - und das heißt, mehr durch gegen den anderen. Eine so praktizierte Macht aber stünde im Widerspruch zur auf gegenseitige Liebe gegründeten Ehe, in der gerade das Wohl des Partners für einen selbst so wichtig ist wie das eigene Wohl. Würde auch in der Ehe Macht im letzteren Sinne grundsätzlich unvermeidbar sein, so müßte man die Ehe anders definieren, wäre sie als Liebesgemeinschaft nicht vorhanden. Dies gälte auch, wenn die Exchange- oder die Equity-Theorie in ihrem Ansatz Recht hätten. Die Ehe wäre dann ein weiteres Feld des Strebens nach eigenem Wohlergehen, indem man u.a. die eigene Kosten-Nutzen-Rech- nung günstig gestaltet und die Beziehung unter seiner Kontrolle zu halten versucht. Den Beweis dafür aber sind die Vertreter dieser Ansätze letztlich schuldig geblieben. Im Sinne eines theoretischen Verständnisses des Phänomens kann es nicht darum gehen, nachzuweisen, daß z.B. Macht auch in Ehen vorkommt. Angesichts menschlicher Schwächen und des hohen Anspruchs wäre ein solcher Nachweis trivial. Es ist daher auch nicht falsch, nach Machtstrukturen in konkreten Ehen zu fahnden. Eine andere Sache aber ist, ob man damit das besondere Wesen dieser Beziehung grundsätzlich verneint, ob man es als phänomenwidrig ansieht, daß eine Beziehung im Kern machtfrei sein kann. Dies läßt sich nicht dadurch prüfen, indem man z.B. Machtstrukturen in einer Population nachweist oder Korrelationen zwischen der Ausgewogenheit der Beziehung und erlebtem Glück wiederum auf eine Population bezogen nachweist. Es läßt sich nur prüfen, indem man explizit diesen anderen Ansatz (z.B. Gemeinschaft, in der Macht keine entscheidende Variable ist) prüft und dabei zuläßt, daß dies nur für eine Minderheit einer Population gilt.

In einer der wenigen Arbeiten, in denen dies versucht wurde, haben Clark & Mills (1979) zwischen Exchange und Communal Relationships unterschieden und wesentliche strukturelle Unterschiede empirisch nachgewiesen. Eine Austausch-Beziehung wäre eine übliche Zusammenarbeit, eine Gemeinschaftsbeziehung zielt hingegen auf eine enge persönliche Beziehung ab. Bei diesen Gemeinschaftsbeziehungen gibt es keinen Wunsch nach Kompensation für eigene Beiträge durch den Partner, der eigene Beitrag wird nicht gerechnet und aufgerechnet und entsprechend ist man nicht verärgert, wenn der Partner die erbrachte Hilfe nicht erwidert. Solche für eine Austausch-Beziehung üblichen Erwartungen und Verhaltensweisen werden in einer Gemeinschaftsbeziehung als unangebracht angesehen. Dies schließt nicht aus, daß eine in diesem Geist geschlossene Gemeinschaft in ihrem Anspruch scheitert und als Folge ein Austauschdenken mehr und mehr Platz greift (diese Reihenfolge wird von Mikula & Stroebe, 1991, zumindest als Denkmöglichkeit zur Erklärung des Zusammenhangs zwischen mangelndem Eheglück und Machtwahrnehmung zugelassen). Gemeinschaftsbeziehungen muß man von ihrem eigenen Geist her verstehen und sie nicht nach den auf Austausch angelegten Beziehungen begreifen wollen. Gerade dies aber ist der vorherrschende Trend. Der Blick für das Phänomen wird dadurch getrübt.

3.6 Das Problem der Evaluation von Kommunikationstrainingsverfahren

Das übliche Evaluationsverfahren besteht darin, daß das Trainingsprogramm mittels eines oder mehrerer als Kriterium angesetzter Tests im Vergleich Teilnehmer zu Nichtteilnehmer überprüft wird. Ergeben sich signifikante Veränderungen zugunsten der Teilnehmer, so gilt der Wert des Trainingsprogramms als bestätigt. In gleicher Weise kann man auch verschiedene Trainingsverfahren gegeneinander testen, um zu sehen, welches von ihnen effektiver ist. Nach diesem Verfahren erscheinen Trainingsverfahren insgesamt als erfolgreich (z.B. Birchler 1979, Twentyman & Zimering 1979), wobei es durchaus Unterschiede zwischen den Trainingsverfahren gibt (Brock & Joanning 1983). Diese Unterschiede zwischen den Programmen ebnen sich aber im Verlauf der Zeit ein - überprüft durch Verlaufsstudien (Witkin 1983). Zur Evaluation werden neben direkter Verhaltensbeobachtung und subjektiver Bewertung der Kurse vor allem Fragebogen eingesetzt, mit denen die Probanden Aussagen über ihr Kommunikationsverhalten machen, ihre Persönlichkeit beschreiben oder - bei beteiligten Ehepaaren - in einem Ehe-Test ihre Ehe beschreiben bzw. bewerten.

Setzt man Testverfahren ein, so stellt sich die Frage nach der Logik dieser Tests generell und in bezug auf das zu überprüfende Vorgehen. In der Regel werden beide Aspekte zu wenig diskutiert. Verwendet man z.B. einen Ehe-Test, der in seiner Logik dem Marital-Adjustment-Ansatz entspricht, also das reibungslose Funktionieren der Ehe als Inhalt hat, so wäre dies angesichts der massiven Kritik an der Logik dieser Tests ausführlich zu begründen. In einem zweiten Schritt stellt sich

dann die Frage, wieso dieser Test ein sinnvolles Kriterium für die Effizienz des Trainingsverfahrens sein kann. Wäre ohne weiteres anzunehmen, daß verbesserte Kommunikationsfähigkeit bestehende Ehen stabilisiert? Oder wäre u.U. sogar zu erwarten, daß die Aussprache zwischen den Partnern diesen deutlich macht, daß ein Zusammenleben keinen Sinn ergibt? Nach Schumm (1983) sind viele Evaluationsversuche zu blauäugig angelegt. Der wenig reflektierte Einsatz solcher Tests ergäbe danach kaum einen Sinn.
In der Regel wird die Evaluation eines Programms darauf beschränkt. Im Extremfall wird dann ein Verfahren evaluiert, das in seiner Logik kaum nachvollziehbar ist, weil nicht hinreichend beschrieben (z.B. Henss & Böning 1983). Liegen mehrere Studien vor und vergleicht man diese in einer Übersichtsarbeit, so kann es geschehen, daß es zwar viele mit signifikanten Ergebnissen gibt, diese aber in sich nicht konsistent sind (s. die Übersichtsarbeit zu Evaluationen von Kursen nach Gordon von Heekerens, 1985). Bezogen auf das MCCP von Miller u.a. kommt Wampler (1982) zu dem Ergebnis, daß das Programm insgesamt das Kommunikationsverhalten positiv beeinflußt, aber z.B. das self-disclosure Verhalten wenig verändert wird. Solche Ergebnisse müßten am Programm oder an der Evaluation zweifeln lassen. Ein formalistisches Vorgehen, das sich im Aufweis von Signifikanzen erschöpft, hat offensichtlich seine engen Grenzen. Die inhaltliche Auseinandersetzung mit dem Konzept kommt zu kurz. Ansätze wie die von Gordon und von Schindler u.a. bedürfen aufgrund ihrer schwerwiegenden konzeptionellen Fehler keiner Evaluation in dem oben beschriebenen Sinne. Verzichtet man jedoch auf die inhaltliche Auseinandersetzung und setzt seine Hoffnung allein auf die Überprüfung durch Tests, so traut man seinen eigenen Augen nicht mehr und überläßt die Beurteilung letztlich einem formalen Verfahren. Damit aber könnte ein Fehler fortgeführt werden, der Teil des üblichen Irrweges ist, nämlich kein eigenes vertieftes Verständnis einer Sache zu erlangen, sondern sich einem mehr oder weniger abstrakten Verfahren anzuvertrauen. Die eingesetzten Testverfahren werden nur noch kurz beschrieben oder durch eine weitere Literaturangabe auf sie verwiesen, selbst dann, wenn im Rahmen eines Buches die Möglichkeit einer ausführlicheren, für den Leser dann verständlicheren Beschreibung möglich wäre (s. z.B. dafür Thurmaier u.a. 1993). Das im Trainingskonzept ritualisierte Verhalten findet seine Ergänzung im ritualisierten Evaluationsverfahren.
Läßt man stattdessen die Teilnehmer den Kurs direkt beurteilen, so baut man wiederum wie z.B. bei den Ehe-Tests auf die Selbstwahrnehmung der Probanden. Darf man automatisch erwarten, daß ein Kurs-Teilnehmer den Überblick hat, den Wert eines Kurses beurteilen zu können? Geht man aber davon aus, daß er teilnimmt, weil er Defizite in diesem Bereich hat, dann ist sein Urteil zwar zur Kenntnis zu nehmen, muß aber kommentiert werden. Um es an einem anderen Beispiel zu illustrieren: wer sich ein Bein gebrochen hat, ist deshalb noch kein Fachmann für Beinbrüche. Nun könnte man unterstellen, daß er durch den Kurs in die Lage versetzt wird, die Qualität des Kurses zu beurteilen. Es könnte aber auch sein, daß er in dem Kurs nur auf eine bestimmte Interaktionsart eingestimmt wird, von der heraus er nun handelt und bewertet - und gerade deshalb nicht not-

wendigerweise in der Lage ist, distanziert-objektiv den Wert eines bestimmten Verhaltensverständnisses zu bewerten. Probanden, die mit den oben erwähnten Gesprächsbeispielen von Gordon oder von Schindler u.a. bekannt gemacht wurden, fanden diese in der Regel gut. Sie trauten sich selbst allerdings ein solches Verhalten nicht zu, sahen angesichts dieser Beispiele eher ihre Grenzen. Sie zweifelten nicht an der Güte dieses Modellverhaltens! Und das heißt umgekehrt, wenn es ihnen im Sinne dieser Ansätze gelingt, in etwa ein solches Verhalten zu zeigen, werden sie es als Gewinn für sich verbuchen. Ein solches Ergebnis ist zur Kenntnis zu nehmen, dann aber zunächst als ein system-immanentes Resultat zu verstehen.

Man kann den Erfolg eines Kurses daran messen, in welchem Ausmaß die Teilnehmer in der Lage sind, das im Kurs trainierte Verhalten in einer Testsituation zu zeigen. Dies mag ein durchaus sinnvolles Vorgehen sein, setzt aber voraus, daß das Konzept sinnvoll ist. Legt man z.B. Wert darauf, daß eine Person in ihrer ehelichen Interaktion viel positives, anerkennendes und wenig negatives Verhalten zeigt, so kann man testen, ob dies erfolgt. Es wäre allerdings von dem behandelten Phänomen her, z.B. der Ehe, zu begründen, warum ein solches Verhalten sinnvoll ist. Oftmals aber wird ein anderes Vorgehen gewählt: bereits vorher allgemein erkannte Prinzipien wie z.B. Lerngesetze oder Therapeutisches Basisverhalten werden nun auch auf dieses konkrete Phänomen angewandt. Das Phänomen wird zum Anwendungsfall einer allgemeinen Theorie. Oder anders ausgedrückt: hier demonstriert sich der Imperialismus-Anspruch einer bestimmten Theorie. Das Modell-Beispiel von Schindler u.a. zeigt jedoch, daß ein nach einer solchen Theorie formal einigermaßen richtiges Verhalten falsch sein kann, weil es dem Geist des Phänomens nicht entspricht. Es geht nicht darum, z.B. Lösungen zuzustimmen, es geht darum, ein Problem zu verstehen und an der Lösung dieses Problems zu arbeiten. In dem Modell-Beispiel von Schindler u.a. wird das Problem nicht verstanden und deswegen ist die gefundene Lösung wertlos und damit positives Eingehen letztlich ein schwerer Fehler. Zählt man nur rein formal das positive Eingehen aufeinander, ohne es von seinem Hintergrund her zu verstehen, so wird damit ein schablonenhaftes Verhalten gefördert, das eben dadurch das Ende persönlicher Begegnung bedeutet.

Letztlich bedeutet es, daß man an einer kritischen Aufarbeitung des Trainingskonzeptes nicht vorbeikommt und sich dieses nicht durch ein formales Evaluationsverfahren mittels Tests ersparen kann. Dann aber, so zeigen es die behandelten Trainingsverfahren, muß man sich sorgsam mit der Logik wie mit den Beispielen auseinandersetzen, muß diese verstehen wollen. Brandtstädter (1982) hat darauf aufmerksam gemacht, daß etwa im Bereich der Medizin viele medizinischen Interventionsverfahren in ihrer Wirkungsweise nicht verstanden wurden, sie aber trotzdem wegen ihres Erfolges legitime Therapieverfahren waren und sind. Eine solche Logik läßt sich auf den Bereich der Kommunikation nicht übertragen. Geht man von den Phänomenen aus, so ist die Bedeutung von Kommunikation nachvollziehbar und ist auch die Kommunikation selbst in ihrer Struktur verstehbar. Evaluation eines Programmes wird daher als ersten Schritt zwingenderweise immer bedeuten müssen, die Logik eines Programmes zu prüfen. Erst dann, wenn diese bei gewissenhafter Prüfung plausibel erscheint, kann man einen formalen Test durchführen. Dieser Test muß von den Inhalten des reflektierten Trainingsprogrammes her konzipiert werden.

Im Unterschied zur Evaluation klinischer Verfahren erhält bei der Evaluation von Verfahren aus dem präventiven Bereich ein zusätzlicher Aspekt eine herausragende Bedeutung: Es reicht im präventiven Bereich nicht aus, nachzuweisen, daß eine Handlungsweise signifikante Verbesserungen bewirkt, es muß zusätzlich nachgewiesen werden, daß diese Handlungsweisen auch von der Bevölkerung akzeptiert werden (Sommer u.a. 1978). Auf unser Thema bezogen heißt es, zu prüfen, ob die Bevölkerung das anempfohlene Gesprächsverhalten anzunehmen bereit ist und es z.B. als hinreichend natürlich erlebt. Es reicht nicht aus, in einer begrenzten Studie mit gutwilligen Teilnehmern den Wert dieses Verfahrens aufzuzeigen. Dies führt letztlich wieder zum Phänomen-Verständnis zurück. Miller u.a. mit ihrem MCCP wollten die Gefahr von Mißverständnissen vermeiden und legten deshalb die Gesprächspartner darauf fest, daß zuerst immer der richtige Empfang einer Sendung überprüft werden muß, bevor das Gespräch weitergeführt wird. Der Empfänger muß danach also die Sendung im Kerngehalt wiederholen und der Sender muß prüfen, ob der Empfänger seine Mitteilung verstanden hat, bevor das Gespräch weitergehen kann. Entspricht ein solch absicherndes Vorgehen noch dem Geist eines lebendigen Dialogs, wird der Gesprächsfluß durch diese Kontrollschleifen nicht zerstört? Wird die Bevölkerung dem Anliegen der Autoren, Sicherheit der Nachrichtenübermittlung über die Lebendigkeit des Dialogs zu setzen, folgen - ja, darf sie dieses im Interesse der Gesprächsführung überhaupt?

Das Problem der Natürlichkeit ist bei vielen Kommunikations-Trainingskonzepten ein Problem. In besonderer Form ist es dies bei dem Ansatz nach Rogers, dem ja auch Gordon teilweise folgt. Die konsequente Reduktion auf die drei Therapeutenvariablen wird von vielen Beteiligten eines natürlichen Dialogs - also außerhalb der Therapie - als künstlich erlebt. Die erwähnte Untersuchung von Müller (1990) zeigt es deutlich. In einem natürlichen Dialog wird ein Partner gesucht, der reagiert, der als Person sich zur eigenen Person gesellt. Nicht aber ein "Helfer", der dem anderen nur den Freiraum schafft, damit dieser sich über sich selbst klar werden kann. In Kommentaren wird immer wieder deutlich, daß ein solches rein "empathisches" Verhalten so verstanden wird, daß sich einem der Gesprächspartner als Person entzieht, daß dies gerade eben nicht Echtheit ist, sondern als Verweigern einer echten Gemeinschaft verstanden wird. Ein solches als künstlich empfundenes Verhalten aber wird von der Bevölkerung nicht angenommen. Ein solches künstliches Verhalten zerstört das Phänomen und muß deshalb abgelehnt werden.

Nun kann man nicht daran vorbei, daß viele dieser Programme von den Teilnehmern günstig beurteilt wurden und die Teilnehmer berichten, daß z.B. ihre eheliche Beziehung besser geworden ist, sie sich mehr aussprechen etc. Ob dies vom Forschungsdesign so geplant ist oder nicht, letztlich werden die Probanden dieses Urteil im Vergleich zu ihrem bisherigen Verhalten und ihrer bisherigen Beziehung abgeben. Wenn sie mit dem erworbenen Verhalten nun oberflächlich gesehen weniger Konflikte haben oder diese besser lösen können, werden sie zu Recht dies als Verbesserung empfinden. Ihre Äußerungen sind letztlich immer vergleichende Äußerungen. "Besser" heißt dann aber nicht notwendigerweise "gut". Und es stellt sich die Frage, ob das Verhalten nur verbessert oder ob es gut gemacht werden soll. Eine Minderung z.B. von Verlusten ist eine Verbesserung, bedeutet aber nicht, daß man sein Ziel, in die Gewinnzone vorzustoßen, erreicht hat. Im wirtschaftlichen Bereich wird es niemals ein akzeptiertes Ziel sein, nur Verluste zu mindern. Gewinn und Verlust sind im psychischen Bereich schwerer zu bestimmen. Bedingt durch bisherige Erfahrungen und ein entsprechende Lebensanschauung kann es geschehen, daß jemand schon froh ist, wenn der Druck sich mindert. Wer das Modell-Gespräch von Schindler u.a. zur Kenntnis rnimmt, ist vielleicht beeindruckt davon, daß diese beiden Personen miteinander reden und eine von beiden akzeptierte Lösung finden - was man im eigenen Leben vielleicht als schwierig empfindet. Man wird sich vielleicht durch den Ablauf des Gesprächs düpieren lassen und es wirklich als Gespräch ansehen, zumal es ja scheinbar erfolgreich verlief. Es muß einem nicht bewußt werden, daß ein solcher Umgang miteinander schließlich im totalen Schweigen enden wird. Evaluationen über Aussagen der Pbn basieren letztlich auf dem Verständnis der Probanden, die von einem bestimmten Hintergrund aus vergleichen. Diese Daten gilt es zur Kenntnis zu nehmen, aber auch zu verstehen. Beurteilt werden können diese Daten nur dann, wenn man ein Verständnis von der tatsächlichen Kommunikation dieser Personen hat und diese auf dem Hintergrund eines Phänomenverständnisses einzuordnen vermag.

3.7 Resumee

Das Studium der Kommunikation hat gezeigt, daß in der Kommunikation mehr geschieht als nur die Vermittlung von Information. Im Prozeß des Sich-Mitteilens und Verstehens begegnen sich Personen, öffnen sie sich füreinander. Es ist daher von entscheidender Bedeutung, ob man den zentralen persönlichen Beziehungen zutraut, daß eine solche Öffnung dort möglich ist. Versteht man die Ehe, aber auch die Freundschaft, als eine Gemeinschaft zweier einander zugetaner Menschen, so ist das sich-öffnende Verhalten in diesem Kontext möglich. Sieht man die Ehe als ein Schlachtfeld oder als einen Markt an, in dem Güter ausgetauscht werden, so verbietet sich ein offenherziges Verhalten, ist eher taktisches Handeln gefragt. Über das Verständnis der Beziehungsart bestimmt sich der Verhaltensspielraum der beteiligten Personen. So hat die Forschung auch einen deutlichen Unterschied im Verhalten zu Fremden im Vergleich zu engen Vertrauten nachgewiesen. Beginnt man die Phänomene von Liebe und Ehe zu zerreden, so wird der vorbehaltlosen, in die Tiefe gehenden Kommunikation der Boden entzogen. Gerade wenn man eine solche Kommunikation fördern will, weil sie nach dem Verständnis vom Menschen und nach bisherigen Forschungsergebnissen für das

Wohlbefinden von Menschen unerläßlich ist, muß man sicherstellen, daß diese Phänomene in ihrer besonderen Eigenart sichtbar bleiben.
Dies fordert ein präzises Denken, das den Kern einer Sache herauszuarbeiten vermag. Ein solches Denken ist auch notwendig, um Kommunikation selbst zu verstehen. Watzlawick u.a. demonstrieren mit ihrem Beitrag, daß es durchaus schwierig sein kann, diese Art von Denken zu realisieren. Weniger kraß, aber dennoch bedenklich ist es, wenn man self-disclosure als formale Variable sieht und in ihrem Wert hoch einstuft, aber den darin enthaltenen inhaltlichen Teil übersieht und damit zu letztlich falschen Schlußfolgerungen kommt. Es ist ebenso problematisch, bezogen auf self-disclosure pauschal von reziprokem Verhalten zu sprechen und damit einen Eindruck zu erwecken, der dem tatsächlichen Ablauf eines Gesprächs widerspricht. Damit gewöhnt man sich an eine Unschärfe des Denkens, das im Umgang mit Phänomenen unsicher macht und das krampfhafte Anlehnen an Theorien fördert. Das Gespür für die Phänomene kommt so mehr und mehr abhanden. Die Sprache wird dann - um einmal den Fuchs aus Saint-Exuperys "Der kleine Prinz" (1956) zu zitieren - zur Quelle von Mißverständnissen. So hatten z.B. Sternberg & Grajek (1984) eine Arbeit mit dem Titel "Die Natur der Liebe" vorgelegt. Tatsächlich war es eine Arbeit zur Faktorenstruktur bereits vorliegender Liebesskalen, und dies ist erheblich weniger als im Titel angekündigt. Präzises Denken aber wird nicht nur benötigt, weil man nur dann das Phänomen verstehen kann, sondern auch, weil man nur dann das Verständnis von Kommunikation an andere Personen vermitteln kann. Das fundierte Verständnis von Kommunikation ist die Voraussetzung für ein qualitativ besseres Verhalten in diesem Bereich. Die vielen Mißgriffe in diesem Bereich zeigen, daß ein solches präzises, phänomenorientiertes Denken verstärkt gefordert werden muß.
Die mangelnde Präzision bei der Erforschung der Phänomene findet ihre Fortsetzung in den entwickelten Trainingsprogrammen und den Lebenshilfebüchern. Trotz der vielen Aktivitäten in diesem Bereich beeindruckt, wie eng viele Autoren die Problematik sehen. Dies zeigt sich allein schon darin, in welch kurzer Zeit man glaubt, richtiges Kommunikationsverhalten vermitteln zu können. Den Umgang mit Menschen im Gespräch kann man danach in der Regel schneller erlernen als den Umgang mit dem Auto in der Fahrschule. Fachlich nicht vorgebildete Personen werden häufig in Schnellkursen zu Trainern ausgebildet. In vielen wissenschaftlichen Programmen werden Kommunikationsmängel als Wissensdefizite behandelt, entsprechend steht die Erläuterung und das Einüben von Regeln im Vordergrund. Ein solches Vorgehen hat seinen Sinn, weil Laien den Kommunikationsprozeß nicht notwendigerweise durchschauen und eine technische Einweisung für sie hilfreich sein kann. Man kann aber einfach nicht übersehen, daß manche Regeln einzelner Autoren äußerst problematisch sind - so daß das Erstellen von Regeln zumindest sorgfältiger erfolgen müßte als es bisher von manchen wissenschaftlichen Autoren praktiziert wurde. Viele Autoren halten sich in ihrem Vorgehen an eine allgemeine Richtung wie z.B. Lerntheorie, Gesprächspsychotherapie etc. Sie exportieren deren Prinzipien in den Bereich von Kommunikation. Ob dies dem Phänomen gerecht wird, könnte man allerdings nur beurteilen, wenn man das

Verfahren vom Phänomen her beurteilen würde. Gewöhnlich beweist man umgekehrt, daß man mit seinem allgemeinen Ansatz auch dieses konkrete Phänomen erfassen kann. Da das Phänomen oftmals nur unscharf gesehen wird, wird ein solcher Versuch als eher leicht angesehen - und hat damit wenig Wert.

Vor allem aber beeindruckt, in welchem Ausmaß die Autoren aus ihrer Sicht gesehen gelungene Beispiele vorlegen, die tatsächlich aber in krasser Form von ihren Zielen abweichen und wo diese Abweichung weder von den Autoren selbst bemerkt, noch von nachfolgenden Referenten gerügt wird. Das Modell-Beispiel von Schindler u.a. und die Beispiele von Shure & Spivack oder Gordon sind in dieser Hinsicht zwar deutliche, aber keineswegs einsame Beispiele. Der bereits erwähnte Faux-pas von Weisbach, der ausgerechnet den Ratschlag "Ihr sollt nicht zuviel fragen" zustimmend zitiert, der Parzival viel Ungemach bereitete, steht in der gleichen Linie. Wer die Geschichte von Parzival kennt, weiß, daß die Befolgung dieses Rates der entscheidende Fehler von Parzival war. Wie ist es möglich, diesen Rat entgegen der Geschichte so zu verkennen. Offensichtlich war Weisbach, der wohl in der Tradition von Rogers steht, blind geworden durch die Theorie, daß er das Offensichtliche nicht mehr wahrzunehmen in der Lage war. Gleiches scheint z.B. für Gordon zu gelten: er klammert sich an sein Konzept, auch dann noch, als er eigentlich bemerken mußte, daß es so nicht stimmt, und prüft nur noch, ob die Beispiele diesem starren Konzept genügen. Er ist nicht mehr in der Lage, die Beispiele einfach aufzunehmen, zu erkennen, was sich dort ereignet - und so finden sich bei ihm, der für einen gleichberechtigten Dialog aller Personen eingetreten ist, viele Beispiele, in denen eine Person die andere in krasser Form dominiert. Bestürzend daran ist, daß nachfolgende Autoren dies niemals gerügt haben, man vielmehr auf traditionelle Evaluationsverfahren gesetzt hat um den Wert des Ansatzes zu bestimmen.

Bei diesen Evaluationsverfahren werden dann Tests als Kriterien eingesetzt, die in sich selber hoch problematisch sein können wie z.B. die klassischen Marital-Adjustment Tests, ohne daß die Logik dieser Tests hinreichend reflektiert wird. Die zur Überprüfung eingesetzten Tests werden auch zu selten darauf überprüft, ob sie überhaupt ein sinnvoller Test für die vorliegende Problematik sind. Es wird in der Regel mehr Platz, Zeit und Energie auf die statistische Auswertung der Unterlagen verwandt als auf die Darstellung der Logik überhaupt. Die Blindheit gegenüber dem Programm findet seine Ergänzung in der Blindheit gegenüber den Testverfahren. So kann es dann geschehen, daß im Vorwort zu Schindler u.a. Brengelmann dieses Programm als erfolgreich kennzeichnet.

4 Leben als Dialog

Die beiden Hauptströmungen im Bereich von Kommunikationstraining sind der verhaltenstherapeutische und der gesprächspsychotherapeutische Ansatz. Im verhaltenstherapeutischen Ansatz wird in unterschiedlicher Form technisches Wissen und Können vermittelt (s. die bereits erwähnten Arbeiten von Schindler u.a.1980 bzw. Thurmaier u.a. 1993 und von Pfingsten & Hinsch 1991[2]) und selbst, wenn auf die Beziehung explizit eingegangen wird, diese doch nicht aus ihrem Geist heraus berücksichtigt wird. Gerade davon will sich der gesprächstherapeutische Ansatz abgrenzen und versteht sich ausschließlich als ein Beziehungsangebot. Vermittelt wird hier eine Haltung, die sich natürlich auch in Verhalten niederschlägt und dadurch immer die Versuchung zuläßt, letztlich doch ein Verhalten und damit eine Technik erlernen zu können. Wie bereits diskutiert, greifen beide Ansätze zu kurz: das formal-technische Vorgehen macht offensichtlich nicht notwendigerweise sensibel für das Phänomen, wiegt viele im Gegenteil sogar in einer trügerischen Sicherheit richtigen Tuns; der gesprächstherapeutische Ansatz ist nur auf das Empfängerverhalten ausgerichtet und kann grundsätzlich kein Modell für einen Dialog sein. Die Fehler dieser Ansätze sind so zentral, daß kleine Korrekturen keine wesentliche Verbesserung bringen. Beide Ansätze zeichnet aus, daß sie nicht in Auseinandersetzung mit dem Phänomen des Gesprächs außerhalb der Therapiesituation entstanden sind. Eine Besinnung auf dieses Phänomen ist notwendig.

4.1 Wunsch nach Miteinander: Die dialogische Natur des Menschen

Menschliches Leben ist ohne Mitmenschen nicht denkbar. Nach Fromm (1956) ist die Vereinigung ein Grundthema des Menschen und die zwischenmenschliche Vereinigung das stärkste Streben des Menschen. Liebe als Ausdruck dieses Bedürfnisses bestimmt das Leben der Menschen. "Wird diese Urkraft unterdrückt und nicht gehört, zerstört der Mensch sich und seine Umwelt. Mensch und Umwelt verkümmern, verrohen, werden abgestumpft und sterben schließlich ab, nachdem sie sich zuvor in letzter Verzweiflung, Aggression und Brutalität in selbstzerstörerischem Wahn aufgebäumt und ihre Frustration aus unerfüllter Liebessehnsucht ausgetobt haben" (Dosenberger 1983 S.80). Liebe ist nach Künkel (1936) echte Begegnung. In der Philosophie hat Jaspers (1956) die Bedeutung des Menschen für den Menschen besonders hervorgehoben, wenn er z.B. sagt, daß Sein das Miteinandersein der Existenz sei. Dieses Miteinandersein vollzieht sich in der Kommunikation, "... denn ich komme nur in ihr zu mir" (Jaspers 1956 S.57). "Jedes Verlieren und Versagen in Kommunikation ist wie eigentlicher Seinsverlust" (Jaspers 1956 S.58). In einem "liebenden Kampf" wird nicht nur um die eigene Existenz, sondern auch - und notwendigerweise damit verbunden - um die des Anderen gerungen. "In diesem Kampf wagen beide rückhaltlos sich zu zeigen und infragestellen zu lassen. Wenn Existenz möglich ist, so wird sie erscheinen als dieses Sichgewinnen... durch kämpferisches Sichhingeben..." (Jaspers 1956 S.65).

Saint-Exupery hat diesen Sachverhalt in "Der kleine Prinz" (dt.1956) eindrucksvoll illustriert. Der kleine Prinz war von seinem kleinen Planeten auf die Erde gekommen. Auf dem kleinen Planeten hatte er nur wenige Aufgaben, u.a. pflegte er eine Rose, die eitel war und ihm den Eindruck vermittelte, sie sei einzigartig auf der Welt. Auf der Erde nun traf er auf einen Garten voller Rosen und er war zutiefst schockiert, denn er mußte wahrnehmen, daß es viele Rosen gab. Aber er begegnete auch dem Fuchs, der ihn mit dem Wesen der Freundschaft vertraut machte. Als er verstanden hatte, was Freundschaft ist, kehrte der Prinz zu den vielen Rosen zurück und sagte zu ihnen: "Ihr gleicht meiner Rose gar nicht, ihr seid noch nichts .... Niemand hat sich euch vertraut gemacht, und auch ihr habt euch niemandem vertraut gemacht. Ihr seid, wie mein Fuchs war. Der war nichts als ein Fuchs wie hunderttausend andere. Aber ich habe ihn zu meinem Freund gemacht, und jetzt ist er einzig in der Welt" (Saint-Exupery 1956 S.70). Die Rosen waren daraufhin sehr beschämt. Saint-Exupery brachte damit zum Ausdruck, daß die eigene Existenz an die Begegnung mit einer anderen Existenz gebunden ist. Fehlt diese, so "... höre (ich) ... auf, selbst zu sein, weil ich zu punktueller Leere verflüchtigt bin" (Jaspers 1956 S.61).

In einem Gespräch hingegen wird Begegnung gewagt, geht es nicht um die vordergründige Bestätigung der eigenen Person, sondern darum, sich selbst in der Begegnung mit dem Anderen und den Anderen in der Begegnung mit ihm zu finden. "Der Sprecher nimmt aber den ihm so Gegenwärtigen nicht bloß wahr, er nimmt ihn zu seinem Partner an, und das heißt: er bestätigt, soweit Bestätigen an ihm ist, dieses andere Sein .... Selbstverständlich bedeutet solch eine Bestätigung keineswegs schon eine Billigung; aber worin immer ich gegen den anderen bin, ich habe damit, daß ich ihn als Partner echten Ge- sprächs annehme, zu ihm als Person Ja gesagt" (Buber 1962 S.293). Jenseits der Sachdiskussion ist es das Anliegen jedes Menschen, wahrgenommen zu werden. Dies aber geschieht nicht dadurch, daß ich ihn gedankenlos oder aus taktischen Überlegungen heraus bestätige, ihm also vordergründig zustimme, weil ich ihn in seinem Anliegen gerade dadurch ignoriere würde. Dies geschieht dadurch, daß ich mich seinem Anliegen stelle, ihn darin ernst nehme. Dadurch werden beide Seiten gefordert: derjenige, der sein Anliegen vorbringen kann, wie derjenige, der sich mit diesem Anliegen auseinandersetzen muß. "Wo aber das Gespräch sich in seinem Wesen erfüllt ... vollzieht sich eine denkwürdige, nirgendwo sonst sich einstellende gemeinschaftliche Fruchtbarkeit. Das Wort ersteht Mal um Mal substantiell zwischen den Menschen, die von der Dynamik eines elementaren Mitsammenseins in ihrer Tiefe ergriffen und erschlossen werden" (Buber 1962 S.295).

Eine solches Verhältnis zueinander läßt sich nicht mehr als eine Handelsbeziehung beschreiben, auch wenn das Ziel eine gerechte Verteilung des Ertrages wäre, da sich die Individuen nicht gegeneinander abgrenzen lassen. Das eigene Schicksal ist so mit dem des anderen Menschen verbunden, daß Gelingen und Scheitern beide im gleichen Sinne treffen. Im alltäglichen Leben wird dies oftmals anders gesehen; sich im Gespräch zu behaupten, sich vor allem selbst darzustellen, mag für manchen ein Erfolgserlebnis sein. Wird dies zum Lebensstil, so wird der Gesprächspartner zum Claqueur degradiert, und der Sich-Mitteilende kreist um die eigene scheinbare Vollkommenheit, seine Entwicklungsmöglichkeiten nicht nutzend. Bei einer solch vordergründigen Bestätigung verliert letztlich auch der, der so bestätigt wird. Die Begegnung verkommt zu einem Kampf um Meinungen, in der der Sieger ist, der seine Meinung gegen die des anderen durchsetzen kann. In einem "Kampf um Wahrheit der Existenz" (Jaspers 1956) aber geht es darum gerade nicht: "Es wird nie Überlegenheit und Sieg gewollt; treten diese ein, so werden sie als Störung und Schuld empfunden und ihrerseits bekämpft" (Jaspers 1956 S.66). In diesem Dialog wird der Gesprächspartner mit seiner eigenen Meinung nicht als Ärgernis oder Hindernis empfunden, sondern als Bereicherung und Möglichkeit, ihn und sich selbst besser zu erkennen, oder in einen Gedanken tiefer einzudringen. Ohne einen solchen Gesprächspartner und ohne dieses Verständnis von ihm bleibt das Individuum auf sich verwiesen und verkümmert. Aus dieser grundsätzlichen Verwiesenheit auf den Mitmenschen folgt, daß das Gelingen eines Gesprächs nicht einer einzelnen Person zuzurechnen ist. "Denn auch den Sinn der Kommunikation erreiche ich nicht durch mein eigenes Tun allein; es muß das Tun des Anderen entgegenkommen ... Erst im gegenseitigen Anerkennen erwachsen wir beide als wir selbst. Nur zusammen können wir erreichen, was jeder erreichen will" (Jaspers 1956 S.57).

In diesem Sinne sind die Kommunikationspartner aufeinander verwiesen; ein gutes Gespräch muß von beiden Personen getragen werden. Den eigenen Vorteil erreiche ich nicht damit, indem ich dem anderen seinen nehme, sondern nur dadurch, daß es nur einen gemeinsamen Vorteil gibt. Dies schließt nicht aus, daß es zwei Personen gibt, geben muß. Ein Gespräch ist bildlich vergleichbar mit einer Ellipse, die zwei Brennpunkte hat. Würde ein Brennpunkt verschwinden, gäbe es keine Ellipse mehr. Das Wesen der Ellipse besteht gerade darin, daß zwei Brennpunkte in Spannung zueinander verbunden sind. In gewachsenen Beziehungen bedeutet es, daß ein Wir-Zustand entsteht, der die beteiligten Personen transzendiert, diese aber trotzdem zur Grundlage hat (Künkel 1936). Keine der beteiligten Personen darf sich als Individuum aufgeben, darf nur noch zum Erfüllungsgehilfen der anderen Person werden oder diese dazu machen. Geschähe dies, so würde einem der Partner verloren gehen. Dies aber kann u.a. dadurch geschehen, daß man sich in einer Interaktion nur noch als Helfer definiert und damit möglicherweise vor sich selbst flieht - was bereits Nietzsche (Ausgabe 1973 Bd V_2 S.247 f.) als Gefahr angeprangert hat. So wenig es eine Ellipse mit einem Brennpunkt geben kann, so wenig kann es eine Gemeinschaft von zwei oder mehr Personen geben, die nicht zwei oder mehr Brennpunkte hat. "Kommunikation findet zwischen zweien statt, die sich verbinden, aber zwei bleiben müssen ...." (Jaspers 1956 S.61). Die Angst des Königs aus "Don Carlos" von Schiller entsprang seinem absolutistischen Anspruch. Er ließ nur einen Mittelpunkt zu - die notwendige Konsequenz war Einsamkeit, weil es keine Partner mehr gab.

Die Ellipse kennzeichnet danach zutreffend die Dialog-Situation. Zwei Partner, die als Individuen bestehen müssen, bleiben aufeinander bezogen und gehen auf, aber nicht unter in einer übergreifenden Gemeinschaft. Nur indem der andere überlebt, kann man selbst überleben. Diese Gemeinschaft ist jedoch nicht als eine Zwangsgemeinschaft zu verstehen, in der jede Person ein eigenständiges Leben führen möchte, aber durch ungünstige Umstände daran gehindert wird, stattdessen mit seinem Schicksal an ein fremdes Individuum gekettet bleibt. Gemeinschaft ist gewollte Gemeinschaft, in der das Wohl des anderen vom Erleben her vom eigenen Wohl nicht unterschieden werden kann. Es ist keine Frage des Verstandes, sondern des Empfindens. Bert Brecht hat diesen Geist in seinem Gedicht "An die Nachgeborenen" zum Ausdruck gebracht: "... Es ist wahr: ich verdiene noch meinen Unterhalt./ Aber glaubt mir: das ist nur Zufall. Nichts/ Von dem, was ich tue, berechtigt mich dazu, mich sattzuessen./ Zufällig bin ich verschont. (Wenn mein Glück aussetzt, bin ich verloren.)/ Man sagt mir: Iß und trink du! Sei froh, daß du hast.// Aber wie kann ich essen und trinken, wenn/ Ich den Hungernden entreiße, was ich esse, und/ Mein Glas Wasser einem Verdurstenden fehlt?/ Und doch esse und trinke ich ....". In der bangen Frage, wie man selbst gut leben könne, wenn man um die Existenz von vielen darbenden Menschen weiß, kommt eine Gesinnung des Mitleidens zum Ausdruck, die ihre Grundlage in der Empfindungsfähigkeit des Individuums hat. Mitleiden ist kein rational verordneter caritativer Akt, sondern unmittelbares Empfinden der eigenen Person.

Mit dieser Erkenntnis ist eine Konsequenz verbunden. "In der Kommunikation fühle ich mich nicht nur für mich, sondern auch für den Anderen verantwortlich, als ob er ich, ich er wäre" (Jaspers 1956 S.57). Der Sich-Mitteilende darf danach nicht nur an sich denken, nur mit seinen Gedanken und Empfindungen beschäftigt sein, sich nur auf deren Ausdruck konzentrieren, er muß auch überlegen, was dies für den Partner bedeutet. Er muß Verantwortung für die Gesamtsituation, nicht nur für sich allein übernehmen. Denn er ist nun mehr als ein Einzelwesen, er ist Teil einer Gemeinschaft; er muß sich als Individuum in einer Gemeinschaft begreifen. An diesem Punkt wird besonders deutlich, daß damit ein bestimmtes Verständnis von Gemeinschaft gemeint ist, das in entscheidendem Maße seine Verankerung in den beteiligten Personen hat. Die Garanten für eine Gemeinschaft sind letztlich die Charaktere der beteiligten Personen. Sie müssen gemeinschaftsfähig und -willig sein. Begreift sich eine Person jedoch als vor allem für sich selbst zuständig, so hat sie kein Verständnis für diesen personübergreifenden Prozeß, wird sie formale Aspekte dieses Prozesses in ihrem Sinne verstehen, d.h. mißverstehen. So kann es denn geschehen, daß anstelle eines neuen Verhaltens nur eine neue Verhaltensschablone entwickelt wird, mit der die alte Einstellung auf elegantere Weise fortgeführt werden kann (so die Befürchtung von Schultz v.Thun 1981).

Das Verständnis des personübergreifenden Prozesses - sei es beim Gefühl der Liebe oder beim Leben von Ehe oder Freundschaft - darf nicht verwässert werden, wie es de facto in vielen Ansätzen geschieht. Ein "lebensweiser Egoismus, der sich sehr anständig betragen kann" (Rahner 1982[2] S 41), darf nicht mit Liebe verwechselt werden. Ähnlich hat Fromm davor gewarnt, die Ehe als einen Tauschhandel zu begreifen. "Automaten können nicht lieben, sie tauschen ihre persönlichen Vorzüge aus und hoffen auf ein faires Geschäft" (Fromm, Ausgabe 1990 S.99). Zu diesem "Geschäft" gehört es nach Fromm, daß man einander versteht, daß man aufmerksam ist, daß man sich kleine Fehler verzeiht. "Beziehungen dieser Art laufen alle auf die gut geölten Beziehungen zwischen zwei Menschen hinaus, die sich ihr ganzes Leben lang fremd bleiben, die nie zu einer Beziehung von Personmitte zu Personmitte gelangen, sondern sich lediglich höflich behandeln und versuchen, es dem anderen etwas leichter zu machen" (Fromm 1990 S.99 f.). Dies ist nicht Gemeinschaft, sondern Karikatur von Gemeinschaft. Es bleibt auch dann Karikatur, wenn diese Art von Ehe in einer Ehe-Skala psychometrisch operationalisiert werden kann. Die Konstruktion einer Skala ist nicht der Beweis der exakten Erfassung des Phänomens, wie z.B. in anderen Bereichen die Locus-of Control Skala von Rotter (s. hierzu u.a. Pfrang & Schenk 1988, Hoffmann & Schenk 1988, Pfrang & Schenk 1986), die Bem Sex Role Skala (Schenk 1995, Schenk & Hahn 1987, Schenk & Heinisch 1986) oder die Sensation-seeking Skala von Zuckerman (Hauck 1990) als Negativ-Beispiele anschaulich demonstrieren.

Im Gegensatz dazu muß es das Bestreben sein, ein Phänomen von seinem Wesen her zu begreifen. Wer ein Kunstwerk nur nach der Zahl der zu seiner Fertigstellung verwandten Stunden oder nach dem Wert des verwandten Materials bewertet, würde diesem Kunstwerk nicht gerecht werden. Ebensowenig wird man dem Wesen der Ehe gerecht, wenn man sie z.B. als Handelsbeziehung oder als Krieg zu verstehen sucht. Tut man es dennoch, so hat dies erhebliche Konsequenzen. Das Verständnis einer so denkenden Person bleibt unentwickelt, die Sensibilität für das Phänomen wird nicht geweckt und viele Interaktionen werden nicht adäquat wahrgenommen. Gerade so wie bei einem Musiker das absolute Gehör geschult werden muß, genauso muß bei einer Person im sozialen Kontext das Verständnis für soziale Interaktionen und für Personen geschult und nicht etwa umgekehrt verbildet werden. Im Sinne der richtigen Einstellung auf das Phänomen ist dann auch zu sehen, daß es bei Gesprächen nicht um bloße "Kommunikation" geht, deren formale Gesichtspunkte einzuhalten sind und die man in einem Training zu berücksichtigen lernt, sondern daß es ganz zentral um Begegnung zwischen Menschen geht. Zu dieser Begegnung gehört selbstverständlich auch der Umgang mit Sprache, aber Begegnung ist mehr. Sie ist der Versuch, als Person mit einer anderen Person in Beziehung zu treten, im Menschen den Mitmenschen zu finden, in der Begegnung mit dem anderen sich selbst besser zu erleben. Dies ist mehr als die Verfeinerung technischer Fertigkeiten, sondern letztlich der Versuch, seine Person der Welt zu öffnen, vom Ich zum Wir zu gelangen.

Wolfram v. Eschenbach hat dies in seinem Epos "Parzival" deutlich gemacht. Die Frage, die den König von seinem Leid erlöst, drückt Anteilnahme, Mitgefühl aus. Leben aus diesem Geist heraus stiftet bergende Gemeinschaft. Es muß bestürzen, wenn ein moderner Autor wie Weisbach, der in der Tradition von Rogers steht oder sich zumindest selbst so versteht, dies nicht mehr wahrzunehmen vermag, stattdessen den verhängnisvollen Rat des Ohms von Parzival, nicht zuviel zu fragen, weitergeben will. Gerade dadurch scheitert Begegnung, wird der Kontakt nur zum Nebeneinandersein, nicht zum Miteinandersein. Hier fehlt beim Referenten die Sensibilität für die konkrete Interaktion und das Verständnis für das grundsätzliche Phänomen. Und dies führt zu einer weiteren Konsequenz. Wer ein Phänomen nicht hinreichend versteht, der wird auch nicht im Sinne dieses Phänomens handeln, für dieses einstehen können, sondern wird im Sinne seines Verständnisses sich verhalten. Gerade dieses Einstehen für die Beziehung ist bei Gemeinschaften

notwendig. Eine Ehe, eine Liebesbeziehung, eine Freundschaft muß bewahrt und gepflegt werden, alle diese Phänomene fordern aktiven Einsatz dafür.
Der Satz "Ich habe doch nichts getan" wird in einem solchen Fall zum Schuldbekenntnis. Wer Nähe sucht, aber sich als Person in der Beziehung nicht offenbart oder nicht aus eigenem Bedürfnis heraus verstehen will, wer der Partner ist, der stellt die so gewollte Beziehung radikal in Frage. Wer Gemeinschaft will, aber nicht von sich aus bemüht ist, die Lebenssituation des Partners zu verstehen und sich entsprechend zu verhalten, sondern abwartet, ob der Partner ihn anspricht, von ihm Hilfe erbittet, der löst diese Gemeinschaft auf und macht aus ihren Mitgliedern wieder auf sich beschränkte Individuen. Rahner hat diesen Unterschied im Geist bezogen auf die allgemeine Lebensführung deutlich gemacht: "Wenn man das durchschnittliche Christenleben anschaut, scheint im normalen sittlichen Bewußtsein eines Christen die Vorstellung vorzuherrschen, man habe den Nächsten geliebt, wenn man ihm nichts Böses angetan und jene Sachforderungen erfüllt habe, die er einem mit Recht stellen kann. In Wahrheit aber gebietet das christliche 'Gebot' der Nächstenliebe in seiner Einheit mit der Gottesliebe die Sprengung des eigenen Egoismus, die Überwindung der Vorstellung, die Nächstenliebe sei doch im Grunde genommen nur die vernünftige Regelung gegenseitiger Ansprüche und verlange nur das Geben und Nehmen im Einvernehmen. In Wirklichkeit aber erreicht die christliche Nächstenliebe erst dort ihr wahres Wesen, wo nicht mehr abgerechnet wird, sondern auch die Bereitschaft siegt, unbelohnt zu lieben ...." (Rahner 1982^2 S.39 f.). Diese Nächstenliebe ist nach Rahner nicht nur eine partikuläre Forderung, die so neben anderen steht, sie rückt vielmehr in die "Position eines totalen Lebensvollzuges" (Rahner 1982^2). Dadurch wird der Geist einer Beziehung bestimmt, den man erkennen muß - als Geist erkennen muß.
Mit der Bejahung dieser Gemeinschaftsbeziehungen ist ein hoher Anspruch verbunden, ein Anspruch, der viel fordert, der niemals vollständig erfüllbar ist. Die Gefahr ist groß, daß man angesichts der Schwere der Aufgabe verzagt, sich mit weniger zufriedengeben will. Den Anspruch auf ein unmittelbares, tiefes Leben geben wir vielleicht auf die Ehe bezogen zu schnell preis. Wir geben ihn möglicherweise sogar generell auf das Leben bezogen auf. Klima (1994) sieht die Gefahr, daß uns das Leben überhaupt entgleitet. "Die heutige Welt bietet dem jungen Menschen Antworten, die vor jeder Frage da sind, eine Fülle vermittelter Erfahrungen, die das eigene Erleben vorwegnehmen. So wird ihm beigebracht, daß es wünschenswerter ist, Schmerzen und Leid auszuweichen, auf Sattheit, Glück und Lust zu zielen, aber nicht, daß derjenige, der nicht bereit ist zu leiden, auch nicht fähig ist, echtes Glück zu erleben. Und so lernt er, die Zeit seines Lebens auf der Jagd nach dem Unerreichbaren zu verbringen" (Klima 1994 S.151). Ca. ein Jahrhundert früher hat Nietzsche (s. Gesamtausgabe 1973 Bd.V_2, S.246 f.) in gleicher Weise darauf hingewiesen, daß wir mit unserem Kampf gegen den Schmerz auch die Freude bekämpfen. So verstanden impliziere die "Religion" des Mitleidens die der Behaglichkeit, mit der letztlich unsere Empfindungsfähigkeit beschnitten werde. In die heutige Zeit scheint ein Mann wie Nietzsche mit seinem Willen zum vorbe-

haltlos gewagten Leben nicht hineinzupassen. Kommt er auch hier zu früh, wie er mit seiner Aussage, daß Gott tot sei, seiner Meinung nach zu früh kam?
Das Leben wagen, heißt, sich dem augenblicklichen Leben stellen, neben allen grundsätzlichen Überlegungen den Augenblick gelten lassen, diesem gerecht werden - und das heißt, sich sein Empfinden für diese konkrete Situation bewahrt oder erworben zu haben. "Die Umwelt, die ich als die natürliche empfinde, die Situation, die mir schicksalhaft zugeteilt ist, was mir Tag um Tag begegnet, was mich Tag um Tag anfordert, hier ist meine wesentliche Aufgabe und hier die Erfüllung des Daseins, die mir offen steht" (Buber 1972 S.45). Der achtlose Konsum ist ein Beispiel für das Versagen vor dieser Aufgabe. Was Horkheimer vor ca. 30 Jahren über den Tourismus schrieb, gilt heute in vermehrtem Maße: "Man braucht nur zu beobachten, wie viele Menschen von Ort zu Ort, von Sehenswürdigkeit zu Sehenswürdigkeit hasten, und man erkennt, daß sie in Wirklichkeit zu einer eigentlichen Erfahrung nicht mehr fähig sind" (Horkheimer 1963 S.63). Mit dem Gleichnis vom barmherzigen Samariter hat Jesus die Hinwendung zum konkret mir gegenüberstehenden Menschen unterstrichen. Den Reisenden, der unter die Räuber gefallen war und im Straßengraben lag, sahen nacheinander zwei Menschen, die ein gottgefälliges Leben führen wollten. Wegen dringender Aufgaben hatten sie keine Zeit für den Hilfsbedürftigen. Ein Samariter, vielleicht genauso in Eile wie die beiden anderen, ließ sich auf den Augenblick ein und empfand Mitleid, stellte sich der Situation und half. Jesus erzählte dieses Gleichnis, um die Frage, wie man das ewige Leben erlangen könne, und die daran sich anschließende, wer mein Nächster sei, zu beantworten. Der Nächste ist danach derjenige Mensch, der mich jetzt braucht.
Versteht man Kommunikation als gewagte Begegnung, so darf man sich eben dieser Begegnung nicht versagen, sei es dem Gefühl des Mitleids oder der Liebe, sei es der besonderen Beziehung der Ehe oder Freundschaft - und als Folge davon, anderen alltäglichen Begegnungen. Nur indem man im Prinzip solche Gefühle und Beziehungen zuläßt, kann die eigene Person zum vollen Leben erweckt werden.

4.2 Die sich-mitteilende Person

In einem Gespräch gibt es eine Rollenaufteilung zwischen den Gesprächspartnern, die wechseln kann und soll, die aber für den Augenblick bejaht werden muß. Es gibt eine Person, die sich mitteilen will, und eine, die ihr zuhört (technisch ausgedrückt: es gibt Sender und Empfänger). Der Sender wird über viele Tatsachen der Welt reden, was vollkommen legitim ist. Zu einer Begegnung zwischen Personen kommt es jedoch erst dann, wenn er auch seine Person dem anderen öffnet: wenn er ihn teilhaben läßt an seinem Erleben, seinen Wünschen, seinen Freuden und Leiden, seinen Gedanken. Das muß in Abhängigkeit von der Situation und der Art der Beziehung geschehen, für beides muß der Sender ein Gespür haben. Diese Öffnung ist an keine Redewendungen gebunden, kann sogar durch den gedankenlos-schematischen oder egoistisch verstandenen Gebrauch dieser Redewendungen (z.B. durch Befolgen der "Ich-Botschaft"-Regel von Gordon) in seinem Wesen ad

absurdum geführt werden. Im Text 6 sendet der Vater ausschließlich Ich-Botschaften und läßt dadurch dem Sohn keinen eigenen Lebensraum, legt ihn allein auf seine Bedürfnisse fest. Die Ich-Botschaft wird hier - gewollt oder ungewollt - zu einem Mittel, auf Kosten des Partners zu leben. Ein Egoist könnte die Regel der Ich-Botschaft leicht in sein Verhaltensrepertoire aufnehmen, würde er damit doch seine Lebenshaltung artikulieren können. Zu kraß wäre dann jedoch der Gegensatz zu dem allgemeinen Anliegen von Gordon, ein neues, machtfreies Verhältnis der Menschen zueinander herbeiführen zu wollen.
Ganz offensichtlich greifen Ansätze wie der von Gordon zu kurz. Was in der Operationalisierung verloren geht, ist der Geist, aus dem eine Handlung erfolgt. Gordon wie viele andere Autoren zergliedern die Interaktion in isolierte Elemente, wie dies z.B. auch Autoren tun, die self-disclosure Verhalten als reziprokes Verhalten ansehen, und können deshalb den Geist des Geschehens nicht mehr erfassen. Gerade darum aber geht es, diesen Geist zu erkennen, aus dem die einzelne Handlung erst ihren Sinn erhält. Ihn hat Marcelle Auclair beschrieben: "Simone Weil schrieb: 'Die Fülle der Liebe zum Nächsten ist vielleicht einfach die, daß man es fertigbringt, ihn zu fragen: Was macht dir Sorgen'? Und man kann hinzusetzen: und nicht zu zögern, ihm unsere eigenen Sorgen anzuvertrauen. Denn die Liebe zum Nächsten ist vor allem Austausch" (Auclair 1977[2] S.109). Auclair ist von der Bedeutung des Sich-Mitteilens so sehr überzeugt, daß sie meint, der Friede auf Erden werde nur sichergestellt werden können, wenn die Menschen lernen, sich einander mitzuteilen. Sich dem anderen Menschen mitzuteilen, ist ein Versuch, die Gemeinschaft mit dem Mitmenschen herzustellen und ist von daher zu verstehen. Die Gemeinschaft ist nur dann vorhanden, wenn beide oder mehrere beteiligte Personen in ihr bestehen können. "Kommunikation findet jeweils zwischen Zweien statt, die sich verbinden, aber zwei bleiben müssen ... (Jaspers 1956 S.61). Deshalb ist es so wichtig, daß eine Person sich mitteilt und dadurch in dieser Interaktion präsent ist, aber es ist genauso wichtig, daß sie im Sich-Mitteilen die Bedeutung der anderen Person nicht vergißt und diese nicht zu ihrem Erfüllungsgehilfen degradiert. Um es an der Äußerung von Marcelle Auclair deutlich zu machen. Es ist gut und wichtig, daß eine Person ihrem Gesprächs- partner mitteilt, was ihr Sorgen bereitet. Aber für die gleiche Person muß es im Prinzip - nicht notwendigerweise im selben Gespräch - ein genauso großes Anliegen sein, zu fragen "und was macht dir Sorgen?". An dem Text-Beispiel von Gordon (Text 6) wird das Versagen vor dieser Aufgabe deutlich. Nirgendwo will der Vater wissen, was der Sohn will. Genauso verhält es sich bei dem anderen erwähnten Text-Beispiel von Gordon (Text 5), das Gordon explizit als Beispiel für die niederlagenlosen Methode anführt. Nirgendwo fragt die Mutter, wie die Tochter die Situation sieht. Erst als sie durch Drohungen durchgesetzt hat, daß die Tochter das Recht der Mutter akzeptiert, das Problem allein zu definieren, darf die Tochter sich an der Problemlösung beteiligen. Hier geht es nicht darum, im Dialog mit dem Gesprächspartner sich selbst, den anderen Menschen und die Welt zu gewinnen; es geht nur noch darum, sich in seiner jetzigen Form in der Welt darzustellen und zu behaupten.

Dann aber gibt es keine Dynamik des Wachstums, höchstens eine des Streitens und des Versuchs, über den anderen zu siegen.
Der Sich-Mitteilende sucht den Mitmenschen, der ihn versteht oder zumindest doch wahrnimmt. Er kann diesen Aspekt des Dialogs überziehen und den Dialog dadurch zerstören. Dies geschieht in der gleichen Weise, wie jemand, der mit einer anderen Person auf einer Wippe schaukelt und immer oben sein möchte, im Gelingensfall das Spiel Schaukeln zerstört. Es ist nun unbestreitbar, daß viele Menschen sich selbst gerne in der Rolle des Senders sehen. Diese Tendenz muß ihnen gar nicht bewußt sein; es mag eine Gewohnheit sein, die aus einer Kultur heraus entstanden ist. Es kann aber auch sein, daß es eine Gegenbewegung gegen ständiges oder in entscheidenden Bereichen Übergangenwerden ist, ein verzweifelter und übersteigerter Versuch, als Person zu überleben. Gleichgültig aus welchen Grund es geschieht, das Spiel wird durch das erfolgreiche Tun zerstört. Für die Wiederherstellung des Spiels mag es allerdings entscheidend sein, die Gründe für seine Störung zu verstehen. Beschreibt man zunächst jedoch den Fehler am Beispiel des Schaukelns, so ist es nicht nur ein Fehler, wenn jemand immer oben sein will, es ist auch ein Fehler, wenn jemand immer unten sein will. Auf die Kommunikation übertragen, ist es in der gleichen Weise ein Fehler, wenn jemand in einer Interaktion auf seine Selbstdarstellung verzichtet, sie vielleicht nicht wagt. Sowohl in der Übersteigerung wie in der Verweigerung der Sender-Rolle wird gegen den Geist des Dialogs, des Miteinanders von zwei vorhandenen Personen, verstoßen. Das Individuum entzieht sich damit seinem Partner als Person. Dies kann u.a. dadurch geschehen, daß er sich nur noch auf die Tatsachenebene einläßt oder indem er sich - nur für diesen Fall darf man es so formulieren - in die Rolle des Zuhörers flüchtet. Wie beim Schaukeln muß man in einem Dialog sich aus dem Prozeß heraus verstehen. "Und das ... bedeutet, daß er jeweils den Beitrag seines Geistes ohne Verkürzung und Verschiebung hergebe. Auch sehr redliche Menschen wähnen, im Gespräch durchaus nicht gehalten zu sein, alles zu sagen 'was sie zu sagen haben'. Aber in der Großen Treue, welche der Atemraum des echten Gesprächs ist, hat das, was ich jeweils zu sagen habe, schon in mir den Charakter des Gesprochenwerdenwollens, und ich darf es nicht davon ab-, darf es nicht in mir zurückhalten. Es trägt ja, mir unverkennbar, das Zeichen, das die Zugehörigkeit zum gemeinschaftlichen Leben des Wortes anzeigt. Wo das dialogische Wort echtbürtig ist, muß ihm sein Recht durch Rückhaltlosigkeit werden" (Buber 1962 S.294).
Diese Rückhaltlosigkeit ist jedem Menschen möglich; sie ist nicht an Wissen oder Bildung gebunden, sondern allein daran, ob man sich hergeben oder vorenthalten will (Buber 1962). Was Dirks auf die Ehe bezogen formuliert, gilt allgemein: "Die Ehe ist ein Dialog. Sie mißrät, wenn sie in Schweigen versinkt, wenn sie im endlosen Gerede weiterläuft, wenn sie sich im Streitgespräch verhärtet. Sie gerät, wenn sie ein Gespräch wird, in dem der eine den anderen anruft, dieser ihn hört und Antwort gibt. Auch das gesprochene Wort hat dabei die höchste Bedeutung, aber ich meine mehr: Das Wort und die Antwort sind wir selbst, durch die Art, wie wir füreinander da sind, und die Verantwortung in unserer Ehe ist nichts anderes, als daß wir vor Gottes Angesicht in und hinter dem Wort stehen, das wir dem Partner

sagen und das wir ihm sind. Es mag sein, daß wir scheinbar wenig zu sagen haben, daß wir nicht sehr reich in den Gaben und Gefühlen, nicht sehr gut und sehr klug sind, sondern reichlich durchschnittlich und mit durchschnittlichen Sorgen und Ängsten und Freuden. Wenn wir nur das, was wir sind, in unsere Ehe wirklich hineingeben, das heißt, nicht einfach so dahinleben oder es gar durchsetzen - sondern es dem anderen geben, es mit ihm haben, und wenn wir des Partners Leben ebenso aufnehmen, anhören, ansehen, annehmen: dann ist Ehe nicht nur da, sondern auch vollkommene Ehe" (Dirks 1964 S.103 f.).

So in der Begegnung zu leben, bedeutet nicht notwendigerweise, seine augenblicklichen Gefühle auszuleben, sondern mehr im Kontakt zu sich zu sein, sich umfassender wahrzunehmen, in einem tieferen Sinne man selbst zu sein. In dem bei Gordon erwähnten Beispiel mit der zu spät heimgekommenen Tochter lebte die Mutter nur in ihrem letzten Gefühl und hatte ihr erstes, spontanes Gefühl aufgegeben. Was würde jedoch aus dem Zorn, wenn die Mutter bei der Heimkehr ihrer Tochter ihre Erleichterung zur Entfaltung kommen ließe? Tatsächlich tat sie es nicht, sondern räsonierte sofort über das Verhalten ihrer Tochter. Was sich scheinbar als spontanes Gefühl darstellt, ist das Ergebnis einer schnell erfolgten geistigen Verarbeitung einer Situation - also keineswegs ein "unmittelbares" Gefühl. Komplexe Gefühle -im Gegensatz zu elementaren Empfindungen- sind Reaktionen auf eine bestimmt verstandene Situation. Der Zorn der Mutter z.B. ist nur verständlich als Reaktion auf ihre wahrscheinliche Ansicht, die Tochter habe mutwillig die gesetzte Zeit überschritten. Hätte sie in Gedanken ihre Tochter als Opfer eines Unfalls oder Verbrechens gesehen -wie sie im Zustand der Sorge wohl dachte-, so wäre ein Zorngefühl kaum möglich gewesen und gab es auch nicht. Erst als diese Möglichkeit ausgeschlossen war und die andere Interpretation des Geschehens zum Zuge kam, stellte sich die Enttäuschung ein.

Es führt in die Irre, wenn man von Gefühlen als den unmittelbaren Gegebenheiten ausgeht, die den unverfälschten Zugang zur eigenen Person darstellen. Gefühle sind die notwendige Konsequenz eines bestimmten Verständnisses einer Situation und damit von diesem Verständnis abhängig. Mit einem veränderten Verständnis ist ein anderes Gefühl verbunden. Wer das Verhalten eines anderen Menschen als böswilligen Angriff auf die eigene Person versteht, kann emotional nur verletzt, verärgert, empört oder auch deprimiert sein. Wer das gleiche Verhalten als hilflosen Verteidigungsversuch versteht, wird vielleicht eher Mitgefühl empfinden oder verunsichert, bestürzt sein über das eigene Verhalten, mit dem er den anderen in diese Lage gebracht hat. Wer sich um die Entwicklung seiner Verständnisfähigkeit von Personen und Situationen nicht bemüht, wird, weil er damit in der konkreten Situation überfordert ist, auch in seinen emotionalen Reaktionen unangemessen sein. "Es ist nicht unbedingt ein Zeichen von Echtheit, alle Gefühle sofort zu äußern und auszuleben; es kann im Gegenteil eine unkontrollierte und undisziplinierte Art sein, die eher Unreife zeigt als eine reife Persönlichkeit. Echtheit ist Ausdruck der ganzen Person ..." (Becker & Becker 1985 S.75). Das Ziel kann aber nicht sein, sich Emotionen zu verbieten, sondern darauf hinzuarbeiten, daß die vorausgehenden kognitiven Prozesse die Basis für andere emotionale Reaktionen

sind. Man kann die Aufgabe mit der Situation bei Musikern vergleichen. Kein Musiker vertraut allein auf seine Begabung, sondern empfindet es als eine Verpflichtung, diese Begabung zu kultivieren, um seinen Aufgaben als Musiker gerecht zu werden. Auf dieser Basis wird er dann bei einer Inszenierung in der Musik aufgehen und aufgehen müssen. Die gleiche Logik muß für den Umgang des Menschen mit sich und dem Mitmenschen gelten. Wer sich in diesem Sinne der Musik oder der Begegnung mit Menschen hingeben will, wird sich darum bemühen, die Voraussetzungen für ein Gelingen dieser Absicht zu schaffen.
Wie bereits früher erwähnt, setzt Sich-Mitteilen voraus, daß man sich kennt (Branden 1980). Es kann jedoch leicht geschehen, daß man Aspekte seines Erlebens übergeht. Daneben gibt es Empfindungen, die schwerer zu fassen sind, um die man sich im Gespräch deshalb stärker bemühen muß; es kann dann sogar sein, daß man sich in der eigenen Person täuscht (Künkel 1973[4]). Muße und Geduld sind Voraussetzungen, um dieses eher schwer in Sprache zu fassende Sein doch für sich und den anderen verstehbar zu machen - und oft auch die Mithilfe des Mitmenschen (Jaspers 1956, Grün 1992). Ein Beispiel, wie dies aufgrund mangelnder Sensibilität für das Gespräch mißlingen kann, liefern Schindler u.a. (s. Text 4). Der jeweilige Sender hat kaum eine Chance, sein Thema zu entfalten, weil er von seinem Partner rigoros daran gehindert wird. Als Ergebnis ziehen sich beide Partner letztlich auf leicht greifbare Themen zurück, für die sie dann Lösungen suchen. Die Chance zum vertieften Selbstverständnis, das die Person im Dialog mit dem Partner entwickeln kann, hier wird sie in krasser Weise vertan; stattdessen wird die Person auf einfache Klischees reduziert und läßt sich darauf reduzieren. Für solche Beispiele gilt sicherlich die bereits erwähnte Aussage des Fuchses aus "Der kleine Prinz", wonach die Sprache die Quelle von Mißverständnissen sei. In dem Modell-Beispiel von Schindler u.a. geschieht gerade das nicht, was in einem Dialog angezielt werden soll: in einem wechselseitigen Aufeinanderbezogensein sich-mitteilen und dem anderen antworten und so durch die Interaktion zu einem Verständnis kommen, das ohne diese offene Kommunikation nicht möglich wäre.
Verliert man jedoch den Kontakt zu sich und der Situation, so gerät man leicht in Versuchung, sich an Vorbilder oder starre Regeln anzulehnen. Gerade dies aber gilt es zu vermeiden. Buber (1972[6]) hat betont, daß jeder seinen eigenen Weg gehen muß, weil jeder ein unverwechselbares Individuum ist. Nachahmung, und sei es Nachahmung eines Vortrefflichen, wäre Verfehlung des eigenen Weges. Er zitiert zustimmend den Rabbi Sussja, der in der Stunde seines Todes sagte: "'In der kommenden Welt wird man mich nicht fragen 'warum bist du nicht Mose gewesen?' Man wird mich fragen: 'Warum bist du nicht Sussja gewesen?' " (Buber 1972[6] S.16). "Was aber dies ist, das eben dieser Mensch und kein anderer tun kann und tun soll, kann nur aus ihm selber offenbar werden. Hier kann ... nur irreführen, wenn einer darauf schaut, wie weit es ein anderer gebracht hat, und es ihm nachzutun trachtet; denn dabei entgeht ihm eben, wozu er und er allein berufen ist" (Buber 1972[6] S.17). Das kann nicht die Bestimmung eines Menschen sein, so zu werden wie ein anderer oder sich schablonenhaft so zu verhalten, wie es eine

allgemeine Regel vorschreibt und darin aufzugehen. Durchaus beeindruckt vom Leben anderer und geleitet von allgemeinen Regel muß er zu sich selbst finden. Eine Person, die den Zugang zu sich gefunden hat, hat damit auch den zur Welt gefunden. "... bei sich selbst beginnen, aber nicht bei sich enden; von sich ausgehen, aber nicht auf sich abzielen; sich erfassen, aber nicht mit sich selbst befassen" (Buber 1972[6] S.37). Das bedeutet u.a., daß eine derartige Person beeindruckbar ist, Erlebnisse auf sich wirken läßt, und seine Empfindungen mit dem Ereignis mitschwingen können. Stefan Zweig hat mit Virata eine solche Person in seiner Legende "Die Augen des ewigen Bruders" (1922, Nachdruck 1962) geschildert. Virata ist ein Mann, der sich von existentiellen Ereignissen immer wieder berühren läßt und Antworten darauf zu geben sucht. Immer, wenn er durch ein ihn betroffen machendes Erlebnis an seiner jetzigen Antwort zu zweifeln beginnt, sucht er nach neuen Antworten. Es ist beeindruckend, daß er sich nie den Erlebnissen verschließt, nie an einer starren Antwort festhält, immer den Blick des Mitmenschen wahrnimmt und ihn in sich wirken läßt. Dieser Mensch wagt den Dialog mit der Welt und damit mit sich selbst. Mit jeder neuen Antwort, die er sich gibt, wird er ein veränderter Mensch und empfindet anders. Es ist allerdings die Tragik von Virata, daß er an seinem Lebensabend alle seine vorhergehenden Antworten als Fehler ansieht, deshalb zum Schluß müde ist und resigniert, nicht mehr beeindruckbar sein, nicht mehr nach eigenen neuen Antworten suchen will. Letztlich war sein wirklicher Fehler, daß er im Gegensatz zu Bubers Aussage doch vor allem an sein Seelenheil dachte, bei sich stehenblieb. Bis zu seiner Kapitulation aber war er dennoch ein Mensch, der sich durch Begegnungen aufrütteln ließ. Im gleichen Sinne muß sich der sich mitteilende Mensch als ein nicht fertiger, nicht endgültiger Mensch begreifen, sondern als einer, der bei allen Überzeugungen offen bleibt, auf der Suche ist. Dann begegnet er dem Mitmenschen als einer, der sich dem anderen mitteilen und gehört werden will, aber in diesem Vollzug beeindruckbar bleibt.

4.3 Die aufnehmende Person

Mitteilen und aufnehmen sind komplementäre Vorgänge, die gleichwertig sind. Im Unterschied zu Schindler u.a., die für den Sender und den Empfänger unterschiedliche Regeln aufgestellt haben, gilt daher, daß alles, was für den Sender gilt, sinngemäß angewandt auch für den Empfänger gilt. Wenn es die Pflicht des Senders ist, sich mitzuteilen, so ist es die Pflicht des Empfängers, aufzunehmen. Wenn es das Recht des Senders ist, sich mitzuteilen, so ist es auch das Recht des Empfängers, aufzunehmen, zu verstehen. Der Zuhörer ist damit nicht der Erfüllungsgehilfe des Senders, sondern eine Instanz mit eigenem Wert und Recht. Aufnehmen, Verstehen erfolgt nicht allein, weil eine andere Person sich mitteilen will, sondern ebenso, weil eine Person verstehen will. Verstehen ist die Voraussetzung für Handeln, aber es wäre falsch, Verstehen in dieser Weise zu instrumentalisieren. Verstehen ist ein Wert an sich; wenn Kommunikation Existenzursprung ist, wie Jaspers sagt, so gilt dies auch für einen wesentlichen Teil der Kommunikation, das Verstehen. Dadurch findet der Sich-Mitteilende den Mitmenschen wie umgekehrt auch der Aufnehmende ihn findet. Den anderen zu verstehen bedeutet, an

einem anderen Leben beteiligt zu sein, seine eigenen Grenzen zu sprengen, in einem mehr oder minder großen Umfang in einem Wir aufzugehen, ohne dadurch aber die beteiligten Personen als Individuen untergehen zu lassen.
Reduziert man hingegen Verstehen allein auf den damit gewonnenen Handlungsspielraum, so bleibt das Individuum damit auf sich beschränkt, gelingt der Sprung vom Ich zum Wir nicht. Semantisch wird Unvergleichbares mit dem gleichen Wort belegt. Ein Schachspieler, ein General, ein Kaufmann mag so seinen Gegenspieler oder Konkurrenten verstehen, ohne dadurch ein Gefühl der Verbundenheit zu erleben, ohne letztlich den anderen in seinen innigsten Bestrebungen zu verstehen - weil das nicht notwendig ist. In einer solchen Beziehung muß man den anderen nur so weit begreifen, wie es notwendig ist, um mit ihm im Sinne des eigenen Vorteils umgehen zu können. Verstehen wird so zu einer Art technischen Wissens.
Im Gegensatz dazu gibt es Verstehen als Versuch des Miteinanderseins, den anderen vorbehaltlos von seiner Person und Situation her zu verstehen, weil es dieser Mensch so verdient, weil man sich von der Art der Beziehung diesem Bemühen gar nicht entziehen kann. In diesem Verstehen lebt man selbst; würde man es preisgeben, müßte man sich selbst partiell preisgeben. Auch hier gilt, was für das Mitteilen gilt: es ist ein Akt der Hingabe und nur als solcher kann das Verstehen seine Wirkung entfalten. Man darf sich von äußerlichen Ähnlichkeiten nicht täuschen lassen und man muß davon ausgehen, daß es solche Täuschungsversuche gibt (im Rahmen der Biologie als Mimikry identifiziert). Verstehen ist nicht durch eine formale Form definiert, sondern durch den Geist, aus dem die Interaktion gestaltet wird.
Geht man von dem Geist aus, d.h. der Suche nach dem Mitmenschen, so bedeutet es, daß ein Dialog seinen Anlaß nicht notwendigerweise in der Botschaft eines Senders haben muß, er kann ihn auch im Anliegen einer um Verständnis bemühten Person haben. Das Modell von Stuart, das mit der Absicht des Senders beginnt, sich mitzuteilen, ist noch zu sehr von dem technischen Sende-Modell geprägt. Versteht man Kommunikation als Begegnung zwischen Menschen, so ist es nicht nur denkbar, sondern eine wesentliche Möglichkeit, daß ein Gespräch seinen Ausgangspunkt in einer Frage an den Mitmenschen haben kann. Es mag sein, daß der Mitmensch auf diese Frage - vielleicht lange - gewartet hat, um sich jemand mitteilen zu können. Im Epos von W. v. Eschenbach wird es deutlich: die Frage "was fehlt dir" ist der Beginn - für den König: zu sterben, für Parzival: seine Bestimmung zu erfüllen. Ohne die anteilnehmende Frage gäbe es diesen Verlauf nicht. Bert Brecht hat in seinem Gedicht "Legende von der Entstehung des Buches Taoteking auf dem Weg des Laotse in die Emigration" die Bedeutung der Frage herausgestellt. Er schildert in diesem Gedicht, wie Laotse auf seinem Weg in die Emigration durch die Wißbegier eines Zöllners, den er passieren muß, dazu bewegt wird, sein Wissen zu hinterlassen. Es ist ein Wissen, das einem großen Teil der Welt zur Orientierung im Leben werden wird. Laotse war damit der Nachwelt als bedeutender Lehrer erhalten geblieben. Und gerade, weil Laotse so zum Lehrmeister der Chinesen wurde, sagt Brecht: "Aber rühmen wir nicht nur den Weisen,/ Dessen Name auf dem Buche prangt:/ Denn man muß dem Weisen seine Weisheit

erst entreißen./ Darum sei der Zöllner auch bedankt:/ Er hat sie ihm abverlangt."
Im Gegensatz zu Weisbach, der in der Frage nur die negativen Aspekte zu sehen vermochte, wird damit deutlich, daß die Frage ein Angebot an den Befragten bedeutet, sich mitteilen zu können - und in diesem Prozeß der Mitteilung sich seiner Person oder seines Anliegens bewußter zu werden. Der Ohm in dem Epos von Eschenbach sah die Frage nur als Zudringlichkeit, als Ausdruck einer ungezügelten Neugierde an, und damit als etwas, was ein gebildeter, erzogener Mensch vermeidet. Es ist nicht zu bestreiten, daß es Personen gibt, die mit ihren Fragen zudringlich sind. Daraus darf man aber nicht ableiten, daß Fragen an sich zudringlich sind. Jenseits der pervertierten Form bedeutet eine Frage, sich dem Mitmenschen zuzuwenden, offen für ihn zu sein. Und dies nicht nur als Reaktion auf sein Mitteilungsbedürfnis, sondern als eigenes Bedürfnis, den Mitmenschen kennenlernen zu wollen.

Alles, was man im Rahmen des Sendens über den Geist der Interaktion sagen kann, gilt in gleicher Weise im Rahmen des Empfangens. So wie der Sich-Mitteilende den Mitmenschen sucht, so sucht auch der Aufnehmende den Mitmenschen. Deswegen kann der Dialog gelingen, weil beide das gleiche wollen. Im Dialog sind die Gesprächspartner unmittelbar aufeinander bezogen, reagieren auf das vom jeweils anderen Gesagte. In diesem Sinne ist ein Dialog einem Reißverschluß vergleichbar, wo beim Aufziehen ein Glied ins jeweils nächste gegenüberliegende greift. Wird beim Reißverschluß durch Unachtsamkeit diese Regel außer Kraft gesetzt, ein Glied übersprungen, so verklemmt sich der Reißverschluß. Ähnlich ist es beim Gespräch: gelingt dieses Ineinandergreifen der nächsten Glieder nicht, so kommt es zu Störungen des Dialogs. Das von Miller u.a. oder von Anhängern der Gesprächspsychotherapie vorgeschlagene Innehalten des Zuhörers stellt eine solche Störung des Ablaufs dar, wodurch das Gespräch als künstlich empfunden und die Entwicklung des Themas erschwert wird. Bei beiden Vorgehensweisen soll der Zuhörer nicht das Thema, die angefangene Bewegung weiterführen, sondern aus theoretischen Überlegungen heraus quasi auf der Stelle treten. Ein solches Vorgehen läßt sich im Bilde des Reißverschlusses gar nicht darstellen. Man stelle sich das an einem Interaktionsbeispiel vor, das nicht dem Gesprächsbereich entnommen ist. Eine Person wirft der anderen einen Ball zu. Die natürliche Reaktion des Empfängers besteht darin, den Ball aufzufangen, also die angefangene Handlung fortzuführen. Ein anderes Beispiel: das Kind hat sich verbrannt; in irgendeiner Weise wird die Mutter emotional mitleiden, z.B. durch einen schmerzlichen Aufschrei. Solche Reaktionen entsprechen dem Modell des Reißverschlusses. Wäre es hingegen sinnvoll, daß man, statt den Ball zu fangen, die Absicht des Werfers spiegeln würde oder statt mit dem Kind mitzuleiden, die Gefühle des Kindes erfragen oder spiegeln würde? Sollte es in einem Gespräch so grundsätzlich anders sein als bei diesen Handlungen, bei denen jeder Urteilende wohl sagen wird, daß es nur sinnvoll ist, in der Handlung zu leben?

Der Zuhörer muß dabei über ein natürliches Empfinden und über die nötige soziale Kompetenz verfügen, um dies im Gespräch zu können. Zuhören bedeutet somit zum einen, sich dem Partner und seiner Mitteilung völlig öffnen zu können, d.h.

aufnahmefähig und hingabefähig zu sein, zum andern eine Gesprächslinie erkennen, verfolgen und überprüfen zu können - und dies zu einem Zeitpunkt, wo man sich dem Gespräch selbst nicht entziehen kann (zu dem Stichpunkt "soziale Kompetenz" ausführlicher im nächsten Unterpunkt). Das bedeutet zunächst einmal etwas negatives: der Zuhörer darf nicht den Wertungen des Mitteilenden kritiklos folgen. Der Mitteilende wird ja aus seinem augenblicklichen Verständnis heraus reden und damit oftmals Bewertungen als zentrale Bausteine seiner Aussage verwenden. Diese muß der Zuhörer als solche erkennen und darf sie nicht unreflektiert zu seiner eigenen Position machen. Er hätte sich sonst als eigenständige Instanz aufgegeben. Er wird die Interpretationen und Bewertungen zur Kenntnis nehmen müssen, wissen wollen, aber sie als Verarbeitungen der anderen Person verstehen. Würde er die Kommentare des Gesprächspartners unhinterfragt als seine eigenen übernehmen, so wäre das angenehm für diesen, aber für seine eigene Position verhängnisvoll und für den Gesprächspartner u.U. langfristig eine Sackgasse. In gleicher Weise verhängnisvoll wäre es, wenn er das Verhalten des Gesprächspartners nur klassifizieren würde (etwa im Sinne der Transaktionsanalyse, wo in Anlehnung an das Instanzenmodell der Psychoanalyse nur drei Einstufungen möglich sind), weil ein klassifizierendes Verhalten bedeutet, daß man die Vielfalt menschlichen Verhaltens auf wenige Grundmuster zu reduzieren versucht. Theoretisch mag das möglich sein; theoretisch ist aber auch denkbar, daß jemand sich mit einem sehr vereinfachten Verständnis die Welt zurechtzulegen versucht. Für die Transaktionsanalyse gilt letzteres; sie ist ein billiger Versuch, das persönlichkeitspsychologische Instanzenmodell der Psychoanalyse auf zwischenmenschliche Beziehungen zu übertragen. Wer so vorgeht, folgt zwar nicht blindlings den Ansichten des Mitteilenden, er stülpt ihm aber sein einfaches Erklärungsschema über. Beide Varianten dokumentieren geringe Sensibilität für die konkrete Interaktion.

Um einem Gespräch folgen zu können, ist es besser, wenn man durch die verhaltenstherapeutische S-O-R-C-Formel (Stimulus - Organismus - Reaktion - Consequences) ein Modell hat, das als Grundlage für das Verständnis menschlichen Handelns dienen kann. Durch dieses Modell wird verdeutlicht, daß bei einer Handlung z.B. ein Stimulus, eine Reaktion auf den Stimulus und eine Konsequenz auf die Reaktion beteiligt sind. Ein solches Modell ist hilfreich, um komplexes Verhalten transparenter zu machen. Es ist jedoch nur ein formales Modell; wie bereits früher erwähnt, muß man durch inniges Verständnis menschlichen Lebens Realisationsformen der abstrakten Elemente im konkreten Leben erkennen können. Es genügt daher nicht, wenn eine Person in einem Gespräch aufnahmebereit sein will, sie muß durch reflektierte Lebenserfahrung - womit wissenschaftliche Erkenntnisse einbezogen sein sollten - fähig sein, dies im konkreten Fall leisten zu können. So wenig jemand bei einem konkreten Turnier ein guter Tennisspieler ist, nur weil er es sein will, so wenig wird jemand ein verständnisvoller Zuhörer sein, nur weil er es jetzt sein will. Er muß die Fähigkeit dazu schon entwickelt haben, er muß über das entsprechende Wissen und über entsprechende Einsicht verfügen. Diese Fähigkeit bezieht sich auf das Verständnis menschlichen Lebens. Gleichzeitig muß er aber ein Verständnis von Dialogen entwickelt haben und muß darin trainiert sein, einen Dialog mitgestalten zu können. Die verdeckten Themen stellen dabei eine besondere Herausforderung unter beiden Gesichtspunkten dar. Man muß ein Verständnis für den Kommunikationsprozeß entwickelt und damit die Bedeutung der leisen Töne, der Nebensätze begriffen haben, weil sie die wahren Themen sind, die aber nicht so direkt greifbar sind. Man muß als Person sensibel für diese Töne geworden sein, also als Person für diese leisen Töne oder Nebentöne aufnahmefähig geworden sein.

All dies kann man in einem sehr erweiterten Sinne als Fähigkeit einstufen. Es ist jedoch ein Irrtum, anzunehmen, ein Mensch, der über die Fähigkeit verfüge, würde sich auch im Sinne seiner Fähigkeit verhalten. In einem Seminar nahm ein Teilnehmer die vermittelte Botschaft auf und demonstrierte in einem Rollenspiel den anderen Anwesenden die hohe Kunst des Zuhörens und des Verständnisses. Er selbst war jedoch in einen tiefen, von ihm nicht bewältigten Konflikt mit seiner Frau verstrickt. In einem zweiten Gespräch traf er auf eine Frau, die sich von ihrem Mann rücksichtslos im Stich gelassen fühlte, verbittert war und Männern äußerst skeptisch gegenüber stand. In dieser konkreten Situation vergaß der Teilnehmer all seine Fähigkeit des Verständnisses und beantwortete die Angriffe seiner Gesprächspartnerin mit ebenso wütenden Gegenangriffen. Hatte er vor wenigen Augenblicken noch die hohe Kunst des Verständnisses für den anderen demonstriert, so war dies im nächsten, für ihn relevanten Augenblick vergessen. Er verhielt sich, als ob er über die Fähigkeit nicht verfügte. Damit wird deutlich, daß es nicht nur um die Vermittlung von Wissen und Können geht, sondern ebenso um eine Veränderung der Einstellung. Verständnis für den anderen bedeutet nicht nur, über die mehr technischen Voraussetzungen dafür zu verfügen, sondern sie auch nutzen wollen. Verständnis haben bedeutet, Verständnis im innersten Herzen auch wollen, durch seine Person diesen Prozeß zu garantieren. "Man sieht nur mit dem Herzen gut" sagt der Fuchs in der Erzählung von Saint-Exupery. Wer aber in seinem Herzen verhärtet ist, für bestimmte Themen verhärtet ist, der sieht nicht gut. An diese persönliche Verantwortung erinnerte Jesus als er sagte: "Es wird an ihnen die Weissagung des Jessaja erfüllt, die da sagt: 'Hinhören werdet ihr und doch nicht verstehen; hinblicken werdet ihr und doch nicht sehen. Denn das Herz dieses Volkes ist verstockt, und sie hören schwer mit den Ohren und verschließen ihre Augen, damit sie nicht mit den Augen sehen und mit den Ohren hören und mit dem Herzen verstehen ...." (Mattäus 13, 14-16).

Zuhören aber wäre gerade dies: nicht nur hören, sondern auch verstehen, nicht nur sehen, sondern auch wahrnehmen. Man muß dazu mit dem Herzen sehen lernen. Vielen Menschen mißlingt das Verstehen des Mitmenschen, nicht weil sie sich dieser Aufgabe verweigern wollen, sondern weil sie diese Aufgabe als die Personen zu bewältigen versuchen, die sie sind. Klima hat in seiner Kritik den heutigen Menschen sicherlich überzeichnet, aber dadurch ein Problem besser sichtbar gemacht. Er sagt: "Von Kindheit an lernt das kleine Menschlein unserer Zeit ... nicht zu lieben, keine Beziehung zu einer Heimat oder zu den Menschen zu entwickeln, umherzuschweifen, zu nehmen und wieder abzulegen, ständig nach etwas Neuem zu greifen und das Alte sofort zu vergessen" (Klima 1994 S.151). Wie soll ein solcher Mensch zum Verstehen fähig sein? Er wird dennoch etwas verstehen, aber auf seinem Niveau. Er wird Ereignisse und Menschen so erklären, wie es ihm geläufig ist. Und in einer Welt, in der keine Tragödien mehr zugelassen sind, wird eine solche Tragödie dann zu einem beheb- oder verschmerzbaren Betriebsunfall heruntergestuft und "Grenzsituationen" i.S. von Jaspers werden einfach nicht mehr gesehen - und damit nicht in ihrer Bedeutung für menschliches Leben verstanden. So wird dann aus dem Tod nur noch ein Schlaf, wie es Waugh (1950) in seinem satirischen Roman geschildert hat. Ein Mord in einem Spielfilm oder in einem Serienfilm ist dann nicht eine entsetzliche Tat - sowohl für Opfer wie für Täter -, sondern nur noch die Voraussetzung für die Jagd auf den Täter. Und wenn schon die Tat in ihrem Grauen geschildert wird, dann nicht, um erschüttert davon zu sein, sondern um die Jagd nach dem Mörder anzuheizen. Ist die Jagd erfolgreich, ist das Problem gelöst.

Vor mehr als hundert Jahren hat Nietzsche schon die Auswirkungen eines solchen seichten Lebens für das zwischenmenschliche Verständnis aufgezeigt: "Das, woran wir am tiefsten und persönlichsten leiden, ist fast allen Anderen unverständlich und unzugänglich: darin sind wir dem Nächsten verborgen, und wenn er mit uns aus einem Topfe ißt. Überall aber, wo wir als Leidende bemerkt werden, wird unser Leiden flach ausgelegt; es gehört zum Wesen der mitleidigen Affection, daß sie das fremde Leid des eigentlich Persönlichen entkleidet: - unsere 'Wohltäter' sind mehr als unsere Feinde die Verkleinerer unseres Wertes und Willens. Bei den meisten Wohltaten, die Unglücklichen erwiesen werden, liegt etwas Empörendes in der intellektuellen Leichtfertigkeit, mit der da der Mitleidige das Schicksal spielt: er weiß nichts von der ganzen inneren Folge und Verflechtung, welche Unglück für mich oder für dich heißt ..." (Nietzsche 1973, V_2 S. 246). Die Leichtfertigkeit fällt dem Leichtfertigen nicht auf; er lebt einfach sich selbst. Und selbst wenn er auch für sich erkennbar kein Verständnis aufbringen könnte, würde er darin keinen eigenen Fehler entdecken, sondern es dem von ihm Unverstandenen anlasten. Dessen Verhalten sei halt nicht verstehbar. Mehr noch als beim Sich-Mitteilen wird beim Verstehen daher die Person des Verstehenden gefragt. Die Tiefe eines Ereignisses kann nur begreifen, wer selbst über Tiefe verfügt. Darauf zielte wohl Becker, als er sagte: "Bevor ich in der Lage bin, meinen Partner zu verstehen, besonders in kritischen Phasen der Auseinandersetzung, muß ich mich selbst verstehen. Ich muß meine verworrenen Gefühle anschauen, meine Gefühle und Motive erkennen und mir meine unbewußten Zielvorstellungen bewußt machen" (Becker & Becker 1985 S.81).

Verstehen ist nicht etwas, was durch Berücksichtigung einer formalen Struktur realisiert wird. Verstehen ist in Gradunterschieden möglich, wobei geringes Verstehen eigentlich Nicht-Verstehen bedeutet. So wie es bei der Definition eines Phänomens im Sinne des Prototypen-Ansatzes (s. oben) Realisationsformen gibt, die mehr oder weniger das Phänomen darstellen, in der gleichen Weise kann Verstehen mehr oder weniger innig erfolgen. Nur der Erfahrene kann erkennen, wann vertieftes Verstehen vorliegt. Verstehen-wollen heißt daher, seine Persönlichkeit entwickeln, sie in gewisser Hinsicht zu einem Resonanzkörper machen, der Schwingungen aufnehmen und mittragen kann. Dirks hat gesagt, daß Ehe dann gelingt, wenn wir uns in die Ehe als Person voll einbringen. Aber auch hier bedeutet es, daß diese Person nicht irgendwer sein kann und bleiben darf. Dirks wollte damit nicht der Beliebigkeit das Wort reden. Die Unbedingtheit des Wollens heißt, daß wir zwar mit unseren Unzulänglichkeiten das große Abenteuer Ehe beginnen dürfen, aber daß wir Ehe wollen müssen - und damit auch diese Unzulänglichkeiten als Herausforderung ansehen müssen. In einem Schlagertext heißt es "Nimm mich, wie ich bin", womit aber oftmals gemeint ist, ich bleibe wie ich bin, der Partner hätte sich damit abzufinden. Es ist sicherlich keine Grundlage für eine Ehe, wenn man mit der Absicht heiratet, den Partner ändern zu wollen. Aber ebensowenig kann es eine Grundlage sein, wenn sich eine Person als fertig, endgültig definiert und auf Herausforderungen nicht mehr reagiert, nicht mehr reagieren will, sie als solche nicht mehr sieht. Man selbst sein, kann nur bedeuten, mit vollem Herzen für eine Sache einstehen zu wollen und sich diesem Abenteuer hinzugeben. Wie bei jedem Abenteuer bedeutet es, das letzte aus sich herauszuholen, seine eigenen Möglichkeiten auszuloten. Wer so sich dem Wagnis stellt, der verfügt auch über hinreichend Substanz, um dieses Unternehmen durchstehen zu können. Dirks wollte mit seiner Aussage nicht die Laschen, die Flauen, die Seichten stützen, er wollte die Menschen guten Willens ermutigen, sich selbst zu vertrauen und sich nicht durch einen Perfektionismuswahn entmutigen zu lassen.

In diesem Sinne in einer konkreten Situation einfach man selbst zu sein, bedeutet auch, verstehen, ohne daß es einem absichtlich mitgeteilt wird und man nur nachvollzieht, was einem der andere mitteilen will. In dem Sinne der Beeindruckbarkeit bedeutet es, nicht nur auf das gesprochene Wort des anderen zu reagieren, sondern die Situation spontan zu verstehen, eine Schwingung weitertragen können. Man muß einen Menschen, der sich verletzt hat, nicht fragen, ob er sich verletzt hat und ob es weh tut. Es ist auch falsch, diesen Zustand zu spiegeln, also nur in einem kognitiven Sinne Verständnis zu signalisieren, weil man sich mit einer solchen Reaktion außerhalb das natürlichen Prozesses stellt. Wahrnehmen würde vielmehr bedeuten, das Gesehene fortzuführen, ohne notwendigen Auftrag durch den Wahrgenommenen.

Wofgang Borchert hat ein solches Situationsverständnis in seiner Kurzgeschichte "Schischifusch" geschildert. Erzählt wird die Geschichte aus der Perspektive eines kleinen Jungen, der mit seiner Mutter und seinem Onkel in einen Biergarten geht. Der Onkel, ein äußerst selbstbewußter Mann, lispelt aufgrund einer Kriegsverletzung. Er gibt in dem Biergarten seine Bestellung auf und fühlt sich durch den Kellner, der ebenfalls lispelt, nachgeäfft und provoziert. In herrischer Art stellt er den kleinen, unscheinbaren Kellner zur Rede, der seinen ganzen Mut zusammennimmt und dem Gast durch seinen Ausweis beweist, daß er ihn nicht beleidigen wollte, sondern aufgrund eines angeborenen Sprachfehlers eben so redet. Ohne daß der Kellner seine Lebensgeschichte erzählen muß, versteht der Onkel den Leidensweg des Kellners, ergreift voller Mitleid mit seiner großen Pranke die schmächtige Hand des Kellners und sagt zu ihm: "Armes kleines Luder, sind sie schon seit deiner Geburt hinter dir her und hetzen!" Der kleine Junge beobachtet die sichtbare Ergriffenheit seines Onkels und die unbeschreibliche Erleichterung und Freude des Kellners über das Verständnis des Gastes. Bei einem kleinen Trinkgelage, zu dem der Onkel den Kellner einlädt, gerät der Kellner in seiner Freude ganz außer Fassung. Plötzlich ruft er immer wieder "Schischifusch". Als das dem Onkel nach einer Weile doch zu viel wird, herrscht er den Kellner an, sein Geschreie bleiben zu lassen. Dieser ist gleich wieder der unterwürfige Kellner, aber er berichtet dem Onkel zu seiner Entschuldigung noch, warum er diesen Namen gerufen hat.

In der Schule mußte er immer wieder den Namen von Sisyphus aussprechen, von den anderen dazu gedrängt, die sich damit an diesem Schauspiel ergötzen wollten, denn er konnte ja nur Schischifusch sagen. Daran habe er sich jetzt erinnert. Der Onkel sagt nichts, aber der kleine Junge - und nur er - sieht die Tränen in seinen Augen. Der Onkel bezahlt den Kellner sehr großzügig und geht mit seinen Verwandten. All dies spielt sich vor den neugierigen Augen zahlreicher Biergartengäste ab. Im Hinausgehen wirft der kleine Junge einen Blick zurück auf den Kellner, sieht sein verlorenes Dasein und macht den Onkel darauf aufmerksam. Und in einer spontanen Reaktion ruft der Onkel, allen Gästen laut vernehmbar, den früher abfällig gemeinten Spitznamen des Kellners benutzend, diesem zu, " Schischifusch, bis nächsten Sonntag, altes Luder." Nun ist dieses Wort nicht mehr Ausdruck von Spott, in diesem Zusammenhang drückt es Solidarität und Achtung aus. Und wieder hat der Onkel den Kellner verwandelt: hatte dieser vorher verlassen, mit Tränen in den Augen dem Onkel hinterher gesehen, so strahlt er nun vor Glück.

Hier geschah das, was Saint-Exupery in seiner Erzählung vom kleinen Prinzen gesagt hatte; wichtig wird ein Mensch durch die Art, wie man mit ihm umgeht. Der Kellner, immer gedemütigt aufgrund seines Sprachfehlers, fühlte sich aufgrund des Verhaltens des Onkels verstanden. Der Onkel trat nicht durch ein Ritual auf der Stelle und ermöglichte die Selbstreflexion des Kellners - was hätte das im übrigen gebracht -, er griff auch nicht zu einer geschraubten Sprache, er blieb er und ließ einfach seine Empfindung zu. Er war dieser Situation zeitweise nicht ausreichend gewachsen und erst durch den Hinweis des Neffen stellte er sich ihr erneut. Das Strahlen des Kellners zeigte ihm, daß er richtig gehandelt hatte. Es ist möglich, daß man im Sinne einer Logik handelt, ohne diese Logik zu formulieren, ja vielleicht kann man manchmal nur dadurch diese Logik realisieren, indem man sie nicht formuliert.

Verstehen ist nur innerhalb der persönlichen Möglichkeiten realisierbar. Sind diese zu eng gesteckt, bleibt auch Verstehen begrenzt. Entwicklung der eigenen Möglichkeiten heißt aber nicht nur, die eigene Persönlichkeit zu entwickeln, sondern auch sein Verständnis des Kommunikationsprozeßes -und darin der Bedeutung von Verstehen- zu vertiefen.

4.4 Dialog als soziale Kompetenz

Die beteiligten Personen können diesen Dialog nur dann führen, wenn sie über soziale Kompetenz verfügen und über sie verfügen wollen. Am Beispiel des Verstehens wird das besonders deutlich. Wer nach der unter Punkt 6.3 beschriebenen Form "versteht", muß notgedrungenermaßen Einsicht in die Struktur menschlichen Lebens haben, muß diese im Laufe seines Lebens erworben haben und sie in einer konkreten Situation aktivieren können. Nicht um sein Lebensverständnis dem anderen überzustülpen, diesen darauf zu reduzieren wie es im Akt des Klassifizierens geschieht, aber als ein Hintergrundwissen. Dieses Hintergrundwissen wird gespeist von zwei unterschiedlichen Quellen. Die eine ist Einsicht in die Prinzipien menschlichen Handelns, wobei hier wissenschaftliche Erkenntnisse eine große Bedeutung haben, z.B. eine nicht zu enge Auslegung der verhaltenstherapeutischen SORC-Formel. Aber wie bereits erwähnt, reicht das formale Wissen um diese Formel nicht aus. Es muß die Erfahrung aus der zweiten Quelle hinzukommen: die Begegnung mit vielfältigen konkreten Formen menschlichen Seins. Dabei kommt dem eigenen Erleben eine herausragende Bedeutung zu. Aber das reicht nicht, da das eigene Leben notgedrungenermaßen und sinnvollerweise nur ein begrenzter Ausschnitt menschlichen Lebens sein kann.

Deshalb kommt der Rezeption vermittelten Lebens durch lesen oder Filme anschauen eine zusätzliche Bedeutung zu im Sinne der Teilhabe am Leben anderer, worauf Rogers (s. Schlör 1994) besonders hingewiesen hat. Gemeint ist damit natürlich nicht der Groschenroman oder der Serienfilm, sondern die nachempfindende Darstellung von Personen, in der der Künstler zeitweilig in diesen Personen lebt und wodurch diese Personen für Außenstehende in ihrem Innenleben wahrnehmbar werden. Dadurch wird der Erlebnishorizont des Rezipienten über seinen eigenen Lebenskreis hinaus erweitert und nur dadurch kann er ihn erweitern. Wie z.B. kann eine Person eine Vorstellung von Armut entwickeln, die selbst in gesicherten bürgerlichen Verhältnissen aufgewachsen ist? Muß sie selbst erst arm werden, um Armut zu begreifen? Es wäre sicherlich ein Weg, aber da jeder Weg Zeit für sich beansprucht, um in seinem Wesen erlebbar zu werden und dadurch andere Wege versperrt werden - z.B. der des Reich-seins damit verschlossen wäre -, kann ein solches Verfahren angesichts der Komplexität menschlichen Lebens nicht der Königsweg sein. Die Teilhabe am Leben anderer durch deren glaubhafte Schilderung über Literatur, Theater, Filme, Aussprachen ist eine zwingende Form der Vertiefung eigener Empfindungsfähigkeit und der Umsetzbarkeit abstrakter Regeln im alltäglichen Leben. Je reichhaltiger und differenzierter dieses aus beiden Quellen gespeiste Hintergrundwissen ist, desto besser sind die Voraussetzungen, der Besonderheit einer konkreten Person näherzukommen.

Je schematischer und abgeschlossener ein solches Hintergrundwissen ist wie z.B. im Fall der Transaktionsanalyse, die nur drei Einstufungsmöglichkeiten des Verhaltens vorsieht, umso geringer ist die soziale Kompetenz. Sie ist auch im Fall einer an der Gesprächspsychotherapie orientierten Gesprächsführung gering. Wenn sich soziale Kompetenz u.a. dadurch auszeichnet, daß man unterschiedlich auf unterschiedliche Personen oder Situationen eingehen kann, so zeichnet es gerade die GT aus, daß dies nicht erfolgt, vielmehr ein immer gleiches Grundmuster reproduziert wird - unabhängig von den Erfordernissen des Ereignisses. Es sollen in jedem Fall die drei Therapeutenvariablen realisiert werden, mit dem entscheidenden Punkt des empathischen Verstehens in Form des Spiegelns. Das flexible Eingehen auf das besondere Ereignis wird ersetzt durch routiniertes Abspulen eines letztlich starren Schemas. Mit dieser Charakterisierung mögen Weiterentwicklungen des gesprächstherapeutischen Ansatzes nicht erfaßt sein, was aber gar nicht geleistet werden muß. Zum einen würde man - wie früher bereits erwähnt - fragen müssen, wie weit deutliche Weiterentwicklungen noch dem alten Ansatz entsprechen und zur Verteidigung dieses Konzeptes benutzt werden können, zum andern ist es ein Faktum, daß die Popularisierung der GT gerade im alten Sinne erfolgt. Diese ursprüngliche Konzeption der GT aber bedeutet für den Empfänger, daß er sich domestiziert auf eine bestimmte Form der Gesprächsführung hin. Es ist vergleichbar der Situation eines Pferdes, das gelernt hat, zu traben und nur noch zu traben. Manche Situation aber würde es erfordern, daß das Pferd galoppieren oder sogar springen kann. Ein Pferd, das hingegen auf Traben festgelegt ist, würde nur einen begrenzten Teil seiner Möglichkeiten realisieren und nur wenigen Situationen gerecht werden können.

Diese Flexibilität ist gebunden an die Voraussetzung kognitiver Verfügbarkeiten: Wissen um Möglichkeiten menschlichen Seins und Einsicht in menschliche Interaktionsformen. Man darf nicht unterstellen, daß jeder Mensch ein hinreichendes Maß davon besitzt oder er es aus sich heraus entwickeln kann. Wie bereits früher erwähnt, ist es beeindruckend, wie wenig Zuschauer das zwischenmenschliche Geschehen in einem Film verstehen, wie sehr sie über viele Signale hinweggehen oder ein Geschehen in sehr schematischer Form begreifen. Wer aber über diese Fähigkeit ganz generell nicht verfügt, muß notgedrungenermaßen in einer konkreten Situation in Schwierigkeiten geraten. Um hier nicht hilflos zu werden, wird er sich einer Theorie unterwerfen, statt sich ihrer unter Berücksichtigung anderer Theorien zu bedienen. Aus vermeintlich tieferer Einsicht wird er sich gestützt auf angeblich wissenschaftliche Erkenntnisse überzeugt verhalten. So war sich Schellenbaum (1993[10]) sicher, daß eine Ehefrau, die bei ihrem magenkranken Mann mit "missionarischem Eifer" die Einhaltung seiner Diät überwacht, er sich dieser aber zu entziehen versucht, es letztlich tut, weil sie "... unbewußt das Leiden des Mannes verschlimmern will, daß sie ein kräftiges, zerstörerisches Nein zu ihrem Mann wie eine giftige Schlange in ihrem Innern nährt" (Schellenbaum 1993[10], S.30). Eine solche Denkmöglichkeit als Gewißheit auszugeben, ist verengtes Denken. Da hier andere, naheliegende Denkmöglichkeiten offensichtlich unbekannt sind, handelt es sich eben nicht mehr um Denken, sondern um Glauben - Glauben an einer Stelle, wo Wissen noch möglich ist. Wer so in einem festgelegten, nur oberflächlichen Sinne denkt, wird eine Person auf zu vordergründiges Verhalten festlegen - s. hier das Modell-Beispiel von Schindler u.a. -, wird die manchmal gar nicht so sehr verdeckten Themen nicht erkennen. Damit gerät aber u.a. auch der von Guerney (1977) geforderte Übergang vom Senden zum Empfangen und umgekehrt, das "mode switching" (= Umschalten im Kommunikationsmodus) in Gefahr. Zu einem normalen Gespräch gehört es, daß die Personen sich in ihrer Gesprächsbeteiligung als Mitteilende und Zuhörer ablösen. Ein Umschalten wäre dann notwendig, wenn die wesentlichen Gedanken und Empfindungen des Mitteilenden mitgeteilt und vom Zuhörer verstanden worden wären. Gerade aber wenn man an die verdeckten Themen denkt, wird damit deutlich, welche soziale Kompetenz von den Gesprächspartnern verlangt wird, das inhaltliche Ende einer Gesprächssequenz zu erkennen. In dem bereits mehrfach erwähnten Modellgespräch von Schindler u.a. wird sichtbar, wie unsensibel die Gesprächspartner für den Gesprächsinhalt sind und einen Wechsel in den Ge- sprächsrollen einleiten, obwohl es sich vom Stand des Gesprächs her verbietet.

Soziale Kompetenz bedeutet auch, eine aktive Haltung in dem Geschehen einzunehmen. Dies gilt grundsätzlich für beide Seiten: Jaspers hat hier ganz allgemein von dem liebenden Kampf, von dem Ringen um Wahrheit gesprochen. Es gilt deshalb auch für den Zuhörer, der in der Tat ein "aktiver" Zuhörer sein muß, aber nicht in der karrikierenden Weise, wie es Rogers und ihm folgend Gordon vorschlagen. Wer sich mitteilt, tut es aus seiner jetzigen Position heraus, wie es z.B. die Mutter in dem Beispiel von Gordon tat, die nachts auf ihre Tochter wartete. Analysen und Wertungen gehen in unkontrollierter Weise in die Mitteilung ein. Aktiv zuzuhören bedeutet, persönliche kognitive Verarbeitungen des Mitteilenden als solche zu erkennen und sie nicht ungeprüft zu übernehmen. Der Zuhörer muß sich sein eigenes Bild machen. Er braucht dazu die Wahrnehmungen, Gefühle und Erlebnisse des Gesprächspartners und muß diese in sich wirken lassen, wirken lassen können. Aber als Zuhörer muß er den Anspruch haben, sich ein eigenes Bild aus all diesen Einzelteilen zu bilden. Er muß die einzelnen Aussagen nicht nur auf ihre interne Stimmigkeit und die Stimmigkeit mit den Aussagen anderer Personen vergleichen, sondern ebenso mit seinem eigenen Empfinden und Denken. Er muß auch erkennen, wo ihm Einzelheiten des Geschehens noch fehlen: seien es Fakten, sei es die persönliche Verarbeitung der Fakten. Dies nicht nur, indem die letzten Gesprächssequenzen berücksichtigt werden, sondern indem die gesamte Geschichte erinnert wird - möglicherweise auch Teile außerhalb des aktuellen Gesprächs. All dies zu einer Zeit, da das Gespräch weiterläuft, Denkpausen kaum möglich sind. So mag es z.B. geschehen, daß jemand berichtet, er sei von einer anderen Person öffentlich beleidigt worden, aber er habe dabei nichts empfunden. Vom eigenen Verständnis solcher Situationen und vom eigenen Empfinden her würde der Zuhörer wahrscheinlich verwundert sein, wie es möglich ist, daß der Beleidigte so ganz ohne emotionale Reaktion bleibt. Im Gespräch wird er das klären müssen. Dies ist ein systemimmanentes Beispiel. Man stelle sich jedoch vor, ein Journalist z.B. interviewe eine prominente Person, ohne eigenes Hintergrundwissen zu haben. Er könnte dann notwendigerweise immer nur auf die Äußerungen des Gesprächspartners eingehen, und würde diesen, wäre der geschickt genug, unvermeidlich in seiner Selbstdarstellung unterstützen. Erst wenn er über eigenes Hintergrundwissen verfügen und dieses nutzen würde, könnte er zu einem echten Dialog-Partner werden. Hier werden Anforderungen an den Zuhörer gestellt, die

mit geistigen Hochleistungen gleichzusetzen sind und die man ohne Arbeit, ohne Training kaum erreichen kann.
Zu dieser sozialen Kompetenz aber gehört es ganz entscheidend, daß man nicht alles gesagt bekommen und rhetorisch aufrollen muß, sondern man vieles aus der Situation heraus verstehen, einfach von seinem Verständnis ausgehen kann. Sensibel für Situationen und Personen zu werden, ist Teil der sozialen Kompetenz. Wenn man z.B. in einer Konferenz miterlebt, wie ein Kollege A. vom Chef in unfairer Weise bloßgestellt wird, so muß man das einfach wahrnehmen. Unterstellt, das Verhältnis zum Kollegen wäre gut, würde man danach zu ihm nicht sagen "Wie fühlst du dich?" oder "Du fühlst dich sicher ungerecht behandelt?", sondern man würde eher sagen "Das war ja wieder ein Auftritt vom Chef! Als der so losgelegt hat, habe ich mir gedacht, 'hat das denn hier noch einen Sinn; muß man sich so behandeln lassen'!" Der Kollege A. würde dann vielleicht antworten: "Er ist schon ein skrupelloser Bursche; der würde sogar seine Mutter verkaufen, wenn es ihm einen Vorteil einbrächte. Das muß man hier einfach einkalkulieren, daß man gnadenlos in die Pfanne gehauen wird, wenn es mal nicht läuft." Im formal exakten Sinne hätte der reagierende Kollege B. auf die Empfindung seines Kollegen A. keinen Bezug genommen, diese nicht erfragt. Er hätte aus eigener Verantwortung eine empfundene Erlebenslinie fortgeführt. Hätte er sich geirrt, so könnte der angegriffene Kollege A. das für sich korrigieren. Es ist jedoch wahrscheinlicher, daß der Kollege B. als eine sich in grundsätzlich gleicher Position befindliche Person recht gut die aktuelle Situation von Kollegen A. verstehen kann. Es würde den Kommunikationsprozeß unterbrechen, würde man Dinge klären, die eigentlich geklärt sind und auch klar sein müssen. Dieses Verständnis muß nicht hergestellt, auf ihm muß aufgebaut werden. Man stelle sich ein anderes Beispiel vor, das wegen seines systemwidrigen Ablaufs öfters Eingang in die Literatur gefunden hat. Ein junger Mann verliebt sich in eine junge Frau, die dem jungen Mann ebenfalls zugetan ist. Käme der junge Mann jetzt auf die Idee, die Beziehung zwischen ihnen beiden klären, darüber reden zu wollen, so würde ihre Beziehung erschwert, vielleicht sogar zerstört. Notwendig wäre es, daß der junge Mann im Sinne dieses Verständnisses handelt. Er würde als Verliebter handeln, z.B. die Nähe seiner Angebeteten suchen, ihre Anwesenheit genießen. Und sie wüßte dieses Verhalten zu verstehen und würde es - weil sie ähnlich empfindet - schätzen. Jemand, der nicht gefühlssicher in der Situation ist, würde hingegen gerne auf das Ritual des Spiegelns zurückgreifen, womit er sich eigener verantwortlicher Beteiligung an der Situation entzieht, dadurch z.B. sicher gehen wollte, daß sein eigenes Engagement kein Risiko beinhaltet.
Wie aber kann man sicher sein, eine Situation richtig aufgenommen zu haben? Grundsätzlich niemals, wenn man endgültige Sicherheit anstrebt. Soziale Kompetenz anzustreben bedeutet daher auch, die Möglichkeit von Fehlern zuzulassen. Wer hingegen danach strebt, Fehler auszuschließen, wird sich der Verantwortung des Handelns verweigern, wird eine Interaktionsform suchen, wo er nur folgt, nicht führt oder in der gleichen Verantwortung steht wie der Partner. Ein von Sicherheitsdenken bestimmtes Konzept wird dem Leben nicht gerecht. Leben, so

sagte einmal Erich Kästner, sei immer lebensgefährlich. Soziale Kompetenz bedeutet u.a., diesen Gedanken innerlich zu akzeptieren und danach zu handeln. Handeln muß dann aber nicht zu einem unkalkulierbaren Abenteuer werden - Watzlawick u.a. (1974) sind mit ihrem Ansatz der paradoxen Intervention ein Beispiel für blindes, risikoversessenes Verhalten -, sondern kann seine fundierte Basis in eigenem Erleben, Miterleben fremden Lebens und Reflexion der Prinzipien menschlichen Lebens haben. Unmittelbares eigenes Verhalten kann dadurch begründet sein und so erläutert werden, daß es nicht nur gläubig hingenommen wird, sondern auf einem höheren seelisch-geistigen Niveau nachvollziehbar ist. Soziale Kompetenz bedeutet damit auch die ständige Auseinandersetzung mit dem eigenen Verständnis und das Eingeständnis der Begrenztheit eigenen Verständnisses für die grundsätzliche wie die konkrete Situation.

Soziale Kompetenz bedeutet aber auch, in einer Situation nicht als Betroffener ohne Einsicht in die Situation zu reagieren, wie es vielleicht der Interaktionspartner tut. Es bedeutet, die Aktion des anderen aus seinem Kontext heraus zu verstehen und damit den Sinn dieser Aktion zu begreifen. Im konkreten Fall könnte es falsch sein, eine Aussage wörtlich zu nehmen und auf sie entsprechend zu reagieren. Man würde damit unter Umständen den Fehler des anderen fortsetzen. Um es an einem Beispiel zu illustrieren. Eine ältere Frau, Witwe, Mutter mehrerer Kinder, soll auf Kur gehen. Der eigentlich zuständige Sohn ist verhindert seine Mutter zum Kurort zu fahren. Auch die anderen Kinder sind verhindert. Die Mutter beklagt sich bei Verwandten, daß keines ihrer Kinder Zeit habe, sie zum Kurort zu fahren. Die diesen Vorfall berichtende erwachsene Tochter ist verärgert, weil die Mutter nicht erwähnt, wie sie ihr bei der Vorbereitung der Kur intensiv geholfen hat. Im übrigen sei der Vater immer mit der Bahn zur Kur gefahren. Die Tochter führt mit ihrer Empörung die eingeschlagene Linie der Mutter fort, indem sie sich nur mit ihrer wörtlichen Aussage auseinandersetzt. Die Tochter erkennt nicht die Angst der Mutter vor der neuen Situation, die diese allerdings nicht direkt zu äußern vermag, sondern nur indirekt als Klage über das Verhalten der Kinder. Das so verdeckte Thema bleibt von der Tochter unerkannt; sie reagiert, als ob die Mutter mit ihrer Aussage an ihren Kindern generell zweifle, auch an ihr zweifle, vielleicht damit von ihr zu viel fordere, ihr gegenüber ungerecht sei. All das aber muß es nicht sein; es kann vielmehr ein verunglückter Hilfeschrei sein, den man als solchen zur Kenntnis nehmen muß. Soziale Kompetenz bedeutet dann, sich nicht den eigenen Emotionen aufgrund einer solchen Aussage hinzugeben, sondern trotz der eigenen Betroffenheit - "habe ich denn gar nichts für sie getan, nimmt sie denn das alles nicht zur Kenntnis" - zu verstehen, was der Gesprächspartner eigentlich ausdrücken will. Übersetzt könnte die Aussage bedeuten, "Ich traue mir das nicht zu, warum unterstützt mich niemand". Wer Aussagen hintergrundslosgelöst einfach so nimmt wie sie klingen, verfügt nicht über soziale Kompetenz, die ihn zu eigenständigem Handeln befähigt, sondern ist Spielball dieser Aussagen. Er versteht nicht ihren Sinn, sondern läßt sich nur von ihrem oberflächlichen Klang beeinflussen.

Zur sozialen Kompetenz gehört es auch, nicht nur zu handeln, sondern auch die Wirkung eigenen Handelns in die Handlungsabsicht einzubeziehen. Handeln bedeutet nicht nur, die eigenen Bedürfnisse auslebenzuwollen, sondern die Auswirkungen dieser Absicht zu sehen und zu bewerten. Das heißt, das Leben nicht nur von seinen eigenen Bedürfnissen her zu konzipieren, sondern darüber hinaus, Konsequenzen eigenen Handelns zu verstehen, womit man auch andere Personen in ihrer jeweiligen Besonderheit einbezieht. Rathenow hat diese Aufgabe in einem Gedicht verdeutlicht (Text 7). Um die Konsequenzen eigenen Tuns antizipieren und bewerten zu können, muß man dieses in seinem Beziehungskontext sehen. Wie früher erwähnt, sind Beziehungsarten nicht nur einfach vorhanden, sondern mit Erwartungen an diese Beziehung und die Interaktion in dieser Beziehung verbunden. Soziale Kompetenz heißt daher, solche Beziehungsstrukturen zu verstehen und ihnen - so man sie erhalten will - gerecht zu werden. So gehört zu einer Ehe die Hingabe, das Schenken und Sich-verschenken dazu. Wer dies nicht weiß und dazu nicht fähig ist, stellt seine Ehe in Frage. Um es an einem Beispiel zu illustrieren. Ein Ehemann war bei einer großen Firma angestellt, für die er häufiger Dienstreisen unternehmen mußte. Wenn es vom Ablauf der Dienstreise her möglich war, nahm er seine Ehefrau gelegentlich mit - was ihr durchaus gefiel. Aber es fiel ihr auf und wurde für sie zu einem großen Problem, weil sie darin eine Grundhaltung ihres Mannes erkannte, daß er ihr nie von sich eine Reise zum Geschenk machte, sondern immer auf die kostengünstige Lösung über die Firma wartete. Er verstand zunächst überhaupt nicht das Problem seiner Frau, da sie ja auf Reisen gingen und er meinte, durch dieses Verfahren würde ja letztlich Familiengeld eingespart. Es entging seiner Aufmerksamkeit, daß er Prioritäten zuungunsten seiner Frau und seiner Ehe gesetzt hatte. Soziale Kompetenz bedeutet, sich vorstellen zu können, was dieses vor allem auf Kosteneinsparung ausgerichtete eigene Verhalten in einer Ehe für Folgen für das Verständnis des Ehepartners von

Text 7: "Lektion" von Lutz Rathenow in "Zangengeburt", 1982

Immer, wenn ich aufgeregt bin
sagt sie: sei nicht so nervös
Wenn ich wütend bin: Reiß dich
zusammen. Wenn ich mich freue:
Red nicht so laut, dein Sohn
schläft nebenan.

Und dann bin ich ruhig
Und sage auch nichts
Wenn sie mich fragt
warum ich so wenig rede.

der eigenen Person hat. Wer dann sagt, "Sparsamkeit ist doch eine Tugend und wir haben es auf diese Weise doch zu etwas gebracht", löst dieses Verhalten aus der Beziehungsstruktur Ehe, setzt es absolut - und hat damit nicht begriffen, worum es geht.
Verantwortung übernimmt man so nicht nur für sich selbst, sondern auch für den Partner und die Beziehung. Vielleicht sogar lebenslang, wie der Fuchs dem Prinzen in der Erzählung von Saint-Exupery sagte. Soziale Kompetenz bedeutet, die komplexe Interaktion zwischen den Partnern zu verstehen und gemäß dieses Verständnisses handeln zu können.

4.5 Veränderung eigener Haltungen

Soziale Kompetenz ist nicht nur die grundsätzliche Verfügbarkeit von Erlebnis- und Handlungsmöglichkeiten, sondern deren Einsatz in Situationen, die einen selbst betreffen. Wer nur bei anderen Menschen Fehler entdecken und sagen kann, wie es richtig gemacht gehört, dazu bei sich selbst aber wenig in der Lage ist, dem könnte man wohl kaum soziale Kompetenz bescheinigen. Er verfügte auf seine Person bezogen eben nicht über konstruktive und effektive Handlungsstrategien. Wohl wäre es nicht wenig, besäße er grundsätzlich Einsicht über menschliches Verhalten und Verhaltensmöglichkeiten, aber es würde letztlich nicht ausreichen. In vielen Trainingsprogrammen wird von den Inhalten und vom zeitlichen Umfang her davon ausgegangen, daß Verbesserung der Kommunikationsfähigkeit bedeutet, das richtige Wissen über Kommunikation zu vermitteln und dies an ein paar Beispielen einzuüben. Dafür genügen in der Regel einige wenige Stunden, oftmals ein Wochenende, manchmal nur ein Abend.
Damit aber wird das Wesen von Kommunikation mißverstanden. So sehr man sich über technische Einzelheiten von Sich-Mitteilen und Verstehen im Klaren sein muß, so wichtig ist es, zu sehen, daß es im Gespräch um die Begegnung von Menschen geht. Wie bereits erwähnt, sind Sich-Mitteilen und Verstehen keine ausschließlich technische Abläufe, sondern der Versuch, Gemeinschaft herzustellen. Dies fordert die Personen. Nachdem das Mißlingen von Kommunikation sehr häufig ist, gilt es zu ergründen, warum die beteiligten Personen diese Beziehung nicht herzustellen vermögen. Eine Möglichkeit ist, daß ein Gesprächspartner sich einfach über die Bedeutung bestimmter Verhaltensweisen nicht bewußt ist, dies aber in seinem Verhalten sofort zu berücksichtigen vermag, wenn er darauf aufmerksam gemacht wird. Der häufigere Fall ist jedoch, daß er dieses Wissen, so er es besitzt, nicht umzusetzen vermag, die Umsetzung vielleicht sogar verweigert. Damit aber würde deutlich, daß die Veränderung des Kommunikationsverhaltens nicht ohne Veränderung der eigenen Persönlichkeit erfolgen kann - was niemals an einem Wochenende allein erreicht wird. Es wäre auch zu seltsam, wenn man seine über ein Leben hinweg erworbenen recht zentralen Einstellungen und Verhaltensweisen durch ein zeitlich und inhaltlich sehr begrenztes Seminar so ohne weiteres in Frage stellen ließe und aufgeben würde. Das Gegenteil müßte eher der Fall sein. Diese Einstellungen hat man aufgrund von Erfahrungen entwickelt, man glaubt

damit, dem Leben entsprechen zu können. Soll das alles falsch gewesen sein? Hat man nicht immer mit Menschen geredet und sich verstanden? Und jetzt erst soll man lernen, wie das geht, nachdem man es schon vielleicht jahrzehntelang so gemacht hat? Hat man sich im Leben nicht behauptet, im Beruf sich bewährt, Freunde und einen Lebenspartner gefunden und damit gezeigt, daß man mit Mitmenschen umgehen kann? Ja, man wird vielleicht einsehen, daß man an Einzelheiten noch feilen kann und sollte - aber die ganze Richtung in Frage stellen, sich persönlich ändern?

Genau aber darum geht es. Die entscheidenden Kommunikationsprobleme sind keine Wissensdefizite oder Mängel im technischen Verhaltensrepertoire, sondern Probleme der Einstellung zu sich, zum Mitmenschen und zur Welt. Personen, die keine Sensibilität für Empfindungen entwickelt haben, die der Gefühlswelt auch bei sich selbst ausweichen, die sich in eine versachlichte Welt flüchten, die vor allem damit beschäftigt sind, sich durchzusetzen, die die Welt nur von ihren eigenen Bedürfnissen her begreifen können und wollen, die über ein geringes Selbstwertgefühl verfügen und deshalb soziale Beziehungen nicht wagen oder in ihnen immer im Alarmzustand leben, sie sind Beispiele dafür, wie zwischenmenschliche Beziehungen aufgrund von Charakterstrukturen notgedrungenermaßen mißlingen müssen. Wer z.B. immer nur mit sich und seinem Wohl beschäftigt ist, wird sich dem Mitmenschen nicht vorbehaltlos zuwenden können. Für ihn bleibt der Mitmensch ein Instrument eigenen Wohlbefindens, manchmal vielleicht eines, das als solches nicht mehr funktioniert, weshalb man sich um ihn kümmern muß, damit er wieder funktioniert. Aber dieses Sich-Kümmern wird sehr schnell zum Ärgernis, wenn der gewünschte Erfolg auf sich warten läßt. Kritik, ungeduldiges Beraten oder Ignorieren des Problems sind dann mögliche Reaktionen. Wenn die nicht mehr funktionierende Person z.B. Gesundheitsprobleme aufgrund von Überforderung bekommt, wird sie auf den Arzt verwiesen und ihr Problem zu einem ausschließlich medizinischen Problem gemacht. Wird keine Besserung erreicht, so kann man den Arzt oder den Patienten dafür kritisieren. Die Überforderung wäre kein Thema oder höchstens in der Form, daß der Partner besser mit den Anforderungen umgehen lernen sollte. Vielleicht wird dann von ihm gefordert, er solle sich entspannen lernen. Eine so auf sich bezogen handelnde Person wird ihren eigenen Lebensstil nicht erkennen, es ist für sie sogar nützlich, daß sie ihn nicht erkennt, kann sie ihn dadurch doch konsequenter durchhalten. Durch den Charakter der Beteiligten werden somit die Grenzen für eine soziale Beziehung abgesteckt.

Aber der Charakter eines Menschen ist nichts unwandelbares. In der Auseinandersetzung mit sich selbst ist Veränderung möglich. Auf die Ehe bezogen hat Künkel, ganz im Sinne von Alfred Adler, den Wechsel vom Ich zum Wir als zentrales Ereignis herausgestellt. Es bedeutet, daß eine Person sich anders begreifen lernt: nämlich als Teil eines Ganzen. Dosenberger (1983) meint, daß die Liebe bereit macht, selbst zu wachsen und Fromme (1965) äußert gleichsinnig, daß die Liebe wächst, indem die Person wächst. Ohne den Reifungsprozeß der Personen stagnieren soziale Beziehungen. Auf die engen sozialen Beziehungen bezogen bedeutet es, daß die Person von ihrem Charakter her fähig sein muß, den bedingungslos gewagten liebenden Kampf nach Jaspers einzugehen - und durch diesen weiter als Person zu wachsen. Buber (1972^6) hat die Zielrichtung eindringlich verdeutlicht. In einer Welt, die sich immer mehr auf den Einzelnen und dessen Selbstentfaltung konzentriert, sagt er auf die Frage, wozu man sich auf sich selbst besinnen solle, man solle es nicht um der eigenen Person willen tun (Buber 1972^6). Und dies bedeutet im religiösen Bereich: "Das Abzielen auf das eigene Seelenheil gilt hier immer nur als die sublimste Gestalt des Abzielens auf sich selbst" (Buber 1972^6 S.40). Das Ziel eigenen Handelns ist die Welt und in unserem Beispiel der Mitmensch. Es mag sein, daß man als Zwischenschritt sich seiner eigenen Person vergewissern muß, aber das entscheidende Ziel muß die Ausrichtung auf die Welt sein, ist die Selbstlosigkeit das Ziel. Nur derjenige, der sich selbst verliert, gewinnt sich selbst. Bei allem ehrlichen Bemühen, das war der verhängnisvolle Fehler von Vitara in der bereits erwähnten Legende von Stefan Zweig. Er dachte letztlich doch nur an sich und scheiterte.

In den ungebrochenen Strebungen ist die Person auf die Welt ausgerichtet, nur im Zweifel fragt sie nach sich selbst. Solche Zweifel mögen allerdings berechtigt sein, weil wir alle zu häufig und zu stark dieses Ziel des Miteinanderlebens aus dem Auge verlieren und man sich deshalb in kritischer Reflexion seiner eigenen Unzulänglichkeit bewußt werden muß. "Wenn wir selbst in unser Herz hineinschauen, wie schwer tun wir uns da, wie kommen wir nicht von uns weg, wie kehren wir immer wieder zu uns zurück, wie bringen wir es nicht fertig, wirklich das Herz zu verschenken? Und manchmal, wenn wir meinen, wir täten's - ach, es ist dann manchmal auch nicht anders, als daß wir wollen, daß der andere sich uns schenkt, und von einem Wegschenken an den anderen, so wie er ist, ist wenig die Rede" (Rahner 1968^4 S.127). Wir täuschen uns wohl in unserem eigenen Verhalten. Nietzsche hat es ganz illusionslos auf den Punkt gebracht: "Was wir tun, wird nie verstanden, sondern immer nur gelobt oder getadelt" (Nietzsche 1973, V_2, Nr. 264), womit er die egozentrische und bewertende Haltung der Mitwelt herausstellt. Unser eigenes Verhalten zu erkennen und sich ihm zu stellen, wäre die entscheidende Herausforderung. "Man sieht nur mit dem Herzen gut", sagt der Fuchs in der Erzählung von Saint-Exupery. Dazu muß man sich befähigen: mit dem Herzen sehen zu können. Schulz v.Thun sieht die Gefahr, daß wir uns mit neuen Ritualen wie dem Gesprächsverhalten nach Rogers der Aufgabe entziehen, uns der zwischenmenschlichen Begegnung zu stellen - wobei er durch seine eigenen Veröffentlichungen allerdings nichts dazu beigetragen hat, diese möglicher zu machen. Am besten kann man sich ihr entziehen, indem man behauptet, sich ihr gestellt zu haben. Es gibt viele Möglichkeiten, sich der Mitmenschlichkeit dadurch zu versagen, indem man sie scheinbar erfüllt. Ein Beispiel hat Becker beschrieben.

"Es gibt zwei Arten der Vergebung .... Die erste bewirkt die Wiederherstellung des alten Zustandes.... Der Vorgang ist hier so, wie wir ihn von der religiösen und kirchlichen Tradition her kennen: Die Verfehlung muß erkannt und bekannt werden, man hat Einsicht und ist bereit, das Versagen zu vergeben. Die Verfehlung wird mit der Bitte um Vergebung und mit der Gewähr der Vergebung zugedeckt. Das Versagen bleibt aber wie eine empfindliche Narbe spürbar .... Es ist nicht zur Verabeitung des Schadens gekommen, sondern nur zu einem Zudecken" (Becker & Becker 1985 S.77). "Die zweite Art der Vergebung hat eine andere Zielrichtung. Es geht hier nicht um die Wiederherstellung einer alten, sondern um den Aufbau einer neuen, so noch nicht dagewesenen Beziehung zwischen den Partnern .... Um auf Dauer wirksam vergeben zu können, ist es wichtig, die Ursachen zu verstehen, die auslösenden Gefühle zu erkennen und zu spüren, wo die Defizite, die Ängste und Verletzungen liegen, die zum Versagen geführt haben. Die Beziehung muß neu geordnet und nicht einfach nur wiederhergestellt werden" (Becker & Becker 1985 S. 77-78). Wer verzeiht, ohne zu verstehen, verweigert sich dem Miteinandersein, stellt sich der Herausforderung durch das störende Ereignis nicht, versucht es nur zu neutralisieren. Möglicherweise mit einer großen Geste, so daß dieses Versagen nicht als solches deutlich wird, sondern als Zeichen der Versöhnung gelten kann. Es mag sein, daß dieses Verzeihen ohne Verstehen dem Verzeihenden schwerfällt - und trotzdem ist es zu wenig. Zu wenig, weil es vielleicht zu keiner Entspannung der Situation führt, der eigene Groll trotz Versöhnungswillens fortbesteht, zu wenig vor allem deshalb, weil hier die beteiligten Menschen und die Tat nicht ernst genug genommen werden. Sie fordern zur Auseinandersetzung heraus. In seinem Sein zur Kenntnis genommen zu werden, nicht mit klugen Ratschlägen oder Geschwätz abgetan zu werden, dieser Aufgabe muß sich die Mitwelt stellen. Erst dann kann wahre Verzeihung, Versöhnung, Friede möglich sein. Beckmann, in dem Theaterstück "Draußen vor der Tür" von Borchert (1947), findet diese Mitmenschen nicht. Beckmann, Mörder und Gemordeter zugleich, verzweifelt an seiner Situation, verzweifelt vor allem daran, daß er keinen Mitmenschen findet. "Gibt denn keiner Antwort? / Gibt keiner Antwort?? / Gibt denn keiner, keiner Antwort???" Geredet haben viele mit ihm, aber es war nur Gerede.

Der Onkel in der bereits erwähnten Kurzgeschichte "Schischifusch" von Borchert stellt sich der Situation, weil er als warmherziger, spontaner, einfühlsamer Mensch dazu fähig ist. Er kann einfach mitempfinden, was diesem vom Leben gebeutelten Kellner widerfahren ist. Er muß sich dazu keine Mühe geben, muß sich nicht auf diese Aufgabe konzentrieren, um sie bewältigen zu können; nein, indem er davon erfährt, lebt er in diesem Empfinden. Mitempfinden muß er sich nicht vornehmen, muß es sich nicht zur Pflicht machen, sondern er kann von seiner Person her gar nicht anders. Kommunikationstraining muß das Ziel haben, Gespräche durch die Persönlichkeiten der Gesprächspartner zu garantieren und das bedeutet, Menschen durch diskutiertes Erleben von Beispielen sensibler für ihre bisherige Haltung zu machen und dadurch einen Anstoß für die eigene Weiterentwicklung zu geben.

4.6 Dialog als offener Prozeß

Dialog als vorbehaltlose Begegnung zweier Personen bedeutet, daß jede der beiden Personen diesen Prozeß wagt und ihn auch als solchen versteht. Man muß sich dabei seiner eigenen Person bewußt sein und zu ihr stehen, trotzdem aber den

lebendigen und damit offenen Dialog mit dem Partner wollen. Indem dieser von den Beteiligten als eigenständige Personen ernstgenommen wird, ist ein Gespräch nicht mehr von einer Person her zu verstehen, auch nicht als Summe der bereits vorher feststehenden Gedanken zweier Individuen, sondern als ein Interaktionsprozeß zwischen diesen. Im offenen Gespräch ist jeder Gesprächspartner von dem Beitrag des anderen beeinflußt, werden dadurch möglicherweise Empfindungen oder Gedanken angestoßen, die ohne diesen Beitrag des anderen so nicht vorhanden gewesen wären. Deshalb ist "das Endziel ... in der Kommunikation nicht zu wissen" (Jaspers 1956^2 S.70). Jeder muß im Prinzip bereit sein, etwas zum Gespräch beizutragen und den Beitrag des anderen zu respektieren. "Wobei natürlich keiner von vornherein wissen kann, was das etwa sein wird: ein echtes Gespräch kann man nicht vordisponieren. Es hat zwar seine Grundordnung von Anbeginn in sich, aber nichts kann angeordnet werden, der Gang ist des Geistes, und mancher entdeckt, was er zu sagen hatte, nicht eher, als da er den Ruf des Geistes vernimmt" (Buber 1962 S. 296). Was formal so einleuchtend ist, es erweist sich in der Alltagspraxis von Gesprächen als eines der ganz großen Probleme.
Ohne ein Gespräch erschöpfend zu beschreiben, kann man sagen, daß es einen Ablauf hat, den man in seiner inneren Logik respektieren muß. So wird es immer darum gehen, daß eine Person sich mitteilen will und die andere Person - falls nicht zwingende Gründe dagegen stehen - diese Mitteilung aufnehmen muß. Sofern es sich um einen komplexeren Inhalt handelt, wird dieser Abschnitt des Sich-Mitteilens und Verstehens mehrere Gesprächssequenzen einschließen. Es darf in dieser Phase des Gesprächs nicht geschehen, daß ein Gesprächspartner diesen Prozeß verkürzt, z.B. dadurch, daß der Zuhörer nach kürzester Zeit bereits eine Klassifikation oder Bewertung vornimmt. Wenn der Mitteilende ein Problem formuliert, so gehört es zur Logik des Gesprächsablaufs, daß man über Lösungen erst dann nachdenken darf, wenn man das Problem verstanden hat. Ob man dann noch über Lösungen nachdenken will, wird sich später noch herausstellen. In jedem Fall ergibt es keinen Sinn, ein Problem lösen zu wollen, das man nicht hinreichend verstanden hat. "Bei den meisten Wohltaten, die Unglücklichen erwiesen werden, liegt etwas Empörendes in der intellektuellen Leichtfertigkeit. mit der da der Mitleidige das Schicksal spielt: er weiß nichts von der ganzen inneren Folge und Verflechtung, welche Unglück für *mich* oder für *dich* heißt ... das alles, was mit dem Unglück verbunden sein kann, kümmert den lieben Mitleidigen nicht: er will helfen und denkt nicht daran, daß es eine persönliche Notwendigkeit des Unglücks gibt, daß mir und dir Schrecken, Entbehrungen, Verarmungen, Mitternächte, Abenteuer, Wagnisse, Fehlgriffe so nötig sind wir ihr Gegenteil, ja daß ... der Pfad zum eigenen Himmel immer durch die Wollust der eigenen Hölle geht. Nein, davon weiß er nichts: die 'Religion des Mitleidens' (oder 'das Herz') gebietet zu helfen, und man glaubt am besten geholfen zu haben, wenn man am schnellsten geholfen hat!" (Nietzsche 1973, V_2 S.246).
Diese Gefahr der Verkürzung des Dialogs gibt es jedoch nicht nur beim Zuhörer, sondern auch beim Mitteilenden selbst. Beispielsweise dann, wenn dieser den Dialog mit einer Beschreibung seines Gefühlszustandes beginnt, der nicht dem

Ausgangspunkt des Ereignisses entspricht, sondern das Produkt eines Verarbeitungsprozesses ist, an dem der Zuhörer aber keinen Anteil hat und ihn deshalb auch nicht nachvollziehen kann. Es besteht die Gefahr, daß die betroffene Person selbst den Prozeß nicht mehr versteht, weil sie sich der raschen eigenen Abläufe nicht bewußt ist. Grün (1992) hat dieses Problem beispielhaft an dem Thema Wut dargestellt, die manche aus moralischen Überlegungen bei sich nicht wahrhaben wollen und damit ein Chaos auslösen. "Ein großes Mißverständnis ist es, zu meinen, wir müßten dem anderen sofort vergeben, wir dürften keinen Ärger und keine Wut zulassen. Natürlich ist das Ziel, daß wir dem anderen vergeben. Aber die Vergebung steht am Ende der Wut und nicht an ihrem Anfang. Wir dürfen die Wut nicht abschneiden, sondern müssen sie zu Ende fühlen" (Grün 1992 S.17). Die Wut muß so auch Teil des Dialogs werden, aber eingebettet in einen übergreifenden Zusammenhang, in die umfassende Geschichte. Zu ihr gehören wahrscheinlich Erwartungen, Erklärungsversuche, Verunsicherungen, über die ebenso zu reden ist.

Dem Gesprächsprozeß folgen zu können und ihn damit zu erhalten, bedeutet auch, die Fähigkeit zum Überblick und zur Konzentration zu besitzen. Damit ist - wie bereits im vorhergehenden Unterpunkt angesprochen - die geistige Kompetenz gefordert, einen Sachverhalt während seiner Entwicklung aufnehmen und weiterverfolgen zu können. Fehlt es an dieser seelisch-geistigen Kompetenz, so ist die Gefahr sehr groß, daß der Gesprächsfaden verlorengeht und das Gespräch zusammenbricht. Frühzeitige Klassifikationen oder Verurteilungen stellen einen solchen Zusammenbruch dar, aber auch das Abspulen eines Gesprächsrituals. Ein Gesprächspartner, der von Anbeginn des Gesprächs einen schablonenhaften Gesprächsstil praktiziert, hat damit die Idee des Gesprächs als eines lebendigen, offenen Prozesses grundsätzlich nicht vertreten. Anders mag es bei jemand sein, der aufgrund seiner geringen seelisch-geistigen Kompetenz diesen Prozeß nicht durchhalten kann; er mag ihn vielleicht gewollt haben, aber aufgrund seiner Befähigung nicht durchhalten zu können.

Gefährdet ist der offene Prozeß nicht nur durch die mangelnde Fähigkeit, ihn durchstehen zu können, sondern auch durch die, oftmals nicht bewußte, inhaltliche Festlegung des Endes eines Geprächs bereits bei seinem Anfang durch eine der beteiligten Personen. Diese weiß z.B., daß ihre Sicht der Dinge richtig ist und daß der Partner es nur noch einsehen muß; oder sie hat eine bestimmte Lösung eines Problems von vornherein ausgeschlossen, bevor sich der Partner dazu äußern kann. Es werden in unterschiedlichster Form die eigenen Überlegungen als die endgültigen angesetzt, so daß am Anfang das Ende des Gesprächs schon festzustehen scheint. Es mag sogar geschehen, daß ein Gespräch mit einem eigenen Entschluß für ein Ereignis begonnen wird, dem Partner scheinbar nur noch ein Ergebnis mitgeteilt wird. In diesem Fall sieht es so aus, als wolle der Mitteilende über seine persönliche Beteiligung an dem Ereignis nicht reden, nur noch das Ende der Geschichte verkünden. Trotzdem stellt sich die Frage, warum muß er es kundtun? Will er doch noch darüber reden, ist es ein verstohlener Versuch, sein Empfinden zum Thema zu machen? All diese Fehler können zunächst einmal technische

Fehler sein, weil der Gesprächspartner vielleicht eine Formulierung wählt, die endgültig klingt oder so aufgefaßt wird, ohne daß sie so gemeint ist. Oftmals aber sind solche Beispiele mehr als nur der ungeschickte Umgang mit der Sprache. Sie verweisen auf die Haltung des Gesprächspartners, der zu sehr auf seine Person bezogen bleibt, zu wenig den Prozeß mit dem Gesprächspartner gemeinsam vollziehen will, zu wenig das Ich zum Wir erweitern kann, sei es als Mitteilender, sei es als Zuhörer. Es mag ganz generell am Charakter der Person liegen, die das Leben grundsätzlich nur aus der eigenen Perspektive zu sehen vermag, oder daß Vorurteile den Blick verdunkeln, es kann aber auch sein, daß man aus vermeintlich besserer Einsicht handelt, weil man z.B. über das entsprechende Fachwissen verfügt bzw. zu verfügen glaubt. Möglich ist jedoch auch, daß man ein Gespräch implizit schon immer auf die Konsequenzen für die eigene Person hin überprüft und gewisse Konsequenzen ausschließen will. So mag es z.B. sein, daß man die Hilfsbedürftigkeit einer vertrauten Person relativiert, um so der Konsequenz zu entgehen, sich um sie kümmern zu müssen - wobei die Frage wäre, ob das eine aus dem andern folgen müßte.

Der offene Prozeß eines Dialogs wird aber auch durch eine Tendenz beeinträchtigt, die gerade in vielen Trainingsprogrammen eine dominante Rolle spielt. Es geht um die Angst, Fehler zu machen und das Bemühen, diese unter allen Umständen zu vermeiden. Aus der Angst, den Gesprächspartner durch die eigene Reaktion in eine falsche Richtung zu drängen, wird manchmal auf jegliche eigene Reaktion verzichtet, nur nachvollzogen, was vom Mitteilenden selbst eingebracht wird. Angst aber ist ein schlechter Ratgeber, gleichgültig, wie elegant man das Produkt seiner Angst verpackt. Seneca gab der Angst vieler Menschen Ausdruck, nicht wahrgenommen, nicht gehört zu werden. Wer gehört wird, will aber noch mehr, wie Borchert intensiv deutlich macht: ersehnt wird eine Antwort auf die eigene Mitteilung. Seneca wie Borchert sind auf der Suche nach dem Mitmenschen. Der Jüngling Peter in dem anfangs erwähnten Film von Bergmann beginnt wieder an das Leben zu glauben, weil sein Vater mit ihm geredet hat, ihm geantwortet hat. Dem Menschen ein Mitmensch zu sein, bedeutet, sich ihm nicht zu entziehen, sich ihm nicht zu versagen, sondern als diese einmalige Person Begegnung zu wagen, dem andern die eigene Hand zu reichen, sich dieser Begegnung als die Person, die man ist, hinzugeben. Dies ist ein Wagnis - aber für beide Seiten.

Guten Willen vorausgesetzt, was ist der größere Fehler: in seinem persönlichen Empfinden möglicherweise die andere Person mißzuverstehen oder durch faktisches Spiegeln, was der andere mir gesagt hat, nur auf ihn zu verweisen und damit ihm die Verantwortung für den Prozeß überlassen? Wie kann man mit einer de facto ausschließlich auf Sicherheit ausgerichteten Strategie dem lebendigen Leben, dem gewollten Zwiegespräch gerecht werden? "Wer nur richtig handeln und sprechen will, handelt gar nicht. Er tritt nicht ein in den Prozeß und wird unwahr, weil er unwirklich wird. Wer wahr sein will, muß wagen, sich zu irren ..." (Jaspers 1956^2 S.69). Der geneigte Leser wird sicherlich ahnen, daß sich diese Bemerkungen vor allem gegen den Ansatz von Rogers richten - aber auch gegen Miller u.a. - und er wird sich daran erinnern, daß es gerade Rogers auch um Selbstkongruenz ging und daß er in großer Sorge war, sein Ansatz könnte zur Technik verkommen (s. Schlör 1994). Sind es irgendwelche Epigonen, die seinen Ansatz verfälscht oder verwässert haben oder werden damit nur Probleme deutlich, die im Ansatz von Rogers zugrundegelegt sind? Gesprächsbeispiele von Rogers selbst und anderen Therapeuten bzw. Trainern verdeutlichen, daß das Problem im Ansatz liegt. Diesen Problemen muß man sich stellen, statt nur gegen sie anzureden. Die Alternative ist sicherlich nicht, daß nun jedermann wieder unbekümmert darauf losschwatzt, sondern daß er seine Empfindungsfähigkeit schult, um im Besitz dieser sich vollverantwortlich einer konkreten Situation zu stellen, hier als Person präsent zu sein. Eine Strategie hingegen, die, in welcher Form auch immer, die Sicherheit, das Vermeiden von Fehlern als wesentliches Anliegen zum Inhalt hat, zerstört den Dialog als offenen Prozeß. Leben muß als pulsierender, spontaner, empfindsamer Prozeß gewagt werden - oder es ist nur noch eine Karikatur seiner selbst.

4.7 Umgang mit Konflikten

Eine besondere Herausforderung für die Begegnung von Menschen stellt der Konfliktfall dar, da sich dort die Interaktion nicht in einfachem Senden und Empfangen erschöpft, weil das, was der Empfänger aufnimmt, nicht zur Bestätigung seiner Position oder der des Senders führt, sondern vielmehr Diskrepanzen deutlich werden. Offensichtlich ist ein zusätzlicher Prozeß notwendig, wie ja in dem Ansatz von Gordon oder von Schindler u.a. angedeutet wurde. Geht es darum, das Streiten zu akzeptieren, wie es Charny oder Bach propagiert haben und dadurch zu einem kontrollierten Streiten zu gelangen? Muß man eine Streitkultur entwickeln? Hält man sich an die ideologische Ebene, so wäre dies notwendig, weil es eben darum ginge, den Widerstreit zwischen zwei Individuen als natürlich zu akzeptieren und dessen streitige Regelung salonfähig zu machen. Insbesondere erscheint es Frauen wichtig, sich in einer Ehe zu behaupten, den Konflikt zu wagen (s. z.B. Lerner 1985, 1990).
Die Popularität von Konfliktstrategien in der heutigen Gesellschaft ist verständlich, da es eine starke Tendenz zur Selbstverwirklichung gibt und dies für viele oftmals bedeutet, sich durchzusetzen. Mit einem solchen Streben, gleichgültig welche Formen es annimmt, verharrt man in einem individuozentrischen Ansatz, man schützt damit seine Interessen. Letztlich zielt das eigene Leben jedoch auf mehr, deswegen ergeben sich ja Konflikte. Man will als Individuum mit einem anderen Individuum zusammenleben und aus dieser besonderen Konstellation heraus ergeben sich die Konflikte. Das Problem ist als Individuum in einer Gemeinschaft zu bestehen. Folgt man Autoren wie Gordon oder Schindler u.a., so ist Konfliktmanagement im Prinzip ganz einfach. Es müssen dazu mehrere Schritte vollzogen werden. Zunächst muß von beiden Seiten das Problem identifiziert werden; danach müssen allgemeine und später konkrete Wünsche von beiden Partnern geäußert werden und Übereinkunft zwischen beiden Parteien hergestellt werden; sodann muß man in allgemeiner und dann sehr konkreter Form Umsetzungsmöglichkeiten für die gemeinsamen konkreten Wünsche erörtern, geeignete auswählen und

realisieren. Wesentlich dabei ist, daß immer wieder Übereinstimmung zwischen den Partnern hergestellt wird (s. hierzu das bereits erwähnte Modellgespräch von Schindler u.a.), so daß jeder in der Lösung seine Interessen berücksichtigt findet. Das Verfahren ist dann eine "niederlagenlose" Methode.

Ein solches Schema, das auch im Konfliktfall zum Mitteilen und Zuhören auffordert, weist sicherlich den Weg zum Gespräch. Aber ebenso wie die lerntheoretische Verhaltensgleichung ist dieses Schema nur ein sehr allgemeiner Rahmen, der noch seiner inhaltlichen Füllung bedarf. Man kann mit diesem Schema nur oberflächlich spielen und damit letztlich vor der Aufgabe versagen (s. eben gerade Gordon oder Schindler u.a.), man kann aber auch aus einem tiefen Verständnis vom Menschen und vom Zusammenleben der Menschen heraus dieses Schema mit Leben füllen. Im letzteren Fall wird man, wie das zumindest im Prinzip die Marriage Enrichment Bewegung es sah, den Konflikt als Chance zum Wachstum sehen. Künkel hat diese schwierige Aufgabe beschrieben: "... man muß dem Wir dienen, aber man darf sich dem Du nicht unterwerfen; man muß das Du verstehen, muß Rücksicht auf seine Eigentümlichkeiten nehmen, muß es achten und anerkennen, - aber man darf sich von ihm nichts gefallen lassen. Man muß die Gegensätze und die ungelösten Aufgaben begreifen, die der Partner in sich trägt und die man selber in sich trägt; man muß auf ihre Lösung dringen und muß selber diese Lösung herbeiführen helfen; man muß fruchtbar, erfinderisch, schöpferisch sein, ob man will oder nicht" (Künkel 1942[3], 1973 S.165). Es geht damit nicht nur darum, sich zu behaupten, sondern auch darum, gleichzeitig die Gemeinschaft zu stützen. Wenn Gemeinschaft gewollt wird, muß versucht werden, die Individualität so zu bewahren, daß die Gemeinschaft nicht gefährdet wird. Im gleichen Augenblick, in dem man sich selbst bewahren will, muß man auch den Partner bewahren wollen. Dieser Spagat ist schwierig und deshalb verweigern sich ihm viele. Sie glauben, man trage nur Verantwortung für sich selbst, und wenn jeder der Partner dies täte, dann sei es genug. Freilich wird man dann fragen müssen, wie man diese Verantwortung tragen, wie man nur für sich selbst sein könne; dazu s. weiter unten. Es geht oftmals nicht um allgemeine Selbstbehauptung, sondern wie bei Lerner (1990) um Selbstbehauptung in der Ehe.

Lerner hat nach eigenen Aussagen einen Ratgeber für Frauen zur Veränderung intimer Beziehungsstrukturen geschrieben. Obwohl damit die Ehe nicht in Frage gestellt, diese Ehe vielmehr partnerschaftlicher werden soll, beschäftigt sich Lerner allein damit, Frauen zu unterweisen, sich in der Beziehung effektiv zu behaupten, so daß ihre Position gestärkt wird. Eine ihrer zentralen Aussagen ist, daß jeder und damit auch die Frau, für sich selbst einstehen müsse, nur für sich selbst verantwortlich sei. Ein Problem in der Ehe sei, daß das eben so nicht praktiziert wird, sondern der Mann seiner Frau die Gefühlsarbeit überläßt und diese sie übernimmt. Die Ehefrau müsse nun aber zu ihren Gefühlen und Bedürfnissen stehen, dem Ehemann das gleiche Recht lassen, aber ihm auch sagen, was sie nun zu tun gedenke und dies auch tun. Letzteres nicht, um ihn zu erpressen, sondern weil sie darin ein eigenes Anliegen hat. "Wenn eine Frau, die diese Rolle verinnerlicht hat, lernt, sich zurückzunehmen und ihre Energien in ihr eigenes Leben fließen zu

lassen ..., wird ihr distanzierter Partner vermutlich seine eigenen Kontakt- und Nähebedürfnisse erkennen ..." (Lerner 1990 S.58). Lerner erläutert das Gemeinte an dem Beispiel eines jungen Ehepaares. "Seit der Geburt ihres ersten Kindes hatte sich Larry zunehmend von Sandra zurückgezogen und seine Energien in seine Arbeit und seine Hobbys gesteckt. Sandras Verhalten schwankte zwischen Forderung nach Zuwendung, zorniger Kritik und mürrischem Rückzug. Es überrascht nicht, daß sich ihre Beziehung immer weiter verschlechtert" (Lerner 1990 S.59). Nun ändert Sandra ihr Lebensverständnis im Sinne von Lerner. Sie teilt ihrem Mann mit, daß sie seine Lebensart akzeptiere und daß ihr bewußt geworden sei, daß sie etwas von ihm erwartet habe, was sie selbst leisten müsse. Larry ist überrascht und erfreut, da seine Frau ihn in Ruhe lassen wolle, ohne mit ihm böse zu sein. Sandra unternimmt nun des öfteren abends alleine etwas, sorgt dann sogar für einen Babysitter, damit ihr Mann nicht belastet wird. Nach einiger Zeit wird ihr Mann nervös, bringt keine Arbeit mehr mit nach Hause, beginnt sich um seine Frau zu bemühen. Die Ehefrau ist erfolgreich, zumindest oberflächlich gesehen.
Könnte man aber noch von Erfolg sprechen, wenn der Ehemann aus der Angst gehandelt hätte, seine Frau würde sich langfristig doch von ihm entfernen, zu sehr ein Eigenleben führen? Nun, das hat zuvor er ja getan und ist jetzt nur dorthin zurückgekehrt, wo er eigentlich ganz am Anfang war. Es ist ja auch nicht sicher, daß er aus dieser Angst heraus gehandelt hat. Aber wenn es doch so wäre, so hätte die Ehefrau ihn unter Druck gesetzt - versteckter und effektiver als früher. Man kann nicht wissen, ob es so ist. Entscheidend ist, daß für Lerner solche Überlegungen nicht vorkommen. Die Beispiele werden auf der Entscheidungsebene abgehandelt. Hier trifft die Ehefrau Entscheidungen für sich - und es sollen keine gegen den Ehemann oder gegen die Ehe sein. "... sie konnte herzlicher mit ihm umgehen als sonst, wenn sie sich auch sichtlich auf ihre eigenen Interessen und Pläne konzentrierte" (Lerner 1990 S. 60). Beeindruckend ist, daß Lerner eines niemals tut: sie fragt nicht nach dem Erleben der Menschen, hier insbesondere des Ehemannes. Er wird als jemand eingeführt, der sich von seiner Frau zurückzieht und in Arbeit und Hobbys aufgeht. Das war nicht immer so. Was ist geschehen? Lerner interessiert es nicht. Die Ehefrau hat auf das Verhalten nach Darstellung von Lerner mit Forderungen, Kritik und Resignation reagiert. Es wird nicht erwähnt, daß sie sich um Verständnis für das Verhalten ihres Mannes bemüht hat. Und dann wird als Alternative die Stärkung des eigenen Lebensweges herausgestellt!
Lerner ist radikaler als z.B. Schindler u.a., die in ihrem Beispiel wenigstens noch mit der Idee kokettieren, daß Ehepartner einander verstehen sollten. Bei Lerner spielt das keine Rolle mehr. Wir wissen nicht, was sich zwischen dem Ehepaar abspielte, als das Baby geboren wurde. Man kann hier nur spekulieren. Eine Möglichkeit ist, daß Sandra sich zu sehr um das Baby kümmerte, ihr Ehemann sich vernachlässigt fühlte, deshalb glaubte, er sei für seine Frau nur noch der Zweitwichtigste. Er ist gekränkt und reagiert mit Rückzug. Das fordernde, drängende Verhalten seiner Frau interpretiert er im gleichen Sinne; er sieht sich nur noch als Erfüllungsgehilfe der Bedürfnisse seiner Frau und verweigert sich. Durch die neue Verhaltensweise seiner Frau mag er sich einmal mehr in seiner Auffassung bestä-

tigt fühlen, da sie sich ja nun erkennbar auf ihre eigenen Interessen konzentriert. Aus Angst, seine Frau ganz zu verlieren, gibt er seine Verweigerungshaltung auf, akzeptiert letztlich die ihm zugedachte Rolle. Sollte es so gewesen sein, so wäre das ein fürchterlicher Ausgang für die Ehe. Das ist eine mögliche Interpretation, andere sollen aus Platzgründen nicht durchgespielt werden. Es reicht, daß eine solche Darstellung überhaupt möglich ist. Damit wird deutlich, daß dieses nur für sich Einstehen dadurch ehefeindlich ist, weil der Ehepartner als Person mit seinem eigenen Erleben keine Bedeutung bei Lerner hat. Selbst wenn ein äußerlich erwünschtes Verhalten dadurch herbeigeführt wird, die Ehe als Ort des Verständnisses füreinander und der Verständigung wird in jedem Fall geopfert; ob nur eine oder beide beteiligten Personen auch, mag diskutiert werden.

Man kann den Konflikt als Konflikt zwischen Personen verstehen und sich auf die Person des Gegners einschießen. Das ist das übliche Verständnis und es ist nicht unberechtigt. In der Tat mag es sein, daß man auf einen Interaktionspartner stößt, der einem das Leben schwer macht, der seine Probleme auf die Partnerschaft überträgt. Hält man sich wie Lerner nur an das störende Verhalten des anderen, so wird die durch die Störung gebotene Möglichkeit vertan, ein tieferes Verständnis vom Mitmenschen zu gewinnen. Es wird vielleicht auch die Chance verpaßt, sich selbst näher zu kommen. In der Interaktion können ungelöste Probleme der eigenen Person deutlich werden, Widersprüche in ihr sichtbar werden. Solche Probleme sind nicht dadurch zu lösen, daß man sich gegenüber dem Partner behauptet, sondern dadurch, daß man mit sich selbst ins Reine kommt. "Bevor ich mich mit anderen Menschen versöhnen kann, muß ich mich zuerst einmal mit mir selbst aussöhnen" (Grün 1992 S.9). Buber zitiert gleichsinnig den Rabbi Bunam, der sagte: "Erst wenn der Mensch in sich selber den Frieden gefunden hat, kann er daran gehen, ihn in der ganzen Welt zu suchen" (Buber 1972[6] S.33). Diesen Frieden findet man nicht durch irgendeine Art von Entspannungstraining, sondern dadurch, daß man sich seinem Leben stellt und eine Lebensform findet, in der man ruhen kann. Vielleicht greift Buber mit seiner Formulierung etwas weit, aber es ist ein Gedanke, der zumindest zu berücksichtigen ist: "Der Ursprung allen Konflikts zwischen mir und meinem Mitmenschen ist, daß ich nicht sage, was ich meine, und daß ich nicht tue, was ich sage" (Buber 1972[6] S.34).

Es geht damit im Konflikt auch um die Aufgabe, sich selbst zu verstehen und zu sich selbst zu stehen. Sich selbst finden ist nicht in der vordergründigen Weise gemeint, seinen Charakter zu erkennen, dies wohl auch, aber weit mehr, daß man ein Verständnis menschlichen Lebens und damit auch seines eigenen Lebens entwikkelt. Man kann einen Ehekonflikt als einen Konflikt zwischen zwei konkreten Charakteren begreifen, was er wohl auch ist, aber er ist mehr als dies. Es ist ein Konflikt zwischen zwei Personen, die die Gemeinschaft miteinander gesucht haben und die dennoch die Grenzen ihrer Möglichkeiten erleiden mußten, aber nicht daran verzagen dürfen. Wer sich dieser grundsätzlichen Herausforderung versagt, zu schnell mit billigen Erklärungen diese existentielle Belastungsprobe abtut, bleibt ungesichert. Er kann sich dann vielleicht in eine vordergründige Form flüchten und aus ihr heraus handeln, aber er wird blind sein, in seinen Lebensmöglichkeiten begrenzt und damit starr sein. Eine solche starre Lebensform würde sich u.a. in der Auffassung ausdrücken, man sei nur für sich verantwortlich. Mit einer solchen Lebenshaltung könnte man zwar Konflikte leichter angehen, würde damit aber - vielleicht ohne es zu wissen - die eigene Einsamkeit fördern. Im Konflikt zeigt sich, ob man zu sich selbst stehen und trotzdem den Partner gelten lassen kann. Erst im Konflikt offenbart sich, ob der Schritt vom Ich zum Wir innerlich vollzogen wurde.

5 Methodik der Einstellungsänderung

Veränderung des Kommunkationsverhaltens ist nach dem bisher Gesagten im wesentlichen Änderung der Einstellung zu sich selbst, dem Mitmenschen, dem Interaktionsgeschehen. Plum (1981) war im gleichen Sinne der Überzeugung, daß durch ein damit verbunden vertieftes Verständnis von Menschen und Interaktionen die Ressourcen sich verbessern würden, auf die die Person dann in der Interaktion zurückgreifen kann und daß vor allem darauf gesetzt werden muß. Kommunikation wie Handeln allgemein würde nach Buber (1972[6]) zunächst einmal fordern, daß der Mensch im Einklang mit sich selbst ist und so aus sich heraus zu handeln vermag. Der Apostel Lukas hat das so formuliert: "Denn es gibt nicht einen guten Baum, der schlechte Frucht bringt, und auch nicht einen schlechten Baum, der gute Frucht bringt. Denn jeden Baum erkennt man an seiner Frucht. Man sammelt doch von Disteln nicht Feigen, und von einem Dornstrauch pflückt man keine Trauben. Der gute Mensch bringt aus dem guten Schatz seines Herzens das Gute hervor, denn wovon das Herz voll ist, davon redet der Mund" (Lukas 6, 43 f). Dieser "gute Mensch" mag im Alltag nur ansatzweise vorhanden sein, so daß es darum ginge, ihn so zu stärken, daß er in seiner Einstellung derart gefestigt ist, daß sie das sichere Fundament für sein Handeln sein kann. Die Einstellungsforschung hat jedoch genügend Belege erbracht, daß die rechte Einstellung allein noch nicht notwendigerweise zum entsprechenden Verhalten führt, weil hier noch andere Variablen eine Rolle spielen, z.B. das erforderliche Verhaltensrepertoire und erlebte Erfolgsaussichten. Trotz dieser notwendigen förderlichen Variablen kommt der überzeugten Einstellung eine herausragende Bedeutung zu: zum einen als zwingend notwendige inhaltliche Voraussetzung, um ein Tun wollen zu können, und zum andern als Variable, durch die andere Variablen vielleicht erst aktiviert werden wie z.B. die Suche nach Realisationsmöglichkeiten.

Wenn es eine entscheidende Aufgabe ist, von einer Einstellung völlig überzeugt zu sein, um aus ihr heraus handeln zu können, so gilt dies sicherlich nicht nur für eine konkrete Einstellung, sondern für die Einstellung zur Kommunikation schlechthin. Das Verständnis von Kommunikation muß so sein, daß es in sich keinen Zweifel enthält, sondern eine sichere Plattform für konkretes Handeln sein kann. Für die Evaluation eines Verfahrens ist nicht nur wichtig, ob es effektiv ist, sondern ebenso, ob es auf Akzeptanz in der Bevölkerung stößt (s. Sommer u.a. 1978), denn was wäre ein effektives Verfahren wert, das niemand anzuwenden bereit wäre. Unter Berücksichtigung von ausführlichen Diskussionen mit vielen Teilnehmern an einem eigenen Kurs kann man folgende Ansprüche an ein Kommunikations-Konzept formulieren.

- Das Konzept muß in sich schlüssig und nachvollziehbar sein.
- Es muß Möglichkeiten der Verbesserung eigenen Verhaltens aufzeigen.
- Es darf die Individualität der Person nicht in Frage stellen, womit Kommunikation immer Ausdruck der eigenen Person bleiben muß.
- Damit ist impliziert, daß die Eigenverantwortlichkeit des Individuums nicht in Frage gestellt (z.B. durch vorgegebene Schablonen), sondern im Gegenteil gestärkt wird.
- Aus all dem folgt, daß die Natürlichkeit des Verhaltens nicht gefährdet, sondern gefördert werden muß.
- Das Verhalten muß für die handelnde Person selbst, aber auch über sie hinausgreifend (Gesprächspartner, größere Gemeinschaft) von Gewinn sein.

Die folgende Darstellung der Methodik von Einstellungsänderung für das Kommunikationsverhalten orientiert sich an einem von den Autoren durchgeführten fünfjährigen Projekt. Die Teilnehmer (N = ca. 400) nahmen in Kleingruppen an einem jeweils ein knappes halbes Jahr dauerndem Seminar teil. Ein Wochenendtreffen von Freitag abend bis Sonntag nachmittag stand am Anfang und Ende des Kurses, dazwischen fanden sieben jeweils drei-stündige Treffen statt; ein Auffrischungs-Wochenende folgte ca. zwei bis drei Monate nach Kursende. Die Teilnehmer waren Schülerinnen des Mädchenbildungswerkes (MBW) Gemünden am Main (Schülerinnen der Fachakademie, der Realschule und des Gymnasiums), Lehrer der Schule, Eltern und Erwachsene, die dem MBW verbunden waren.

Der Versuch der Einstellungsänderung oder der Vertiefung bisheriger Einstellung erfolgt in sechs Schritten, deren Reihenfolge zwar aufeinander inhaltlich abgestimmt ist, die aber nicht als starre Lerneinheiten zu verstehen sind. Die Förderung der Auseinandersetzung mit dem Thema steht im Vordergrund. Ergibt es sich, daß für Teilnehmer ein eigentlich an späterer Stelle vorgesehener Punkt bereits früher wichtig ist, so muß er dann schon berücksichtigt werden. In dem lebendigen Prozeß der Erarbeitung des Themas wird zwischen den einzelnen Punkten oftmals hin- und hergesprungen werden, was nicht Ausdruck von Orientierungslosigkeit ist, sondern auf die Verzahnung der einzelnen Themen verweist. Aufgabe des Leiters ist es daher, sowohl flexibel auf die Beiträge der Teilnehmer zu reagieren als auch das übergreifende stufige Konzept im Auge zu behalten.

Die sechs Stufen sollen zunächst überblicksartig aufgeführt, um danach ausführlicher dargestellt zu werden:

- Ziele bezüglich Kommunikation bestimmen
- Bewußtmachung des Problems
- Problem als eigenes Problem akzeptieren
- Hilfe anfordern
- Verhalten einüben
- Reflexion der Problematik

5.1 Zieldefinition

Zu Beginn des Kurses mußte geklärt werden, ob die Teilnehmer mit der Teilnahme an dem Kurs die gleichen Ziele verfolgten wie die Kursleiter. Es ist selbstverständlich, daß die Ziele im großen und ganzen deckungsgleich sein müßten, weil man ansonsten nicht den gleichen Weg gehen könnte. So wäre es nicht vereinbar, wenn manche Teilnehmer nur ihre rhetorischen Fähigkeiten verbessern, die Leiter hingegen das Verständnis füreinander vertiefen wollten. Mit diesen Erwartungen an den Kurs ist die zentralere Frage verbunden, was man denn von Kommunikation überhaupt erwarte. Wie bereits früher angedeutet, muß man das Thema weiter konkretisieren und die Bezugsperson für ein solches Gespräch einführen. Da enge persönliche Beziehungen entscheidend für die Gestaltung menschlichen Lebens sind, wurde Kommunikation bezogen auf Personen gemeint, zu denen man eine enge persönliche Beziehung hat (also vor allem Ehepartner, Freunde, Familienangehörige, enge Bekannte).
Es zeigte sich, daß über alle sehr unterschiedlich zusammengesetzte Gruppen hinweg die Erwartungen an Kommunikation mit solchen Personen gleich waren. In einer solchen Kommunikation erwartet man letztlich, sich selbst leben zu dürfen und auf einen Partner zu treffen, der einen wahrnimmt und gelten läßt, dem man sich mitteilen kann und von dem man sich verstanden fühlt, im Einzelfall auch Rat und Unterstützung findet. Gleichzeitig will man in der gleichen vorbehaltlosen Weise auch den Partner wahrnehmen, interessiert sich für dessen Leben, will daran teilhaben und u.U. dadurch angeregt werden. Der andere wird nicht als Erfüllungsgehilfe für das eigene Wohlbefinden verstanden, obwohl er dafür wichtig ist; er hat seinen eigenen Wert. Erfüllung findet man nicht für sich allein, sondern nur mit dem anderen zusammen. Im Dialog hat der Partner seinen eigenen, unmittelbar erlebten Wert. In der Begegnung mit ihm lebt die eigene Person auf, kann sie nur sie selbst werden. Buber hat hervorgehoben, daß man zwar bei sich beginnen, aber nicht bei sich enden dürfe; daß es etwas wichtigeres als die eigene Person geben müsse. Wichtig ist der andere, weil man ohne ihn nicht zu sich selbst findet - wie umgekehrt er auch nicht zu sich findet ohne diesen Partner. Die Logik, die hinter allen Einzelnennungen der Teilnehmer steht und auf die sie sich festlegen lassen, ist die Gemeinschaft, in der die beteiligten Individuen aufgehen, ohne sich deshalb aber aufzugeben. Das Ellipsen-Modell verdeutlicht diese Haltung.
Es ist selbstverständlich, daß die Teilnehmer diesen Gedanken nicht explizit formulieren. Sie nennen jedoch viele Einzelheiten, die letztlich nur von diesem Gedanken her zu verstehen sind. Wird er zur Interpretation der zahlreichen Details vorgeschlagen, so finden sie sich in ihrem Anliegen damit richtig verstanden. Da sich dies bei allen Gruppen wiederholte, kann man es als Bestätigung dafür ansehen, daß es sich offensichtlich um ein Grundanliegen der Menschen handelt. Sie suchen in den ihnen verbundenen Personen den Mitmenschen, mit dem sie das Leben teilen können. Damit beschreiben die Teilnehmer ihre ihnen bewußte Einstellung. Diese Einstellung muß sich nicht notwendigerweise voll im Handeln

umsetzen und es muß damit nicht umfassend die Haltung jeder Person erfaßt sein. Sie ist jedoch ihr bewußtes Verständnis eigenen Strebens.
Es ist wichtig, daß sich die Menschen ihrer Strebungen bewußt werden und sie explizit formulieren. Wichtig deshalb, damit sie sich bei konkretem Handeln daran erinnern und ihr Tun daran messen, bewerten können. Deshalb muß es ihr eigenes Ideal sein, nicht ein aufgedrängtes, von dem sie sich bei Gelegenheit mit Verweis auf den ausgeübten Zwang leicht distanzieren können. Es muß ihnen bewußt werden, was sie selbst wollen.

5.2 Bewußtmachung der Problematik

Tun wir, was wir tun wollen? Zeigen wir dieses vom Ideal her gewollte Kommunikationsverhalten? Buber meinte, eines der Hauptprobleme bestehe darin, daß wir nicht tun, was wir wollen.
Eine erste Annäherung an dieses Thema besteht in der Bewertung von Gesprächsbeispielen, die wir als Beobachter erleben, hier als berichtete Gespräche. In vielen solcher dargestellten Beispiele wird das Miteinanderleben völlig ignoriert, handelt einer der Beteiligten als Einzelner, der nur seinem Interesse folgt und den Mitmenschen in seinem Sosein nicht verstehen, nur auf seine Linie bringen will. Wird es von neutralen Beobachtern erkannt? In der Regel nicht. Sie beziehen persönlich Position, würden sich ähnlich verhalten wie die handelnde Person, verteidigen ein solches Verhalten als sinnvoll und notwendig. In der Regel findet man an der prinzipiellen Art des Verhaltens nichts zu kritisieren. Wenn etwas kritisiert wird, dann die inhaltliche Seite, also z.B. den gegebenen Rat selbst. Auf die Struktur der Interaktion wird kaum geachtet und daher werden Verfahrensfehler selten bemerkt. Die Aufgabe war jedoch, das Gespräch selbst zu bewerten, was die meisten Teilnehmer aber so verstanden, die von den Gesprächsteilnehmern inhaltlich bezogene Position zu bewerten. Erschien z.B. ein gegebener Rat als sachlich richtig, so wurde das Gespräch als gut bewertet, obwohl vielleicht ein Rat in dieser Situation deplaziert gewesen wäre. Zwei Gesprächsbeispiele und Kommentare von Probanden sind in Text 2 abgedruckt. Bei dem ersten Beispiel sind die Probanden vor allem schockiert über die Sachaussage von Heike und ihren Rückgriff auf Illustriertenwissen. Bei dem zweiten Beispiel sind sie begeistert von dem Verständnis der Ehefrau für ihren Mann.
Über die Bewertung eines solchen Beispiels muß diskutiert werden. Es muß z.B. für das zweite Gespräch das Motiv der Ehefrau für ihr Handeln herausgearbeitet und darüber nachgedacht werden, ob sie mit ihrem Handeln der Situation gerecht wird. Es müssen realistische Beispiele eingeführt werden, die strukturgleich sind und in denen sich die Teilnehmer als Erleidende einer Situation identifizieren können. Gelingt es, so werden die Teilnehmer in dieser Position die Wirkung einer Handlungsweise eher empfinden können. So mögen sie dann sagen, daß ihnen die Reaktion des Partners wenig geholfen habe, sie sich vielleicht sogar unverstanden gefühlt haben. Es wird ihnen dadurch leichter, sich in die vorliegende Situation einzufühlen und zu erkennen, daß die Reaktion dieses Partners ebenfalls am

Erleben der angezielten Person vorbeigeht. Diese Erkenntnis, daß man etwas als gut angesehen hat, was gerade das Gegenteil davon ist, daß man sich mit dem Gespräch als Interaktionsgeschehen gar nicht auseinander gesetzt hat, ist für die beginnende Auseinandersetzung mit dem Thema eine Wegmarke. Es wird deutlich, daß man sich in seinem Urteil getäuscht hat, daß man eine Position vertreten hat, die so nicht zu halten ist, weil man sie selbst nach der Diskussion nicht mehr aufrechterhalten kann und will. Eine Verunsicherung eigenen Bewertens erfolgt, die der Beginn einer Krise eigenen Verständnisses von Gesprächen, aber auch von sich selbst und dem Umgang mit Mitmenschen ist.

5.3 Problem als eigenes Problem akzeptieren

In Fortsetzung der Auseinandersetzung mit Gesprächsbeispielen über deren Bewertung ist es wichtig, Gespräche persönlich noch erlebbarer zu machen. Als Methode der Wahl bietet sich dazu das Rollenspiel an. Zur Einstimmung auf die Problematik kann man ein Experiment durchführen, an dem Kursteilnehmer mitwirken. Man wähle dazu ein Grundthema aus, das man mit unterschiedlichen Gesprächspartnern in einer entweder offenen, die Meinung des Partners respektierenden, kooperativen oder in einer entschiedenen, nur von der eigenen Meinung überzeugten, dominanten Weise bespricht. Die jeweiligen Teilnehmer hören die Gespräche der anderen Mitspieler nicht. Die Gespräche werden aufgezeichnet, damit alle Personen sie später während der Diskussion anhören können. Es zeigt sich dabei, daß ein harter, konfrontativer Stil immer zu einem kämpferischen, abwehrenden oder resignierenden Verhalten der Mitspieler führt. Umgekehrt führt ein aufgeschlossener Kommunikationsstil zu einem kooperativeren, an der Sache orientierten lösungssuchenden Verhalten der Mitspieler. Ein solches, eigentlich riskante Experiment - jeder Teilnehmer will sich in dieser besonderen Situation ja im Sinne der sozialen Erwünschtheit verhalten, wodurch ein destruktives Verhalten unwahrscheinlicher werden müßte - gelang erstaunlicherweise immer. Es beeindruckte auch die Zuschauer. In der Diskussion wurde deutlich, daß der harte Stil eigentlich nichts ungewöhnliches ist: je mehr man von der eigenen Position überzeugt ist, desto mehr neigt man zu diesem den Mitmenschen bedrängenden Stil - freilich ohne ihn als solchen und in seinen Auswirkungen zu erkennen.

So beeindruckend solche Vorführungen für die Teilnehmer sind, es sind vom Kursleiter eingeführte und bestimmte Beispiele, in denen der Mitspieler sich vielleicht eher als Opfer begreift. Rollenspiele, die dem Alltag entspringen, am besten von Teilnehmern selbst angestoßen, sollen so weit wie möglich das natürliche Verhalten der Menschen abbilden. Oftmals wird von den Teilnehmern ausdrücklich bestätigt, daß sie sich im Prinzip im Alltag so verhalten hätten - vielleicht noch extremer als im Rollenspiel. Diese Realitätsnähe ist absolut notwendig. Aber ebenso wichtig ist, daß man mit den Beispielen an die kritischen Stellen der Interaktion gelangt. Erst dort zeigt sich die wahre Einstellung der Beteiligten. Wählt man hingegen Beispiele aus, die keine persönliche Relevanz für den Rollenspieler haben oder die von ihrem Inhalt her keinen besonderen Aufforderungscharakter haben, so wird die mitspielende Person nicht gefordert. Es wäre so, als ob man die Intelligenz von Menschen prüfen wollte und den Test zu leicht machen würde. Im Evangelium nach Lukas wird dieses Problem deutlich benannt: "Wenn ihr die liebt,die euch lieben, was für ein Dank steht euch zu? Denn auch die Sünder lieben jene, die sie lieben. Wenn ihr denen Gutes tut, die euch Gutes tun, was für ein Dank steht euch zu? Denn auch die Sünder tun dasselbe" (Lukas 6, 32). Die Bewährungs probe ergibt sich erst dann, wenn man einer Person begegnet, die einen nicht liebt, die einem nichts Gutes tut. Aufgabe des Kursleiters ist es daher, unter Berücksichtigung der Besonderheit der Teilnehmer sich Beispiele auszudenken, die realitätsnah und problemfähig sind, um die Haltung der Beteiligten sichtbar zu machen. Am besten sind natürlich Beispiele von den Teilnehmern selbst, stammen sie doch in jedem Fall aus deren Lebenskreis.

Setzt man sich jedoch mit solchen kritischen Beispielen auseinander, so wird offenkundig, in welch egozentrischer Weise Menschen reagieren. Es fällt ihnen nicht nur schwer, sich auf den anderen einzustellen, es ist letztlich mehrheitlich nicht ihre Absicht. Trotz der allgemein bekundeten Absicht! Es ist schwer für die Beteiligten, sich dies einzugestehen. Die Wiederholungen der Beispiele mit anderen Teilnehmern führen jedoch zu keiner entscheidenden Verbesserung, obwohl doch der Fehler aus dem vorausgegangenen Rollenspiel bekannt gewesen ist und man sich die Vermeidung dieses Fehlers vorgenommen hat. Höchstens kommt es zu einer Blockade des Verhaltens, da man den erkannten Fehler vermeiden will, aber dennoch die Tendenz dazu in sich hat. Es ist eine weitere bittere Erfahrung, die aber für das Verständnis des Problems notwendig ist. Es wird für die Teilnehmer deutlich, daß das Wissen um den Fehler nicht zur Vermeidung des Fehlers führt. Offensichtlich ist das Problem tiefer verankert.

Neben Personen, die schlichtweg durch diese Erfahrung erschüttert sind, gibt es nicht wenige, die diese Erfahrung abzuwehren versuchen. Sie erklären, daß sie sich mit dem Beispiel nicht identifizieren könnten und keine guten Schauspieler seien, so daß sie ihre wahre Einstellung nicht verdeutlichen könnten. Solche Einwände gilt es ernst zu nehmen, weil sie zutreffen können. Sie können gerade deshalb aber auch geschickte Verteidigungsversuche sein, um sich der Herausforderung zu entziehen. Aus diesem Grunde wurden Spielfilme eingesetzt, deren Konsum zum alltäglichen Verhalten der Teilnehmer gehört. Die Spielfilme wurden über Videorecorder vorgespielt, so daß die Möglichkeit bestand, Szenen zu wiederholen und in ihre Einzelschritte zu zerlegen. Teilweise wurden Spielfilme eingesetzt, die die Teilnehmer gut kannten, schon oft gesehen hatten. Nach der Diskussion über diese Filme sagten die Teilnehmer übereinstimmend, sie hätten diesen Film jetzt mit ganz anderen Augen gesehen; nun wüßten sie erst, was sich in dem Film ereignet hat. Es ist in dem Zusammenhang gleichgültig, ob der Regisseur den Film so verstanden wissen wollte, wie er letztendlich dann im Kurs aufgearbeitet wurde; wichtig ist, das Geschehen des Filmes auf sich wirken zu lassen und es zu verstehen. Ein Regisseur mag sich aus seiner Einstellung heraus in die Personen seines Filmes eingedacht und sie dargestellt haben, sie so zum Leben erweckt

haben. Er muß damit diese Personen nicht verstehen, er muß sie nur leben. Wenn er es intensiv genug tut, dann führt er Leben vor.
Dieses komplexe, vielleicht in sich widersprüchliche im Film gezeigte Leben gilt es zu verstehen. Allzu oft aber geschieht es, daß Zuschauer eine Szene an sich vorbeiziehen lassen, ohne sie zu verstehen und ohne für sich ein Bedürfnis nach Begreifen des Geschehens zu haben. Auch auf Nachfrage können sie die Szene nicht erläutern. Diese Nachfrage wird zunächst als störend, überflüssig erlebt, bis die Zuschauer so nach und nach die Bedeutung der Fragen verstehen und sich ihnen stellen. Es wird ihnen bewußt, wie wenig sie von dem Film wahrgenommen haben, wie wenig sie die Personen und die Interaktionen verstanden haben. Diesmal ist es jedoch ohne Zweifel reales eigenes Alltagsverhalten, das nun als defizitär eingestanden wird. Ab diesem Zeitpunkt können die Rollenspiele mit einem anderen Verständnis durchgeführt werden. Die oben angeführten Beeinträchtigungen bleiben bestehen, aber sie sind nicht mehr entscheidend. Die Begegnung mit dem Mitmenschen wird nun als Herausforderung eigenen Seins angenommen.

5.4 Hilfe anfordern

Durch die oben erwähnten Beispiele wird dem Teilnehmer deutlich, daß ihm eigentlich der rechte Zugang zum Gesprächsverhalten fehlt. Die Aufarbeitung der einzelnen Beispiele zeigt ihm, daß er sich in seinem Urteil geirrt hat und er kann an dem bearbeiteten Beispiel auch den Fehler erkennen. Damit hat er jedoch noch kein neues positives Verständnis des Kommunikationsgeschehens. Aus dem Wissen um Fehler folgt nicht automatisch das Wissen um den rechten Weg. Aus dieser Ratlosigkeit heraus wird dann an die Kursleiter die Frage nach dem richtigen Verhalten gestellt.
Es ist daher notwendig, den Teilnehmern ein Modell richtigen Gesprächsverhaltens zu liefern. Ein solches Modell ist vergleichbar einer Wanderkarte für den Wanderer. Es wird damit die grundsätzliche Orientierung erleichtert, den Weg muß man trotzdem noch gehen und sich konkret mit ihm auseinandersetzen. Ein Modell des Gesprächsverhaltens führt somit nur zu einem generellen Verständnis, die konkrete Begegnung mit dem Mitmenschen ist damit nicht geleistet und auch nicht kognitiv vorweggenommen. Wäre das der Fall, so hätte man ein starres Schema, würde Kochbuchwissen gemeint sein, das aber gerade nicht relevant ist. Das Modell vermittelt vielmehr nur Grundeinsichten, die von dem Individuum auf sein konkretes Gespräch hin umgesetzt werden müssen. Faktisch wird ein Gespräch nicht in einem einzigen Modell abgebildet werden können, weil es zu heterogene Aspekte enthält, die man um der besseren Verständlichkeit willen auch getrennt lassen sollte.
Ein Modell bezieht sich auf die von den Teilnehmern selbst gemeinte Beziehung der Ge sprächspartner zueinander, die man - wie bereits erwähnt - am besten mit einer Ellipse beschreiben kann. Eine Ellipse hat zwei Brennpunkte und ist nur von daher zu verstehen. Würde einer dieser beiden Punkte verschwinden, wäre die Ellipse zerstört. Soll die Ellipse erhalten bleiben, so müssen beide Brennpunkte

gesichert werden. Auf das Gespräch bezogen bedeutet es, daß eine Person in einem Gespräch weder zu dominant werden, noch umgekehrt sich zu sehr zurücknehmen darf, weil sonst das Gespräch als Dialog beschädigt wird. Das schließt sicherlich nicht aus, daß in einem ganz konkreten Gespräch die Interaktion sehr einseitig sein kann. Der Geist des Dialogs, versinnbildlicht in der Ellipse, muß nicht buchstäblich erfüllt werden, sondern eben nur dem Geiste nach, d.h. unter Berücksichtigung der Situation.
Damit wird deutlich, daß ein Gespräch von bestimmten Rahmenvariablen bestimmt wird: Tubbs & Baird (1976) haben in einem weiteren Modell die Natur der Beziehung, das Feedback zwischen Sender und Empfänger, sowie die sozialen Rahmenbedingungen als bestimmende Elemente des Kommunikationsgeschehens herausgestellt. Das letzte bedeutet, daß ein Verhalten den wechselnden sozialen Rahmenbedingungen angepaßt werden muß, so daß es kein grundsätzlich immer richtiges Verhalten gibt. So kann self-disclosure in einer bestimmten Situation vollkommen falsch sein, während es in anderen Situationen absolut zwingend ist. Es gibt soziale Situationen, die aufgrund ihres Charakters (z.B. ausgelassene Stimmung, Hektik, Lautstärke) kein ernsthafteres persönliches Gespräch zulassen. Umgekehrt würde man in einer Paarsituation, wo sich beide schon näher gekommen und sie ungestört sind, es für naheliegend halten, daß ein solches persönliches Gespräch zustandekommt, wohl auch kommen muß. Das bedeutet aber auch, daß jeder der Beteiligten eigenverantwortlich beurteilen muß, wie die Art ihrer Beziehung ist und muß auch ein Gespür für die Reaktion des Gesprächspartners haben. Selbst wenn im Prinzip die Natur der Beziehung geklärt ist, heißt es nicht, daß damit auch die Interaktion in einer konkreten Situation festgeschrieben ist. So mag es sein, daß zwei Personen ein Liebespaar sind, aber es kann dennoch sein, daß eine der beiden Personen aufgrund anderer Ereignisse im Augenblick nicht willens oder fähig ist, sich als Liebespartner zu verhalten - was der jeweils andere wahrnehmen muß. Dies sind Aspekte, die man zwar in einem Seminar vordiskutieren kann, die aber nur der Handelnde vor Ort konkret einschätzen kann. Durch die Diskussion dieser Aspekte kann man hellhörig für die Anforderungen in der konkreten Situation machen.
Ein letztes Modell betrifft den technischen Sendeablauf, wie ihn Stuart in einem Ablaufsschema dargestellt hat. In dem Spiel zwischen Sender und Empfänger können die verschiedenen Schritte der Sender-Empfänger-Interaktion transparent gemacht werden. Dabei läßt sich auch das awareness-wheel von Miller u.a. als Teil des Sendergeschehens integrieren. Die Logik dieses Modells ist letztlich, daß sich die Person des Ablaufcharakters eines Gesprächs bewußter wird. Lassen wir offen, ob es von Stuart selbst so verstanden wurde, aber der wesentliche Inhalt ist, ein Gespräch als den Versuch zu verstehen, am Leben des jeweils anderen beteiligt zu sein - und zwar so, wie es sich wirklich abspielt. Sowohl in dem technischen Ablaufsmodell von Stuart wie in dem awareness-wheel von Miller u.a. gibt es eine inhaltliche - und damit auch zeitliche - Logik, die man nicht durcheinander bringen darf. Im awareness-wheel von Miller u.a. stehen daher Äußerungen über eigene Empfindungen am Anfang, gefolgt von Interpretationen dieser Empfindungen und

am Ende stehen Äußerungen über eigene Absichten und Handlungen. Die Reihenfolge ist inhaltlich nicht umkehrbar, da ein einseitiges Abhängigkeitsverhältnis besteht. Trotzdem mag es geschehen, daß eine Person ihre Mitteilung mit einer Absichtserklärung beginnt. Dem Zuhörer fehlen damit die ersten Glieder der Kette, was Unsicherheit oder Fehlinterpretationen bewirken kann. Weit schlimmer ist jedoch, wenn der Mitteilende selbst durch Überspringen einzelner Glieder das Verständnis für sich verliert, beispielsweise dadurch, daß er zwischen Empfindungen und Interpretationen nicht zu unterscheiden vermag und er sich deshalb der von ihm vorgenommenen geistigen Einordnung seiner Empfindung nicht bewußt wird. Ihrer nicht bewußt werden, bedeutet aber, sie nicht auf ihre Richtigkeit im Vergleich zu anderen möglichen Interpretationen prüfen zu können.
Bringt man die Reihenfolge durcheinander, so mag es manchmal aus Unkenntnis für den generellen Prozeß geschehen, der weit häufigere Fall aber ist wohl, daß damit ein Verständnis von sich und dem Partner ausagiert wird, das diesem Prozeß entgegensteht. So mag es z.B. sein, daß man für sich eigentlich schon am Anfang des Gesprächs festgelegt hat, was das Ergebnis des Gesprächs sein soll. Es ist dann naheliegend, daß man sich entsprechend dieses Verständnisses verhält: z.B. frühzeitig mit Lösungsvorschlägen kommt, die Meinung des anderen von vornherein kritisch kommentiert, stark mit Wertungen arbeitet. Mit einem Ablaufmodell kann man einen solchen Fehler einordnen. Der Fehler besteht dann oftmals nicht darin, daß eine bestimmte Meinung vertreten wurde, z.B. eine bestimmte Lösung vorgeschlagen wurde, der Fehler ist, daß das u.U. richtige zum falschen Zeitpunkt gesagt wird. So wie man ein Rätsel erst lösen kann, nachdem man es kennt, so sollte man in einem Gespräch erst dann über Lösungen nachdenken, nachdem man ein Problem kennengelernt hat. Mit einem Ablaufmodell kann man das gut deutlich machen. Das Wissen um ein formal richtiges Vorgehen ist jedoch keine ausreichende Garantie für richtiges Verhalten.
In den Kursen zeigte sich immer wieder, daß ein zu detailliertes Wissen um den Kommunikationsprozeß, eine zu ausführliche Ausarbeitung der Modelle von den Teilnehmern nicht gewünscht und nicht aufgenommen wird. Was für einen Fachmann wissenswert sein mag, stellt für einen Laien offensichtlich eine Überlastung dar. Dies ist ein weiterer Hinweis darauf, daß es beim Kommunikationstraining nicht primär um Wissensvermittlung geht, sondern um Entwicklung eines grundsätzlichen Lebensverständnisses. Dieses gewinnt man, indem man zunächst die Grobstruktur eines Gesprächs in sich aufnimmt. Zuviel Wissen behindert dann eher die Wahrnehmung dieser Kernstruktur. Erst wenn diese gesichert ist, kann man Verfeinerungen anstreben. Wesentliche Teile der Grobstruktur sind u.a.: als Mitteilender den anderen an seinem Innenleben in seiner Gesamtheit teilhaben zu lassen; diese Gesamtheit bei sich selbst überhaupt wahrzunehmen; als Zuhörer dem anderen eine Chance zu geben, sich darzustellen und diese Darstellung auf sich wirken zu lassen; als Zuhörer keine Dringlichkeit zu einem aktivistischen Verhalten im Sinne von raten, bewerten, belehren zu sehen, sondern den größeren Wert darin zu sehen, dem Menschen ein Mitmensch zu sein, der mit ihm lebt.

Dieses Verhalten ist für die meisten Teilnehmer so fremd, daß sie trotz ehrlichen Bemühens ratlos sind, wie sie diese allgemeine Absicht in die Tat umsetzen können. Es fehlen ihnen die Vorbilder, an die sie sich erinnern können. Aus diesem Grunde ist das von den Kursleitern demonstrierte konkrete Gespräch ab einem gewissen Entwicklungsstand eine von den Teilnehmern dringend gewünschte Orientierungshilfe. Hier wird dann für ein konkretes Problem anschaulich vorgeführt, wie diese allgemeinen Absichten realisiert werden können. Das nötige Verhalten ist nicht kompliziert, aber es ist für die meisten so fremd, daß sie es aus sich heraus nicht entwickeln können.

5.5 Verhalten einüben (Rollenspiele; Beispiele aus Literatur; Filme; Gesprächsexperiment)

Auf der Basis der Modelle und modellhaft vorgeführten Verhaltens können die Teilnehmer nun erneut das von ihnen gewollte Verhaltens üben. Diese Übungsphase wird in dem Kurs nicht abgeschlossen werden können, weil die meisten Teilnehmer im Kern ein völlig neues Verhalten aufbauen und dabei alte, festsitzende Gewohnheiten und Überzeugungen erst abbauen müssen. Dieser Vorgang ist am besten als Wachstumsprozeß zu beschreiben, der Zeit in Anspruch nimmt und niemals völlig zum Abschluß kommt.

Das neue Verhalten kann zunächst einmal im Bereich der Wahrnehmungsfähigkeit geübt werden. Die Wahrnehmungsfähigkeit wird benötigt, wenn man in passiver Form Gespräche verfolgt, sei es, daß man diese in natura miterlebt, sie in Filmen dargestellt oder in Berichten wiedergegeben bekommt. Sie wird aber auch benötigt, wenn man an einem Gespräch selbst beteiligt ist. Wahrnehmungsfähigkeit bedeutet, die einzelnen Elemente einer Interaktion aufzunehmen und sie im Kontext richtig zu interpretieren. Es bedeutet damit, Verständnis für Personen und soziale Interaktionen zu entwickeln. Dies muß dann an möglichst heterogenen Beispielen geübt werden, damit man nicht nur zu einem Fachmann für ganz bestimmte Szenen oder Personen wird und die eigene Differenzierungsfähigkeit von der Differenziertheit der beobachteten Personen und Ereignisse geleitet wird. Die ausführliche Diskussion auch unter den Teilnehmern ist dabei ein wichtiges Element.

Verhalten muß selbstverständlich auch als eigenes aktionales Verhalten eingeübt werden. Dabei muß ein zentraler Punkt vor allem herausgearbeitet und beherzigt werden. Gleichgültig, ob es sich um den Sender oder um den Empfänger handelt, keiner von beiden darf sich mit der Frage beschäftigen "Was sage ich denn nun". Wenn es zu dieser Frage kommt, ist das Gespräch entgleist. Gerade aber unsichere Gesprächspartner neigen sehr schnell zu diesem reflektierenden Verhalten, wodurch ihre Verunsicherung ganz natürlich noch gesteigert wird. Stattdessen ist es wichtig, daß die Person das eigene Gefühl, den eigenen Gedanken in sich auszuleben lernt und dieses bzw. diesen dann unter Berücksichtigung der Rahmenbedingungen nach außen sichtbar werden läßt. Statt sich also auf seine eigene Formulierung zu konzentrieren, muß man sich auf seine Empfindungen, Gefühle und

Gedanken konzentrieren. Die Teilnehmer müssen dazu immer wieder angehalten werden. Agieren oder Reagieren zu können, bedeutet, erleben zu können. In dem schon mehrfach erwähnten Modellbeispiel von Schindler u.a. wird es als Fehler deutlich. Als z.B. die Ehefrau zu ihrem Mann sagt, sie habe Angst vor den Wochenenden mit ihm und sie denke, sie hätten sich nichts mehr zu sagen, reagiert er so, daß man meinen könnte, in seinem Erleben habe er gar nicht begriffen, was ihm da gesagt wird. Er läßt die Bedeutung der Aussage wohl nicht in sich nachklingen und selbst, wenn er es tut, dringt davon nichts nach außen. Er zeigt kein Erschrecken, kein Entsetzen. Es wäre ziemlich beliebig und Ausdruck der jeweiligen Person, wie dieses Empfinden verbalisiert wird, entscheidend ist, daß es erlebt und mitgeteilt wird. Nicht der Umgang mit Worten muß als Hauptanliegen gelten, sondern der Umgang mit seiner eigenen Empfindungsfähigkeit. Wer in seiner Lebensart eng begrenzt, innerlich eher karg bleibt, der wird es auch in seinem Ausdruck bleiben - oder aber er borgt sich ein Mäntelchen, das seine wahre Art verbirgt und in dem er die Welt täuscht.

In einem zeitlich notgedrungenermaßen begrenzten Kurs wird man deshalb sehr stark auf Beispiele setzen müssen, die diese Erlebnisfähigkeit stimulieren. Das gilt für Beispiele aus der Lebenswelt der Teilnehmer selbst, die diese z.B. berichten, weil sie damit nicht zurechtkamen. Noch reizvoller aber wären Beispiele aus ihrer eigenen Welt, die von ihnen nicht berichtet werden, weil sie als gelungen erlebt werden. Vorausgesetzt, es wären Beispiele, die nach den Zielvorstellungen der Kursteilnehmer eigentlich mißlungen wären, aber so nicht erkannt wurden, dann sind das die reizvollsten Beispiele. In ausgreifenderen Gesprächen mit den Kursteilnehmern mag der Kursleiter manchmal ein solches Beispiel entdecken. Kennt er die Lebenswelt der Kursteilnehmer, so kann er natürlich auch Beispiele von sich aus einbringen, die in diese Lebenswelt passen und kritische Situationen repräsentieren. In jedem Fall wird es darum gehen, mit den Beispielen Lebensbereiche der Teilnehmer zu berühren, die für diese bedeutsam und - noch weitergehend - nicht hinreichend erschlossen sind. An banalen Beispielen zu üben, mag als Einstimmung noch zulässig sein, aber ist als Hauptbeschäftigung Zeitverschwendung, weil kein Wachstum damit verbunden sein kann. Wachsen kann man nur an den Aufgaben, die ein wenig über die Reichweite bisherigen Verhaltens hinausgehen. Hier ist die Persönlichkeit des Kursleiters gefordert.

5.6 Reflexion der Problematik

Begleitet wird die Einübung dieses Verhaltens von Diskussionen über die grundsätzliche gesellschaftliche Situation des Menschen, über das Wesen des Menschen, über Hindernisse bei der Realisation eigener Ziele, aber auch über methodische Probleme. Eine solche Diskussion steht erfahrungsgemäß nicht am Ende eines Kurses, obwohl sie in jedem Fall auch ans Ende gehört, sondern viele Teilnehmer wollen bereits früher darüber diskutieren. Diskussionen muß man dann führen, wenn sie gewünscht werden; man wird sie auch mehrfach führen müssen.

Man kann solche Erörterungen in der - nicht unbedingt bewußten - Absicht führen, sich dem im Kurs formulierten Anspruch entziehen zu wollen. Nicht jedem Argument sieht man es an, aus welcher Motivation heraus es vorgebracht wird. Aber es ist wohl so, daß sich bei manchen Teilnehmern Widerstand aufbaut, wenn ganz konsequent in dem Sinne gehandelt wird, den sie selbst anfänglich für gut geheißen haben. Vielleicht wird ihnen erst jetzt bewußt, was diese Zielsetzungen implizieren und sie distanzieren sich von ihnen, ohne es so sagen zu wollen. Im Sinne der Einstellungsänderung ist es von herausragender Bedeutung, durch kritische Beispiele diesen Widerstand zu wecken und ihm Gelegenheit zur Artikulation zu geben. Das Problem bei vielen Trainingsprogrammen besteht ja gerade darin, daß sie nur an der Oberfläche kratzen und damit einen bedeutungslosen Konsens herstellen können. Allein schon der zeitliche Rahmen läßt bei vielen Programmen eine intensivere Auseinandersetzung nicht zu. Ein solches Vorgehen ist höchst gefährlich. Wer durch rhetorische Spielereien den Eindruck von Gemeinschaft suggeriert, ohne daß diese tatsächlich gegeben ist, verhindert damit Gemeinschaft und läßt kritischere Menschen an den Möglichkeiten der Psychologie zweifeln, wo eigentlich nur der Zweifel an dem jeweiligen Autor und seinem Vorgehen angebracht wäre. Wenn es um die Veränderung zentraler Einstellungen geht, so darf das nicht ohne Widerstand ablaufen. Es muß einen Teil der Teilnehmer geben, der seine bisherige Haltung für richtig ansieht und sich nicht ohne weiteres davon abbringen läßt. Diese Haltungen wurden in der anfänglichen Zieldefinition wohl nicht genannt, aber es gibt sie und sie müssen freigelegt werden. Es sind Haltungen, die letztlich nicht auf Gemeinschaft zielen und die als Grundlage menschlichen Lebens nicht geeignet sind, deshalb auch nicht ohne weiteres vorweisbar sind. Je klarer jedoch im Kurs die Umsetzung der anfangs definierten Ziele verfolgt wird, umso mehr wird die unterschwellige Haltung in Frage gestellt und herausgefordert. So muß es auch sein und deshalb ist Diskussion ein wesentlicher Bestandteil unseres Seminars.
Will man sich den Ergebnissen der bearbeiteten Beispiele (Bewertung von Gesprächen, Rollenspiele) entziehen, kann man auch methodisch argumentieren. So sei z.B. die Bewertung eines Gesprächs zu schwer, weil einem die beteiligten Personen und der Hintergrund der Geschichte zu wenig bekannt wäre. Das eigene Rollenspiel mißlingt angeblich teils aus den gleichen Gründen, oder weil man sich zu wenig in die eigene Rolle eindenken könne bzw. schlichtweg über keine schauspielerischen Fähigkeiten verfüge, um die Rolle zum Leben zu erwecken. All dies mögen begründete Einwände sein, aber werden damit die so gewonnenen Einsichten in das Verhalten völlig wertlos? Die Künstlichkeit der Situation eines Rollenspiels kann nicht geleugnet werden, trotzdem können vielleicht auch im Rollenspiel strukturelle Fehler sichtbar gemacht werden. Es hilft hier der Vergleich mit anderen Tätigkeiten. Wenn z.B. ein Tennisspieler im Training den Aufschlag übt, so ist das gemessen an der Wettkampfsituation eine erheblich andere Situation, wenn ein Schauspieler in der Probe eine Szene vorspielt, gilt dies im Vergleich zur Aufführung ebenfalls. In beiden Fällen ist die Übungssituation nicht die Situation, die zählt, weil einige entscheidende Elemente fehlen (z.B. fehlt die Öffentlichkeit, vor

der man sich bewähren will und muß). Trotzdem wird an dem Wert der Übung nicht gezweifelt, weil hier der Kernbestand erarbeitet wird. In einer solchen Diskussion relativiert sich die Bedeutung der Künstlichkeit sehr schnell, zumal manche Teilnehmer eingestehen, daß sie sich im Alltag genauso oder noch krasser verhalten würden.
Um auf dieses Argument noch besser eingehen zu können, wurden Spielfilme eingesetzt. Hier war dann der notwendige Hintergrund unstrittig gegeben und die Schauspieler leben ihre darzustellenden Personen, trotzdem mißlang das Verständnis des Films. Viele Teilnehmer wurden angesichts ihres offenkundigen Versagens sehr nachdenklich, wurde ihnen damit deutlich, über wieviele Informationen sie einfach hinweg gingen, ohne daß sie das Gefühl hatten, nicht mehr zu verstehen. Trotzdem gibt es noch die Möglichkeit, seinen eigenen Ansatz retten zu wollen, indem man von der Relativität theoretischer Positionen redet - ein Vorgehen, das ja in der Klinischen Psychologie durchaus geläufig ist. Die Berechtigung des im Kurs verfolgten Ansatzes wird nicht bestritten, nur die des eigenen Ansatzes daneben verteidigt. Damit würde im Bereich von Kommunikation der Beliebigkeit das Wort geredet werden. Sieht man von Extrembeispielen ab, bei denen in der Tat unterschiedliche theoretische Positionen gleichberechtigt nebeneinander bestehen bleiben, so muß es zum Selbstverständnis der Teilnehmer werden, daß man richtiges vom falschen Verhalten im Prinzip unterscheiden kann. Zur Illustration wurde ein Rechenbeispiel aus der Denkpsychologie eingesetzt. Es wurde eine leicht nachvollziehbare kurze Geschichte erzählt, in der eine Person jeweils zweimal etwas zu unterschiedlichen Preisen gekauft und verkauft hat. Die Rechenaufgabe war äußerst einfach; gefragt war, wie die abschließende Bilanz nach diesen geschäftlichen Transaktionen aussieht. Eine konkrete Zahl war zu nennen. Es war erstaunlich, in welch hohem Ausmaß - unabhängig vom Bildungsgrad! - die Probanden die richtige Lösung verfehlten und daß sehr unterschiedliche Zahlen genannt wurden, wobei die Probanden davon überzeugt waren, die Aufgabe richtig gelöst zu haben. Es war sogar möglich, einzelne Probanden, die die richtige Zahl genannt hatten, an ihrer Lösung zweifeln zu lassen. Dieses Denkbeispiel löste in den Gruppen immer lebendige Diskussionen aus, zumal die Vertreter der richtigen Lösung oftmals in der Minderzahl waren. Trotzdem war es möglich, sich abschließend auf die richtige Lösung zu einigen. Wenn man jedoch bei einem solch einfachen Beispiel sich irren und trotzdem von seiner Lösung überzeugt sein kann, wieviel mehr muß das bei komplexeren Beispielen möglich sein. Durch dieses Rechenbeispiel wurde für die Teilnehmer deutlich, daß die eigene subjektive Überzeugung keine Garantie für den richtigen Weg sein muß und daß der richtige Weg nicht grundsätzlich ins Belieben jedes Einzelnen gestellt wird, sondern dieser sich aus der Sache heraus ergibt, um die man sich bemühen muß. Es mag dann sein, daß es vielleicht mehrere richtige Weg gibt, aber auch, daß einige eindeutig falsch sind.
Bleibt als letzter entscheidender Einwand der der Blauäugigkeit. Ist die Welt nicht doch so, daß jeder nur an sich selbst denkt, daß man -wie u.a. Charny (1972) postulierte- man in der Welt am besten bestehen könne, wenn man sie als einen Urwald ansieht, wo jeder nur für sich ums Überleben kämpft? Ist die Gemeinschaft

nur eine Fata Morgana für Sonntagsredner und der Welt entrückte Idealisten? Die Kommentare der Teilnehmer zu Beispielen aus ihrem eigenen Leben müssen zur Klärung dieser Frage herangezogen werden. Soweit sie Leidtragende einer Situation waren, haben sie sich das Verständnis eines Mitmenschen gewünscht, wollten vor allem dies. Blieb es aus, so spürten sie den kalten Hauch der Einsamkeit, erlebten sie es hingegen, so wurde ihnen das Leid zwar nicht genommen, aber im Leid erlebten sie gleichzeitig die sie bergende Gemeinschaft. In dieser Lage zweifelte niemand an dem Wert der Gemeinschaft. Und in Diskussionen über Einzelschicksale waren sich die Teilnehmer einig, daß tiefe Einsamkeit bereits die Hölle auf Erden ist. Einsam ist man aber auch dann, wenn man sich Gemeinschaft erkauft, wodurch auch immer; ja, gerade dann ist man einsam. Ist man blauäugig, wenn man zu dem Bedürfnis der Menschen nach mitmenschlicher Nähe steht?
Diese Widerstände gegen die im Kurs sichtbare Richtung sind kein Ärgernis, sie sind die gewollte Herausforderung, der man sich mit allem Verständnis, aller Geduld, aber auch aller Entschiedenheit stellen muß. Es geht daher nicht darum, den so Widerstrebenden mundtot zu machen, ihn niederzuringen, sondern darum, ihn zu überzeugen, seine Einsicht zu fördern. Die Einstellung soll aus Einsicht, aber auch aus dem Erleben der Konsequenzen entsprechenden Tuns heraus verändert werden. Die relativ lange Zeitspanne des Kurses ist wichtig, um die Bildung des Widerstandes zuzulassen, da dieser im Kurs und nicht nach dem Kurs offenkundig werden soll und um genügend Zeit für die Bearbeitung dieser Widerstände zu haben. Sie ist aber auch wichtig, damit die Teilnehmer auf der Basis des Kursinhaltes Erfahrung sammeln und über sie in der Gruppe berichten können. So kann es dann z.B. geschehen, daß ein Teilnehmer berichtet, daß er nun mit einem Kollegen, dem er schon sehr lange gegenüber saß und über Konversation mit ihm nie hinauskam, durch sein eigenes verändertes Verhalten persönliche Gespräche führen kann und dieser Kollege ihn nun in einer Form an seinem Leben teilhaben läßt, wie es in den zurückliegenden Jahren nicht geschehen war. Das Leben zeigt, daß Dinge möglich sind, auf die man vielleicht nicht mehr zu hoffen wagte.
Gilt es hier, unterschwellige Widerstände zu bearbeiten, so gibt es einen zweiten Grund zur Reflexion über Kommunikation und über das im Kurs vertretene Konzept. Die Aussprache muß in jedem Fall am Ende des Kurses stehen, kann aber auch bereits einmal während des Kurses erfolgen. Die Teilnehmer müssen für sich eine Standortbestimmung vornehmen. Nachdem sie über viele Beispiele sich ein neues Verständnis von Kommunikation erarbeitet haben, muß diese Erfahrung am Ende zusammengefaßt werden, sie in abstrakterer Sprache als Konzept von den Teilnehmern vertretbar gemacht werden. Es wird dabei auch über die Schwierigkeiten bei der Umsetzung des Konzepts geredet werden und für die Teilnehmer abschließend nochmals deutlich werden, daß jedermann Probleme in der Umsetzung hat - auch die Kursleiter selbst - und daß man das Ziel als ein Ideal ansehen muß, das man nie erreichen kann, das einem aber die Richtung weist. Eigene Fehler führen so nicht zur Resignation, da man nun ein Gespür für die Schwere der Aufgabe hat, und man läßt sich von Fehlern nicht davon abhalten, den als richtig erkannten Weg weiterzugehen. Freilich wird den Teilnehmern aufgrund vieler

Erfahrungen klar, daß sie diesen Weg oftmals ohne Unterstützung der Mitwelt gehen müssen. Selbst die Teilnahme an einem solchen Kurs wurde manchen Teilnehmern vorgeworfen als ein Tun, das überflüssig ist. Im Sinne dieses Unverständnisses waren sich die Teilnehmer gewiß, daß sie ihr verändertes Verhalten weitgehend aus eigener Kraft aufrechterhalten müssen, sich durch die Fehler der anderen nicht verleiten lassen dürfen, Kommunikation achtlos zu betreiben. Nachdem den Teilnehmern bewußt geworden ist, daß die Kommunikationsprobleme nicht einzelnen Personen anzulasten sind, sie vielmehr in der Kultur üblich sind, drängt es die Teilnehmer, auch über Erklärungen dieses Verhaltens zu sprechen. Als Erklärungen für fehlerhaftes Verhalten werden u.a. genannt: Machtstrukturen, die keine Offenheit zulassen; Sachzwänge, die für zwischenmenschliche Begegnung keinen Raum lassen; mangelnde Modelle, so daß man ohne Orientierung bleibt; falsche Modelle, die einen in die Irre führen; Kritik durch Bezugspersonen, wenn man sich um Verbesserungen bemüht ("wir haben es auch nicht gehabt und es hat uns nicht geschadet") und schließlich die Natur des Menschen, der immer nur an sich selbst denkt. Mit diesen Erklärungen will man sicher auch das eigene Verhalten verstehen, Vergangenheitsbewältigung für die eigene Person betreiben. Gleichzeitig aber geht es auch um ein generelles Verständnis, wie dieser überall vorhandene fehlerhafte Umgang mit Kommunikation und das heißt mit Menschen in unserer Kultur entstehen konnte, geht es um die Sorge, wie in dieser Kultur der sorgfältigere Umgang mit Kommunikation und Menschen möglich gemacht werden kann. Solche Erörterungen gehören notwendigerweise zur geistigen Eroberung des Themas.

Wer immer sich ernsthaft mit der Veränderung von Verhalten beschäftigt, muß in irgend- einem Stadium auf solche Fragen treffen, weil Personen, die diesen Prozeß in seiner Konsequenz begreifen, nicht nur vielleicht auf ihre Person bezogen erschrecken, sondern auch die Schwierigkeiten sehen, denen die Vertreter eines solchen Ansatzes generell begegnen werden. Diese Schwierigkeiten gilt es zu sehen, sie ernst zu nehmen, und gerade deshalb zur eigenen Ansicht zu stehen. Nicht indem man blauäugig nur den Fortschritt der Menschheit sieht, sondern indem man unter Wahrnehmung der Schwere der Aufgabe sich zu ihr bekennt, weil es keine Alternative dazu gibt. Dies muß auch einmal ausge-sprochen werden. Es muß auch deshalb gesagt werden, weil die Personen, die unter diesen Bedingungen Pionierarbeit leisten, einer besonderen Belastung aussgesetzt sind und sie diese nur auszuhalten vermögen, wenn sie sich ihrer Situation bewußt werden. Sie müssen sich angesichts des herrschenden Umgangsstils als die Speerspitze verstehen, die tut, was zwar neu, aber unumgänglich ist.

6 Verfehlung zentraler Teile des Dialogs im Anschauungsbeispiel

Im folgenden sollen an einigen wenigen Beispielen wesentliche Schwierigkeiten der Gesprächsführung dokumentiert werden. Es geht dabei nicht darum, theoretisch mögliche Probleme durch erdachte Beispiele zu illustrieren, sondern das tatsächliche Gesprächsverhalten der Bevölkerung darzustellen. Aus distanzierter Sicht mögen manche Fehler offenkundig sein. Entscheidend ist jedoch, daß sie geschehen konnten und unbemerkt blieben. Es sind Fehler, die im Leben der Menschen vorkommen und dadurch ihre Bedeutung erhalten. Der Leser wird vielleicht sagen, "das wäre mir nicht passiert". Mag sein. Aber es ist ein Unterschied, ob man ein Beispiel nur geschildert bekommt oder ob man als Handelnder an dem Geschehen selbst beteiligt ist. Als Beteiligter reagiert man vielleicht anders, insbesondere wenn es ein Beispiel ist, das einen trifft. Bei dem eigenen Beispiel hat man vielleicht genauso gehandelt. Man wird sich des eigenen Tuns jedoch nicht bewußt und erkennt damit die grundsätzliche Bedeutung von Kommunikationsfehlern nicht. Fehlerhaftes Verhalten ist nicht das Problem von Randgruppen und nicht das Versagen angesichts schwieriger inhaltlicher Grenzfälle. Es ist alltägliches, übliches Verhalten von jedermann. Diese tatsächlich ereigneten Beispiele zeigen die Probleme des realisierten Kommunikationsverhaltens auf.

6.1 Senden, einschließlich Wahrnehmung der eigenen Person

Einige typische Fehler, die auf Seiten des Senders gemacht werden können, seien ohne Anspruch auf Vollständigkeit der Liste genannt:

- Verweigerung von Sendung i.S. von SD
- Senden ohne Selbstverständnis
- Unvollständig senden
- Senden ohne Verständnis für die Person des anderen oder die Situation
- Senden ohne Selbstbewußtsein
- Senden lösungsorientiert
- Verweigerung der Verantwortung für die Sendung

6.1.1 Verweigerung von Sendung i.S. von Self-Disclosure

Der erste Fehler führt, radikal betrieben, zur generellen Verweigerung von Kommunikation. In dem Film von Richard Brooks "Die Katze auf dem heißen Blechdach" wird der junge Ehemann mit einigen Ereignissen in seinem Leben nicht fertig. Er zieht sich aus dem Leben zurück, spricht mit niemand über seine Probleme und ergibt sich dem Alkohol. Er will nicht reden, obwohl er sein Problem kennt. Das Schweigen ist seine Art des Umgangs mit seinem Problem. Dem Klischee folgend ist es eine typisch männliche Art, Probleme zu meistern. In der Operette "Land des Lächelns" von Franz Lehar hat der chinesische Prinz diese Haltung ausgedrückt: "Immer nur lächeln und immer vergnügt... doch wie's da drinnen aussieht, geht niemand was an". Es ist die Angst, als schwach zu erscheinen, aber auch die Unfähigkeit des Umgangs mit eigenen Gefühlen und Bedürfnissen. Schweigen wird so zur Verteidigungsstrategie.

Eine junge Ehefrau verzweifelte beinahe an dem Schweigen ihres Mannes, der sich ihr gegenüber auch noch zu seiner Haltung bekannte. Es war ihm wichtig, daß keiner ihn wirklich kannte. In der Therapie gestand er dann, daß er dies nur machte, weil er glaubte, dadurch für andere interessanter zu werden. Er konnte sich nicht vorstellen, daß sein alltägliches Erleben für andere Menschen von Bedeutung sei. Erst als er in der Therapie erlebte, daß sein von ihm als so unbedeutend angesehenes Innenleben für seine Frau und für andere Menschen wertvoll war, konnte er sich öffnen und tat es auch. Ein anderer Ehemann hatte hingegen keinen Einblick in sein eigenes Tun. Seine Ehefrau war deutlich unzufrieden mit seinem Gesprächsverhalten. Auf der Heimfahrt von seiner Berufstätigkeit überlegte er sich verzweifelt, was er seiner Frau sagen könnte. Er schilderte ihr ausführlich seinen Tagesablauf. Trotzdem war sie unzufrieden und der Ehemann war ratlos. Er verstand nicht, was denn seine Frau von ihm erwarte, schließlich rede er doch. In all seinem Reden war er jedoch auf die Sachebene reduziert, schilderte er nur Handlungsab- läufe. Von sich selbst i.S. von self-disclosure sprach er nicht und selbst, als es ihm einmal gesagt worden war, daß er auch persönliche Mitteilungen machen, sich als Person darstellen müße, blieb er verständnislos. Zu fremd war ihm dieses Verhalten.

Eine Ehefrau geriet durch das Verhalten ihres Mannes in eine existentielle Krise. Durch das mangelnde expressive Verhalten ihres Mannes war sie zutiefst verunsichert. Im Rahmen einer Therapie darauf angesprochen, reagierte der Mann mit Erstaunen. Er verstand ihre Verunsicherung als Ehefrau nicht. Er sagte: "Ich käme nicht nach Hause, wenn ich mich zuhause nicht wohl fühlen würde. Ich komme nach Hause, also ist klar, daß ich mich wohlfühle". Er konnte nicht verstehen, daß er sein Verhalten erläutern müßte. Erst in der Therapie wurde ihm bewußt, daß sein Verhalten für seine Frau nicht eindeutig interpretierbar sein konnte. Bis dahin aber sah er keine Notwendigkeit, sich seiner Frau mitzuteilen. Ist es Achtlosigkeit der Ehefrau gegenüber oder zutiefst in der Person verankerte Unsicherheit, die das Wagnis der Öffnung der eigenen Person scheuen läßt? Oftmals wird es wohl letzteres sein. Im Verlauf unserer Kurse wurde oft über den damals noch aktuellen Film "Dirty dancing" diskutiert. Im Film erlebte der Vater mit, wie seine jugendliche Tochter zum erstenmal einen Liebhaber hatte, litt offensichtlich darunter, aber sagte nichts. In der Diskussion waren sich die Eltern einig, daß der Vater mit seiner Tochter hätte reden müssen. Durch das Schweigen wurde ihre Beziehung sehr schwierig und für beide Seiten sehr leidvoll. Gefragt, in welcher Weise denn der Vater mit der Tochter hätte reden sollen, wie sie an seiner Stelle mit der Tochter geredet hätten, machte sich in allen Gruppen Schweigen breit. Die Teilnehmer gaben nach einer Weile zu, daß auch sie geschwiegen hätten. Sie hätten den neuen Lebensabschnitt der Tochter wahrgenommen, aber aus Scheu vor dem als schwierig erlebten Inhalt geschwiegen.

In dem schon erwähnten Therapiebeispiel von Stierlin steht der Konflikt zwischen der älteren Tochter und der Mutter im Zentrum. Auf die Frage von Stierlin, was denn zwischen ihr und der Mutter stehe, sagt sie, es lasse sich so einfach nicht darstellen. Der weitere Verlauf des Gesprächs deckt auf, daß es der Tochter durchaus bewußt ist, sie es so unvorbereitet nicht sagen will oder kann. Sie hat sich von ihrem Freund getrennt, was ihre Mutter nicht billigt. Dieses mehr situationsbedingte Zögern müßte der Therapeut mit Fingerspitzengefühl auflösen können - Stierlin gelingt es nicht, er versucht es auch gar nicht.

6.1.2 Senden ohne Selbstverständnis

Sich-mitteilen kann jedoch auch unabsichtlich mißlingen. Es kann an der Unkenntnis über die eigene Person scheitern, sei es kurzfristig situationsbedingt, sei es, als ein grundsätzliches Mißverstehen der eigenen Person. Ein situationsbedingtes Mißverständnis liegt in dem bereits berichteten Beispiel von Gordon vor, bei dem die Mutter voller Zorn reagiert, als ihre Tochter zu spät nachhause kommt. In diesem Augenblick ist der Mutter nicht mehr bewußt, wie sehr sie in Sorge um das Wohlergehen der Tochter war. Ein vergleichbares Beispiel ist das Erlebnis einer Tochter, die ihren todkranken Vater zu einem Besuch begleitet. Dem Vater ist es wichtig, bei diesem Besuch strittige Fragen abzuklären, zur Versöhnung zu kommen. Das Vorhaben mißlingt. Die Tochter gibt die Schuld am Scheitern der Aussprache dem Gesprächspartner ihres Vaters. In ihrer Darstellung reagiert sie mit Wut auf dessen Verhalten. Durch ein ausführliches Gespräch wird jedoch deutlich, daß ihr unmittelbares Erleben tiefgreifende Enttäuschung, Hilflosigkeit und Mitleid mit ihrem Vater war. Ihre Wut war eine spätere Reaktion auf die Bewertung dieses Ereignises. In einem anderen Beispiel sieht der Ehemann abends Fernsehen, seine Frau nimmt an einem Kurs teil. Sie kommt nachhause und er schaltet das Fernsehgerät ab, um sie zu fragen, wie es war. Im Rahmen der Therapie gefragt, sagt er, er habe abgeschaltet, weil das Programm langweilig gewesen sei. Auf Nachfragen gibt er zu, daß auch sonst das Program langweilig gewesen sei, er aber nicht abgeschaltet habe. Offensichtlich hat sich am Verhältnis der Ehepartner etwas verändert, ohne daß sich das der Ehemann eingestehen will.
Eine Lehrerin, die in der Schule große Schwierigkeiten hat, erklärt, daß sie mehr als andere Lehrer für die Schule tue, trotzdem aber nicht zurecht käme. Dies beweise, daß sie unbegabt sei. Viele andere Tätigkeiten gibt sie auf bzw. sagt sie mit der Begründung ab, sie müsse soviel für die Schule arbeiten. Tatsächlich ist es so, daß sie recht wenig Zeit für die Vorbereitung auf den Unterricht verwendet, hingegen sich stark in anderen, nicht so zentralen Bereichen ihres Berufs engagiert (z.B. Nachhilfe-Unterricht geben, ausführliche Gespräche mit Eltern oder ihrem Chef führen etc). Dies mögen zwar durchaus sinnvolle Tätigkeiten sein, aber haben nichts mit der Vorbereitung auf ihren Unterricht zu tun. Nach eigenen Aussagen war der Lehrerin nicht bewußt, daß sie in dem für ihre Problematik ("Gefühl der Unfähigkeit") zentralen Bereich recht wenig tat, sodaß der Nachweis ihrer mangelnden Begabung ihr selbst jetzt fragwürdig erschien.

Ein krasses Beispiel ist die Aussage eines Ehemannes, der seiner Frau erklärt, er möge sie am liebsten krank. Nachdem seine Ehefrau unter äußerst starken somatischen Symp- tomen zu leiden hat, ist sie ob dieser Aussage zutiefst schockiert. Der Ehemann steht jedoch zu seiner Aussage. Aus therapeutischer Sicht handelt es sich um eine psychosomatische Erkrankung auf dem Hintergrund einer schon lange hochproblematischen Ehesituation. Der Lebensstil der Ehepartner paßt wenig zusammen, der Ehemann fühlt sich von seiner Frau immerzu in Frage gestellt. Ist sie jedoch krank, so entfällt dieser Druck, weil sie auf ihr eigenes Leid zurückgeworfen ist. In dem hier interessierenden Zusammenhang ist es unwichtig, ob der Ehemann das Verhalten seiner Frau richtig deutet; entscheidend ist, daß er es tut. Aus anderen Äußerungen von ihm ist deutlich, daß er seiner Frau keineswegs feindlich gegenübersteht wie sie dies seiner Äußerung entnimmt. Ohne daß er es selbst so wahrnehmen und dann entsprechend äußern kann, ist sein wahres Anliegen, daß er von seiner Frau nicht so massiv unter Druck gesetzt werden will. Er identifiziert unreflektiert sein Anliegen mit einer konkreten Situation und erweckt vor seiner Frau damit den Eindruck, es ginge ihm um die Festschreibung der konkreten Situation (= ihre Erkrankung), wo es ihm eigentlich nur um Entlastung seiner Person geht. Er selbst versteht sein Anliegen nicht. Erst in der Therapie kann der wahre Sachverhalt geklärt werden.
Bei dem bereits erwähnten Beispiel mit Ulrike (s. Text 2), die ihre Freundin nach deren Meinung darüber befragt, wovon es denn abhänge, wenn ein Mädchen noch keinen Freund gehabt habe -wobei sie selbst ein solches Mädchen ist-, handelt es sich um einen der bereits erwähnten Senderfehler. Aus dem Textbeispiel kann man nicht ableiten, welcher von beiden es ist: Ulrike kann vorsätzlich so allgemein reden, sie will sich absichtlich hinter dieser Formulierung verbergen, es kann aber auch sein, daß diese Fluchttendenz so tiefsitzend ist, daß sie sich ihrer gar nicht mehr bewußt wird. Wäre sie sich jedoch ihres Problems bewußt gewesen und hätte -zumindest ihrer Freundin gegenüber- zu ihm gestanden, so hätte sie es direkt ansprechen müssen. Sie hätte z.B. sagen können: "Heike, ich habe allmählich ein Problem. Ich bin jetzt 22 Jahre alt und habe im Gegensatz zu den meisten anderen noch keinen Freund gehabt. Ich frage mich allmählich, 'mache ich etwas falsch, stimmt etwas nicht mit mir? Du kennst mich doch, was meinst denn du?"
Man kann freilich Ulrike diese richtige Sprechweise nicht nur einfach demonstrieren und verordnen, sie muß vielmehr befähigt werden, dies als ihr Problem zu erkennen und vor allem zu ihm zu stehen. Ulrike wird sich wohl schwach fühlen, sich wahrscheinlich schämen und deshalb nicht zu sich und ihrem Problem stehen können. Es stellt sich dann die Frage, ob der Gesprächspartner Ulrike behutsam helfen kann, sich zu öffnen.
Das Problem der Selbstwahrnehmung der eigenen Person macht jedoch auf ein grundsätzliches Problem der Kommunikation aufmerksam. Welches Bedürfnis steht hinter der Mitteilung des Senders? Nehmen wir dazu das von Gordon erwähnte, theoretisch aber nicht hinreichend aufgearbeitete Beispiel der Mutter, die sich bei der verspäteten nächtlichen Heimkehr der Tochter nur noch über diese aufregt. Will sie ihr mitteilen, daß sie, die Tochter, an diesem Abend nur ein Stein

des Anstoßes, ein Ärgernis war? So muß es auf die Tochter wirken, aber so war es nicht. Die Mutter stellt sich in ihrer aktuellen Beziehung zur Tochter falsch dar, denn sie war vor allem in Sorge um die Tochter. Ohne Selbstverständnis senden, bedeutet daher auch, ohne umfassendes Selbstverständnis senden. So erfolgt es auch bei dem Ehemann, der angeblich seine Frau am liebsten krank sieht. Er vergißt in diesem Augenblick, daß er seine Frau u.a. gerne fröhlich sieht. Indem er dieses Empfinden nicht lebt, gerät er in eine Schieflage. Er glaubt selbst an seine Aussage. Nur indem er seine gesamte Erlebniswelt annähernd verfügbar hat, kann er sein Wünsche richtig erkennen. Im Sinne des Wahrnehmungsrades von Miller u.a. muß man zwischen Wahrnehmungen, Empfindungen und Interpretationen unterscheiden lernen. Würde er sich zwischen diesen Elementen nicht verirren und dann an einer aktuellen Interpretation hängenbleiben, die er selbst gar nicht mehr adäquat zu verstehen vermag, so wäre die Aufgabe, bei den unmittelbaren Empfindungen die vergangenen nicht zu vergessen, also nicht ohne Vergangenheit zu leben. Auf sein eigenes Leben bezogen geschichtslos zu leben, würde bedeuten, in augenblicklichen Ereignissen aufzugehen und damit als situationsübergreifende Person nicht mehr vorhanden zu sein. So aber ist es nicht. Die Tochter ist nicht nur in dem Augenblick, da sie nachhause kommt, Tochter; eine solche Auffassung ist schlichtweg undenkbar. Damit aber wird deutlich, daß an den Sich-Mitteilenden Anforderungen gestellt werden. Will er seiner Aufgabe gerecht werden, so darf er sich nicht einfach gehen lassen, sich in unreflektierten Stimmungen treiben lassen. Die konkrete Empfindung muß immer im Zusammenhang gesehen werden.

6.1.3 Unvollständig senden

Gesprächspartner neigen oft dazu, sich auf einen für sie besonders bedeutsamen Punkt zu konzentrieren. Am deutlichsten wird es, wenn es um Kritik geht. Einem ansonsten zuver- lässigen Mitarbeiter unterlief ein recht schlimmer Fehler. Sein Chef sah das und sagte zu ihm: "Was haben Sie denn da gemacht. Nehmen Sie sich doch zusammen. So ein Fehler darf nicht passieren." Allzu häufig ist diese Reaktion eines Vorgesetzten kein Ausnahmefall, sondern die Regel. Die Mitarbeiter haben dann das Gefühl, daß gute Leistungen unerwähnt bleiben, vielleicht sogar unbemerkt, daß aber jeder Fehler aufgegriffen und bemängelt werde. Ein solcher Stil schädigt ganz erheblich das Arbeitsklima. Dem Vorgesetzten muß sein Verhalten nicht auffallen. Auf den Einzelfall angesprochen wird er wohl sagen, daß es seine Pflicht sei, Fehler zu rügen. Bleiben wir bei dem konkreten Beispiel, so wird er wissen, daß dieser Fehler einem eigentlich zuverlässigen Mitarbeiter unterlaufen ist. In seiner Reaktion kommt dieses Wissen aber nicht zum Ausdruck. Der Mitarbeiter mag das Gefühl haben, daß ein einziger größerer Fehler sein bisheriges ordentliches Arbeitsverhalten vergessen macht. Er erlebt sich auf seinen Fehler reduziert. Würde der Vorgesetzte vollständig kommunizieren, so würde er z.B. sagen: "Was haben Sie denn da gemacht. Sie sind doch ein zuverlässiger Mitarbeiter, wie konnte denn das passieren?" In diesem Beispiel würde der Chef seine Kritik nicht verstecken, aber er würde gleichzeitig zeigen, daß dieses Mißgeschick einem Mann passiert ist, den er als zuverlässig einstuft. Der Fehler wäre damit nicht absolut gesetzt, sondern eingeordnet.

Allzu oft aber verhalten wir uns so wie dieser Vorgesetzte, sind wir so auf das störende Ereignis fixiert, daß die anderen Elemente verschwimmen oder unsichtbar werden. Das bereits erwähnte Beispiel von Gordon, in dem Mutter der Tochter nur erklärt, daß sie wütend sei, ist ein solches Beispiel einer unvollständigen Kommunikation. Gordon war sich der Tragweite dieses Beispiels nicht bewußt, da er es mehr nebenbei unter der Überschrift "Betonen Sie nicht das Negative" erwähnte. Eine solche Überschrift klingt nach einer künstlich herbeigeführten heilen Welt. Tatsächlich aber zeigt das Beispiel, wozu es führt, wenn man nur einen Teil seiner Empfindung mitteilt. Konfliktfälle werden dadurch notwendigerweise verschärft (s. hierzu später).

Unvollständige Kommunikation mag im einzelnen ihren Sinn haben als auf den entscheidenden Punkt reduzierte Kommunikation. Man stelle sich ein Ehepaar in einem Möbelhaus auf der Suche nach einem Eßzimmer vor. Sie stehen vor einem Einrichtungsbeispiel und der Ehemann fragt seine Frau, wie sie das finde. Wenn sie dann z.B. nur antwortet "Ist mir zu konservativ", dann weiß er, das gefällt seiner Frau nicht. Die Aussage ist sicherlich unvollständig, aber mag als Ausscheidungsäußerung genügen. Man wird deshalb ein Gespür dafür entwickeln müssen, wann vollständige Kommunikation notwendig, wann unvollständige Kommunikation hinreichend ist. Selbst für die gleiche Situation mag es in Abhängigkeit von den beteiligten Personen und entsprechenden Hintergründen unterschiedliche Gesprächsformen erfordern. Man stelle sich den Fall vor, bei dem oben erwähnten Ehepaar hätte der Ehemann den Eindruck, er werde von seiner Frau dominiert, dann mag eine so auf die Entscheidung hin formulierte Antwort der Ehefrau bei ihm den Eindruck vertiefen, seine Meinung sei ohne Gewicht. Tatsächlich muß die Ehefrau ihre Aussage nicht in diesem Geiste gemeint haben, entscheidend ist, daß die Kürze der Aussage eine solche Interpretation beim Ehemann zuläßt. Würde sie hingegen vollständiger kommunizieren ("Scheint mir sehr solide gebaut und ist auch sehr funktional konstruiert, aber insgesamt ist es mir zu konservativ"), so würde eine solche Äußerung ein Gespräch zwischen den Ehepartnern zulassen, falls der Ehemann dieses Eßzimmer durchaus für wählbar hielte. Die vollständige Kommunikation ist nicht als ein strategisches Vorgehen mißzuverstehen, sondern als ein Versuch, sich der anderen Person i.S. von self-disclosure vollständig zu offenbaren. Oftmals, aber nicht immer, wird dies bedeuten, daß damit wegen des reichhaltigeren Inhalts das Gespräch erleichtert wird.

6.1.4 Senden ohne Verständnis für die Person des anderen oder die Situation

Eine andere Möglichkeit ist, daß jemand kein Verständnis für die Person des anderen oder die aktuelle Situation entwickelt. Ein junger erfolgreicher Unternehmer lädt einen engen Bekannten aus den Anfangszeiten seines beruflichen Tuns zu einem Wochenend-Besuch auf seinem Besitz ein. Der Bekannte war damals in einer viel besseren Position als der jetzt Einladende. Für letzteren verlief die geschäftliche Entwicklung jedoch ungünstig, aus seinem einst florierenden Geschäft wurde ein dahin darbendes Geschäft. Im Gegensatz dazu gingen die Geschäfte des einladenden Unternehmers gut, überflügelte sein Geschäft das des engen Bekannten bei weitem. Der Gastgeber besitzt jetzt ein repräsentatives Haus mit großen angrenzenden Ländereien. Er führt seinem Gast seinen Landbesitz vor und ist auf das äußerste verwundert als der ihm plötzlich erklärt, er müsse unbedingt wegen dringender geschäftlicher Verpflichtungen abreisen. Diese Erklärung überzeugt den Gastgeber nicht, da er aus eigener Erfahrung weiß, daß in diesem Beruf an einem Wochenende keine unaufschiebbaren Geschäfte anstehen können. Doch sein Gast ist zum Bleiben nicht zu bewegen. Der Gastgeber kann sich das Verhalten seines Freundes nicht erklären.

Der Gastgeber ist stolz auf das von ihm Erreichte, wohl zu Recht. Sein Gast ist im Gegensatz zu ihm wenig erfolgreich, vielleicht sogar erfolglos. Indem der Gastgeber ihm so ausgiebig den sichtbaren Beweis seines Erfolges vorführt, wird ihm sein eigenes Versagen umso bewußter. Er selbst lebt in bescheidenen Verhältnissen, könnte keinen materiellen Wohlstand demonstrieren. Er hat seinen Vorsprung nicht halten, geschweige denn ausbauen können. Sein Gastgeber führt ihm vor, was möglich ist, er aber nicht zu erreichen vermochte. Je glänzender sein Gastgeber dasteht, desto ärmlicher erlebt sich der Gast. Die Situation wird für ihn unerträglich und er flieht. Der Gastgeber hat nicht bedacht - und kann auch nachträglich nicht verstehen - in welche Lage er seinen Gast gebracht hat. Er ist so mit sich selbst und seinem Stolz auf sein Lebenswerk beschäftigt, daß er sich gar nicht vorstellen kann, wie dies auf seinen Gast wirken muß. Angesichts dessen Erfolglosigkeit wäre taktvolle Zurückhaltung bezüglich der Darstellung eigener Erfolge beim Gastgeber angesagt gewesen. Wer so wenig Gespür für die Situation hat, kann auch keine Verantwortung für sie übernehmen, obwohl er es zwingenderweise müßte. In der Begegnung zwischen dem Erfolgreichen und dem Erfolglosen hat der Erfolgreiche eine größere Verantwortung für die Situation, weil er der Überlegene ist.

Der Abteilungsleiter einer großen Firma muß seinen Mitarbeiter wegen dringender beruflicher Aufgaben aus seinem Jahresurlaub zurückrufen. Als dieser sich an seinem Arbeitsplatz einfindet, erklärt er ihm, daß die Lage eben so sei und er damit rechnen müsse, daß ihm dies in Zukunft wieder geschehen könne. Er erzählt seiner Frau davon, die sich über seinen Stil empört. Er hingegen versteht ihre Aufregung nicht und meint, er hätte dem Mitarbeiter doch nur ehrlicherweise gesagt, womit er zu rechnen habe. In seinen Aussagen bezieht er sich jedoch nur auf die Sachebene, die Beziehungsebene ignoriert er vollständig. Er macht sich keine Gedanken darüber, wie sein Mitarbeiter damit zurechtkommt, daß er aus seinem Urlaub gerissen wird und die Firma sich das Recht nimmt, dies jederzeit zu wiederholen. Der Mitarbeiter als Mensch mit eigenem Empfinden ist kein Inhalt seines Denkens. Trotz Kritik kann er seinen Fehler nicht erkennen, fühlt sich vielmehr zu Unrecht angegriffen. Hätte er die Situation des Mitarbeiters zumindest zur Kenntnis genommen, so hätte er z.B. gesagt: "Es ist mir unangenehm, sie aus dem

Text 8: Beispiel aus Dreikurs & Soltz: "Kinder fordern uns heraus" (1991[22] S.168- 170).

"Die Mutter sah zufällig aus dem Küchenfenster hinaus und bemerkte Bernhard, der mit seinen acht Jahren der älteste ihrer vier Kinder war, wie er mit seinem Luftgewehr auf das Fenster des Nachbarn zielte. 'Bernhard, komm herein, ich möchte mit dir sprechen.' Der Junge senkte das Gewehr und ging langsam zu seiner Mutter, die die Tür für ihn offen hielt. Sie führte ihn ins Zimmer, setzte ihn auf den Schemel und sich selbst auf einen Stuhl. 'Mein Lieber, du weißt genau, als wir dir das Luftgewehr gaben, sprachen wir mit dir über dessen Gefahren. Wir bauten dir sogar einen besonderen Schießstand im Spielzimmer, wo die Kugeln niemand verletzen oder nichts kaputtmachen können. Stimmt das?' Bernhard schaute mit weitgeöffneten, unschuldigen Augen seine Mutter an und machte den Eindruck, für diese kleine Konferenz großes Interesse zu haben, gab aber keine Antwort. 'Weißt du, daß die Kugeln das Fenster von Herrn Müller kaputtmachen können?' Die Augenbrauen des Jungend gingen hoch. 'Du siehst, mein Lieber, hinter den Kugeln steckt schon eine ganz ordentliche Kraft. Im richtigen Winkel geschossen, würde das Fenster kaputtgehen. Das möchtest du aber doch nicht haben?' Bernhard schaut wieder seine Mutter ernsthaft an, sagte aber immer noch nichts. 'Möchtest du jetzt nicht dein Gewehr ins Spielzimmer herunterholen und in dem Stand, den wir für dich extra gemacht haben, schießen? Ich glaube, das wäre doch sehr nett." Der Junge nickte mit dem Kopf, bewegte seinen Fuß hin und her und sagte: 'Ich glaube, ich spiele im Freien.' 'Gut, mein Lieber, aber lasse das Gewehr hier. Einverstanden?' 'Einverstanden!' mit einem Schulterzucken.

Einige wenige Tage später fand die Mutter ihren Sohn, wie er auf Flaschen und Kannen aus naher Entfernung schoß. Sie rief ihn wieder zu einer Besprechung herein und wiederholte, wie vorsichtig man mit dem Gewehr sein müsse. Sie erinnerte ihn erneut an die Gefahr von Querschüssen. Bernhard schien abermals den Eindruck ernsthafter Aufmerksamkeit zu machen. Nach diesen 'Reden' ließ er sein Gewehr im Zimmer stehen und ging zum Spielen ins Freie.

Die Mutter ließ sich durch die Ansicht, man muß dem Kind 'erklären', leiten und hielt es nicht für richtig, Berrnhard zu bestrafen oder zu 'bändigen'. So blieben ihr nichts als Worte. Das Kind, das mit seinem Benehmen ja eine Absicht verfolgt und deshalb nicht daran denkt, dieses Benehmen zu ändern, betrachtet alles Gerede als langweilig und wird sehr rasch dagegen unempfindlich..... Worte sollten als Mittel des Gedankenaustausches dienen. In einer Konfliktsituation ist das Kind jedoch nicht bereit zuzuhören. Worte werden zu Waffen und können keine Wirkung beim Kind erzielen. In dieser Zeit ist seine Taubheit hundertprozentig. Was auch zu ihm gesagt wird, ist nur Munition für seine eigene Erwiderung. Was herauskommt, ist ein Wortkrieg. Sogar wenn das Kind keine Antwort gibt, ist es rebellisch und beweist dies durch sein Benehmen. Passiver Trotz oder aktive Mutwilligkeit sind die häufigsten Formen des kindlichen Verhaltens..... Wenn das Erklären keinen Sinn hat und die Mutter nicht an Bestrafung glaubt, was kann dann getan werden? Die Mutter kann handeln und Bernhard das Gewehr wegnehmen...."

Urlaub zurückrufen zu müssen. Ich weiß, daß sie ihren Urlaub brauchen, aber es ist eine Situation eingetreten, in der wir ihr Spezialwissen benötigen. Ich fürchte, solche Situationen können auch für die Zukunft nicht ausgeschlossen werden. Wir haben von Firmenseite her leider keine andere Wahl als sie zurückzuholen. Wir wissen, daß wir von ihnen damit ein Opfer verlangen und versuchen eine solche Situation weitmöglichst zu vermeiden. Aber es kann in der Zukunft wieder vorkommen." Eine solche Sprache hätte nicht vertuschen können und wollen, daß der Mitarbeiter seinen Urlaub unterbrechen muß. Der Mitarbeiter hätte an dieser Formulierung jedoch erkennen können, daß er bei aller Sachnotwendigkeit noch wahrgenommen und für wichtig genommen wird. In der Ursprungsversion hingegen zählt nur die Sache, der Mitarbeiter wird als Teil der Sachnotwendigkeit gesehen, ohne eigenen Wert.

Die Ehefrau beklagt sich in der Therapie, weil ihr Mann so aggressiv sei. Es wurde vereinbart, daß sie mehr auf ihn eingehen solle, weil er sich wohl von ihr unter Druck gesetzt und diesem nicht gewachsen fühle. In der nächsten Therapiesitzung erklärt sie, man könne mit ihrem Mann nicht reden, er verweigere sich, wehre nur ab. Auf Nachfrage beschreibt sie zwei Beispiele. Sie sagte zu ihm, daß sie darüber unzufrieden sei, daß er abends immer nur fernsehe. Sein Bruder wollte etwas von ihnen, wodurch sie Schwierigkeiten bekämen; die Ehefrau sagt zu ihrem Mann, daß er seinem Bruder sagen müsse, das gehe so nicht. Bei beiden Beispielen reagiert der Ehemann unwirsch, abweisend, wollte mit ihr darüber nicht reden. Für die Ehefrau beweisen diese Beispiele, daß mit ihrem Mann nicht zu reden sei. Sie erkennt nicht, daß sie in ihrem Verhalten wieder fordernd war, sieht keinen Zusammenhang zwischen ihrem Verhalten und dem ihres Mannes.

Ein krasses Beispiel für mangelndes Verständnis auf Seiten des Senders liefern Dreikurs & Soltz (1991[22]) mit ihrem Kommentar zu einem Gespräch zwischen Mutter und Kind (s. Text 8). Dieses Gespräch wird so wie von Dreikurs & Soltz dargestellt vollständig wiedergegeben. Von uns wird es aufgegriffen wegen des Kommentars der Autoren. Für sie ist es ein Beispiel, daß Reden manchmal zwecklos ist und Taten angemessener sind. Reden in der gezeigten Form ist zweifellos sinnlos, aber nicht, weil Reden sinnlos ist, sondern weil diese Form sinnlos ist. Das aber scheint den Autoren nicht aufzufallen. Sie nehmen keinen Anstoß an der Form des Redens, sind blind gegenüber den Fehlern dieses konkreten Gesprächs und blind auch gegenüber dem Kind. Statt den Fehler der Mutter aufzudecken und zu korrigieren, verschärfen sie ihn mit ihrem Kommentar nur noch. Belehren, mit Argumenten seine Überzeugung durchsetzen wollen, ohne Verständnis für die Situation des Kindes zu entwickeln, das ist das Falsche, nicht jedoch, miteinander reden zu wollen. Die Mutter sucht nicht den Dialog mit dem Kind. Sie ist ausschließlich Sender, beginnt das Gespräch lösungsorientiert und redet im Sinne ihrer bereits feststehenden Lösung auf das Kind ein. In dem Handeln des Kindes müßte ihr eigentlich sein Bedürfnis andeutungsweise sichtbar werden, aber sie ist so mit dem Durchsetzen ihrer Lösung beschäftigt, daß sie auf dieses Signal nicht reagiert. Dreikurs & Soltz haben mit ihrem Kommentar gezeigt, daß sie aus einer theoretischen Position heraus das Gespür für das aktuelle Geschehen verloren haben. Sie reduzieren die Geschichte auf einen Machtkampf und durch ihren Kommentar wird in der Tat daraus ein Machtkampf gemacht.

Aus der Grundproblematik muß sich nicht notwendigerweise ein Machtkampf ergeben. Wäre die Mutter bereit gewesen, das Empfinden ihres Sohnes wahrzunehmen, so hätte dieser wahrscheinlich im Verlauf des Gesprächs gesagt, daß es langweilig ist, mit dem Luftgewehr nur im Spielzimmer zu schießen. Hier darf dann die Mutter nicht aus der Haltung heraus handeln, aus der es die Mutter des Beispiels tut. Sie darf nicht sagen: "Aber draußen darfst du nicht damit schießen, denn das ist zu gefährlich. Wenn du damit schießen willst, geht das eben nur im Spielzimmer." Richtig wäre es, den angesprochenen Gedanken weiterzuverfolgen, beispielsweise so: "Wieso ist es denn langweilig, mit dem Luftgewehr im Kinderzimmer zu schießen?" Darauf der Sohn: "Das ist immer das gleiche. Und außerdem, auf die Entfernung kann ich nicht danebenschießen. Da ist doch gar kein Reiz d'rin." Wenn die Mutter sich auf die Situation des Kindes einließe und ihre Empfindung zum Ausdruck brächte, würde sie wohl sagen müssen.: "Eigentlich hast du recht. Die Entfernung ist nicht sehr groß und den Schwierigkeitsgrad kann man auch nicht verändern. Ich glaube schon, daß es nach einer Weile langweilig wird." Sohn: "Draußen macht es viel mehr Spaß. Vorhin habe ich auf eine Entfernung von zehn Metern ein Blatt getroffen!" Mutter: "Klar, daß du dann mit dir zufrieden bist. Das schafft nicht jeder. Du hast eine ruhige Hand. Aber trotzdem kann es dir draußen ja auch passieren, daß du nicht triffst und die Kugel vielleicht jemand verletzt oder etwas beschädigt." Sohn: "Ich paß' schon auf!".

Brechen wir hier das Gespräch vorläufig ab. Dieser Sohn ist nicht verstockt, er redet. Ein Machtkampf ist nicht in Sicht, die Mutter versucht den Sohn zu verstehen, der Sohn fühlt sich ernstgenommen. Nun könnte man sagen, der Machtkampf entfällt deshalb, weil die Mutter sich zurücknimmt und nur den Sohn gelten läßt. Das ist wohl richtig. Der Dialog wurde an einer Stelle unterbrochen, wo der Sohn eine Äußerung tut, die stark durch seinen Wunsch geprägt ist, dem die Mutter dann ihre Befürchtung entgegensetzen würde. Die Fortsetzung des Gesprächs soll daher im Unterpunkt "Konflikte klären" erfolgen. Gelänge es jedoch, das Gespräch im bisherigen Geist weiterzuführen, so hätte es seinen Sinn. Der Sohn würde sich von der Mutter verstanden fühlen, was für das Gespräch bei Dreikurs & Soltz sicherlich nicht gilt. Aber auch für die Mutter wäre das Gespräch im Vergleich zu dem von Dreikurs & Soltz ein Gewinn. Wie leicht macht es sich doch die Mutter im Gesprächsbeispiel dieser Autoren. Die Situation ihres Kindes interessiert sie überhaupt nicht. Sie und ihr Mann führen zwar das Kind in Versuchung, indem sie ihm das Luftgewehr kaufen, aber ansonsten hat das Kind dieser Versuchung zu widerstehen. Wie einfach, wie billig. Die Mutter unseres Beispiels stellt sich hingegen der Problematik, dies allein schon ist etwas Positives. Es bleibt abzuwarten, welches Ergebnis am Ende dieses tatsächlichen Dialoges steht. Dreikurs & Soltz sind aber offensichtlich nicht in der Lage, die Qualität dieses Dialogs zu erkennen. Sie sind nicht in der Lage, die fehlerhafte Gesprächsführung durch die Mutter zu erkennen und kommen deshalb generell zu einer negativen Bewertung von Gesprächen. Das ist ihr persönlicher Fehler.

6.1.5 Senden ohne Selbstbewußtsein

Aufgabe des Senders ist es, seine Botschaft dem Empfänger zu vermitteln. Dies setzt im Prinzip voraus, daß er zu dieser Aufgabe steht, sie leisten will. Fehlt es dem Sender jedoch an Selbstbewußtsein, so mag er die Aufgabe vielleicht nur halbherzig angehen. Forderungen an den anderen mag er dann vielleicht so vorsichtig, so versteckt vortragen, daß der andere sie nicht mehr erkennen kann. Er mag vielleicht überhaupt nicht zu seinen eigenen Bedürfnissen stehen, sich auf ein Rollenverhalten zurückziehen und seine Person dabei verstecken. Eine solche Person muß nicht unsicher erscheinen, da sie sich möglicherweise auf eine von ihr beherrschte Rolle zurückzieht und dort sogar auftrumpft. Das Problem der Person wird dann erst deutlich, wenn man sich in die Situation eindenkt und merkt, was diese Person nicht tut. In ihrem Nicht-Tun wird ihre Selbstunsicherheit deutlich. So kann es z.B. geschehen, daß eine Person erklärt, sie möge keine Spiele i.S. von Gesellschaftsspielen - was sicherlich ihr gutes Recht ist. In Einzelfällen aber mag dies eine unvollständige Botschaft sein. Es könnte sein, daß sie oftmals bei solchen Spielen verloren und daraus für sich die Konsequenz gezogen hat, solche Situationen zu meiden. Gleiches gilt vielleicht für jemand, der von sich sagt, er möge nicht tanzen. Er hat vielleicht die Erfahrung gemacht, daß er dabei keine sehr glückliche Figur abgibt und meidet ab dann Tanzgelegenheiten. In beiden Fällen müßte eine vollständige Kommunikation das eigene erlebte Unvermögen einschließen - was nun aber eine gewisse Selbstsicherheit voraussetzt. Der Nichtspieler müßte sagen können "Ich verliere beim Spielen so häufig, daß mir die Lust daran vergangen ist". Der Nichttänzer müßte sagen "Ich gebe beim Tanzen eine so komische Figur ab, daß ich mir das nicht zumuten möchte".

Senden mit Selbstbewußtsein würde vor allem bedeuten, zu seinen eigenen Bedürfnissen im positiven Sinne zu stehen. Dazu gehört z.B., zu seinem Bedürfnis nach Geachtet-werden oder Geliebt-werden zu stehen und auch im Fall der Ablehnung oder befürchteten Ablehnung dies als das eigene Bedürfnis zu erleben und es zu verbalisieren. Im Rahmen der Wissenschaft ist es verpönt, persönliche Ansprüche mit wissenschaftlichem Tun zu mischen. Es gilt nur die Beschäftigung mit dem Sachproblem, der Wissenschaftler ist nur als Denkender an diesem Prozeß beteiligt. Die Hoffnung, durch seine Arbeit persön- liche Anerkennung zu finden, ist sicherlich eine Triebkraft bei vielen Personen, darf aber nicht genannt werden. Die Person tritt hinter der Sache zurück, verschwindet hinter der Sache. Es ist jedoch kein Widerspruch, an einer Sache interessiert zu sein und gleichzeitig als der an dieser Sache Interessierte gewürdigt sein zu wollen.

6.1.6 Senden lösungsorientiert

Stellt man sich selbstbewußt dieser Situation und hat ein adäquates Verständnis von ihr, so wird man die Begegnung als einen Prozeß verstehen und so behandeln. Man wird den Gesprächspartner an dem Prozeß teilhaben lassen und ihn nicht erst

Text 9: Klavierspiel-Beispiel, Version A.

Es sind Ferien. Der Sohn Klaus ist zuhause geblieben und verbringt seine ganze Zeit mit Kindern, die in der Nachbarschaft zu Besuch sind. Die Eltern können in diesem Jahr keinen Urlaub machen, weil der Vater dringend im Betrieb benötigt wird. Die Eltern unterhalten sich an einem Abend über Klaus.

Sie: Klaus hat die ganzen Ferien nicht Klavier geübt. Das geht so nicht, du mußt mal ein energisches Wort mit ihm reden.
Er: Warum tust du es denn nicht, wenn due weißt, daß er nicht übt?
Sie: Auf mich hört er ja nicht und du hältst dich aus allem 'raus.
Er: So wie du mit dem Jungen umgehst mußt du dich auch nicht wundern. Da hättest du bei mir auch keinen Erfolg.
Sie: Ich mach' das schon richtig, aber dein Verhalten ist falsch. Der Junge merkt doch, daß du auf seiner Seite stehst. Aber das ist ja auch kein Wunder. Du hast ja auch nur das gelernt, was du unbedingt mußtest und das ist recht wenig.
Er: Vielleicht kann ich nicht so viel wie ich müßte, aber ich fühle mich wenigstens wohl.
Sie: Du bist ein richtiger Spießbürger. Kein Sinn für Kultur. Wie soll aus dem Sohn etwas werden bei so einem Vater.
Er: Sag' es doch ruhig offen: wie soll aus dem Sohn etwas werden, wo der Vater so ein Versager ist.
Sie: Du könntest dir ruhig etwas mehr Mühe geben, das ist doch wohl nicht zuviel verlangt.
Er: Ein anderer Mann würde sich vielleicht mehr Mühe geben als ich. Warum suchst du dir nicht einen, der sich mehr Mühe gibt!
Sie: (verläßt weinend das Zimmer)
Er: (setzt sich vor das Fernsehgerät und trinkt erheblich mehr Alkohol als sonst)

in dem Augenblick einbeziehen, wenn die eigene Entscheidung gefallen ist. Besonders kritisch wird die Situation, wenn man den Partner in dem Augenblick einbezieht, da man ihn in einem bestimmten Sinne einsetzen will oder - da dies mißlungen ist - ihn für sein bisheriges Verhalten tadeln will. Der Prozeß als Entstehungsgeschichte wird damit ignoriert, vielmehr meint man, irgendwo in den Interaktionsprozeß einsteigen und trotzdem vom Gesprächspartner hinreichendes Verständnis fordern zu können. In Text 9 wird ein solches Beispiel dargestellt. Die Mutter hat sich offensichtlich bereits intensiv mit dem Problem beschäftigt und ist

an die Grenzen ihrer Möglichkeiten gestoßen. Nach ihrer Sicht kann jetzt nur noch der Vater eine Wende herbeiführen. An diesem Punkt beginnt sie ihr Gespräch mit dem Ehemann. Durch diese Vorgabe des Senders ist das Gespräch von vornherein lösungsorientiert und bleibt es auch. Der Vater empfindet das Verlangen seiner Frau als Druck, sperrt sich, wodurch die Ehefrau den Druck durch einen deutlichen Vorwurf erhöht ("..du hältst dich ja aus allem 'raus"). Dies führt zu einem Gegenangriff des Mannes und nun eskaliert der Streit, wird er immer grundsätzlicher. Am Ende ist das eigentliche Thema verlassen, wird sogar die Ehe zur Disposition gestellt.
Wäre man ein Intimkenner dieser Ehe, so käme dieser Gefühlsausbruch auf beiden Seiten wohl nicht überraschend. Im Dialog wird etwas zu dem Hintergrund des Geschehens deutlich. So scheint der Vater mit der Art, die seine Frau dem Jungen gegenüber an den Tag legt, schon länger nicht einverstanden zu sein. Vielleicht hat er auch schon 'mal etwas entsprechendes gesagt. Aber man kann sich vorstellen, daß seine Frau auch früher so reagiert hat wie im jetzigen Gesprächsbeispiel ("Ich mach' das schon richtig, aber dein Verhalten ist falsch"). Groll mag sich so auf beiden Seiten aufgestaut haben: bei der Frau, weil sie sich vom Mann behindert fühlt, bei dem Mann, weil er sich von seiner Frau überfahren vorkommt. Aber auch diesen Hintergrund gelte es zu verstehen. Vielleicht verdankt er seine Entstehung dem gleichen Muster wie dieses Gespräch. Es könnte sein, daß die Ehefrau zu Beginn des Gesprächs guten Willens ist; sie ist jedoch engagiert, überzeugt von ihrer Erkenntnis, spricht diese einfach aus. Es wird ihr nicht bewußt, wie diese Rede auf den Ehepartner wirken wird. Sie vertritt aus ihrer Sicht nur ihre Meinung, sucht nach einer Lösung. Und je mehr man von seiner Sicht und Lösung überzeugt ist, umso nachdrücklicher vertritt man sie. In Rollenspielen wurde es immer wieder deutlich. Man will den Partner nicht überfahren, ihn nicht an die Wand drükken. Man ist nur von der eigenen Ansicht so überzeugt, daß man gar nicht darüber nachdenkt, wie der Partner mit dieser Situation jetzt zurechtkommt. Dieses impulsive aus seinem jetzigen Verarbeitungsstand heraus handeln trifft den Empfänger auf einem ganz anderen Verarbeitungsstand - möglicherweise auf gar keinem. Es könnte so sein, daß der Vater von dem Problem bislang nichts wußte und nun aus dem Stand heraus es gleich lösen soll. Es kann aber auch sein, daß er es nicht sehen wollte oder ganz anders gesehen hat, was es für ihn wiederum schwierig macht, gleich für ihn gedachte Lösungsschritte zu akzeptieren. Wie auch immer: dadurch daß das Gespräch nicht am Anfang der Geschichte beginnt, besteht die große Gefahr, daß die Partner nicht auf gleicher Höhe des Geschehens sind und sie sich "verkeilen".
In Version B (s. Text 10) beginnt die Ehefrau das Gespräch mit dem Anfang der Geschichte, nämlich mit ihrer Sorge. Sie geht nicht sofort zu Lösungen über, sondern läßt ihrem Mann Zeit, sich auf dieses Prozeßstadium auszurichten. Jeder kann zunächst seine Sicht des Problems entwickeln und mitteilen, wobei sich in diesem Fall herausstellt, daß sie die gleiche Sicht haben, die gleiche etwas komplexere Sicht haben. Es geht um Klavierspielen und um Herumtollen und beide Elternteile sehen beide Aspekte, wenn auch -bedingt durch die Herangehensweise-

Text 10: Klavierspiel-Beispiel, Version B.

Sie: Klaus hat die ganzen Ferien nicht Klavier gespielt. Ich mache mir Sorgen, daß er ganz aus der Übung kommt und dann überhaupt keine Lust mehr zum Spielen hat.

Er: Das fände ich auch nicht gut. Er ist jetzt in der Phase, wo wohl viele Kinder größere Schwierigkeiten haben und wieder aufhören.

Sie: Das weiß ich eben und deshalb habe ich ihn immer wieder gebeten, doch zu üben. Er wollte aber nicht.

Er: Soweit ich das mitbekommen habe ist er in den Ferien sehr viel mit den Kindern zu sammen, die bei den Nachbarn zu Besuch sind. Mit denen versteht er sich wohl sehr gut.

Sie: Das stimmt. Aber deswegen darf er doch nicht ganz aus der Übung kommen.

Er: Da hast du schon recht. Aber wenn wir ihn jetzt zu sehr drängen, hat er vielleicht gar keine Lust mehr zum Klavierspielen. Vielleicht braucht er eine Pause und es ist jetzt einmal wichtiger, daß er mit den Kindern spielt. Während der Schulzeit kommt er kaum dazu, und du weißt ja, daß er in der näheren Umgebung keine Spielkameraden hat.

Sie: Ich gönne es ihm ja, daß er mit den anderen Kindern spielt und sich dabei wohl fühlt.

Er: Ich denke, es wäre wichtig, daß er wieder Klavier spielt, wenn die Schulzeit beginnt und die neuen Freunde abgereist sind. Wir sollten ihm vielleicht die Pause gönnen. Aber du hast Recht: es wäre schade, wenn das der Anfang vom Ende seines Klavierspielens wäre. Mir wäre das auch nicht recht.

Du weißt, daß ich durch meinen Beruf nicht so viel Zeit für das Kind haben kann wie du. Ich weiß, daß dieses Problem letztlich doch an dir hängen bleiben wird, auch wenn ich genauso betroffen bin wie du. Meinst du, es wäre eine Lösung, wenn wir ihn jetzt einfach in Ruhe ließen, so lange die Kinder zu Besuch und noch Ferien sind, damit er die Ferien ungestört genießen kann? Und daß wir ihm dann sagen, daß wir froh waren, daß er so schöne Ferien gehabt hat und daß wir es verstanden haben, daß er nicht Klavierspielen üben wollte. Daß wir ihm dann aber auch sagen, daß es wichtig ist, die Pause nicht zu groß werden zu lassen, damit er nicht zu sehr aus der Übung kommt?

Sie: Ich habe nur Angst, daß er dann schon so aus der Übung ist, daß er keine Lust mehr hat und aufgibt.

Er: Meinst du denn, es wäre ein besserer Weg, wenn wir ihn jetzt drängen. Er sitzt dann zwar am Klavier, aber denkt nur an die Freunde, die nur noch wenige Tage da sind. Glaubst du, daß er dann wirklich übt und ihm das Spielen Spaß macht?

Sie: Natürlich nicht. Ich will ja seine Freude nicht verderben, aber ich will auch, daß er einmal gut Klavierspielen kann, denn daran wird er später auch viel Freude haben.

Er: Wie wäre es denn, wen du mit ihm noch einmal darüber reden würdest und mit ihm eine Vereinbarung triffst. Ihr vereinbart, daß er jetzt nicht üben muß, wenn er nicht will, daß er aber dann, wenn die Ferien zu Ende sind, gleich wieder beginnt.Ich habe eigentlich nicht den Eindruck, daß Klaus ganz aufhören will.

Sie: Den Eindruck habe ich auch nicht. Aber nach einer größeren Pause fällt es einem schon schwer, wieder anzufangen.

Er: Es hängt vielleicht auch ein wenig davon ab, wie es weitergeht. Ich weiß, daß du dabei eine wichtigere Rolle spielst als ich und du dir deshalb auch mehr Sorgen machst als ich. Auch wenn ich mir Mühe gebe, wird es mehr von deinem Einfühlungsvermögen und deiner Geduld abhängen, ob Klaus wieder den Anschluß findet und regelmäßig übt. Ich traue dir das zu; ich glaube, du schaffst es.

Sie: Also leicht ist das nicht. Aber es gab schon einmal eine Zeit, da wollte Klaus nicht mehr so richtig. Ich habe mich dann immer dazu gesetzt, wenn er geübt hat. Das hat ihm gefallen. Vielleicht schaffe ich es jetzt auch. Aber du darfst dich da nicht 'raus halten. Du mußt Klaus zeigen, daß es dir auch wichtig ist, daß er übt.

Er: Ich will mir Mühe geben.

mit etwas unterschiedlichen Gewichtungen. In Version A ist es wahrscheinlich nicht anders, das schnell hitzige Gespräch macht es jedoch nicht mehr hinreichend transparent. Dort steht die Mutter für Klavierspielen, der Vater für Herumtollen, obwohl dies so möglicherweise nicht zutrifft. Durch die Konfrontation werden die Streitpartner in gegensätzliche, vereinfachte Positionen getrieben. Diese Konfrontation gibt es in Version B nicht. Auch in der Version B vertreten die Ehepartner etwas unterschiedliche Positionen, aber das hindert sie nicht, die Geduld aufzubringen, auch die Meinung des Partners zu hören und in der eigenen Stellungnahme bei aller Unterschiedlichkeit auch explizit das Gemeinsame zu formulieren. Bei allem Engagement beider Elternteile versuchen diese nicht, verbissen ihre jeweilige Lösung durchzusetzen, sondern mit dem Partner über das Problem zu sprechen und dies als Möglichkeit von Begegnung mit dem anderen zu leben. Daraus und aus der damit möglichen Beschäftigung mit dem ursprünglichen Thema erwächst dann die Lösung dieses Problems. Es könnte auch ein anderes Ergebnis am Ende des Gesprächs stehen; es wäre falsch, diese Lösung als die einzig richtige anzusehen. So könnte es z.B. sein, daß die Ehefrau eine stärkere Beteiligung des Ehemannes wünscht und verständlich machen kann und dieser dies akzeptiert. Wichtig ist, daß dieses konkrete Elternpaar sich dem Dialog und der Sachaufgabe stellt. Version B ist als gelungenes Gespräch nicht nur ein Beispiel für richtiges Senderverhalten, sondern notwendigerweise auch für richtiges Empfängerverhalten. Darauf soll später noch eingegangen werden.

6.1.7 Verweigerung von Verantwortung

Ein Gespräch als Versuch eines Dialogs zu verstehen, bedeutet gleichzeitig, Verantwortung für diesen Dialog zu übernehmen, also nicht nur isoliert die Verantwortung für den eigenen Beitrag zu tragen. Es kommt jedoch nicht selten vor, daß eine Person sich äußert, ohne die Auswirkungen der Mitteilung zu bedenken oder berücksichtigen zu wollen. Solche Personen handeln aus dem Verständnis heraus, daß sonst ihre Spontaneität verloren gehe, die sie nicht preiszugeben gedächten. So sagte ein junger Mann voller Überzeugung: wenn ich meine Wut habe, dann habe ich meine Wut. Er fühlt sich dann berechtigt, dem anderen das entgegenzuschleudern, was er gerade empfindet. Er ist stolz darauf, diese Einstellung auch gegenüber seinen Vorgesetzten durchhalten zu können. Es kam dann z.B. zu folgender Szene. Der Vorgesetzte erklärte ihm und weiteren Mitarbeitern seinen von ihm ausgedachten Plan zur Neuorganisation eines Arbeitsablaufs. Der junge Mann ergriff darauf das Wort und meinte, daß dieser Plan unsinnig sei und erläuterte seine Bewertung durch eine kritische Analyse. Darauf wurde er von seinem Vorgesetzten gemaßregelt, der darauf bestand, der Plan habe so umgesetzt zu werden. Für den jungen Mann war das ein Beispiel dafür, daß in dieser Firma Mitdenken und eigene Vorschläge nicht erwünscht seien; das Verhalten des Vorgesetzten hat ihn sehr gekränkt.

Er hat in seinem Beitrag allerdings seine Meinung ausgedrückt, ohne auf die Form seiner Mitteilung und deren Wirkung zu achten. Selbst in seinem nachträglichen

Kommentar bleibt er diesem Denken verhaftet, da er die Reaktion des Vorgesetzten nur auf seinen Sachbeitrag bezieht. Tatsächlich hat er durch die schroffe Art seiner Bewertung ("unsinnig") den Vorgesetzten bloßgestellt, worauf dieser mit einem Revanche-Foul reagiert. Vorausgesetzt, dieser Plan ist wirklich inakzeptabel gewesen, so stellt sich dennoch die Frage, ob man die Ablehnung in einem so barschen Ton vorbringen muß. Der junge Mann würde sicherlich meinen, der Plan war Unsinn und deshalb darf man das auch so sagen. Der Vorgesetzte vertritt nun jedoch diesen Plan, identifiziert sich teilweise damit; den Plan als unsinnig zu bezeichnen, hieße gleichzeitig, den Erfinder des Plans als unfähig darzustellen. Durch die harte Bewertung des Plans bleibt für die Beurteilung seines Schöpfers wenig Spielraum. Wollte der junge Mann seinen Vorgesetzten bloßstellen oder wollte er nur auf Schwierigkeiten bei der Umsetzung dieses Plans hinweisen? Nehmen wir an, er wollte letzteres, so wäre damit deutlich, daß er durch den achtlosen Umgang mit der Sprache etwas bewirkte, was er gar nicht wollte. Was wäre die Alternative? Er könnte umfassender, vollständiger senden und sich nicht allein auf den kritischen Punkt beschränken. Möglicherweise wäre auch der junge Mann der Meinung gewesen, daß das alte Verfahren seine Tücken hat und eine neue Organisationsform sinnvoll sei. Er hätte dies zunächst einmal ausdrücken und die Absicht zur Überarbeitung begrüßen können. Vielleicht wäre an dem Plan nicht alles falsch gewesen und er hätte dies erwähnen können, in der Form, daß er diese Punkte einfach positiv kommentiert. Sodann hätte er die Schwierigkeiten bezüglich einiger anderer Punkte zur Diskussion stellen können. Er stünde dann nicht als der Besserwisser da und sein Vorgesetzter als Trottel, er würde sich vielmehr zu einem komplexeren Verhalten äußern. In seiner Aussage würde er bedenken, daß sein Vorgesetzter mit der Vorstellung seines Planes ein Risiko eingeht -er muß sich damit beweisen- und würde sich unter Berücksichtigung dieses Umstandes zu Wort melden. Ein verunsicherter Vorgesetzter würde einen solch sachlichen Diskussionsbeitrag trotzdem als Bedrohung erleben. Ein in sich gefestigter Vorgesetzter könnte sich hingegen den damit aufgeworfenen Sachfragen zuwenden, weil er sich als Person nicht in Frage gestellt fühlte.

Ein Patient befindet sich im Krankenhaus, die Ärzte suchen noch nach einer Erklärung für seine Symptome. Er hofft aufgrund der bisherigen Äußerungen, am Wochenende nachhause entlassen zu werden. Als nun das Wochenende naht, fragt er, ob er nachhause könne. Darauf sagt der behandelnde Arzt, dies gehe nicht. Es müßten noch weitere Untersuchungen durchgeführt werden, um endgültig abzuklären, woran er erkrankt sei. Er sei sich zwar ziemlich sicher zu wissen, woran er erkrankt sei, wolle es ihm aber erst sagen, wenn die Diagnose endgültig feststünde. Wörtlich: "Wir wissen mehr als wir ihnen jetzt sagen." Ob dieser Aussage des Arztes macht der Patient in der folgenden Nacht kein Auge zu. Mit dieser Art der Mitteilung handelt der Arzt formal zwar völlig korrekt, versetzt sich aber bzw will sich nicht in die Situation des Patienten versetzen. Die Andeutungen des Arztes legt der Patient so aus, daß er eine schwere Krankheit habe, die man ihm aber erst mitteilen könne, wenn man völlige Gewißheit habe. Wahrscheinlich ahnt der Arzt nicht, was er mit dieser Aussage beim Patienten auslöst. Wäre er bereit gewesen, sich in die Situation des Patienten zu versetzen, so hätte er die wahrscheinliche Auswirkung seiner Aussage erkannt und hätte aus seiner ärztlichen Verantwortung heraus anders gehandelt. Offensichtlich war er nicht bereit, in einem umfassenderen Sinne Verantwortung zu übernehmen.

6.2 Empfangen

Empfangen ist das Spiegelbild zu Senden, deshalb gelten die beim Senden aufgezeigten Aufgabenstellungen sinnentsprechend auch für das Empfangen. Die Gliederung für Senderprobleme gilt genauso für Empfängerprobleme. Ein Punkt sollte jedoch hinzugefügt werden, weil er beim Empfänger noch eine besondere Rolle spielt: die Konzentration auf das Gespräch. Zwar muß sich auch der Sender der Aufgabe stellen, sich verständlich zu machen, einen Gedanken zu entwickeln und damit geistig konzentriert zu sein, aber in jedem Fall gilt es für den Empfänger. Will er seiner Aufgabe gerecht werden, so muß er konzentriert zuhören, im Zuhören Verbindungen knüpfen oder als problematisch sehen, einen Ablauf in souveräner Form geistig begleiten können. Gerade weil Zuhören auch von professioneller Seite de facto als zu passiv dargestellt wird, gilt es diese aktive, konzentrierte, mitdenkende Seite des Zuhörens herauszuheben. Ansonsten muß notgedrungenermaßen spiegelbildlich für das Empfangen das gleiche gelten wie für das Senden. Ohne damit ein fertiges System präsentieren zu wollen, seien Probleme des Empfangens in der für das Senden entwickelten Systematik diskutiert.

6.2.1 Verweigern von Empfangen

Bei einem Mann wird wegen wegen Vergiftung durch Farbdämpfe, die Schwindelgefühle auslösten, u.a. in der Klinik eine Computertomographie durchgeführt. Er hat zunächst ein Gespräch mit dem Stationsarzt, der sich seine Untersuchungsergebnisse ansieht, ein bedenkliches Gesicht macht, den Oberarzt hinzuzieht. Es wird ihm mitgeteilt, daß er einen Tumor im Gehirn habe und sich einer Operation unterziehen müsse. Weiter wird ihm erklärt, daß dies eine schwere Operation sei und er eine Erklärung unterschreiben müsse. Der Patient bekommt ob dieser Mitteilung einen großen Schrecken und sagt zu den Ärzten, daß er diese Nachricht überhaupt nicht verkraften könne und er sich sehr unwohl fühle. Darauf erklären diese ihm, daß sie das nichts angehe, da sie ja nur Ärzte seien. Ein weiteres Beispiel aus dem gleichen Milieu. Ein junger Mann wird wegen Hodenkrebs operiert. Die Operation ist erfolgreich mit der Folge, daß der junge Mann nicht mehr zeugungsfähig ist. Er gerät in eine psychische Krise und seine Ärzte erklären ihm, er müsse doch eigentlich dankbar sein, daß ihm das Leben erhalten geblieben sei und er -abgesehen von der Zeugungsunfähigkeit- normal weiterleben könne. Sie sahen es nicht als ihre Aufgabe an -oder waren darin überfordert, ohne es sich eingestehen zu wollen-, dem Patienten dabei zu helfen, mit dieser veränderten Lebensperspektive leben zu können.

Text 11: Die geplatzte Hochzeit. Gespräch zwischen Frau Schmitt und Frau Meier.

Meier: Das ist ja furchtbar, das ist ja schlimm. Ich bin fix und fertig. Ich trau' mich nicht mehr unter die Leut'.
Schmitt: Ja, aus welchem Grund?
Meier: Stell dir vor! Die Gabi ruft gestern an. Es ist ja.... Am Sonntag war sie noch da und gestern ruft sie anund stell dir vor, was sie sagt. Die sagt, die Hochzeit findet nicht statt.
Schmitt: Ja, hat sie da einen bestimmten Grund? Hat sie dir doch bestimmt gesagt. Sie muß doch einen Grund haben.
Meier: Sie hat einen anderen Freund. Jetzt haben wir die Hochzeit geplant. Ich hab' alles vorbereitet. Die ganze Verwandtschaft ist eingeladen. Ich hab' alles so genau vor bereitet; ich hab' das Kleid gemacht, sogar eine Hochzeitszeitung habe ich gemacht.
Schmitt: Ja, heiratest du oder deine Tochter?
Meier: Natürlich heiratet die Tochter. Aber das muß doch vorbereitet werden.
Schmitt: Vielleicht hast du sie da zu wenig vorbereiten lassen und....
Meier: Die wollte das ja ganz anders, aber das können wir doch nicht machen. Das muß doch eine gewiße Form haben. Ich bin ja schon bereit gewesen, das Kleid einfacher zu machen, aber eine gewiße Form muß das doch haben.
Schmitt: Aber du mußt doch zumindest auf ihre Wünsche eingehen. Wenn sie heiratet, stellt sie sich doch eine ganz bestimmte Zeremonie von ihrer Hochzeit vor, ihr Kleid und alles. Du mußt doch ihre Entscheidung respektieren und kannst ihr nicht überall hereinreden. Vielleicht hast du ihr zuviel hereingeredet.
Meier: Also zuviel habe ich nicht hereingeredet. Ich hab' halt die Arbeit gemacht, die notwendig war.
Schmitt: Aber wenn du die Arbeit nicht gemacht hättest, hätt' sie vielleicht trotzdem geheiratet oder du hättest ihr vielleicht ein bißchen mehr Zeit lassen sollen.
Meier: Also stell dir vor...
Schmitt: Hättest sie zeitlich nicht so unter Druck setzen sollen...
Meier: Ich hab' sie doch nicht unter Druck gesetzt. Guck doch mal her: wir haben die Wohnung in Hamburg gekauft und jetzt sind die beiden da hin. Mir war das ja von Anfang an nicht recht, daß die beiden nicht verheiratet waren. Wie sieht das denn aus. Ich bin da in der Gemeinde tätig und helf' da mit. Wie sieht das denn aus, wenn die unverheiratet zusammenleben!
Schmitt: Wenn sie unverheiratet zusammenleben hätten sie sich vielleicht erst noch ein bißchen prüfen können. Das ist halt dort durch den Wohnungsmangel erst gar nicht möglich gewesen, daß jeder eine Wohnung nimmt. Aber wenn du sie nicht gleich so unter Druck gesetzt hättest, 'wenn du dort hinziehst, mußt du auch eine Wohnung...'.
Meier: Aber....
Schmitt: ....mit ihm haben und mußt den Hochzeitstermin vorher festsetzen'. Vielleicht hättest du etwas mehr Spielraum geben müssen.
Meier: Sie hätte nicht nach Hamburg gesollt. Sie hätte hier sein sollen, dann wäre das nicht passiert. Dann hätte die Hochzeit stattgefunden.
Schmitt: Du weißt ganz genau, daß das nicht möglich war. Er kann nur dort studieren und sie konnte nur so bei ihm wohnen, weil du zuhaus' ja auch gleich immer auf die Barrikaden gegangen bist, wenn er mal nachts hier schlafen wollte. Das muß ich dir schon einmal sagen: deine Tochter ist jetzt fast 25 Jahre alt.

Fortsetzung Text 11.

Meier: Ich geh' doch nicht auf die Barrikaden.
Schmitt: Die ist jetzt 25 Jahre alt und Du machst ihr Vorschriften. Die hätt' ich mir in dem Alter nicht mehr machen lassen!
Meier: Also ich mach' ihr doch keine Vorschriften. Ich will doch nur das beste! Das mußt du doch einsehen, ich mach' doch alles für das Kind.
Schmitt: Du meinst.....
Meier: Ich zerreiß' mich doch....
Schmitt: Das beste ist nicht gut genug!
Meier: Soll ich noch mehr machen!!
Schmitt: Du meinst, du machst das beste. Das meinst du! Aber ob sie das empfindet? Das hat man doch jetzt gesehen. Wenn sie meint, daß´du wirklich das beste für sie willst, dann hätte sie das nicht gemacht, dann hätte sie....
Meier: Also...
Schmitt: ...dann hätte sie das nicht gemacht, dann hätte sie geheiratet. Aber irgendwie schien ihr das 'beste' auf den Wecker gegangen zu sein.
Meier: Also stell dir 'mal vor: Am Sonntag war sie hier, wir besprechen alles in Ruhe durch. Sie sagt 'Ja und Amen' dazu und zwei Tage später ruft sie an und sagt 'es ist aus'. Es ist nix, alles umsonst. Meine ganzen Pläne, alles ist kaputt.
Schmitt: Ja, aber....
Meier: Wie stehe ich denn da!
Schmitt: Ich kann mir gut vorstellen. Wenn sie es dir am Sonntag gesagt hätte, wärst du wahrscheinlich aus allen Wolken gefallen und sie wäre zur Abreise gar nicht mehr fähig gewesen. Deshalb hat sie es dir vor Angst lieber aus der Entfernung gesagt, am Telefon.
Meier:: Die braucht doch keine Angst zu haben.
Schmitt: Aber einen Grund hat sie schon. Ich kann es mir nicht anders vorstellen.
Meier: Also, jedenfalls...
Schmitt: Wie gedenkst du mit ihr weiter....
Meier: Zunächst ist die für mich erst einmal gestorben. Also so eine Blamage. Das überlebe ich nicht.
Schmitt: Du sagst, sie ist gestorben für dich. Stell' dir einmal vor, sie hätte eine unheilbare Krankheit. Was würdest du denn dann machen? Oder wenn sie wirklich sterben würde, das wäre doch viel schlimmer! Es ist doch besser, sie erkennt jetzt, daß es nicht der Richtige ist...
Meier: Also...
Schmitt: Wenn sie sich scheiden läßt, was ist denn dann?
Meier: Wären die nicht nach Hamburg, die hätten doch auch hier studieren können.
Schmitt: Nein, das hätten sie nicht gekonnt, das ist ausgeschlossen.
Meier: Das sagst du, der hätte auch hier studieren können.

Im Kunstunterricht kann ein Schüler nicht einsehen, warum ein bestimmtes Bild Frieden ausdrücken solle. Er meint, es könne schlichtweg auch ländliches Leben darstellen. Der Lehrer weist ihn auf den Ölzweig in dem Bild hin, der das Symbol für Frieden sei. Der Schüler entgegnet: "Aber wenn jemand die Bedeutung des Ölzweigs nicht kennt?" Der Lehrer daraufhin: "Aber du kennst die Bedeutung!" Das Gespräch war damit beendet. An dieser Stelle sei nochmals betont, daß es sich um keine erfundenen Beispiele handelt, sondern um tatsächlich stattgefundene! Der Lehrer war offensichtlich nicht bereit, auf das vom Schüler formulierte grundsätzliche Problem einzugehen und blockte durch eine vordergründig zutreffende Bemerkung ab.

Der alte Vater ist bei seiner Tochter zu Besuch. Am Abend sitzt er mit Tochter und Schwiegersohn zusammen. Das Ehepaar liest Zeitung, der Vater sitzt daneben. Nach einer Weile sagt er: "Ihr habt es gut, ihr könnt noch Zeitung lesen." Darauf seine Tochter zu ihm: "Setz' dir doch zwei Brillen auf, dann kannst du auch Zeitung lesen." Der Vater zu ihr: "Du hast einen komischen Humor." Die Tochter kommentiert dieses Ereignis mit den Worten, alte Menschen können schon schwierig sein. Sie versteht nicht, was ihr Vater sagen will. Man könnte vermuten, sie wolle nicht verstehen; wogegen spricht, daß sie eigentlich eine bemühte Tochter ist. Sie ist zumindest auf den ersten Blick eine sozial verantwortungsbewußte Person. Selbst nach dem bitteren Wort ihres Vaters erkennt sie nicht ihren Fehler, nimmt vielmehr dessen Reaktion als Beleg dafür, daß alte Menschen aufgrund ihres biologischen Status anstrengend werden. Sie erkennt nicht die Not, in der der Vater sich befindet, will sich mit seiner Situation nicht auseinandersetzen, sondern tut die Selbst-Offenbarung des Vaters mit einem derben Scherz ab.

In den ersten beiden dargestellten Beispielen mag das Empfangen verweigert worden sein, weil sich die Empfänger überfordert fühlten, ohne sich es einzugestehen. Überforderung mag in unterschiedlichem Ausmaß in jedem Beispiel eine Rolle spielen, wie man ein Beispiel wohl selten auf einen einzigen Faktor reduzieren kann. Häufig jedoch ist die Verweigerung der Empfänger-Rolle in dem unreflektierten Gefühl begründet, einen Sachverhalt begriffen zu haben und bewerten zu können, wie es in dem zuletzt geschilderten Beispiel zu sein scheint. Der Zuhörende ist so nicht derjenige, der den Mitteilenden weitergehend verstehen will, sondern der, der aufgrund weniger Hinweise sich berechtigt fühlt, eine Sache zu beurteilen. Er sieht keinen Anlaß, den Mitteilenden ausgiebiger zu verstehen, da dieser ja sich falsch verhalten hat. Das Beispiel der geplatzten Hochzeit (Text 11) illustriert die Problematik. Die Zuhörerin erkennt sofort am Anfang des Gesprächs den Fehler der Mutter und nagelt sie darauf fest. Die Mutter selbst geht als Person in diesem Gespräch unter. Es ist wie bereits früher angedeutet: macht man einen Fehler, so hat man das Anrecht auf Verständnis verwirkt (wobei Verständnis nicht mit Billigung gleichzusetzen ist). Die Zuhörerin nutzt ihre moralische Überlegenheit rigoros aus und drängt die Mutter völlig in die Defensive. Die aktuelle Verfassung der Mutter wird, weil als selbstverschuldet eingestuft, übergangen, vielmehr durch das Verhalten der Zuhörerin noch weiter verschärft. Hatte die Mutter Anteilnahme und Mitgefühl erwartet, so sieht sie sich nun herber Kritik ausgesetzt Auch bei diesem Beispiel gilt: die handelnde Person, hier die Zuhörerin, ist eine sympathische, vom Stil her eher offene und herzliche Frau, die in der Diskussion zur Selbstkritik und Einsicht bereit ist. Man kann das Tun nicht einer erkennbar schwierigen oder geistig überforderten Person anlasten. Das Beispiel wird von einer im positiven Sinne normalen Person demonstriert, die im tatsächlichen Geschehen an ihrem Verhalten nicht gezweifelt hat. Diese Frau hat auch nachträglich

Text 12: Die geplatzte Hochzeit. Eine möglicheAlternative.

Meier: Das ist ja furchtbar. Ich bin fix und fertig. Ich trau' mich nicht mehr unter die Leut'.

Schmitt: Ja, was ist denn passiert!?

Meier: Stell dir vor. Die Gabi ruft gestern an. Es ist ja.... Am Sonntag war sie noch da und gestern ruft sie an und stell dir vor, was sie sagt: sie sagt, die Hochzeit findet nicht statt.

Schmitt: Oh jeh.

Meier: Ich bin ganz fertig, ich hab' die ganze Nacht nicht geschlafen. Wir haben doch alles vorbereitet und jetzt ist nichts. Wie steh' ich bloß in der Öffentlichkeit da.

Schmitt: Also das ist ja eine Geschichte! Da hätt' ich auch erst 'mal einen Schock. Aber was heißt, 'wie stehe ich jetzt da'. Meinst du, du bist dadurch blamiert?

Meier: Ich habe doch alles für die Hochzeit arrangiert, sogar eine Hochzeitszeitung gemacht. Und dann findet es nicht statt.

Schmitt:Das ist sicherlich schlimm für dich. Du gibst dir soviel Mühe und dann ist es umsonst.

Meier: Was denken jetzt bloß die Leut' über mich.

Schmitt: Was meinst du denn, was sie denken werden?

Meier: Die denken doch, bei denen läuft auch alles drunter und drüber. Man muß doch wissen, ob man heiraten will. Mit solchen Sachen spielt man nicht. Das ist eine ernste Sache. Ich habe mich in der Pfarrgemeinde engagiert und dann sowas in der eigenen Familie.

Schmitt: Du meinst, du wirst dadurch unglaubwürdig.

Meier: Wer von den jungen Leuten nimmt denn in der heutigen Zeit die Ehe noch ernst? Leben einfach so zusammen. Ich finde das nicht richtig und ich wollte nicht, daß meine Tochter so etwas macht. Der junge Mann wollte ja schon immer in unserem Haus bei meiner Tochter übernachten, aber ich habe gesagt, 'so lange ihr nicht verheiratet seid, geht das nicht'. Hat er dann auch nicht gemacht.

Schmitt: Und dann hast du gedacht, zumindest bei uns ist es so wie es sein muß.

Meier: Sie haben sich ja auch daran gehalten. Dann mußte er unbedingt in Hamburg studieren und sie ging mit. Aber in Hamburg ist es halt schwer, eine Wohnung zu finden und deshalb wollten sie zusammenziehen.

Schmitt: Nur deshalb? Meinst du?

Meier: Ich habe gesagt, dann müßt ihr auch heiraten.

Schmitt: Wollte das denn deine Tochter auch? War sie davon überzeugt, den Mann für's Leben gefunden zu haben?

Meier: Sie hat eigentlich noch gar nicht an's Heiraten gedacht. Aber das geht doch nicht, daß man nur so einfach zusammenlebt.

Schmitt: Heißt das, daß das eher deine Idee war?

Meier: Was heißt hier 'meine Idee'. Sie hat ja zugestimmt.

Schmitt: Hat sie denn auch ständig von Heirat geredet? War ihr das jetzt unbedingt wichtig?

Meier: Du kennst doch die jungen Leute. Die denken doch nicht an morgen. Sie wollen nur ihr Vergnügen. Wo wären wir denn heute, wenn wir so gedacht hätten! Einfach nur zusammenleben!

Schmitt: Das klingt so, als ob du mehr als sie die Heirat gewollt hättest.

Meier: Wie käm' ich denn dazu, meine Tochter zu einer Heirat zu drängen! Es ist doch ihr Leben, ich will ihr nur helfen.

Schmitt: Also soll sie erst einmal selbst entscheiden?

Meier: Ich misch' mich nicht ein. Sie muß sehen wie sie mit ihrem Leben zurechtkommt.

nicht das Gefühl gehabt, sich falsch verhalten zu haben. Sie bedauert nur die Tochter ihrer Nachbarin, weil sie eine solche Mutter hat.
Gehen wir davon aus, daß die Mutter die Tochter zu sehr dirigieren wollte und dadurch der Dialog zwischen Mutter und Tochter zusammenbrach, vielleicht sogar das Scheitern der Partnerschaftsbeziehung provoziert wurde, der Fehler der Mutter also erwiesen scheint. Es stellt sich trotzdem die Frage, ob ein Mensch, der sein Leid so selbstverschuldet hat, in diesem Leid nicht wahrgenommen werden sollte, als leidender Mensch nicht dennoch Mitgefühl von seinen Mitmenschen erwarten darf. Dieses Mitgefühl ist nicht mit Zustimmung zu verwechseln. In diesem Rollenspiel, das nach Aussage der Zuhörerin hinter der Realität des tatsächlich abgelaufenen Gesprächs zurückblieb, gibt es keinerlei Anzeichen von Anteilnahme; das Gespräch ist ein einziges Tribunal. In Text 12 soll eine mögliche Alternative zu diesem Verhalten dargestellt werden.
Das Gespräch von Text 12 ist nicht zu Ende, wir unterbrechen hier. Der Unterschied zum ersten Gespräch ist, daß sich die Zuhörerin nicht in die Rolle des Richters drängt, sondern in einem schrittweisen Prozeß etwas verstehen will. Indem sie sich darum bemüht, setzt sie notwendigerweise beim Sender einen Prozeß in Gang, den dieser in diesem Beispiel offensichtlich nicht will, dem er sich aber nicht entziehen kann. Ohne daß dadurch ein von vornherein festgelegtes Ziel angesteuert wird, mag es sein, daß bei dem Sender, der Mutter, ein Verständnis der Situation erwächst, das die Bewältigung dieser Situation möglich macht.

6.2.2 Empfangen ohne Selbstverständnis

Der Kommunikationsprozeß fordert von dem Empfänger, daß er sich dem Mitteilenden öffnet, also von seiner eigenen Person absieht. Aber eigentlich soll er dies auch nicht, weil er als Person reagieren soll. Die Aufgabe besteht vielmehr darin, als Person für den anderen offen zu sein. In unzähligen Beispielen aus Literatur, Religion und Psychologie geht es um die Reifung des Menschen, der seine eigenen engen Grenzen sprengt. Dies scheint ohne bewußte Auseinandersetzung mit der Aufgabe offensichtlich nur schwer möglich zu sein. Wer sich in diesem Sinne nicht selbstkritisch mit der eigenen Person auseinandersetzt, ist in großer Gefahr, diese Aufgabe nicht zu bewältigen, in egozentrischer Weise auf die eigene Person fixiert zu bleiben. Indem er sich selbst in seiner Beschränkung nicht begreift, wird er diese in der Interaktion mit dem Mitmenschen voll ausleben.
Eine junge Mutter mit zwei kleinen Kindern muß auf Kur. Unmittelbar zuvor ruft ihre Mutter sie an und merkt ihre veränderte Stimme. Sie fragt ihre Tochter, was denn los sei. Diese sagt ihr, daß es ihr so schwer falle, auf Kur zu fahren und Mann und Kinder allein zu lassen. Daraufhin die Mutter: "Stell dich nicht so an. Du gehst doch nur für ein paar Wochen weg. Was hätte ich denn sagen sollen, als ich mich für immer von meinem Vater trennen mußte." Zum Verständnis muß nachgetragen werden, daß der Vater der jungen Frau sich von seiner Frau hatte scheiden lassen. Die Mutter wurde durch den Schmerz der Tochter nur an ihren eigenen Schmerz erinnert. Im Vergleich zu diesem empfand sie den der Tochter

als gering und verbot ihr als Folge dieses Gefühl. Sie war nicht in der Lage, sich der Lebenswelt ihrer Tochter zuzuwenden. Beispiele dieses Typus kommen häufig vor. Sie folgen der Logik, daß dem Zuhörer vergleichbares früher auch passiert war, er damit allein fertig werden mußte und es jetzt dem Mitteilenden halt ebenso widerfährt. Die eigene unbewältigte Vergangenheit wird so zum Maßstab der Begegnung mit dem Mitmenschen. Letztlich bedeutet es, daß man mit dem anderen so umgeht wie mit sich selbst. Versagt man sich den Umgang mit den eigenen Gefühlen, weil man sich in der Situation hilflos vorkommt und deshalb diese Gefühle eher unterdrücken will, um sie nicht umso schärfer zu erleben, so tut man gleiches mit dem Mitmenschen. Verhielte man sich ihm gegenüber anders, offener, so traute man sich nun die Konfrontation mit diesen Gefühlen zu. Offensichtlich aber sind viele Menschen auf dem damaligen Bewältigungszustand stehengeblieben und können es deshalb heute so wenig wie damals.

Mit nicht bewältigten eigenen Erfahrungen muß man dennoch umgehen, aber wird es auf eine letztlich der Sache nicht gerecht werdenden Weise tun. So mag man z.B. allein die Umstände für das ständige eigene Mißgeschick verantwortlich machen wie z.B. böswillige Mitmenschen oder gesellschaftliche Verhältnisse. In der Tat mag es so sein, daß schwierige Verhältnisse den Lebensweg dieses Menschen behindert haben. Gerade diese Umstände können eine Versuchung darstellen, sich dahinter zu verstecken, sich in einseitiger Weise auf eine Interpretation und eine defensive Lebensform festzulegen, die der komplexen Realität nicht gerecht wird. Dann kann es zu Reaktionen kommen, die grotesk sind, vom Täter aber so nicht empfunden werden.

Erika und Claudia, zwei Frauen mittleren Alters, sind gemeinsam in Urlaub gefahren und versorgen sich selbst. Erika hat gekocht. Claudia nimmt sich recht wenig auf den Teller, da sie nicht zunehmen möchte. Es schmeckt ihr gut. Erika fragt sie, ob sie nochmal nachhaben möchte. Als Claudia das verneint, steht Erika auf, schüttet das Essen weg und sagt: "Bei mir muß keiner essen, was er nicht will." Claudia ist konsterniert, sagt aber nichts. Erika hat das Handeln von Claudia in einer bestimmten Weise ausgelegt und sofort im Sinne dieser Interpretation gehandelt. Claudia hat zu diesen Problemen beigetragen, indem sie nicht deeutlich genug machte, daß ihr das Essen schmeckte, aber sie wegen Gewichtsproblemen zurückhaltend sein wollte. Ihre Antwort "Danke, es war sehr gut, aber ich möchte nicht mehr" hat Erika als Höflichkeitsfloskel ausgelegt und damit als Kritik an ihrer Kochkunst verstanden. Aus weiteren Daten wird deutlich, daß Erika zutiefst als Person verunsichert ist. Sie scheint dieser Verunsicherung offensiv begegnen zu wollen, ohne aber sich deren Ursache zu stellen. Sie versucht sich aus einer Position der Schwäche heraus zu behaupten und trumpft situationsunangemessen auf. Wäre sie sich ihrer eigenen Unsicherheit einfach nur bewußt gewesen, so wüßte sie, daß die vorliegende Situation zweideutig ist: es mag sein, daß die Freundin nicht essen will, weil es ihr nicht schmeckt, sie dies aber aus Rücksicht nicht zugeben will; es mag aber auch sein, daß sie selbst zu empfindlich ist und ein Verhalten als Mißbilligung auslegt, das so nicht zu verstehen ist (die Freundin sagte ja, daß es gut geschmeckt hat). Eine sich dieser beiden Möglichkeiten bewußte Person hätte sicherlich das Mahl nicht einfach weggeschüttet. Sie wäre vielleicht nur erneut verunsichert sitzengeblieben. Besser aber wäre, sie hätte ihre Verunsicherung mitgeteilt und hätte dann von der Freundin versichert bekommen, daß dieses Essen wirklich gut war. Auch diese Gesprächssequenz muß nicht notwendigerweise die Verunsicherung von Erika beheben, vielleicht aber in diesem Punkt doch eher. Bei Beispielen dieser Art wird man an den Satz von Buber erinnert, daß der Friede in der eigenen Person beginnt.

6.2.3 Empfangen ohne Verständnis für die Situation und die Person des anderen

Wer so mit den eigenen Schwierigkeiten voll beschäftigt ist, hat es schwer, sich mit der Situation und der Person des anderen auseinanderzusetzen. Er ist in der Gefahr, das Leben des anderen als Wiederholung eigenen Lebens mißzuverstehen.
In Text 13 beklagt sich der Einkäufer einer Firma bei seinem ehemaligen Kollegen über seinen Chef. Dieser versteht die Klage seines Kollegen, hatte er doch auch so seine Schwierigkeiten mit diesem Chef. Nach einer kurzen Erörterung der Möglichkeit, einfach zu kündigen, endet das Gespräch eher in Ratlosigkeit und einem tieferen Blick in's Bierglas. Sieht man davon ab, daß Kollege B den Kollegen A zu einem Schritt ermutigen will, den sich dieser nicht zutraut, so scheint es ein recht gutes Gespräch zu sein. Der Einkäufer findet im Kollegen B einen mitfühlenden Zuhörer und kann sich aussprechen. Beide Gesprächspartner wären mit dem Gespräch wohl recht zufrieden. Trotzdem sind darin zwei schwerwiegende Fehler enthalten. Person A beginnt das Gespräch recht allgemein, mit der Bewertung einer Situation, die er nicht beschreibt. Das ist vielleicht verständlich, da er frustriert ist und diese Frustration so ausspricht. Trotzdem ist seine Botschaft unvollständig und im Sachverhalt nicht verstehbar. Nähme der Zuhörer seine Aufgabe wahr, so müßte er zwar die Stimmung seines Kollegen zur Kenntnis nehmen, aber er wüßte eigentlich nicht, wodurch diese Stimmung erzeugt wurde. Irgendwie hängt es mit dem Chef zusammen und daß man es ihm nie recht machen könne, aber was genau geschehen ist, weiß Person B nicht und will es auch nicht wissen. Ihm fällt dazu nur ein, daß er auch Schwierigkeiten mit diesem Vorgestzten hatte und setzt diese mit denen seines Kollegen gleich. Er vertieft durch seine Kommentare die Stimmung des Kollegen, ohne daß der zugrundeliegende Sachverhalt jemals angesprochen worden wäre. Mag der Kommunikationsfehler des Senders eine läßliche Sünde sein, so ist der des Empfängers als schwere Sünde einzustufen. Der Empfänger unterstellt dem Sender ähnliche Probleme wie er sie hatte, was nicht erwiesen ist; aber selbst die Probleme des Empfängers mit diesem Chef werden nicht benannt. Es wird ein Gefühl aufgebaut, dessen sachliche Grundlage unbekannt ist.
Person A mag sich sich so irgendwie verstanden gefühlt haben, aber es war kein wirkliches Verstehen, denn dazu hätte die Kenntnis des Sachverhalts gehört. In

Text 13: Chef-Beispiel, Version A.

Person A ist Einkäufer in einem Warenhaus. Er unterhält sich mit einem ehemaligen Kollegen, die die Firma gewechselt hat.

A: Der Chef ist ein richtiges Ekel. Man kann ihm nie etwas recht machen.
B: Das weiß ich. Mit dem kam ich auch nie zurecht. Zum Glück habe ich jetzt einen anderen Chef.
A: Am liebsten würde ich auch den Arbeitsplatz wechseln, aber ich weiß nicht, wie ich hier wegkommen kann. Ich bin einfach dazu verdammt, mit ihm auszukommen..
B: Du darfst dir nichts gefallen lassen. Je mehr du dir gefallen läßt, umso mehr schikaniert er dich.
A: Du hast gut reden, du hast eine neue Stelle. Wenn ich mich wehre, schikaniert er mich nur noch mehr.
B: Na ja, du hast schon recht. Ich bin da ja raus, mir kann er nichts mehr anhaben. Früher habe ich auch gekuscht. Aber eine Sauerei ist es trotzdem.
A: Ich weiß nicht wie es dir ergangen ist, aber ich habe nach einem solchen Tag einfach kei nen Schwung mehr. Am liebsten würde ich am nächsten Tag nicht mehr in den Betrieb gehen.
B: So ging es mir auch und deshalb habe ich damals gewechselt.
A: Aber heute ist das anders. So schnell findet man keine Stelle mehr. Wenn ich eine ange boten bekäme, ich würde sofort gehen. Aber bei den vielen Arbeitslosen, wo willst du da eine Stelle finden.
B: Ja, ja. Schwer ist das schon. Ach komm, trinken wir noch einen.

Text 14 wird dargestellt, wozu es u.U. führen kann, wenn der Empfänger wirklich verstehen will. Selbstverständlich ist es wieder nur eine von vielen möglichen Varianten; wichtig ist nur, daß eine solche Variante legitimerweise denkbar ist. In Text 14 stimmt der Empfänger nicht in den Klagegesang des Senders ein, sondern will zunächst wissen, was denn passiert ist. Er vergisst seine eigenen Schwierigkeiten mit diesem Chef, sondern will wissen, was sein Kollege mit ihm erlebt hat. Da dieses Verstehen nicht durch eine Redesequenz des Senders zu erreichen ist, muß sich der Empfänger über mehrere Stationen hinweg bemühen, den Sachverhalt zu verstehen. Dieses geduldige Eindenken in einen Sachverhalt wird nicht in jedem Gespräch gefordert werden, insofern ist dieses Gespräch nicht das einzige Modell für richtiges Empfängerverhalten, aber es zeigt die Aufgabe des Empfängers für den Fall, daß der Sachverhalt nicht klar ist.
Das Ergebnis dieses geduldigen und zielstrebigen Bemühens um Verstehen der Mitteilung des Senders ist, daß der Sender dadurch zu einer neuen Auseinandersetzung mit dem Sachverhalt veranlaßt wird. Lud er zunächst in unreflektierter Weise seinen Ärger auf dem Chef ab, so wurde er durch den Gesprächsverlauf dazu gebracht, sich nochmals mit dem tatsächlichen Geschehen auseinanderzu-

Text 14: Chef-Beispiel, Version B.

A: Der Chef ist ein richtiges Ekel. Man kann ihm nie etwas recht machen.

B: Na, du bist ja ganz schön in Rage. Erzähl' 'mal, was ist denn passiert.

A: Ich habe heute für unsere Firma ein günstiges Angebot bekommen, damit wären wir beim Wiederverkauf mindestens 20 Prozent billiger gewesen als die Konkurrenz. Aber er meinte, ich hätte noch weitere Angebote einholen müssen. Vielleicht wäre noch mehr Ge winn drin gewesen.

B: Und ? Was hast du ihm gesagt?

A: Ich habe ihm gesagt, daß wir dann unser Angebot am nächsten Tag nicht auf dem Markt gehabt hätten und ich mich deshalb dafür entschieden habe. Günstig war das Angebot auf jeden Fall.

B: Hat er das eingesehen?

A: Na ja, irgendwie schon. Aber er meinte, wenn ein anderer ein noch günstigeres Angebot bekommen hätte, dann wären wir halt nur zweiter Sieger und das wäre zu wenig.

B: Zweiter Sieger zu sein ist schon nicht gut, aber könnte man das denn garantiert verhin- dern?

A: Eben nicht! Wenn ich heute nicht zugegriffen hätte, wären wir morgen mit unserem bis herigen Angebot wahrscheinlich viel zu teuer gewesen. Sicher war das das Risiko, daß ein anderer ein noch günstigeres Angebot erhalten haben könnte. Das weiß ich auch und gefreut hat mich der Gedanke auch nicht. Aber was sollte ich tun? Dem Chef ist im übri gen auch nichts eingefallen.

B: Dann seid ihr euch eigentlich einig gewesen.

A: Na ja, irgendwie schon. Das Angebot war schon gut, aber wir waren halt nicht sicher, ob es noch bessere gegeben hätte. In der kurzen Zeit war das einfach nicht mehr zu prüfen.

B: Sah das dein Chef auch so?

A: Irgendwie schon

B: Dann hat er dir persönlich keinen Vorwurf gemacht?

A: Er meint halt, wir müßten immer die besten sein und er war sich eben nicht sicher, ob wir es diesmal sein werden.

B: Du warst dir da auch nicht sicher.

A: Nein, wie sollte ich auch! Ich hatte ja keine Zeit mehr, um andere Angebote zu prüfen.

B: Und das hat dein Chef auch so gesehen?

A: Ja, schon. Aber du weist ja unter welchem Erfolgszwang wir stehen. Der Chef muß im Konzern immer Höchstleistungen vorweisen - dabei kann man doch nicht jedesmal Sie ger sein. Die Konkurrenz hat doch auch gute Leute. Aber das interessiert die an der Kon zernspitze doch nicht. Na ja, morgen werden wir ja wissen, ob uns einer überrundet hat. Das ist schon ein nervenaufreibender Job.

setzen. Aus der ursprünglich behaupteten Konfrontation mit dem Chef wurde ein Spiel mit dem Risiko, unter dem beide Personen litten. Durch das Gespräch wurde die Unsicherheit des Mitarbeiters deutlich, die freilich durch das ängstliche Verhalten des Chefs verstärkt wurde. Man mag nun dieses Verhalten des Chefs kritisch betrachten, aber man darf es nicht als den entscheidenden Punkt ansehen. Der Einkäufer war sich selbst nicht sicher und dies wurde durch das Gespräch deutlich. Zu dieser Erkenntnis verhalf ihm der Zuhörer, indem er den Sachverhalt verstehen und der Sender ihm diesen erklären wollte. Statt einer oberflächlichen Überein- stimmung in einem Gefühl kam es so zu einem vertieften Verständnis zwischen den Gesprächsteilnehmern und einem klareren Selbstverständnis des Senders. Die Wahrnehmung seiner Person bzw Situation gelang dem Sender nur indem der Empfänger seine Verantwortung und sein Recht als Empfänger wahrnahm. Ein Ergebnis war, daß der Sender auch die Lage seines Chefs sehen und dessen eher klägliches Verhalten verstehen konnte. Der Blick für das eigentliche Problem war wieder frei. Niemand kann sagen, daß die Version B der richtige Gesprächsverlauf ist, da wir aus Variante A heraus nicht zwingend auf das wahre Problem schließen können. Für die Variante B wurde ein bestimmter Sachverhalt unterstellt, der aber in Variante A eben nicht sichtbar werden konnte, weil die Interaktion in Variante A nicht auf Verständnis, sondern nur auf vordergründige Gefühle ausgerichtet war.

In dem dargestellten Beispiel wurde Verständnis verhindert, weil beide Gesprächspartner auf die dritte Person bezogen vordergründig ein ähnliches Gefühl hatten und der Empfänger hier unreflektiert eine Gleichsetzung zwischen seiner Erlebnis und dem des Senders vornahm. Eine andere Möglichkeit des Mißver- stehens besteht jedoch darin, daß man im kognitiven Bereich selbst keinen Zugang zum Thema findet, letztlich dadurch, daß man die Bedeutung des Themas für die andere Person nicht erkennt. Ein Junge spielt in einer Fußballmannschaft und soll nun Tormann sein. Er geht zu seinem Vater und wünscht sich eine neue, schwarze Sporthose, weil ihm die alte Hose nicht mehr passe. Der Vater verweist ihn darauf, daß er ja eine Sporthose habe, die ihm durchaus passe, mit der er bisher klaglos gespielt habe; im übrigen hätten sie zu wenig Geld, um so eine Hose zu kaufen. Er glaubt, daß damit die Sache geklärt sei. Tatsächlich ist es so, daß die Familie sehr sparsam leben muß, weil die Einnahmen nicht üppig sind. Der Junge läßt sich die Hose von den Großeltern kaufen, worüber der Vater sehr empört ist. Er nimmt dieses Geschehen als ein Beispiel dafür, wie hintertrieben der Junge sei und wie böswillig die Großeltern seien, weil sie damit seine väterliche Autorität untergrüben. Lassen wir einmal offen, ob die Großeltern wirklich diese Absicht hatten, so ist der entscheidende Sachverhalt doch, daß der Junge einen Wunsch äußerte, der objektiv gesehen scheinbar unsinnig war - der Junge besaß ja eine Sporthose - und der auf der sachlichen Ebene als unberechtigt bewiesen wurde. Weder der Sohn als Sender, noch der Vater als Empfänger können deutlich machen, worum es wirklich geht. Aus der Sicht des Vaters will der Sohn etwas, was er ja schon hat. Der Sohn kann der Sachargumentation des Vaters nichts entgegensetzen, schweigt, sucht aber die Lösung des Problems über seine Großeltern. Tatsächlich handelt es sich um ein verdecktes Thema, das von beiden Seiten nicht hinreichend erkannt und angesprochen wird. Der Sohn möchte als Torwart wie ein Torwart gekleidet sein, d.h. mit schwarzer Hose. Indem die Diskussion sich auf den Punkt versteift, ob der Sohn eine neue Hose brauche, weil die alte nicht mehr passe, wird das eigentliche Anliegen übersehen. Nicht nur der Sender, ein Kind, sondern auch der Empfänger, der Vater, ist nicht in der Lage, das wahre Thema zu formulieren und sich damit auseinanderzusetzen.

Eine alte Frau hat vier Kinder. Alle Kinder wohnen weit außerhalb ihres Geburtsortes, des Wohnsitzes ihrer Mutter. Die Mutter ist zu Besuch bei einer Schwiegertochter, die sich sehr um sie bemüht und die ein gutes Verhältnis zu ihrer Schwiegermutter hat. Schwiegermutter: "Nun habe ich vier Kinder und muß trotzdem allein in meinem Haus leben." Schwiegertochter: "Aber als du in dem entsprechenden Alter warst, bist du auch zuhause ausgezogen. Das machen alle so." Schwiegermutter: "Da hast du recht." Das Gespräch ist damit beendet. Ein anderes Beispiel. Ein Ehepaar baut sich ein Haus. Nach kurzer Zeit gerät die Ehefrau in eine existentielle Krise, hat Verschuldungsängste, die objektiv unbegründet sind, die aber trotzdem bestehen. Sie bauen sich ein komfortableres Haus, weil sie -beruflich bedingt- kaum Urlaub machen können und deshalb wenigstens ein angenehmes Zuhause haben möchten. Die Ehefrau beugt sich sich den beruflich bedingten Sachnotwendigkeiten, will aber wenigstens das alltägliche Zusammenleben gesichert wissen. Tatsächlich stellt sich heraus, daß das neue Haus wesentliche Erwartungen von ihr (z.B.Blick aus der Küche auf den Eingangsbereich oder Abschirmung des Privatbereichs gegenüber Kunden) im Verlauf der Realisation nicht erfüllte. Der Ehemann sowie der Architekt versuchten ihr zu erläutern, warum es nicht anders ginge, was sie letztlich rational akzeptierte. Sie sah ein, daß das Haus nicht anders gebaut werden konnte. Das Haus war für sie der letzte Versuch, sich eine Privatsphäre zu bewahren, vom Beruflichen nicht aufgefressen zu werden. Sie konnte den architektonischen Sachnotwendigkeiten fachlich nichts entgegensetzen und gab ihre Zustimmung. Sie gab damit ihr Bedürfnis nach einer Privatsphäre preis, ohne es innerlich akzeptieren zu können. Der Ehemann erkannte nicht ihre existentielle Not, nahm das Sachargument ausschließlich als Sachargument und glaubte mit der rationalen Auseinandersetzung das Problem gelöst zu haben.

In beiden zuletzt erwähnten Beispielen wird das Problem nur rational, ohne Berücksichtigung für die beteiligten Personen behandelt. Wenn eine Situation sachlich so zu sehen ist, muß die beteiligte Person es so hinnehmen. In keinem der letzten Beispiele wird danach gefragt, was eine solch sachliche Entscheidung - die durchaus richtig sein mag - für die beteiligte Person bedeutet. Was bedeutet es für eine alte Frau, wenn alle ihre Kinder außerhalb ihres Lebenskreises leben? Kann man diese Frage wirklich damit beantworten, daß man sagt, sie habe sich als junge Frau ja ähnlich verhalten? Was bedeutet es für eine Frau, die sich ein ganz normales Familienleben vorgestellt hat und aus beruflichen Erwägungen erhebliche Einschränkungen hingenommen hat, wenn sie nun in ihren reduzierten Erwartungen wiederum empfindlich beeinträchtigt wird? Kann man diese Erwartungen einfach durch sachliche Erörterungen übergehen? Erhöht man nicht vielmehr dadurch die

Ausweglosigkeit der Situation, weil durch dieses Verhalten ihr erneut vorgeführt wird, wie wenig sie als Person zählt?

6.2.4 Zuhören ohne Konzentration

Zuhören mit dem Ziel zu verstehen ist ein sehr aktiver Prozeß. Der Zuhörer darf nicht davon ausgehen, daß der Sender ihm den aufzunehmenden Inhalt gut aufbereitet vorträgt, so daß der Zuhörer ihn nur noch aufnehmen muß. Der Zuhörer mag sich seiner eigenen Position nicht bewußt sein, in sich noch voller Widersprüche stecken, lückenhaft kommunizieren, aber auch voller Überzeugung eine der Sache nicht gerecht werdende Haltung vertreten. Wertungen werden in seine Darstellung einfließen, die seiner Sicht der Dinge entsprechen, die der Zuhörer als solche erkennen und damit für sich zunächst in Frage stellen muß. Dies sind grundsätzlich schwierige Aufgaben, die dadurch noch schwieriger werden, da sie während eines laufenden Prozeßes bewältigt werden müssen. Ein ungeübter Empfänger wird dieser geistigen Herausforderung nicht gerecht werden können.
In Rollenspielen zeigte sich immer wieder, daß die Zuhörer schnell ermüden, also diesen Prozeß des Verstehens nicht lange erfüllen können und dann vom Thema abweichen, mit Ratschlägen oder eigenen Bewertungen den sofortigen Erfolg suchen, wo eigentlich geduldiges Vorangehen gefordert wäre. Oftmals werden dann relevante Signale nicht wahrgenommen, stattdessen eine einmal eingeschlagene Linie in starrer Weise weiterverfolgt. Umgekehrt werden Signale im Sinne eigener Überzeugungen überinterpretiert und damit die Offenheit für das Geschehen beschädigt. Der bereits erwähnte Beitrag von Dreikurs & Soltz ist ein Beispiel dafür. Die Autoren sind so sehr an der Machtproblematik orientiert, daß sie auch in dem dargestellten Beispiel einen Machtkampf entdecken, den das Kind gegen die Eltern inszeniere und sie sich auf diese Thematik dann voll einschießen und jegliches Gespür für die Situation verlieren. Einfachkonzepte, in denen das komplexe Leben auf ganz wenige Variablen oder Typen reduziert wird, behindern den Prozeß des Verstehens. Solche Ansätze wurden auch im wissenschaftlichen Bereich entwickelt.
Es ist gefährlich, zu schnell etwas zu verstehen, da man damit offensichtlich eigene theoretische Positionen einem Geschehen aufoktroiert. Gefordert ist hingegen das sensible Reagieren auf die konkrete Handlung des Partners. An dem in Kapitel 1 dargestellten Gesprächsauszug eines Therapiegesprächs von Stierlin wird die Problematik deutlich. Stierlin will den Konflikt zwischen Mutter und Töchtern verstehen, spricht nun mit der jüngeren Tochter. Er merkt, daß die Tochter im Gespräch mit der Mutter resigniert, spricht es an. Die Tochter bestätigt seinen Eindruck in ihrer Antwort. Sie fühlt sich der Mutter unterlegen, die immer weiter auf sie einrede. Sie geht dann, haut die Türe zu und der Fall ist damit für sie erledigt, so ihre eigene Darstellung. Auf diese Aussage reagiert Stierlin zwar formal mit einer Frage, die aber eine Suggestivfrage ist und darauf abzielt, das Verhalten der Tochter in Frage zu stellen, also eine Kritik an ihr beinhaltet. Die Tochter gibt sofort zu, daß das kein gutes Verhalten von ihr sei. Sie sieht aber keine Lösung für

das Problem, da sie der Meinung ist, daß ihre Mutter zu keinem anderen Verhalten bereit wäre. "Soll ich immer da diejenige sein ...", die sich um eine Lösung bemüht und von der Gegenseite kommt gar nichts. Darauf stellt Stierlin die Frage, ob sie trotzig sei. Die Tochter, in die Enge getrieben, sieht sich nun als den Übeltäter dargestellt und besteht darauf, daß auch ihre Mutter beteiligt ist: "Ich weiß nicht, dann sind wir wahrscheinlich beide trotzig". Stierlin läßt diese Klassifikation beider Personen als Möglichkeit zu. Zweimal hat er sich in dieser kurzen Szene nicht mit der Mitteilung auseinandergesetzt, sondern folgte nur seiner vorgefaßten Linie.

Die Tochter stellte sich angesichts des von ihr behaupteten Redeschwalls der Mutter als hilflos dar und behauptete, die Sache sei für sie abgeschlossen, wenn sie die Türe zuknalle und weggehe. Ist das vorstellbar angesichts ihres doch sehr betroffenen Verhaltens? Die Türe ist zu und der Fall ist erledigt? Diese Darstellung wäre eine Nachfrage wert, aber Stierlin stellt sie nicht. Er bricht den Gedankengang ab und reagiert mit einer versteckten Wertung. Später beklagt sich Sabine letztlich darüber, daß nur von ihr etwas verlangt werde und die Mutter sich nicht um die Situation bemühe. Sie sieht nicht ein, daß nur sie sich bemühen solle, ja sieht eigentlich keinen Sinn darin, wenn nur eine Seite sich bemühe. Stierlin reagiert auf diesen Gedanken nicht, verfolgt nur seine eingeschlagene Linie weiter, die Tochter aus ihrer Verweigerungshaltung herauszuführen, und provoziert sie mit der Frage, ob sie jetzt trotzig sei. Zweimal verliert er den Faden in dem Gespräch, weil er eigentlich keinen Dialog führt, sondern nur seine Botschaft vermitteln will.

Da Stierlin die Chance des Verstehens im Gespräch versäumt hat, können wir nicht wissen, wie Sabine geantwortet hätte, wäre Stierlin der Gesprächsfaden nicht entglitten. Man kann sich jedoch Möglichkeiten vorstellen. Greifen wir in das Gespräch ein als Sabine ihren Frust so richtig deutlich macht.

Sabine:	Ich laß' sie auch reden. Es ist das beste. Hauptsächlich, sie gibt ihren Senf ab, den sie hat, und ich gehe, mir stinkt es dann, weil sie immer weiter redet, und ich hau dann halt die Türe zu, und dann ist der Fall erledigt.
Therapeut:	Du haust die Türe zu und dann ist das für dich erledigt?
Sabine:	Was soll ich denn sonst machen, sie hört mir ja doch nicht zu.
Therapeut:	Aber eigentlich wäre es dir lieber, mit deiner Mutter reden zu können. Bist du dann doch niedergeschlagen, daß es nicht möglich war?
Sabine:	Sie will ja nicht.
Therapeut:	Dir wäre es schon wichtig.
Sabine:	Mir wäre es schon wichtig. Aber wenn sie nicht will, wenn sie immer nur recht haben will, was soll das dann?
Therapeut:	Das gefällt dir nicht, wenn das Gespräch so einseitig ist, wenn du nur nachgeben mußt. Aber wenn das nicht so wäre, dann wäre dir das Gespräch mit der Mutter schon wichtig?
Sabine:	Na, irgendwie schon.
Therapeut:	Warum eigentlich?

Sabine: Es ist ja schließlich meine Mutter.
Therapeut: Du meinst, eine Mutter ist etwas besonderes.
Sabine: Ich hab' mich ja früher auch gut mit ihr verstanden. Das war doch schön.

Brechen wir hier das Gespräch ab. In diesem Beispiel bleibt der Therapeut bei dem Thema und über mehrere Stationen hinweg wird der Wunsch der Tochter nach einer engen Beziehung zur Mutter andeutungsweise sichtbar. Statt in Klassifikationen abzuschweifen wird die konkrete Aussage aufgegriffen und verarbeitet. In dieser Version kann sich der Therapeut nicht vorstellen, daß mit dem Türenschlagen ein Thema erledigt ist. Er fragt nach. Sabine reagiert nicht direkt auf seine Frage, sondern betont ihre Hilflosigkeit. Der Therapeut erkennt in der Hilflosigkeit ihr Anliegen, läßt es nicht untergehen. Nach einer Zwischenrunde bestätigt die Tochter, daß die Mutter ihr schon wichtig ist, daß es eine Interaktion zwischen beiden gab, die ihr viel bedeutet hat.
Bedenkt man die Außenseiter-Position der Mutter in dieser Familie, die Ablehnung, die ihr gezeigt wurde, so wäre eine solche Aussage eine Brücke zur Verständigung. Die Mutter würde erfahren, daß ihre Tochter sie nicht aufgegeben hat, sondern nur an ihren enttäuschten Hoffnungen verzweifelt. Während Stierlin mit der Brechstange die Tochter für eine Begegnung mit der Mutter öffnen will und prompt scheitert, würde dies in dem neuen Gespräch durch Auseinandersetzung mit den konkreten Äußerungen möglich erscheinen. Es gibt hier keinen Sinn, von Trotzköpfen zu sprechen. Es gibt einen Sinn, von Erwartungen und Hoffnungen zu sprechen, und daß diese durchaus auf konkrete Personen gerichtet sind. Die Mutter kann an dieser Gesprächsszene positiv erkennen, daß sie noch eine Bedeutung für ihre Tochter hat. Gerade daran aber hat sie gezweifelt. Wie bei dem Originalgespräch wäre auch bei dem Alternativgespräch die herausgegriffene Szene nur ein Baustein in einem größeren Bauwerk. In dem Alternativgespräch geschieht etwas, was im Originalgespräch versäumt wird: die Signale des Senders werden vom Empfänger in Berücksichtigung der Gesamtsituation aufgenommen und in ihrem inhaltlichen Gehalt fortgeführt.

6.2.5 Empfangen lösungsorientiert

Einen Dialog muß man als einen Prozeß ansehen, als einen dynamischen Ablauf, dessen Ende man am Anfang nicht festlegen kann, will man ihn nicht als lebendigen Prozeß beschneiden. Gerade dies aber ist ein Hauptfehler in der Kommunikation. Zuhörer drängen in eine vordergründig aktive Haltung, indem sie das Kommunikationsgeschehen aus ihrer Sicht inhaltlich festzulegen versuchen. Ein Gespräch wird vor allem ergebnis- und handlungsorientiert geführt. Man gibt sich mit der Rolle des begleitenden Mitmenschen nicht zufrieden, sieht diese als zu geringfügig an. Dem Zeitgeist entspricht es mehr, eine handelnde, urteilende, beratende Person zu sein. Es fällt nicht auf, daß man ein Gespräch mit fixierten Positionen beginnt, die durch den Dialog nicht beeinflußbar sein sollen, es fiele auch nicht

auf, daß dies ein Widerspruch zu dem Charakter des Gesprächs wäre. Wie bereits früher erwähnt, wird das Gespräch in seiner Eigenart nicht zur Kenntnis genommen. Einige Beispiele sollen dieses Unverständnis illustrieren.
Der bereits erwähnte Mann, dem die Ärzte einen Gehirntumor bescheinigt und mit diesem Wissen allein gelassen hatten, sprach auch Familienangehörigen gegenüber von seiner großen Angst. Diese rieten ihm, bis zur Operation nicht daran zu denken, sich nicht verrückt zu machen. Eine junge Frau litt an motorischen Störungen, die zentralnervös bedingt waren. Man eröffnete ihr, daß dies genetisch

Text 15: Rollenspiel "Schwiegervater liegt im Sterben".

Mutter: Nach dem heutigen Eingriff hat sich herausgestellt, es ist Lungenkrebs - inoperabel. Es helfen keine Medikamente mehr. Der Peter (= Sohn) hat mit dem Arzt gesprochen, der hat gesagt, es kann noch ein paar Tage dauern, ein paar Wochen, vielleicht noch ein paar Monate. Man weiß es nicht. Jedenfalls kann man nichts mehr machen. Er hat gefragt, ob man bestrahlen wird. Nein, Bestrahlungen nicht mehr, irgendwelche Medikamente vielleicht noch. Es ist so schrecklich für mich. Er fehlt mir auf Schritt und Tritt. Weißt du, wenn man 45 Jahre verheiratet war und plötzlich ist ein Mensch nicht mehr da, dann hat man das Gefühl, daß einem ein Stück von einem selber herausgerissen worden ist... und es ist so schlimm und ich fühle mich selber nicht wohl und ich bin schwach und kann gar nichts mehr essen. Es ist so schrecklich und ich bin so verzweifelt .... (sie weint).
Tochter: Ja, das glaube ich dir, Mama, daß man da verzweifelt ist. Ich kann es mir kaum vorstellen. Ich meine, ich bin ja erst ein paar Jahre verheiratet, aber... wenn ich mir vorstelle, daß ich heute allein' dastehen würde, kann ich mir wenigstens ein kleines bißchen vorstellen wie schrecklich es ist für dich, wo du doch so gewöhnt bist an ihn und wo du den Papa doch so brauchst. ... Und ihr habt so eine gute Ehe geführt, ich kann es wirklich verstehen....
Mutter: Und weißt du, was das schlimme ist. Ich darf ja nicht darüber reden. Er hat mir ja eindeutig gesagt, wenn mal mit mir was schlimmes ist, dann will ich es nicht wissen. Die Ärzte haben auch den Eindruck, er verdrängt das. Jetzt komme ich hin und dann muß ich guter Dinge sein und fröhlich.... Und dann komme ich nachhause und breche regelmäßig zusammen. Du, ich sage dir, das ist so grausam, ich kann das fast nicht mehr aushalten.
Tochter: Ja, das kann ich gut verstehen. Ich mein', kannst höchstens bei uns anrufen und da, daß du da vielleicht alles los wirst, was du da nicht los werden kannst. Daß du halt bei uns anrufst oder beim Peter, so daß du da dich wenigstens ausreden kannst. Ich mein', viel helfen kann ich dir auch nicht. Ich weiß auch, daß es schlimm sein muß. Ich hab so etwas noch nicht mitgemacht und ich hoff', daß es mir so bald auch nicht passiert, aber wenn ich dir irgendwie helfen kann, dann sag' es mir bitte.
Mutter: Ja, danke, das ist lieb von dir. Ich geh' halt jetzt schlafen. Gute Nacht.

bedingt sei und auch ihre Kinder später daran erkranken könnten. Noch ganz verstört von dieser Auskunft wurde sie von einer Kollegin auf ihren augenblicklichen Zustand hin angesprochen. Nachdem sie ihr von ihrem gesundheitlichen Zustand, der bevorstehenden Operation, der Gefahr für ihre Kinder und ihrer Angst berichtet hatte, sagte die Kollegin, sie solle sich keine Sorgen machen. Die heutige Medizin habe einen hohen Standard und man werde dieses Problem sicherlich in den Griff bekommen.

In beiden Fällen bestand wohl die gute Absicht, der leidenden Person zu helfen. Eine große Angst der Empfänger ist, durch ihre Reaktion die bestehende emotionale Gestimmtheit zu verstärken, sie vielleicht unkontrollierbar zu machen. Aus dieser Angst heraus sind die Empfänger bestrebt, gegenzusteuern, um den Krisenherd einzudämmen. Ihr Ziel erreichen sie durch dieses Verhalten nicht, im Gegenteil, sie schaffen ein zweites Problem, das manchmal schlimmer ist als das ursprüngliche. Die oben erwähnte Frau fühlte sich nach dem Trost ihrer Kollegin eher beschämt. Sie sah sich nun als jemand, der wehleidig sei und versuchte in Folge ihren Zustand zu verbergen.Ihr war ihr Verhalten peinlich. Beiden oben erwähnten Personen aber blieb das Mitgefühl versagt, zumindest mußten sie -und haben sie - es aufgrund des Verhaltens ihrer Gesprächspartner so empfunden. Sie fühlten sich in ihrem Sosein nicht wahrgenommen, mit Ratschlägen abgetan, die nur jemand äußern kann, der eine solche Situation nicht nachempfinden kann. Mag sein, daß das nicht zutrifft, aber die Ratschläge legen eine solche Vermutung nahe. Der Empfänger macht sich mit seiner Reaktion die Sache zu leicht: er will Gefühle beseitigen, indem er sie schlicht verbietet oder für unsinnig erklärt. Der Helfende wird, so wie Nietzsche es sagte, zum Unverständigen gegenüber der Situation des anderen. Ein Gesprächsbeispiel soll dies nochmals illustrieren (s. Text 15).

In dem Gespräch ist die Schwiegertochter voll Mitgefühl für ihre Schwiegermutter, aber sie ist auch hilflos. Sie steht der Situation leidend, aber ohne erkennbare eigene Handlungsmöglichkeit gegenüber: "viel helfen kann ich dir auch nicht". Sie erkennt nicht die Bedeutung des aktuellen Gesprächs, verweist auf die Zukunft ("wenn ich dir irgendwie helfen kann, dann sag' es bitte"), obwohl der Notfall bereits eingetreten ist. Die Schwiegermutter erspart ihrer Schwiegertochter die Peinlichkeit des aktuellen Gesprächs, indem sie es beendet. Die Schwiegertochter ist daran gescheitert, daß sie offensichtlich von der Vorstellung geleitet ist, sie müßte dieses Gefühl der Schwiegermutter beheben. Es mitzutragen erscheint ihr zu gering und sie bricht letztlich das Gespräch ab. Die Schwiegermutter wollte einem Menschen erzählen können, in welchem Zustand sie sich selbst befindet, worauf die Schwiegertochter mit einer Floskel reagiert. Dieses Leid mitzuleben ist sicherlich eine schwere Aufgabe, durch die die Schwiegertochter enorm gefordert wurde, weil es einfach eine menschliche Grenzsituation ist. Die Situation wird aber auch dadurch schwierig, weil die Schwiegertochter keine Handlungsmöglichkeiten verfügbar hat. Sie hätte darauf eingehen müssen, daß es für die Ehefrau schon sehr schwer ist, den eigenen Mann sterben zu sehen und -weisungsgemäß- so zu tun, als wäre nichts schlimmes. Man hätte darüber sehr lange reden müssen. Man hätte auch darüber sehr lange reden müssen, wie es ist, wenn einem der geliebte Mensch nicht mehr im gewohnten Lebensraum gegenübertritt, wenn man in der gemeinsamen Wohnung nun allein ist, man die Türe aufmacht und nicht mehr erwartet wird, sondern nur noch leblose Gegenstände vorfindet. Dies mittragen zu können, dazu gehört seelische Stärke, die man aber eher aufbringen kann, wenn man um den Wert solchen Mitlebens weiß. Die Schwiegertochter könnte der Schwiegermutter dieses Leid nicht ersparen, sie könnte ihr aber die Einsamkeit in dieser Situation nehmen. Es ist der Anfang der Deutschen Messe von Franz Schubert, an den man sich hier erinnert fühlt: "Wohin soll ich mich wenden, wenn Gram und Schmerz mich drücken ...". In seinem Schmerz allein zu sein, das verwandelt eine bittere Situation in eine beinahe hoffnungslose Situation, in der ein Mensch auf sich selbst zurückgeworfen wird. Es wird ihm durch seinen Schmerz bewußt, daß er allein steht in der Welt - und damit wird ihm ein das auslösende Ereignis weit übertreffender neuer Schmerz hinzugefügt, das Gefühl grenzenloser Einsamkeit. Er erkennt nicht nur, er erleidet, daß jeder Mensch auf sich allein gestellt ist und erahnt in seinem Schmerz die Sinnlosigkeit einer Existenz, die sich selbst genügen muß. Marquis von Posa hat es dem König in "Don Carlos" entgegengehalten: "... Da Sie den Menschen zu Ihrem Saitenspiel herunterstürzten, wer teilt mit Ihnen Harmonie?"

Viele Beispiele mögen durch das Bestreben zu helfen, bei gleichzeitiger Hilflosigkeit im konkreten Helfen, geprägt sein. Die handelnde Person ist so zwar partnerorientiert, kann dies aber in ihrem Handeln nicht konstruktiv umsetzen. Hilflosigkeit ist hier das bestimmende Element. Ein Beispiel mehr für die Problematik der Hilflosigkeit. Ein Ehepaar hat sich bei einem anderen zu einem Besuch in den Sommerferien angemeldet. Das besuchende Ehepaar hat dem gastgebenden Ehepaar ein Gastgeschenk angekündigt, das zwar nicht teuer ist, aber die Gastgeber der Realisation eines Wunsches spürbar näher gebracht hätte - weshalb es wohl von den potentiellen Gästen ausgesucht wurde. Der angekündigte Zeitpunkt des Besuchs verstrich, ohne daß die Gäste erschienen oder sich abmeldeten. Ein Jahr später erhielten die vorgesehenen Gastgeber von den verhinderten Gästen eine Postkarte mit der Mitteilung "Wir denken häufig an Euch", ohne daß der fehlgeschlagene Besuch erwähnt und ohne daß gesagt wird, in welcher Hinsicht an sie gedacht wird. Man könnte vermuten, daß den potentiellen Gästen etwas dazwischen gekommen war, was sie den Gastgebern jedoch nicht mitteilen konnten - warum auch immer. Sie konnten auch in ihrer verspäteten Kontaktaufnahme das Problem nicht ansprechen und aufklären, stattdessen versuchten sie es einfach zu übergehen. Sie wollten wohl mit dieser Karte den Beziehungszustand vor dem gescheiterten Besuch wiederherstellen. Ihr Handeln war in hilfloser Weise ergebnisorientiert. Nehmen wir an, die verhinderten Gastgeber hätten sich auf dieses Spiel eingelassen, so wäre oberflächlich gesehen alles wieder in Ordnung. Für die Gastgeber aber blieben Fragen offen, wäre das alte Vertrauen in Frage gestellt, auch wenn dies in der direkten Interaktion nicht zum Ausdruck käme. Es würde sich vielleicht daran andeuten, daß bestimmte Situationen von den verhinderten Gastgebern nicht mehr angestrebt, ja sogar vermieden würden. Von den Gästen würde

Gemeinschaft gewollt sein, ohne das Gespräch zu suchen, durch das Gemeinschaft wiederhergestellt werden kann.

Lösungszentriertes Verhalten kann jedoch auch offensiv verfolgt werden. Ein Vater erlebt sich als tolerant seinen Kindern gegenüber. Er will ihnen seine Lebensform nicht aufzwingen. Eines seiner Kinder äußert nun Sympathie für eine Lebensform, die sicherlich nicht die seiner Familie, aber auch nicht die der herrschenden Kultur ist. Der Sohn sagt: "Ich habe letzthin miterlebt, wie Angehörige dieser christlichen Lebensgemeinschaft für ihre Überzeugung eingetreten sind, mit welcher Begeisterung sie das getan haben, und ich fand das sehr beeindruckend. Also ich könnte mir schon vorstellen, einer solchen Gemeinschaft anzugehören." Vater: "Du weißt, ich will dich auf nichts festlegen und wenn du das tun möchtest, akzeptiere ich es. Wenn du dich entscheidest, berücksichtige aber bitte ...." Der Vater führt dann viele Gesichtspunkte auf, die der Sohn beachten solle; ansonsten aber sei er in seiner Entscheidung frei. Gehen wir einfach davon aus, daß der Vater dem Sohn die Wahlfreiheit wirklich lassen wolle, so legt er ihn dennoch fest, indem er ihm einen Katalog von Punkten präsentiert, den er abzuarbeiten habe, bevor er sich entscheiden könne. Man darf vermuten, daß dieser formale Katalog durch die Art der Zusammenstellung auch inhaltliche Festlegungen suggeriert.

Wichtiger aber als die inhaltliche Festlegung ist, daß dem Sohn vom Vater keine Möglichkeit eingeräumt wird, über seine Empfindungen zu reden. Die eher doch allgemein gehaltene Sympathie-Erklärung des Sohnes wird vom Vater sofort in Richtung Entscheidung für diese Gemeinschaft weiterentwickelt. Möglicherweise wird der Sohn damit in eine Richtung gedrängt, die er gar nicht meinte. Es mag vielmehr sein, daß der Sohn im Sinne eines verdeckten Themas eher über seine Enttäuschung angesichts mangelnden Engagements wichtiger Bezugspersonen reden wollte. Was auch immer das Anliegen des Sohnes ist, der Vater versucht den Sohn nicht zu verstehen, gibt ihm keinen Raum zur Darstellung seines Gedankens. Er meint, den Sohn zu unterstützen, tatsächlich aber beschneidet er ihn. Für den Vater ist jedoch unerklärlich, warum seine Kinder ein so gestörtes Verhältnis zu ihm haben. Der Vater kann gerade deshalb so schwer Einsicht in das Problem erlangen, weil er in der Sache möglicherweise sogar recht hat. Gerade dadurch wird es schwierig. Das wahre Problem wird dadurch nicht nur verdeckt, es wird auch verschärft. Der Vater arbeitet sachorientiert, übernimmt die Führung in der Lösung der Sachaufgabe. Er verkennt damit die wirkliche Aufgabe. Der Sohn sucht möglicherweise nach einem Sinn im Leben, ist fasziniert von der Hingabe dieser Gemeinschaftsangehörigen, zweifelt daran, daß es diese in seinem normalen Lebensraum geben kann. Und wird bestätigt durch das Verhalten seines Vaters. Der Sohn sucht die Begegnung, das vorbehaltlose Aufgehen in dieser Begegnung wie sie von Autoren wie Jaspers, Buber oder Rahner beschrieben und gefordert wurde. Er erlebt stattdessen einen Vater, der auf sich beschränkt bleibt, den Dialog zum Sohn nicht findet, sondern ihn sogar verbaut. Die aktivistische Haltung des Vaters hindert ihn daran, seinen Sohn vertieft wahrzunehmen und dadurch auch dem Sohn die Chance zu geben, sich vertiefter wahrnehmen und darstellen zu können. Zu schnell versucht der Vater, ein Problem entscheidungsreif zu machen.

6.2.6 Verweigerung von Verantwortung

Wie der Sender hat auch der Zuhörer Verantwortung für den Dialog. Der Zuhörer kann diese nicht allein auf den Sender abschieben, er muß seinen Teil der Verantwortung erkennen und annehmen. Ein Zuhörer, der nur in passiver Weise dem Sender folgt, wird seiner Verantwortung nicht gerecht. Dies geschieht z.B. dann, wenn der Zuhörer unter Zuhören versteht, daß man in dieser Rolle nur mit eigenen Redebeiträgen zurückhaltend sein, vielleicht sogar schweigen soll. Dies wäre ein tiefes Mißverständnis der Aufgabe eines Zuhörers. Der Zuhörer ist kein Schweiger. Er läßt dem Sender Raum, um sich mitzuteilen und wird deshalb wohl weniger reden als der Sender, aber er ist um das Verstehen eines Inhalts aktiv bemüht. Wer daher nicht konzentriert und aktiv am Gesprächsprozeß beteiligt ist, trägt diesen nicht mit. Dazu gehört auch, das Gespräch an dem Punkt fortzuführen, an dem es bereits steht und nicht durch allgemeine Äußerungen einen eher vagen inhaltlichen Stand zu suggerieren, der bereits überwunden ist.

Nehmen wir an, zwei Freunde haben sich zu einem früheren Zeitpunkt über die beruflichen Schwierigkeiten des einen Freundes unterhalten. Der Betroffene hat seinem Freund ausführlich geschildert, wie er unter der Faulheit seines Kollegen leide, weil dann die ganze Arbeit an ihm hängen bleibt. Fragt nun der Freund bei einem nächsten Zusammentreffen, wie es denn in der Firma gehe, so ist diese Frage zwar nicht falsch, aber sie wird dem inhaltlichen Stand des Gesprächs nicht gerecht. Diese Frage könnte man nahezu immer stellen, wodurch deutlich wird, daß sie zu unspezifisch ist. Manchmal kann man mangels Wissen nicht präziser fragen, in unserem gewählten Beispiel aber wäre es möglich und deshalb auch notwendig gewesen. So hätte der Freund z.B. fragen können "Und, wie ist es, ist dein Kollege immer noch so faul?" oder "Na, hat dich dein Kollege wieder hängen lassen bei der Arbeit?" Das Gespräch wäre dann dort fortgeführt worden, wo es beendet wurde. Dieser Fehler muß nicht immer folgenschwere Konsequenzen haben, kann es im Einzelfall aber schon. Dann z.B. wenn es einer Person grundsätzlich schwer fällt, sich mitzuteilen. Durch die allgemein gehaltene Frage an ihn wird ihm die ganze Last der Eröffnung eines Gesprächs aufgebürdet, während die den inhaltlichen Stand einbeziehende Frage dem Gefragten durch die Präzisierung des Themas den Einstieg erleichtert, z.B. dadurch daß das Thema vom Frager genannt wird. Durch diese konkrete Frage erfolgt nicht durch eine kognitive Strukturierung, es mag auch sein, daß damit die Hemmschwelle für den Sender überwunden wird. Er mag sich z.B. unsicher sein, ob er gegenüber dem Gesprächspartner weiter von dem Thema sprechen dürfe, ob er dadurch nicht eine Sache überbetone; die präzise Frage des Freundes zeigt ihm dann, daß dieser selbst das Thema für weiter beredenswert ansieht. Es gibt Personen, die sich dieser Verantwortung mit dem Argument entziehen wollen, der andere werde schon von selbst darüber reden, wenn es ihm wichtig sei. Es besteht die Gefahr, daß damit die Hilflosigkeit des Zuhörers verdeckt werden soll. Der Fragende ist eben nicht, wie Weisbach es herausstellte, der Verhörende, er ist derjenige, der durch die Frage dem andern die Voraussetzung schafft, reden zu können.

Die Bedeutung richtigen Zuhörens wird an der Einstufung der Frage zu Beginn eines Gesprächs deutlich. Nach dem einfachen Sendermodell von Stuart steht am Anfang eines Dialogs die Mitteilung des Senders an den Empfänger. Diese Person ist somit von Anbeginn Sender. Es ist jedoch auch möglich, daß sie zum Sender erst durch die Frage des anderen gemacht wird. Dieser Möglichkeit, durch eine Frage ein Gespräch zu beginnen, verweigern sich manche Personen, weil sie z.B. nicht zudringlich sein wollen oder ein Gespräch selbst nicht strukturieren können oder wollen. Ein Thema mag durch die Situation oder durch die Andeutung der betroffenen Person naheliegend erscheinen. Hier gilt es nun bei manchen als Ausdruck sozialer Kompetenz, wenn man den Betroffenen fragt, ob er über dieses Thema reden wolle. Der Fragende zeigt damit zum einen Sensibilität, da er das Thema erkannt hat, er läßt aber gleichzeitig dem Gefragten die Freiheit zu entscheiden, ob er über dieses, ihn betreffende Thema reden wolle. Tatsächlich ist das aber eine Totmacher-Frage, geeignet, das Gespräch über dieses Thema zu erschweren. Der Fragende bedient sich der Metakommunikation (= Kommunikation über Kommunikation) wo Kommunikation angebracht wäre. Person A sagt zu Person B: "Ich kann gar nicht verstehen, warum ich mit meinem Vorschlag auf solche Ablehnung gestoßen bin. Es spricht doch alles für diesen Vorschlag. Wieso waren die bloß alle so dagegen?" Person B: "Die Sache läßt dir keine Ruhe. Möchtest du darüber reden?" Falls dem Leser eine solche Reaktion gekünstelt erscheint, sei daran erinnert, daß diese Beispiele von den Autoren nicht ausgedacht, sondern beobachtet und berichtet werden. Sie kommen vor und werden in der Situation von dem so Handelnden nicht als künstlich erlebt!

Warum ist die Redeweise von Person B verfehlt? B führt nicht eine begonnene Linie fort, sondern unterbricht sie, macht durch seine Frage etwas zur Möglichkeit, was im Tun schon Realität ist. Faktisch wirft er damit das Gespräch zurück, stört es. In seinem Reden hat der Sender längst gezeigt, daß er reden will. Der potentielle Empfänger unterbricht das lebendige Gespräch, indem er meint, das Gespräch bedürfte noch einer offiziellen Willenserklärung, bevor es stattfinden könne. Hier geht das Gespür für die Erfordernisse völlig verloren. Letztlich bedeutet es, daß der Empfänger die Verantwortung für das Gespräch dem Sender auflasten will, dieser soll das Gespräch explizit gewollt haben. Ein nicht unwichtiger Nebenaspekt ist, daß durch diese Metakommunikationsfrage der Sich-Mitteilende vom Empfänger zum Objekt gemacht wird. Dessen Aussage bewirkt keine spontane Empfindung und Reaktion beim Empfänger. Der Empfänger kann sich aus der unmittelbaren Interaktion lösen und über das Bedürfnis des Senders reflektieren. Der Sender ist so kein Subjekt mehr, das ein anderes Subjekt berührt; es wird vom Empfänger zu einem Betrachtungsgegenstand degradiert. Damit aber wird Verantwortung vom Empfänger verweigert; der Empfänger verweigert sich als empfindendes Wesen, flüchtet sich in rituelles Verhalten. Täte er dies nicht, würde er vielleicht sagen: "Meinst du, sachlich können die gar nichts gegen deinen Vorschlag vorbringen?" A: "Überhaupt nichts." B: "Haben die gar nichts gesagt, nur dagegen gestimmt?" A: "Nur der Dr.M. hat eigentlich geredet. Das ist ja sowieso ein Widerling. Der ist grundsätzlich gegen alles. Ein Bedenkenträger! Bei allem sieht er nur die Risiken. Der würde dir sogar beibringen, daß das Überqueren einer Straße wegen der großen Gefahren zu unterlassen sei. So ein Feigling!" A: "Ist mir klar, du magst ihn nicht. Also, was hat er gesagt?!" Von der Sache her gibt es überhaupt keinen Grund zur Metakommunikation und deswegen gibt es auch keine Metakommunikation. Das muß nicht immer so sein, hier ist es so. Wenn trotzdem auf das Verfahren der Metakommunikation zurückgegriffen wird, so, um sich der Herausforderung durch die Situation zu entziehen.

6.3 Beziehungsfehler

Ein Fehler, der im Prinzip falsches Verhalten von Sender oder Empfänger ist und deshalb bereits oben hätte abgehandelt werden können, soll wegen seiner besonderen theoretischen Bedeutung gesondert aufgegriffen werden. Es ist nicht so sehr ein formaler Kommunikationsfehler, sondern einer, dessen Besonderheit vor allem darin besteht, daß die Natur der vorliegenden Beziehung nicht beachtet wird. In einem Cartoon aus der Serie "Hägar, der Wikinger" wird dieser Fehler deutlich (zitiert nach dem Cartoon in der "Main-Post" vom 1.2.1995 S.24).
Hägar liegt in einem Sessel und geht einer seiner Lieblingsbeschäftigungen nach, dem Biertrinken. Seine Frau steht ihm völlig erschöpft gegenüber und sagt zu ihm: "Mir ist irgendwie übel - ich hab' schreckliche Bauchschmerzen!" Hägar fragt: "Warum gehst du nicht zum Doktor?" Sie (ersichtlich erbost): "Weil ich noch den Flur fegen, das Feld pflügen und das Holz hacken muß!!" Hägar, in seiner Ausgangsstellung verharrend: "Warum gehst du dann nicht morgen?" Seine Frau schaut nach diesem Dialog erheblich schlechter aus als zuvor. In diesem Beispiel macht Hägar einen formalen Fehler. Auf die Klage seiner Frau antwortet er sofort mit einem in Frageform vorgebrachten Ratschlag. Er läßt kein Mitempfinden sichtbar werden. Seine Frau beantwortet die Frage von ihm sichtlich erregt mit dem Hinweis auf ihre vielen Arbeiten, die noch zu erledigen sind. Hägar reagiert rein formal auf ihre Auskunft. Er berücksichtigt, daß sie heute nicht kann und regt den Arztbesuch für den nächsten Tag an. Völlig unberücksichtig bleibt dabei, daß Hägar der Ehemann ist, daß es seine Frau ist, die leidet. Die Bauchschmerzen bleiben die Schmerzen einer Einzelperson, bleiben ihr Problem, das Hägar kaum tangiert. Man darf aber annehmen, daß die Ehefrau zu ihrem Gatten kommt und sich ihm mitteilt, weil sie auf sein Mitempfinden und seine Unterstützung rechnet. Aus dem Geist einer Ehe heraus wäre es ein selbstverständliches Begehren. Hägar aber ist kaltschnäuzig genug, sich diesem Anspruch zu verweigern. Mit seinen Handlungsvorschlägen definiert er das Problem ausschließlich zu ihrem Problem.
Hier wird gegen den Geist der Gemeinschaft gehandelt, dieser Geist vielleicht nicht erkannt oder, wenn erkannt, nicht akzeptiert. Gelungene Kommunikationsbeispiele aber sind nicht nur solche, die formalen Kommunikationsprinzipien genügen, sondern auch den Geist einer Beziehung berücksichtigen, aus diesem Geist

heraus leben. Autoren wie Jaspers, Buber oder Rahner haben immer wieder diesen Geist beschworen, aus dem heraus das Handeln erst seinen Sinn erhält. Autoren, die Kommunikation nur unter formalen Gesichtspunkten zu sehen vermögen -auch wenn sie wie Gordon viel vom Geist einer Beziehung reden-, sind blind für inhaltliche Anforderungen. In einem Manual von Zimmer u.a. (1978) werden zu Gesprächsbeispielen gute und schlechte Reaktionsmöglichkeiten des Partners aufgeführt. Beispiel 5 daraus: "Eines Tages, als sie gerade zu einer Verabredung weggehen wollen, sagt ihr Partner in einem vorwurfsvollen Ton: 'Und wann hast du mal Zeit für mich'?" Die beste Antwort aus den angebotenen Antwortmöglichkeiten ist: "Es tut mir leid, daß ich jetzt weg muß, vielleicht sollten wir uns, wenn ich wiederkomme, noch einmal in Ruhe darüber unterhalten." Die zweitbeste Antwort wäre: "Du fühlst dich irgendwie vernachlässigt und möchtest mehr Zeit mit mir verbringen?" Beides sind nach Meinung der Autoren gute Antworten. Sie beinhalten jedoch in unterschiedlichem Ausprägungsgrad einen Beziehungsfehler. Am deutlichsten wird es bei der zweiten Antwort. In der Antwort wird aus dem vom Partner angesprochenen Problem allein sein Problem gemacht. Es geht nurmehr um dessen Bedürfnis. Hat der Angesprochene kein entsprechendes eigenes Bedürfnis? Er sagt es nicht. Der andere, der so sein Bedürfnis äußert, wird zum Bittsteller. Diese Tendenz ist weniger kraß in der ersten Antwort, aber sie ist auch da vorhanden. Zu sehr klingt das "es tut mir leid, daß ich jetzt weg muß" nach formelhaftem Reden, insbesondere wenn dann so souverän auf ein Gespräch zu einem ruhigeren Zeitpunkt verwiesen wird. Was könnte es für eine Situation sein, um die es hier geht? Nehmen wir eine klischeehafte Standardsituation. Die sich beklagende Person ist die Ehefrau, die reagierende Person der Ehemann, der noch eine berufliche Verabredung wahrnehmen will oder muß. Sie wird sich in beiden Reaktionen ihres Mannes nicht verstanden, sondern abgespeist fühlen. Es fehlt etwas in seiner Reaktion. Es fehlt der glaubwürdige Ausdruck eigenen Bedauerns über diese Situation, das geäußerte Bedürfnis nach Zusammensein mit dem Partner. Dieses Fehlen bewirkt zumindest Unsicherheit, vielleicht sogar Empörung. Eine selbstbewußte Ehefrau würde vielleicht auf die zweite Antwort so reagieren: "Und was fehlt dir? Fehlt dir in dieser Hinsicht überhaupt noch etwas?" Auf die erste Antwort würde sie vielleicht scheinbar unvernünftig entgegnen: "Es tut dir leid. Immer tut dir alles leid, aber du machst es trotzdem! Ich glaube dir nicht. Und im übrigen, tu nicht so als wäre ich hysterisch. Wir können auch jetzt in Ruhe darüber reden. Aber dazu hast du ja keine Zeit." Glaubwürdig wäre eine Antwort, in der der Ehemann auch sein eigenes Bedürfnis zeigt, die Beziehungsarbeit nicht allein seiner Frau überläßt und so stillschweigend Beziehungsprobleme zu Persönlichkeitsproblemen umdefiniert. Das geht natürlich nur, wenn er so empfindet. Dies vorausgesetzt, könnte er sagen. "Mir ist es auch nicht recht, daß ich heute weg muß. Ich wäre lieber bei dir. Aber ich kann nicht anders. Es gefällt mir auch nicht, daß ich manchmal so wenig Zeit für unsere Beziehung habe." Durch diese Antwort wäre deutlich, daß das nicht nur einen Verlust für die Ehefrau, sondern auch für ihn darstellt. Dies glaubhaft darzustellen, ist für das weitere Gespräch wichtig. Bei beiden "guten" Lösungen von Zimmer u.a. wird es ver säumt.

Text 16: Gesprächsbeispiel aus Johnson (1987) S. 265 - 267.

Walter: Entschuldige, daß ich zu spät komme, Valerie. In letzter Minute kam noch eine Menge Arbeit herein, am Schluß noch ein Ferngespräch über einen wichtigen Fall. Ich konnte einfach nicht eher weg.
Valerie: Langsam habe ich es satt mit dir. Anderthalb Stunden kommst du heute zu spät. Nie kann man sich auf dich verlassen. Ich habe die Nase voll von dir.
Walter: Na! Damit habe ich nicht gerechnet. Ich muß sagen, es überrascht mich. Du bist in Rage.
Valerie: Aber wie, das kann ich dir sagen. Dauernd ist etwas. Warum kannst du nicht mal an mich denken?
Walter: Du meinst, ich denke nicht an dich?
Valerie: Genau das. Du bist egoistisch bis zum Geht-nicht-mehr. Du behandelst mich rücksichtslos, als wäre es das Natürlichste von der Welt. Es ist ja nicht das 1.Mal.
Walter: Es ist nicht das 1.Mal, daß ich egoistisch bin und rücksichtslos?
Valerie: Genau. Willst du Beispiele? Letzten Donnerstag hatte ich dich zum Essen eingeladen, und du bist eine geschlagene Stunde zu spät gekommen. Und am selben Abend sagst du mir, daß du Freitag mit Jane ausgehst. Vor einer Woche, Sonntag, hast du mich ausgeschlossen, indem du mit deinen Freunden Billard spielen gegangen bist, den ganzen Nachmittag bis in den Abend hinein. Du willst mich nur um dich haben, wenn es dir gerade in den Kram paßt.
Walter: Das erschreckt mich alles und überrascht mich. Ich habe nicht gewußt, daß dich das so belastet. Hast du noch mehr Klagen über Dinge, die ich getan habe in der letzten Zeit?
Valerie: Kleine Dinge, es kommt eines zum anderen. Daß du mit Jane ausgehst, gefällt mir nicht, aber das kann ich verkraften. Warum zeigst du nur, bei aller Eigenständigkeit, nicht ein bißchen mehr Rücksicht auf meine Gefühle?
Walter: Das klingt, als seist du dir unsicher, was ich für dich empfinde?
Valerie: Ja, aber das ist nicht alles. Du willst mich nur bei dich haben, wenn es dir gerade paßt, so sieht es aus. Ich fühle mich zurückgesetzt, weil ich sonst niemanden habe und weil ich viel in die Freundschaft mit die investiert habe.
Walter: Das tut mir leid, Valerie, denn du bedeutest mir sehr viel. Gibt es sonst noch etwas, wodurch du dich zurückgesetzt oder vernachlässigt fühlst?
Valerie: Ja, ich fühle mich vernachlässigt und zurückgesetzt, wenn du und Jerry über Juristerei und Jura-Studium sprechen. Ich komme mir wie das 5.Rad am Wagen vor.
Walter: Also wenn ich dirch richtig verstanden habe: Dir gefällt nicht, wenn ich mich verspäte, wenn ich dir sage, daß ich mich mit Jane treffe, wenn ich mich meinen anderen Freunden widme und ich lieber bei dir sein soll, und wenn ich mit Jerry über Jura rede. Stimmt das?
Valerie: Stimmt.
Walter: Gut, dann wollen wir versuchen, zu Lösungen zu kommen. Ich will doch, daß die Dinge stimmen zwischen uns.

Johnson (1987) stellt in lockerer Anlehnung an Rogers zunächst einige Prinzipien des Zuhörens dar, die er dann modellhaft an einem Gesprächsbeispiel demonstriert. Das Modellbeispiel wird in Text 16 wiedergegeben. Es ist das Gespräch zwischen Intim- Partnern. Sie ist zunächst empört über sein Zuspätkommen, obwohl er sich entschuldigt hat. Er reagiert überrascht und stellt ihren Gefühlszustand fest. Er reagiert nachfragend und sie steigert sich in ihr Gefühl hinein. Er bleibt nachfragend, reagiert auch betroffen, um aber sogleich sie nach weiteren Klagen zu befragen. So sagt sie z.B., erwähnte Beispiele zusammenfassend: "Du willst mich nur um dich haben, wenn es dir gerade in den Kram paßt". Er: "Das erschreckt mich alles und überrascht mich. Ich habe nicht gewußt, daß dich das so belastet. Hast du noch mehr Klagen über Dinge, die ich getan habe in der letzten Zeit?" In dieser Formulierung wird ihr Verhalten zum Problem: "... daß dich das so belastet". Aufgezählt hat sie aber Beispiele, in denen sie mißachtet und andere Personen hofiert wurden. Er hat Zeit für andere, für sie aber nicht - und sein Kommentar ist, er hätte nicht gewußt, daß sie das so belastet. Das aber wäre wieder ein Klagepunkt! Immer wieder spiegelt er ihren Zustand, reagiert persönlich nur floskelhaft, um sofort wieder zu fragen, was sie denn noch zu beklagen habe. Valerie zeigt sehr viel konkretes self-disclosure Verhalten, sie wagt sich damit weit vor; sie zeigt ihre Betroffenheit und ist dadurch verletzbar. Er reagiert überlegt, deutet Empfindungen an, ohne in der gleichen Weise konkrete Betroffenheit zu zeigen. Typisch das Ende des Gesprächs. Er stellt fest, was ihr nicht gefällt und resümiert dann, daß nun Lösungen gesucht werden müßten, denn "ich will doch, daß die Dinge stimmen zwischen uns". Er überläßt ihr die gesamte Beziehungsarbeit, nirgendwo kommt glaubhaft sein Empfinden zum Ausdruck. Wo sie sehr konkret wird und damit ihren Zustand offenlegt, reagiert er mit allgemeinen, abstrakten Formulierungen. Wo sie ihr Leiden an der Situation lebt, zeigt er nur Mitempfinden mit ihr. Nur in abstrakten Formulierungen macht er deutlich, daß ihm diese Beziehung etwas bedeutet. Im Gespräch läßt er eigentlich die Freundin am ausgestreckten Arm verhungern. Auf die sehr offenherzige Formulierung von ihr "... weil ich sonst niemand habe ...", reagiert er flau mit "das tut mir leid, Valerie, denn du bedeutest mir sehr viel". Er überläßt es vollkommen seiner Partnerin, für die Beziehung einzutreten, reagiert in einer derart schwachen und kontrollierten Art auf ihre Bekenntnisse, daß man daran zweifeln muß, ob ihm diese Beziehung viel bedeutet. Nirgendwo in seinen Redebeiträgen entdeckt man ein engagiertes Bekenntnis zur Gemeinschaft, zur Geliebten. Er faßt ihre Bedürfnisse am Ende des Gesprächs zusammen und es scheint so, als wolle er es ihr nur recht machen. Sie hat Probleme und er bemüht sich, ihre Probleme zu lösen. Nirgendwo wird deutlich, daß ihre Klagen berechtigt sein könnten. Er läßt sie einfach nur als ihre Klagen gelten und will diese ausräumen. Nirgendwo wird über die Berechtigung der Klagen geredet, noch wird sichtbar, daß Walter Einsicht gewinnt. Auch bei inhaltlich falschen Ansprüchen könnte ein gutwilliger Walter so reagieren, weil er halt im wesentlichen nur beruhigend auf Valerie eingehen will.
Nach Johnson hat sich Walter in diesem Modellgespräch verschiedener Formen des aktiven Zuhörens bedient, handelt also aus theoretischer Sicht gesehen richtig.

In dem bereits erwähnten Beispiel mit dem Spielzeughaus von Gordon (s. Text 6) bedient sich der Vater als Sender der Methode der Ich-Botschaft. Auch hier liegt ein Beziehungsfehler vor. Das Spielzeughaus gehört dem Jungen, der ganz offensichtlich am Zusammenbauen des Hauses mitarbeitet. Aus dem Text geht nicht eindeutig hervor, wie das Kooperationsverhältnis zwischen Vater und Sohn ist, aber man darf doch vermuten, daß der Sohn zumindest mitarbeiten will. Nicht auszuschließen ist, daß das Zusammenbauen selbst bereits Spiel für den Jungen bedeutet. Von dieser Kooperation ist in den Beiträgen des Vaters aber keine Rede. Er betont allein seine Perspektive und fragt mit keinem Satz nach den Wünschen des Sohnes. Durch seine Äußerungen macht er Druck auf den Sohn: so kann er "schon wieder" den Hammer nicht finden, wird er "nervös", wenn das Werkzeug weg ist und fände es "toll", wenn sie heute noch fertig würden. Er bringt so dem Sohn indirekt bei, daß er stört und daß er den Vater nicht bei der Arbeit behindern soll, damit diese heute noch abgeschlossen werden könne. Der Vater scheint sich für die Einstellung des Sohnes zum Spielzeughaus und zu dessen Aufbau nicht zu interessieren, obwohl es doch das Haus des Sohnes ist. Der Vater akzentuiert in seiner Rede nur seine Arbeit, die er schnellstmöglich hinter sich bringen will.
Solche Beziehungsfehler sind schwerwiegende Fehler, weil in ihnen die Beziehung direkt beeinträchtigt wird. Der willfährige Junge aus dem Gordon-Beispiel dürfte nicht unbedingt die Regel sein. Es ist auch denkbar, daß das Kind trotzig reagiert, sich querlegt und es Streit mit dem Vater gibt (Tenor: das ist mein Haus). Es könnte aber ebensogut sein, daß das Beispiel wie geschildert durchläuft, der Sohn aber in Zukunft die Unterstützung des Vaters nicht mehr sucht, ohne vielleicht sagen zu können, warum. Der Freundin aus dem Beispiel von Johnson muß es nicht sofort im Gespräch auffallen, daß ihr Freund sie eigentlich "behandelt" hat, aber nachträglich mag ihr schon zu Bewußtsein kommen, daß sie ihr Innerstes entblößt hat, während er nach der Methode vorging "sprich dich ruhig einmal aus". Sein self-disclosure Verhalten war äußerst moderat, er läßt nur sie kommen. Das würde mancher Frau schon im Gespräch auffallen und dann den Zorn nur noch verstärken. Wird der Freundin während des Geschehens oder danach das Verhalten des Partners bewußt, so könnte es genau den Eindruck verstärken, den diese bereits während des Gesprächs beschrieben hat: sie bedeutet ihm nicht viel, ihr Leid bringt ihn auch jetzt nicht aus der Fassung, löst bei ihm keine starken emotionalen Reaktionen aus. Er bleibt formelhaft, kontrolliert, obwohl ihre Aussagen mehr hervorrufen müßten. Durch dieses allzu vernünftige Verhalten des Mannes würde sich seine Freundin in ihrer Verunsicherung wohl bestätigt fühlen müssen. Ganz extrem ist es in der Karrikatur aus der Hägar-Serie. Die Ehefrau wußte wohl vorher schon, woran sie bei ihrem Mann ist. Durch sein jetziges Verhalten wird sie darin voll bestätigt. Auf ihn kann sie nicht zählen; er vermag nicht nur zwischen ihrem und seinem Wohl zu unterscheiden, er vermag auch konsequent danach zu handeln. Vertrauen in den Partner wäre danach eine unglaubliche Blauäugigkeit.

6.4 Konflikte bewältigen

Bisher wurde Sender- und Empfängerverhalten als Einzelvariable und unter einigermaßen ungestörten Bedingungen diskutiert. Im alltäglichen Leben gibt es jedoch auch Kon flikte, in denen sich das adäquate Sender- und Empfängerverhalten bewähren muß. Dieses Konfliktverhalten ist sozusagen die Nagelprobe für richtiges Kommunikationsverhalten. Man kann die generelle Problematik am Beispiel des Sports, z.B. des Fußballs illustrieren. Ein Fußballspieler muß mit dem Ball technisch versiert umgehen können, z.B. vom Elfmeterpunkt das Tor treffen können. Dies kann man üben und die entsprechende Übung ist sinnvoll. Eine andere Geschichte ist es allerdings, wenn man auf dem gegnerischen Platz einen Strafstoß schießen will und klar ist, daß dieser Strafstoß das Spiel entscheiden wird. Hier ist mehr als nur technisches Können gefragt; Nervenstärke ist genauso wichtig. So mag es auch bei Konflikten sein. Grundlegende Fähigkeiten müssen unter belastenden oder störenden Bedingungen gezeigt werden und erst hier wird deutlich, ob jemand in ihnen sicher ist. Nach dem bisher Gesagten bedeutet es u.a., daß man sich auch in der Herausforderung dem Geist des Miteinanderlebens verpflichtet fühlen und aus ihm heraus handeln muß. An Beispielen soll die Problematik illustriert werden.

6.4.1 Im Konflikt den anderen sehen und gelten lassen.

Die Versuchung ist groß, bei Konflikten den eigenen Standpunkt zu betonen, sich auf die eigene Position zurückzuziehen und damit den anderen nicht mehr adäquat wahrzunehmen.
In einem Beispiel der Zeitschrift "Zeitlupe" (Zeitlupe Nr. 14, Hrsg. Bundeszentrale für politische Bildung, S. 10 - 11.) wird in zwei Cartoon-Serien falsches und richtiges Verhalten bei Konflikten dargestellt. Ein Ehepaar will mit seiner halbflüggen Tochter zur 60. Geburtstagsfeier der Großmutter gehen. Die Eltern sind ordentlich gekleidet, die Tochter kommt in ihren alten Jeans. In der falschen Version entwickelt sich sehr schnell ob der unangepaßten Kleidung der Tochter ein heftiger Disput zwischen Vater und Tochter. Auf das verweigernde Verhalten der Tochter reagiert der Vater mit körperlicher Gewalt. Die Tochter beugt sich, zieht ein Kleid an, kommt aber mit einer getrübten Stimmung zur Geburtstagsfeier der Großmutter, die diese auch wahrnimmt. Die vorgelebte Gewalt in der Familie wird dann von der Tochter in ihren Beziehungen zu Gleichaltrigen weitergelebt.
In der richtigen Version geht es um den gleichen Sachverhalt. Der entscheidende Dialog zwischen Vater und Tochter sei hier wörtlich wiedergegeben. Vater: "Und so willst du zu Omi 's 60.Geburtstag?" Tochter: Aber - so laufe ich doch immer rum." Vater: "Das kannst du, wenn du in deiner Klicke bist. Aber mit uns solltest du dich etwas anpassen." Tochter: "Soll ich etwa 'n Kleid anzieh'n." Vater: "Ja, bitte mach doch Omi und mir die Freude und ziehe dir etwas festlichers an...!" Tochter: "Aber, wenn wir nach dem Kaffee noch draußen spielen?" Während der Vater ein strahlendes Gesicht macht, sagt die Mutter: "Nimm doch deine

Räuberklamotten in einer Tasche mit... Dann kannst du dich nach der Feier umziehen!" Tochter: "Na, wenn's euch so viel bedeutet..." Als Konsequenz wendet die Tochter im Konfliktfall in der Schule keine Gewalt an, sondern redet mit dem "Kontrahenten".

Die Absicht der Autoren mag wohl gut gemeint sein, das "richtige" Beispiel aber ist ein schlimm falsches Beispiel. Was tut der Vater? Er formuliert wieder seine Normen und erwartet Unterwerfung; im Unterschied zur falschen Version allerdings, ohne daß er aufgeregt ist. Er trägt seine Forderung weiter locker vor. Das von der Tochter antizipierte Problem, daß sie in solchen Kleidern nicht spielen könne, löst die Mutter (!) durch einen eher organisatorisch ausgerichteten Vorschlag. Hier hat sich der Vater durchgesetzt, ohne daß die Bedenken der Tochter hinreichend berücksichtigt wurden. Der Kommentar der Tochter zeigt es sehr deutlich: ""Na, wenn's euch so viel bedeutet..." Es ist ein Entgegenkommen der Tochter. Der Vater ist in diesem angeblich guten Beispiel weiterhin vollkommen auf Sendung eingestellt und versucht nicht zu verstehen, warum die Tochter anderer Meinung ist. Die Tochter rettet das Beispiel durch ihren guten Willen. Der Vater ist wie bei dem von den Zeitlupe-Autoren als schlecht eingeführten Beispiel nur auf seine Überzeugung eingestimmt. Er bewegt sich kein bißchen. Die Probleme der Tochter werden von ihm nicht gesehen, er erwartet nur Anpassung an die von ihm vertretenen Normen. Eltern, die an Kursen der Autoren dieses Buches teilnahmen und sich von einer unterwürfigen Hochachtung vor Autoren befreit hatten, sagten, daß ihre Töchter niemals so wie diese Tochter reagiert hätten, vielmehr auf ihrer Ansicht bestanden hätten. Das Beispiel aus der "Zeitlupe" wird so zu einem Märchen, in dem elegantes ichbezogenes, autoritäres Verhalten wohl ungewollt verherrlicht wird.

Dem Vater gelingt es in keiner Weise, die Lebenswelt der Tochter wahrzunehmen, sich mit ihr auseinanderzusetzen. Er fragt nicht, warum sie denn die alten Jeans anbehalten wolle und dies angesichts des 60.Geburtstags der Großmutter. Allen Ernstes wird in dem "richtigen" Beispiel vom Vater gesagt "Aber mit uns solltest du dich etwas anpassen". Und genau so versteht die Tochter die Situation: "Wenn es euch so viel bedeutet". Dies ist in's Alltägliche gewandt der grundsätzliche Konflikt, wie ihn Schiller in seinem Drama "Don Carlos" beschrieben hat. Gleich dem König versucht der Vater nur seine Meinung durchzusetzen, nur sein Anliegen gelten zu lassen. Im Unterschied zum Schiller'schen Drama gibt es im Alltag des Zeitlupen-Beispiels keine Person, die dem Marquis De Posa vergleichbar ist; es gibt nur eine Person, über die sich im Schiller'schen Drama der König für einen Augenblick beklagt: einen Untertan.

In einem tatsächlich guten Beispiel hätte der Vater seine Tochter fragen müssen, warum sie denn am 60.Geburtstag der Großmutter die gleichen vergammelten Jeans anziehen wolle, die sie sonst auch anziehe. Die Tochter hätte ihm dann vielleicht gesagt, daß es doch gar nicht auf die Kleidung ankäme. Der Vater hätte versuchen müssen, diesen Standpunkt seiner Tochter zu verstehen. Sie hätte ihm erklärt, daß es auf Kleidung überhaupt nicht ankäme. Was aber ist ein Fest? Was unterscheidet ein Fest von einem gelegentlichen Zusammenkommen? Was sagt die

Tochter dazu? Der Vater wird es kaum wissen; es ist ihm auch nicht wichtig, da nur die Anpassung an Normen zählt. Weiter unten soll nochmals darauf eingegangen werden.

6.4.2 Zu sich selbst stehen.

Neben der Gefahr, den anderen nicht hinreichend wahrzunehmen, ist ein großes Problem, adäquat zu sich selbst zu stehen. In der Regel versucht man verbissen, seine eigene Lösung durchzusetzen und stößt dabei auf den erbitterten Widerstand des Partners. Man steht dabei dadurch zu sich, daß man seine Lösung durchzusetzen sucht. Nach Ansicht der Autoren ist es jedoch eines der Hauptprobleme unserer Kultur, in einem sehr viel unmittelbareren Sinne nicht zu sich selbst zu stehen. Gemeint ist, daß man zu seinen Empfindungen steht, diese nach außen darzustellen bereit ist. Gordon, auf Rogers aufbauend, hat mit dem Problem der Du-Botschaften dieses Problem gesehen. Wir verstecken uns wohl zu leicht hinter allgemeinen oder von unserer Person wegweisenden Formulierungen. Es ist möglicherweise doch schwierig, in dieser unmittelbaren Weise zu uns zu stehen. In krasser Form hat es der Sherif des Films "High noon" (Zwölf Uhr mittags) von F. Zinneman gezeigt. Er konnte für die bedrohte Stadt, aber er konnte nicht für sich einstehen. Wann immer er etwas für sich persönlich zu fordern hatte, versagte er, traute er es sich nicht zu, obwohl er um die Problematik wußte. Für sich etwas zu verlangen, das paßte nicht zu seinem Selbstverständnis und deshalb unterließ er es. Er hätte den Bürgern der Stadt sagen müssen, daß er in seiner Existenz bedroht ist und jetzt selbst Schutz braucht. Obwohl er es wußte, konnte er es nicht. Er versuchte, das Problem auf verschlungenem Pfad zu lösen und scheiterte. Er konnte sich letztendlich zwar seiner Feinde erwehren, verlor aber seine Freunde.
Das Beispiel des Sherifs aus dem Film "Zwölf Uhr mittags" illustriert eine Grenzsituation menschlichen Daseins, die konkrete Bedrohung eigener Existenz. Das Grundmuster läßt sich aber an viel banaleren Beispielen darstellen. Immer wieder geht es dabei darum, daß eigene Empfindungen verschwiegen werden, stattdessen sofort eine Lösung eines erlebten Problems gesucht wird. In den Texten 17, 18, 19 wird es in zwei falschen und einer richtigen Version am Beispiel vom Rauchen illustriert. In Text 17 beginnt die Ehefrau das Gespräch sofort mit einem Vorwurf und setzt ständig nach als der Ehemann sich zu verteidigen beginnt. Von beiden Seiten werden immer wieder Argumente in's Feld geführt, um die eigene Lösung zu verteidigen. Sie will offensichtlich erreichen, daß er nicht mehr oder zumindest nicht so stark raucht, er will daran festhalten. Das Gespräch führt zu keinem Ergebnis, die Fronten verhärten sich eher. Das zweite Gespräch (Text 18) folgte nach dem ersten und einer Diskussion darüber in der gleichen Gruppe. Der Fehler im ersten Gespräch war bekannt. Der nichtrauchende Ehepartner beginnt das Gespräch deshalb nicht mit einem Vorwurf oder einer Vorschrift. Er versucht hingegen verstehend vorzugehen, sich dem Thema allmählich zu nähern. Über die Häufigkeit des Rauchens sollte wohl dessen Gefahr erarbeitet werden. Der nichtrauchende Partner zeigt hier eine Ahnungslosigkeit, die vom Raucher nicht geglaubt

Text 17: Raucherbeispiel. Falscher Dialog, Version 1.

Sie: Jetzt sind wir gerade aufgestanden. Du hustest mir was vor und zündest dir sofort wieder eine Zigarette an. Du hast ja noch nicht einmal gefrühstückt. Findest du das richtig?

Er: Ja, ich hab' halt jetzt Verlangen danach.

Sie: Aber du mußt doch 'mal bedenken, du sitzt noch im Schlafzimmer und hast schon eine Zigarette im Mund. Das geht doch nicht. Du verpestest die Luft, du mußt doch auch 'mal an die Kinder denken.

Er: Die schlafen ja nicht bei uns im Schlafzimmer. Außerdem stehen wir eh auf, da macht doch ein bißchen verpestete Luft im Schlafzimmer nichts.

Sie: Aber die geht doch in die ganze Wohnung.

Er: Wir schlafen ja jetzt nicht und abends, bevor wir ins Bett gehen, rauche ich im Schlafzimmer nicht.

Sie: Naja, aber du rauchst auch in der Wohnung, du rauchst ziemlich viel.

Er: Eine Schachtel am Tag, das macht doch nichts.

Sie: Meinst du, man könnte 'mal probieren, das einzuschränken.

Er: Ich wüßt' nicht, wieso.

Sie: Du mußt an die Kinder denken. Wir haben kleine Kinder, es ind noch halbe Babies und die rauchen mit. Alle Nichtraucher rauchen mit.

Er: Die sind doch meistens auf Achse. Mal sind sie unten im Zimmer, mal sind sie im Bad, dann sitzt der Kleine eine halbe Stunde auf dem Klo und macht "aa" und spielt dabei - und ich seitze in der Küche und rauche. Das macht doch nichts.

Sie: Aber der Rauch geht überall hin. Es ist ja nicht so, daß immer Durchzug in der Wohnung ist.

Er: Aber doch nicht so arg. Das meiste qualmt doch dort, wo ich sitze - und das Fenster ist meistens gekippt oder eines ist ganz auf. Dann zieht es schon hinaus.

Sie: Aber du mußt doch 'mal an dich denken, du teerst ja deine Lungen ein. Dein Husten kommt nicht von ungefähr, sondern genau davon.

Er: Der kommt wahrscheinlich daher, weil ich in der letzten Zeit mehr geraucht habe. Aber gesundheitsschädlich kann 'was anderes genauso sein. Guck mal, dein Vater ist vorgestern achtzig geworden und raucht. Der lebt immer noch.

Sie: Aber der raucht nicht soviel wie du - und nur außerhalb der Wohnung.

Er: Wie der jünger war hat er auch soviel geraucht wie ich. Und mit achtzig rauche ich vielleicht auch keine ganze Schachtel mehr.

Sie: Wer weiß, wie alt du wirst.

und hart abgeblockt wird. Darauf unternimmt ersterer einen neuen, direkteren Anlauf, kommt auf das Husten zu sprechen. Er stellt die Frage nach dem Zusammenhang zwischen Husten und Rauchen, die vom Raucher so verneint und mit einer anderen, durchaus plausiblen Erklärung beantwortet wird. Der nichtrauchende

Text 18: Raucherbeispiel. Falscher Dialog, Version 2.

Er: Holla, du rauchst ja schon wieder.

Sie: Oh, die schmeckt jetzt besonders gut. Ich habe mich so richtig 'reingehängt in die Arbeit und jetzt so eine Zigarette! Mal dabei hingesetzt und entspannt - so richtig durchziehen, das tut gut.

Er: Was macht dir jetzt mehr Spaß - das Entspannen oder die Zigarette?

Sie: Beides. Die Zigarette entspannt mich zusätzlich.

Er: Zusätzlich ... Ja, ich bin vorhin heimgekommen.... hast du heute schon einmal eine geraucht?

Sie: Jetzt tu doch nicht so. Das hast du doch schon gerochen.

Er: Ja sicher, ich hab' gerochen, daß es nach Rauch riecht ... Hast du dich schon öfters entspannt heute?

Sie: Ich schreib's nächste Mal auf und sag's dir dann.

Er: Ich wollt' das eigentlich gar nicht wissen, aber in der letzten Zeit ist mir aufgefallen, daß du ab und zu 'mal einen Husten hast. Könnte es vielleicht damit zusammenhängen?

Sie: Das ist alles zeitbedingt. Ich war im Schwimmbad und habe mich erkältet. Von daher kommt es halt.

Er: (Lachend: Ja, aus ist es mit der Argumentation).

Partner kapituliert sodann. Der Dialog selbst, aber vor allem die anschließende Diskussion ergab, daß der nichtrauchende Partner von seiner Sicht überzeugt war, die plumpe und wenig erfolgreiche Holzhammer-Methode vermeiden wollte, dennoch aber lösungsorientiert vorging.

Lösungsorientiert steht dabei gegen problemorientiert. Beim lösungsorientierten Vorgehen ist die konkret ausgedachte Lösung das steuernde Zentrum eigenen Vorgehens (z.B. Partner soll aufhören zu rauchen), beim problemorientierten Ansatz steht die Erörterung des Problems selbst im Vordergrund - woraus natürlich Lösungen folgen dürfen. Beide bisher dargestellten Gespräche sind offen (Version 1) oder versteckt (Version 2) lösungsorientiert. Dagegen soll nun ein Gespräch gestellt werden, das problemorientiert ist (Text 19). Dessen innere Logik ist eben nicht, den Partner zu einem bestimmten Verhalten zu bewegen, sondern ihn an einer eigenen Befindlichkeit teilhaben zu lassen und zu dieser Befindlichkeit zu stehen. In der Version 3 des Raucher-Beispiels versucht die Ehefrau nur ihre Empfindungen zu vermitteln, worauf der Ehemann zunächst mit Ausweichverhalten reagiert. Die Ehefrau vermeidet es dann, anzuklagen oder zu fordern, sondern bleibt bei der Darstellung ihrer Empfindungen und ihrer Gedanken zur Situation. Auf diese Weise erfährt der Ehemann von der tiefgreifenden Verunsicherung seiner Frau und ihrer festen Überzeugung, daß ihr Mann durch das Rauchen gesundheitlich schwer gefährdet ist. Um ihr diese Angst zu nehmen nimmt er sich vor, weniger zu rauchen. Wir wissen nicht, ob er seinen Vorsatz realisieren wird.

Text19: Raucherbeispiel. Eine richtige Version.

Sie: Mein Gott, hast du eben schlimm gehustet. Ich hab' richtig Angst gekriegt.
Er: Es geht schon wieder
Sie: Es hat sich schlimm angehört.
Er: Ich weiß auch nicht, was das war. Ich mußte halt immerzu husten, es hat mir richtig weh getan.
Sie: Ich habe gemerkt wie du dich gequält hast. Das hat mir selbst weh getan. Ich kann das gar nicht mitanhören.
Er: Es ist ja schon vorbei.
Sie: Das hast du aber jeden Morgen. Ich fürchte, morgen hast du es wieder.
Er: Ich hab' mich wahrscheinlich nur etwas erkältet oder verschluckt.
Sie: Aber du hast es in der letzten Zeit so oft. Ich werde schon ganz unruhig, wenn so eine Situation wieder kommt. Ich denke dann, gleich wird er wieder so fürchterlich husten. Ich wache auf und habe Angst, weil ich denke, gleich kommt es wieder.
Er: Na, so schlimm ist es doch nicht.
Sie: Ich empfinde es als schlimm. Ich fürchte, du wirst einmal schwer krank, bekommst einmal Lungen- oder Kehlkopfkrebs. Und was wird dann?
Er: Du mußt nicht gleich das schlimmste denken. Das bißchen Husten ist doch nicht schlimm. Das geht wieder vorbei. Am Tag huste ich kaum.
Sie: Du nimmst es leicht, aber ich kann es nicht. Ich habe Angst davor, daß du einmal schwer erkrankst. Ich kann kaum mehr schlafen, wenn ich mir das vorstelle. Diese Krankheiten sind doch fürchterlich. Wie soll ich das durchstehen, wenn dir so etwas geschieht! Wie sollen die Kinder und ich dann weiterleben - ohne dich!
Er: Es gibt doch viele Raucher, die kerngesund sind.
Sie: Es gibt vielmehr Raucher, die üble Krankheiten erleiden mußten, wie z.B. Raucher bein. Soll ich mich an den Gedanken gewöhnen, du könntest 'mal ein Krüppel werden, mutwillig herbeigeführt. Wie macht man das?
Er: Du mußt auch alles dramatisieren.
Sie: Egal wie du es kommentierst, ich habe Angst um dich, um die Kinder und um mich. Du machst mir Angst, weil du deine Gesundheit so auf's Spiel setzt. Verstehst du nicht, daß wir dich so wie du bist brauchen? Wenn ein anderer deine Gesundheit beeinträchtigen wollte, würde ich dich verteidigen. Soll ich das nicht auch dann tun, wenn du selbst deine Gesundheit auf's Spiel setzt? Soll ich dann nicht Angst um dich haben?
Er: Also ich wußte nicht, daß dich das so beschäftigt.
Sie: Es beschäftigt mich nicht nur, es läßt mich nicht mehr zur Ruhe kommen.
Er: Wenn es so schlimm für dich ist, will ich weniger rauchen - damit du wieder schlafen kannst.
Sie: Ich würde wirklich ruhiger leben, wenn du deutlich weniger rauchen würdest. Wenn du das machen könntest, wäre ich froh. Du würdest morgens nicht mehr so husten müssen und ich hätte keine Angst vor dem Morgen mehr. Es wäre schön, wenn ich morgens einfach aufwachen und mich freuen könnte, bei dir zu sein.
Er: Ich will mir ja Mühe geben.

Entscheidend ist der Vergleich der Version drei mit den Versionen eins und zwei. In den beiden ersteren Versionen kommt es zu keinem Angebot des Rauchers, sondern zu mehr oder weniger deutlichem Widerstand. Das zielorientierte Vorgehen des Gesprächspartners löst Widerstand beim Gegenüber aus. Das problemorientierte Verhalten läßt die Möglichkeit eines offenen Gesprächs zu - erwiesen in vielen Beispielen unserer Kurse. Selbstverständlich kann man durch dieses richtige Verhalten den Partner nicht auf richtiges Verhalten festlegen. Im Raucher-Beispiel könnte ein hartgesottener Raucher sehr schnell ahnen, worauf das Gespräch hinausläuft und abblocken. Richtiges Verhalten eröffnet dem Partner nur den Freiraum für richtiges eigenes Verhalten - und dieser Freiraum wird oftmals genutzt.

6.5 Konstruktive Lösungen erarbeiten.

Es ist normal, daß Schwierigkeiten im Leben auftauchen. Aber keineswegs selbstverständlich ist, daß man diese Schwierigkeiten auf konstruktive Weise bewältigen will. Das Beispiel eines jungen Pärchens verdeutlicht es.
Ein Pärchen, das bisher in einem Zimmer zusammenlebte, zieht in eine größere Wohnung um, in der nun jeder ein eigenes Zimmer hat. Das Pärchen besitzt einen einzigen Tisch. Sie: "Ich würde gerne den Tisch haben, er paßt gut zu den anderen Möbeln in meinem Zimmer. Hast du etwas dagegen?" Er: "Dann habe ich ja keinen Tisch." Sie schweigt, das Gespräch wird mit einem anderen Thema fortgesetzt. Eine Bekannte, die Zeuge dieses Gesprächs war, fragt am nächsten Tag das Pärchen, was denn bezüglich des Tisches geschehen werde. Sie: "Ich baue mir selbst einen Tisch." Er sitzt dabei und schweigt.
In diesem Beispiel versucht keiner der Beteiligten, eine konstruktive Lösung herbeizu führen. Das Problem wird angesprochen, aber vom Paar nicht gelöst. Stattdessen kommt es zu einer Einzelaktion der jungen Frau, die der Mann stillschweigend hinnimmt. Hier prallen die persönlichen Interessen der Partner aufeinander. Es kommt zwar zu einer Lösung, die das Gemeinschaftsgefühl aber eher belastet. Er wird wohl das Gefühl haben, sich wehren zu müssen, seine Interessen gegen seine Partnerin verteidigen zu müssen; sie wird von seinem Widerstand enttäuscht sein und setzt auf ihre eigene Stärke, sucht das Gespräch mit dem Partner ebenso wenig wie er auch.
Der entscheidende, weil erste Fehler, ist in diesem Gespräch ein Beziehungsfehler, der nirgendwo von einem der beiden Partner korrigiert wird. Indem die Partnerin zu Beginn des Gesprächs nur ihr Interesse formuliert, wohlwissend daß es der einzige Tisch ist, setzt sie ihr Interesse gegen sein Interesse. Würde er zustimmen, hätte er keinen Tisch. Da seine Interessen damit gefährdet sind, muß er sie nun im Gegenzug verteidigen. Die Gemeinschaft zerfällt so wieder in zwei unabhängige Individuen. Das Problem wäre zu lösen, indem einer der beiden -am besten die Partnerin, weil sie das Problem formuliert- die Frage nach dem Partner einschließt. So könnte sie z.B. sagen: "Ich würde gerne den weißen Tisch haben, er paßt so gut zu meinen anderen Möbeln. Aber dann hättest du natürlich keinen

paßt so gut zu meinen anderen Möbeln. Aber dann hättest du natürlich keinen Tisch, was auch nicht gut ist. Was wollen wir denn machen?" Der Unterschied zum Originalbeispiel wäre, daß er das Gefühl haben könnte, seine Interessen werden von der Partnerin noch wahrgenommen und vertreten. Bei allen eigenen Wünschen ist sie nicht auf sich beschränkt, sondern bezieht die Anliegen ihres Partners ein, ohne daß dieser sie anmelden muß. Das Pärchen hätte so wieder ein gemeinsames Problem: was machen wir, wenn wir zwei Zimmer, aber nur einen Tisch haben.

In dem erwähnten Beispiel von Dreikurs & Soltz kommt es zwischen Mutter und Sohn zu einem erkennbaren Konflikt, den die Autoren durch ihren Kommentar zusätzlich anhei zen und letztlich nur durch einen Gewaltakt der Mutter als lösbar ansehen. In der erarbeiteten Alternative kam zwar das Gespräch zwischen Mutter und Sohn zustande, aber eine tragfähige Lösung war noch nicht erarbeitet. Die Mutter zeigt zwar Verständnis für die Situation des Sohnes, aber seiner Zu- sicherung, er würde draußen schon aufpassen, mag sie vielleicht zurecht nicht glauben. Eine Lösung steht somit noch aus. Diese muß nun unter Berücksichtigung der bisherigen Situation gefunden werden, zu der gehört, daß die Eltern sich überhaupt auf diese unglückselige Handlung einließen, dem Sohn ein Luftgewehr zu schenken. Sie führen den Sohn damit in Versuchung und beklagen sich dann darüber, wenn der kleine Bursche dieser Versuchung erliegt. Diese Situation aber vorausgesetzt, wird man von den Eltern, hier der Mutter, erwarten müssen, daß sie sich in die Lage des Kindes eindenken, was in unserer Alternative auch geschah. Verständlich ist, daß der Sohn die Probleme nicht wahrhaben will - was auch bei Erwachsenen nicht unüblich ist. Es wäre keine Lösung, wenn die Mutter dem Wunsch des Sohnes einfach nachgeben würde, denn die Versuchung bleibt bestehen und man kann dem kleinen Kind nicht unterstellen, daß es in allen Situationen den Überblick behält. Also doch mit einem Verbot reagieren? Es würde bedeuten, daß die Kosten der Fehlentscheidung vom Sohn zu tragen wären. Man könnte ja stattdessen den Gedanken zu Ende zu führen versuchen.

In unserem Alternativ-Dialog sagte der Sohn als letztes: "Ich paß' schon auf." Mutter: "Ich glaube dir schon, daß du aufpassen willst. Aber im Freien ist das ganz schön kompliziert. Es kann auch etwas unvorhergesehenes geschehen, was du gar nicht berücksichtigen konntest. Obwohl du dir Mühe gegeben hättest, wäre dann vielleicht ein schlimmer Schaden entstanden. Mit erscheint das einfach zu riskant." Sohn: "Sag' doch gleich, daß ich mit dem Luftgewehr nur noch im Schießstand schießen darf." Mutter: "Nein, das wollte ich damit nicht sagen. Aber im Freien geht es so einfach auch nicht, da sind die Gefahren zu groß. Wenn dir das Schießen so wichtig ist und es im Schießstand zu langweilig ist, müssen wir gemeinsam nach einer anderen Lösung suchen." Sohn: "Ich weiß keine." Mutter: "Was hieltest du von der Idee, einem Schützenverein beizutreten, dem auch Kinder angehören. Dort schießt man auch in Schießbahnen, aber es ist viel schwieriger. Du könntest da richtig schießen lernen und dich im Wettkampf mit anderen Kindern bewähren."

Lassen wir einmal dahingestellt, ob Schießen wirklich so wichtig ist. Da es nun einmal ein Thema ist, versucht die Mutter das Problem zu Ende zu denken und macht dem Sohn einen konstruktiven Vorschlag. Es wird sich zeigen müssen, ob die Schießleidenschaft des Sohnes wirklich so groß ist, daß er dafür auch in einen Verein eintreten und sich dort einer gewissen Disziplin unterwerfen will. Würde er es tun, wäre damit das Problem gelöst. Wollte er es nicht, so wäre damit deutlich, daß Schießen für ihn doch nicht so wichtig ist. Er hätte aufgrund des Gesprächs nicht mehr den Eindruck, daß die Mutter seinem Anliegen verständnislos gegenübersteht, sieht vielmehr, daß sie sich sogar um eine Lösung in seinem Sinne bemühte. Es gäbe vielleicht trotzdem einige Tränen, wenn Schießen im Freien endgültig verboten wäre, aber nicht den tiefen Graben, den Dreikurs & Soltz zwischen Mutter und Sohn schaffen.

Auch in dem Zeitlupe-Beispiel kann es nicht die ultima ratio sein, in irgendeiner Variante nur sein eigenes Ziel zu formulieren und letztlich Unterwerfung vom Gegenüber zu fordern. Wenn die Tochter nicht einzusehen vermag, warum man denn nicht in den alten, bequemen Kleidern zum 60. Geburtstag der Großmutter gehen kann, muß sich der Vater dieser Herausforderung stellen. Er muß verstehen, warum die Tochter so denkt. Wenn er in dem Dialog dann erkennt, daß die Tochter keinen Zusammenhang zwischen Feiern und festlicher Kleidung herzustellen vermag, stellt sich die Frage, ob er ihn ihr vermitteln kann. So mag die Tochter z.B. sagen: "Zu meiner Geburtstagsfeier kommen ja auch alle so wie sie wollen." Vater: "Sie kommen alle in ihrer normalen Kleidung." Tochter: "Eben. So ist das auch richtig. Und deswegen gehe ich genauso zum Geburtstag von Großmutter." Vater: "Was wäre aber, wenn einige von deinen Kinder-Gästen ganz feierlich gekleidet kämen." Tochter: "So kämen die gar nicht. Und wenn sie so kämen, das wäre blöd. Mit denen könnte man dann gar nicht spielen. Ohne spielen macht mir mein Geburtstag keinen Spaß." Vater: "Es wäre dir nicht recht, wenn jeder so käme wie er wollte. Er müßte schon so angezogen sein, daß man dann auch spielen könnte." Tochter: "Logo." Vater: "Nun ist das beim 60.Geburtstag deiner Großmutter zum Teil anders, zum Teil gleich. Deine Großmutter möchte, daß die Gäste so angezogen sind, wie sie das für ihren Geburtstag möchte - so wie du es für deinen Geburtstag auch möchtest. Darin seid ihr gleich. Aber im Unterschied zu dir will sie nicht spielen; sie möchte es lieber etwas festlicher haben und dazu gehört auch eine entsprechende Kleidung. Sie möchte ihren Geburtstag gerne auf ihre Weise feiern." Tochter: "Aber ich mag keine Kleider." Vater: "Weiß ich ja. Deswegen läufst du ja immer in Hosen herum. Aber wie willst du es denn beim Geburtstag deiner Großmutter machen? Sie wünscht sich einen festlichen Rahmen, wo alles etwas herausgeputzt ist. Vor allem, weil es ein besonderer Geburtstag ist - der sechzigste. Da kommen auch besonders viele Gäste. Könntest du ihr zu Gefallen doch ein Kleid anziehen?" Tochter: "So was blödes. Daß ihr immer so viel Wert auf Äußerlichkeiten legt." Vater: "Du legst auch Wert auf Äußerlichkeiten, nur anders. Du willst nur Hosen tragen." Tochter: "Also gut, ich mache es. Aber nur, um der Oma einen Gefallen zu tun. Denk bloß nicht, daß ich jetzt immer Kleider anziehe." Vater: "Deine Großmutter wird sich bestimmt freuen, wenn du so fein angezogen

bist. Sie weiß, daß du das nur für sie tust. Wir können ja zusätzlich deine Hose mitnehmen und du ziehst dich zum Spielen dann um, wenn der festliche Teil einigermaßen vorbei ist. Großmutter hat sicher nichts dagegen, wenn ihr dann ungezwungen spielt."
Der Ausgang eines Gesprächs muß nicht so sein. So mag die Tochter z.B. vorschlagen, daß sie eine besonders feine Hose anziehen wolle, um dem festlichen Charakter gerecht zu werden. Oder umgekehrt könnte die Tochter dem Vater beweisen, daß die Großmutter auf das herausgeputzte Erscheinungsbild der Gäste keinen Wert legt - was der Vater dann akzeptieren müßte. Das inhaltliche Ergebnis bei all diesen Beispielen ist offen, wichtig ist, daß beide Gesprächspartner den Dialog wagen und im Sinne des Dialogs nach einer für beide Seiten akzeptablen Lösung suchen. Diese Lösung muß kein Kompromiß sein, es sollte nur eine Lösung sein, hinter der beide Seiten mit dem Herzen stehen können. Die nachhaltige geistige Auseinandersetzung mit dem Thema gehört dazu. Oftmals aber geschieht es, daß der Gesprächspartner, der eine Lösung anvisiert, nur geringe Versuche unternimmt, diese dem anderen verständlich zu machen, vielmehr nach wenigen Versuchen abbricht und autoritär oder resigniert reagiert. Hier muß sich die

Text 20: Reklamation wegen des Ablaufs einer Schulaufgabe.

Die Schülerin Elke konnte wegen einer Krankheit die Mathematik-Schulaufgabe nicht mitschreiben und mußte sie nachschreiben. Sie schrieb sie bei einem anderen Lehrer mit, der mit seiner Klasse eine Schulaufgabe schrieb. Dieser Lehrer hatte die Angewohnheit, in den letzten 20 Minuten die Restarbeitszeit mehrmals anzukündigen. Elke wurde dadurch bei ihrer Arbeit gestört und schrieb eine schlechte Arbeit. Am Elternabend sprach die Mutter von Elke deren Mathematik-Lehrer auf das Problem an.

Mutter: "Ihr Kollege hat in den letzten 20 Minuten meine Tochter ganz nervös gemacht, so daß sie sich nicht mehr auf ihre Schulaufgabe konzentrieren konnte. Es mag von ihrem Kollegen ja gut gemeint sein und seine Klasse mag auch daran gewöhnt sein, aber meine Tochter geriet dadurch richtig in Torschlußpanik und hat deshalb noch einige Aufgaben verbockt. Wenn Sie die Aufsicht führen, machen Sie es nicht, daß Sie immer wieder die Zeit ansagen. Meine Tochter ist durch diesen Unterschied in der Durchführung deutlich benachteiligt worden."
Lehrer: Ich bin eigentlich davon ausgegangen, daß während einer Schulaufgabe Ruhe herrscht. Ich hätte sonst nach einer anderen Möglichkeit gesucht, um ihre Tochter die Schulaufgabe nachschreiben zu lassen."

Der Lehrer ging danach auf den allgemeinen Leistungsstand von Elke ein und erklärte, daß Elke zur Zeit zwischen zwei Noten stünde, er es Elke aber zutraue, bei entsprechendem Einsatz die bessere Note zu schaffen. Die Mutter bedankt sich für diese Auskunft, das Gespräch ist damit beendet.

soziale Kompetenz zeigen. Sie zeigt sich darin, ein Thema trotz widriger Umstände weiter verfolgen zu können, sich nicht von seinem Thema abbringen zu lassen und damit an dem Anspruch festzuhalten, eine Lösung für das Problem zu finden (sh.Text 20).
Die Mutter spricht zwar ihr Problem an, sie läßt sich aber im Verlauf des Gesprächs davon abbringen. Der Lehrer redet von den Chancen von Elke, die diese immer noch habe. Das aber ist nicht das Thema. Es geht darum, was während der nachgezogenen Schulaufgabe geschehen ist. Der Lehrer stimmt im Prinzip bei der Beurteilung mit der Mutter überein, läßt dann aber das Thema fallen. Er zieht keine Konsequenzen, obwohl er nach seiner eigenen Bewertung Konsequenzen ziehen müßte. Die Mutter dringt nicht darauf, sondern läßt sich beschwichtigen. Manchmal merkt man es in der Situation gar nicht, wie man von seinem Thema abgedrängt wird, weil man nicht selbstbewußt genug in das Gespräch hineingeht. Aber spätestens nach dem Gespräch wird einem deutlich, daß man mit leeren Händen dasteht. Eltern, die sich gut in die Situation der Mutter einleben konnten, weil sie ähnliches erlebt hatten, sagten, daß man zumindest danach eine Mischung aus Wut und Hilflosigkeit empfinde. Eine selbstbewußte Mutter hätte nach der Rede des Lehrers von den noch bestehenden Chancen der Tochter z.B. sagen können: "Diese schlechte Note hat den Durchschnitt meiner Tochter doch nach unten geschoben und die Chancen auf die bessere Zeugnisnote verschlechtert. Es freut mich zwar, daß sie immer noch meiner Tochter die bessere Zeugnisnote zutrauen, aber ich wollte eigentlich von Ihnen wissen, was Sie mit dieser eher irregulär zustandegekommenen Schulnote machen wollen. Sie sagen ja selbst, daß Sie mit dem Ablauf der Prüfung nicht zufrieden sind." Lehrer: "Daran kann ich jetzt auch nichts mehr ändern." Mutter: "Die Nachschrift ist sicherlich so verlaufen wie sie verlaufen ist. Aber wenn Sie der Meinung sind, daß meine Tochter benachteiligt wurde, können Sie meiner Meinung nach die Note nicht werten. Das wäre sonst ein Widerspruch in sich selbst." Es bleibt dann an dem Lehrer, das Problem sachgemäß zu lösen.

6.3.5 Konflikte vermeiden.

Konflikte sind im menschlichen Leben unausweichlich und müssen deshalb konstruktiv bewältigt werden. Manchmal ist es jedoch ebensowichtig, Konflikte gar nicht entstehen zu lassen, sie nicht herbeizureden.
Es naht der Geburtstag der 11-jährigen Tochter. Bisher war es üblich gewesen, daß die Mutter zum Geburtstag drei Kuchen und Torten gebacken hat. Die Mutter ist diesmal durch die Pflege ihrer eigenen Mutter zeitlich stark eingeengt und sagt zu ihrer Tochter: "Ich komme diesmal nicht dazu, dir drei Kuchen und Torten zu backen. Ich backe dir zwei." Tochter: "Einmal im Jahr habe ich Geburtstag und dann hast du keine Zeit für mich. Ich habe immer drei Kuchen und Torten gehabt. Ich will es jetzt wieder so." Mutter: "Ich würde ja gerne, aber ich habe die Zeit nicht dazu." Tochter: "Für alles hast du Zeit, bloß für mich nicht. Wir können

Vorgabe von der Mutter bereits erhalten und registriert. Sie folgt jetzt nur noch der vorgegebenen Linie, die heißt "ich muß verzichten" und die sie nicht akzeptiert. Nichts jedoch zwingt die Mutter, der Tochter diesen Vergleich aufzudrängen und damit bei der Tochter den Gedanken festzusetzen, eine geringerwertige Geburtstagsfeier zu haben. Die Mutter könnte der Tochter einen Vorschlag ohne Vergleich mit bisherigen Geburtstagsfeiern zu machen. Wenn die Tochter dann daran erinnerte, daß bisher immer drei Torten/ Kuchen vorhanden waren, kann die Mutter immer noch darauf eingehen. Muß man die Veränderung aber notwendigerweise als einen Mangel darstellen? Vielleicht war bisher immer viel vom Kuchen bzw der Torte übriggeblieben, haben die Kinder lieber Gebäck oder Gegrilltes bevorzugt? Kann man die Veränderung, falls sie überhaupt diskutiert wird, nicht als Weiterentwicklung verstehen? Die Mutter in dem obigen Beispiel hat durch ihre Darstellung der Tochter ein Problem aufgedrängt, das diese bei neutralerer Darstellung überhaupt nicht gehabt hätte. Nachdem es jedoch so dargestellt war, ist guter Rat teuer. Das Beispiel illustriert, daß manche Probleme nicht zwangsläufig vorhanden sind, sondern vielleicht erst durch unseren Umgang mit bestimmten Tatsachen entstehen.

7 Hindernisse und Schwierigkeiten für Dialoge

Es wurde bereits mehrfach darauf hingewiesen, daß Kommunikationsprobleme nur teilweise Folge von technischen Mängeln sind. Entscheidender ist, daß Kommunikation bzw die Interaktion mit dem Mitmenschen Teil der eigenen Lebenshaltung ist. Kommunikationsfehler entstehen somit nicht zufällig, sondern sind Ausdruck der eigenen Einstellung zu sich selbst, dem Mitmenschen und dem Leben generell. Kommunikation wird daher nur dauerhaft und tiefgehend verändert, wenn es zur Auseinandersetzung mit der eigenen Haltung kommt. Widerstände gegen Veränderung sind dann kein Ärgernis, sondern der Hinweis dafür, daß man zum Kern der Geschichte vorgedrungen ist. Die Widerstände können in der Kultur, der direkten Mitwelt oder der eigenen Person verankert sein.

7.1 Widerstand der Kultur mit ihren falschen Zielen und Modellen.

Kommunikationsfehler sind im wesentlichen nicht einzelnen Individuen oder Problemgruppen anzulasten. Dafür sprechen mehrere Indizien: sie sind sehr häufig; sie bleiben weitgehend unerkannt; Kommunikationsfehler konzentrieren sich im wesentlichen auf einige zentrale Fehlertypen, die auf bestimmte Haltungen verweisen; sie sind durch bloße Wissensvermittlung wenig zu verändern; sie sind nicht zufällig, sondern werden durch kulturelle Vorbilder (z.B. Medien, Multiplikatoren, wichtige Bezugspersonen) vorgegeben. Kommunikation bzw Interaktion verändern zu wollen, bedeutet daher, eine Kultur verändern zu wollen. Angesichts weisen; sie sind durch bloße Wissensvermittlung wenig zu verändern; sie sind nicht zufällig, sondern werden durch kulturelle Vorbilder (z.B. Medien, Multiplikatoren, wichtige Bezugspersonen) vorgegeben. Kommunikation bzw Interaktion verändern zu wollen, bedeutet daher, eine Kultur verändern zu wollen. Angesichts der Schwere der Aufgabe wird man nicht allzu frohgestimmt sein dürfen, aber man muß auch nicht verzagt sein. Diese Kultur ist nicht monolithisch, wodurch Veränderungsbemühungen eine Chance haben. Sie hat im tatsächlichen Leben allerdings einen Schwerpunkt, den es zu sehen gilt. Man könnte ihn als naiven handlungsorientierten Egozentrismus kennzeichnen. Mit der Einstufung dieser Haltung als naiv soll deutlich werden, daß sie den Menschen weder bewußt wird noch hinreichend reflektiert ist, trotzdem sie leitet.

7.1.1 Egozentrismus.

In den Gesprächsbeispielen unserer eigenen Kurse wurde immer wieder deutlich, daß die Menschen eine soziale Situation aus ihrem eigenen Blickwinkel wahrnehmen und es ihnen enorm schwerfällt, eine Situation aus der Perspektive eines anderen Individuums zu erleben. Unmerklich wird die eigene Person oder eine abstrakte Größe zum Maßstab für die Beurteilung einer anderen Person. Das Eindenken in die andere Person, die als solche eben über je besondere Stärken und Schwächen verfügt, ist nicht üblich. Was einem selbst leicht fällt, wird auch beim anderen als selbstverständlich vorausgesetzt. Und umgekehrt gilt: wenn man selbst mit Schwierigkeiten im Leben zu kämpfen und diesen Kampf als schicksalsbedingt hinzunehmen gelernt hat, erwartet man gleiches auch vom anderen. Man läßt sich im letzteren Fall nicht mehr auf die konkrete Situation des Mitmenschen ein, sondern erwartet von ihm ein gleiches härtegeprägtes Verhalten, wie man es selbst gezeigt hat - glaubte zeigen zu müssen. Damit wird aber auch deutlich, daß dieser Egozentrismus das Ergebnis einer komplexen Auseinandersetzung mit dem Leben ist. In ihm sind auch die Enttäuschungen und die Auseinandersetzung mit diesen verarbeitet. Es ist ein eher verhärmter, desillusionierter Egozentrismus, der keine Visionen mehr enthält. So wird die Ehe nicht als Möglichkeit des Wachsens in der Gemeinschaft gesehen; man ist hingegen zufrieden, wenn diese Beziehung frei von Konflikten ist oder man es gelernt hat, Konflikte unter Kontrolle zu bringen (sh.hierzu z.B. die meisten Skalen zur Messung des Erfolgs einer Ehe). Dem gleichen Geist erntspricht es, wenn man z.B. erkennbare Schwierigkeiten, unter denen Kinder leben müssen, mit dem Hinweis abtut, daß man selbst unter vergleichbaren Umständen groß geworden sei und es einem auch nicht geschadet habe. Im gleichen Sinne wird das Schreien eines Säuglings als gut für dessen Lunge und damit akzeptabel abgetan.

Am deutlichsten kann dieser Egozentrismus an Beispielen demonstriert werden, die alltäglich sind und so das Übliche in unseren Beziehungen darstellen. Dazu gehört z.B. das erwähnte Beispiel mit dem weißen Tisch, das in seiner Form trivial ist und deswegen jederzeit in unterschiedlichsten Formen wiederholbar ist. Auch der Vorgesetzte, der -wie dargestellt- seinem Mitarbeiter erklärt, daß es jederzeit wieder geschehen könne, daß sein Urlaub gestört würde, ohne ein Wort des Mitgefühls übrig zu haben oder entsprechend zu empfinden, ist kein extremer Ausnahmefall, sondern häufiges Verhalten. Zu sehr wird das Leben der Menschen von deren unmittelbaren eigenen Bedürfnissen geprägt, als daß sie noch an den Mitmenschen denken, mit ihm zu empfinden vermöchten. Der Mitmensch -und das sind immer auch wir- hat in der Regel keine Chance. Vor allem dann, wenn er einen Fehler gemacht hat (sh. das Beispiel der geplatzten Hochzeit) oder wenn sein Verhalten als unangemessen eingestuft wird (sh. "Zeitlupen"- Beispiel). Drei Beispiele sollen nochmals diese Haltung illustrieren, wobei alle von Personen demonstriert wurden, die man als gutbürgerlich einstufen würde und die auch nach dem eigenen Tun nicht nachdenklich wurden. Das wesentliche ist, daß Beispiele dieser Art sich jederzeit überall wiederholen können und daß sie von Tätern und ihrer Umwelt -nicht aber notwendigerweise von den Opfern- nicht problematisiert werden. Diese Beispiele sind unser nicht kritisierter Alltag.

Beispiel eins: Die Eltern sind beide berufstätig, das Kind ist fünf Jahre alt und besucht den Kindergarten. Die Mutter muß frühzeitig das Haus verlassen, der Vater kann sich seine Arbeitszeit relativ frei einteilen. Die Mutter bereitet morgens den Frühstückstisch vor, weckt dann das Kind, das alleine ist und sich anzieht. Es wird von einer Nachbarin zum Kindergarten mitgenommen und geht deshalb zu einer bestimmten Uhrzeit an die Gartentüre. Der Vater ist zuhause, schläft aber noch. Er hat kein anstrengendes Berufsleben, kommt auch nicht berufsbedingt spät in's Bett, sondern will morgens nicht gestört werden. Er argumentiert, daß das Kind so frühzeitig zur Selbstständigkeit erzogen werde. Das Leben des Kindes wird von den Bedürfnissen des Vaters her bestimmt.

Beispiel zwei: Ein Junge, der von seinen Eltern wenig Taschengeld erhält, aber von seinen Großeltern gelegentlich Geld geschenkt bekommt, will seiner Mutter zu einem Festtag ein Geschenk machen und kauft ihr eine Armbanduhr. Als er sie ihr schenkt, sagt sie: "Du sollst mir doch kein Geschenk machen. Außerdem habe ich eine Uhr, ich brauche doch keine zwei. Und das ist noch dazu eine Männer-Uhr. Die bringst du wieder zurück." Der Junge brachte die Uhr wieder zurück.

Beispiel drei: In einer Schule versuchte ein Schüler sich auf der Toilette umzubringen. Der Versuch mißlang, weil er rechtzeitig entdeckt wurde. Einige Lehrer waren empört darüber, daß der Schüler dies getan hatte und verurteilten ihn deswegen. Sie verwandten keinen Gedanken darauf, warum er es getan hatte, geschweige denn, daß sie Mitgefühl für ihn hatten.

Beispiele dieser Art können sich jederzeit in unserer Kultur wiederholen. Sie fallen nicht auf - zumindest nicht im Regelfall. Es sind, so bitter es klingt, Ereignisse, die zu unserer Kultur passen. Die egozentrische Lebenshaltung führt zur Verkümmerung des Mitempfindens. Im allgemeinen sind die daraus resultierenden Beispiele wenig spektakulär, aber sie stellen den Hintergrund dar, auf dem krasse Fehlreaktionen erst möglich sind und dann auch vorkommen. Die Spitze des Eisbergs verweist so auf die Existenz des Eisbergs.

7.1.2 Ergebnisorientierung.

Der Egozentrismus zeigt sich auch darin, daß ein Gespräch stark unter der eigenen Zielsetzung oder unter der Überlegung geführt wird, was ein bestimmter Sachverhalt für die eigene Person bedeute. Ein Sachverhalt wird danach kaum mehr als solcher zur Kenntnis genommen, sondern bereits unter Berücksichtigung seiner Folgen gesehen. Diese Folgen müssen so gar nicht eintreten bzw als Folgen naheliegend sein, entscheidend ist, daß der Gesprächspartner in solchen Zusammenhängen denkt. So mag man z.B. sich weigern, das Kümmernis einer Person nachzuempfinden, weil man sonst im Sinne dieses Mitempfindens glaubt handeln zu müssen. In diesem Sinne fällt es den Bundeswehr-Soldaten in dem bereits erwähnten Beispiel einer versperrten Auto-Ausfahrt schwer, mit dem so an der Ausfahrt Gehinderten Mitgefühl zu zeigen, weil in ihrer Sicht damit ein Schuldeingeständnis verbunden wäre. Beides aber hängt rein logisch nicht zusammen, wird aber irrtümlicherweise so gesehen und daher Mitgefühl nicht gezeigt. Hingegen wird auf das Ergebnis hingearbeitet, daß man selbst schuldlos sei und die Aufarbeitung der Problematik allein unter diesem Aspekt gesehen. Da der an der Ausfahrt Gehinderte in seinem unreflektierten Zorn genau die umgekehrte Absicht hat, ist ein engagierter Streit zwangsläufig.
Die Ergebnisorientierung zeigt sich auch in den Fällen, wo Personen durchaus einer anderen zur Seite stehen wollen. Dies kann man z.B. im Falle des Arzt-Beispiels unterstellen, wo der Arzt durch den Todesfall seines Patienten sichtlich angegriffen nachhause kommt und ihn seine Frau aufbauen will. Erkennbar ist ihr Verhalten ergebnisorientiert; sie will seine Trauer, seine Unsicherheit, seine Selbstzweifel beseitigen und versäumt dabei, ihn in seinem Zustand gelten zu lassen, ihn wahrzunehmen. Unter der Perspektive eines sich seiner Aufgabe stellenden Arztes sieht es die Ehefrau als Gefahr an, wenn ihr Mann sich in solche Gedanken und Gefühle verliert und sucht diese gewaltsam zu verhindern. Beispiele dieser Art gibt es zuhauf: so wird der Sherif in dem bereits erwähnten Film "Zwölf Uhr mittags" von der gedanklichen Auseinandersetzung mit der für ihn neuen Situation, daß sein Todfeind freigelassen worden und auf dem Weg zu ihm ist, mit der Bemerkung von Mitbürgern abgebracht und zur Flucht gedrängt "Denk doch an deine Frau". Es gilt für den Fall eines todkranken Menschen, dem die Angehörigen die Hoffnung auf Heilung vorgaukeln, weil sie ihm die Trostlosigkeit seiner Situation ersparen wollen. Es gilt ganz grundsätzlich für Problemsituationen, in denen man den Betroffenen empfiehlt, die Hoffnung nicht aufzugeben.
In seiner allgemeinsten Form zeigt sich die aktivistische Haltung in dem Bemühen, einen Sachverhalt zu begreifen, ihn einzuordnen, zu erklären. Es ist der Versuch, ihn seinem vorhandenen Lebensverständnis einzufügen, alles zu verstehen und zu beherrschen. Das Ereignis wird so nur zu einem Illustrationsbeispiel für eigene, festgefügte Überzeugungen und Kenntnisse; es ist nicht eine Herausforderung zur Begegnung mit dem einmaligen Menschen, dessen individuelles Sosein man verstehen muß. Es ist eher der Beweis eigenen Könnens. In vielen Modellbeispielen wird uns diese egozentrische, ergebnisorientierte Haltung vorgelebt. Die

erwähnten Beispiele von Gordon sind, ganz im Gegensatz zu den Absichten des Autors, erkennbar individuozentrisch ergebnisorientiert. Um sich diesen Einflüssen zu entziehen, muß man sie wahrnehmen und sich mit ihnen auseinandersetzen. Der Geist der Hingabe und des Mitlebens ist unserer Kultur nicht unbekannt, aber es ist nicht der herrschende Geist. Beispiele, in denen eine Person zum erduldenden Mittragen veranlaßt würde, stellen für diese eine äußerst schwere Herausforderung dar. Das Leben der Menschen wird -vielleicht aus Resignation- mehr geprägt durch den Versuch, das Leben aktiv zu gestalten (es zu verstehen und zu bewältigen, sich in ihm zu behaupten). Grenzsituationen, in denen man das Leben nur geschehen lassen kann, führen eher zu Fluchtverhalten, etwa im Sinne von Ignorieren oder Gegenanreden.

7.2 Widerstände der Mitwelt

Die Widerstände der Kultur müssen sich im Verhalten der Mitwelt niederschlagen. Das Verhalten einzelner, durch das das herrschende Interaktionsverhalten in Frage gestellt wird, muß verunsichern oder als Irrweg empfunden werden. In diesem Sinne kommt es häufig vor, daß Personen, die an Kursen zur Verbesserung des Kommunikationsverhaltens teilnehmen, auf Unverständnis oder sogar Kritik stoßen.

7.2.1 Angst vor konstruktiven Beispielen.

Nachdem es eindeutig schwerwiegende Kommunikationsfehler gibt, ja sogar ein grundsätzliches Unverständnis für den Kommunikationsprozeß selbst die Regel ist, stellt der Aufweis dieser Problematik eine Aufforderung zu dessen offensiver Bewältigung dar. Angesichts der kulturellen Verankerung der Kommunikationsschwierigkeiten ist es verständlich, daß die Mitglieder dieser Kultur sich eigenständige Veränderungen kaum zutrauen. Vorgelebte konstruktive Alternativen werden daher zunächst als Bedrohung empfunden, da diese Beispiele zeigen, daß Veränderungen möglich sind. Der einzelne kann sich somit nicht mehr auf die Umstände oder auf seine Unwissenheit herausreden und gerät damit unter Handlungsdruck. Je deutlicher die alternativen Beispiele, je realisierbarer sie erscheinen, umso größer wird der Druck auf die Mitglieder der Kultur. In einer Übergangsphase ist Abwehrverhalten durchaus naheliegend.

7.2.2 Politik der großen Geste.

Oftmals haben die betroffenen Personen das Gefühl, sich durchaus mit einer Situation auseinandergesetzt zu haben, wie das von Becker erwähnte Beispiel des Verzeihens demonstriert. In der Tat sind hier Gefühle im Spiel, handelt die Person. Aber es fehlt die tatsächliche Auseinandersetzung mit dem Geschehen oder der anderen Person, mangelt es an der Fähigkeit oder dem Willen, dies zu tun. Stattdessen flüchtet man sich in die große Geste, mit der man sich und der Welt vorgaukeln kann, sich der Begegnung doch gestellt zu haben. Letzteres aber würde bedeuten, sich mit den Details zu beschäftigen, sie in Beziehung zueinander zu setzen, offenen Fragen und Widersprüchen nachzugehen. Man müßte Zeit und geistige Energie investieren, die man so vielleicht nicht zur Verfügung stellen will, was man so deutlich aber auch nicht zeigen möchte. Um dieses Problem nochmals am Beispiel des Verzeihens deutlich zu machen. Eine Person erklärte, sie hätte einem anderen sein Verhalten verziehen. Gefragt, wie das denn geschehen sei, war der Befragte zunächst sprachlos. Auf Nachfragen sagte er dann, er habe sich entschieden, die Tat zu vergessen, nicht mehr daran zu denken und sie dem anderen nicht mehr vorzuwerfen. Er stimmte zu, daß es letztlich darauf hinausläuft, das Geschehene zu verdrängen, aus dem eigenen Leben und dem des Täters zu streichen. Verzeihen hieße dann, die eigene Lebenswelt und die des Täters zu verkürzen. Dem Täter würde dadurch verziehen, daß man Teile seines Lebens streichen würde. Man fühlt sich da an die die bereits erwähnte Klage von Nietzsche erinnert, denn in dieser Art des Verzeihens wird die Person des Täters nicht mehr wahrgenommen und diese Person damit massiv bedroht.

Ebenso leichtfertig entzieht man sich der Auseinandersetzung mit dem Mitmenschen durch Bemerkung wie "es gehören immer zwei dazu", "jeder macht einmal einen Fehler", "irren ist menschlich". In Äußerungen dieser Art scheint Verständnis für das Allzumenschliche auf, aber in zu abstrakter Weise. Auf die Besonderheit des Einzelfalls geht man mit solch allgemeinen Formulierungen nicht ein. Eine junge Frau beklagt sich über das aggressive Verhalten ihres Mannes, über den ständigen Streit in ihrer Ehe, den sie ihrem Mann anlastet. Die Person, der sie ihr Leid klagt, antwortet ihr: "Du gibst für alles nur deinem Mann die Schuld. Er hat sicherlich vieles falsch gemacht. Aber zu einer Ehe gehören doch immer zwei. Du kannst ihn doch nicht allein verantwortlich machen." Es scheint so, als ob die neutrale Person um ein umfassenderes Verständnis bemüht ist, die klagende Haltung der Ehefrau in ein verstehendes Hinterfragen verändern, öffnen möchte. Aber es ist nur eine leere Geste. wahrscheinlich wird sich die Ehefrau durch eine solch allgemein gehaltene Formulierung nicht verstanden, sogar angegriffen fühlen. Ein Denkanstoß wird es sicherlich nicht sein, da es nur eine pauschale Redewendung ist. Die dritte Person geht auf keine Details ein, aus denen sie ihren Zweifel ableitet, daß die Ehefrau nur Opfer ist. Und kann man denn grundsätzlich ausschließen, daß in einer Beziehung eine Person einmal nur Opfer sein könnte?

Ein solches allgemein gehaltenes Verhalten macht auch verständlich, warum es die Angst vor dem konstruktiven Beispiel gibt. Das konstruktive Beispiel ist die Alternative zur großen Geste, zum allgemeinen Gerede. Im allgemeinen Gerede wird die eigene Lebensart nicht in Frage gestellt, kann man z.B. Verständnis behaupten, ohne es realisieren zu müssen. Die Alternative zeichnet sich aber gerade dadurch aus, daß Verständnis gelebt und damit u.U. auch das eigene Leben konkret betroffen wird. Angesichts dieser nun vorhandenen Handlungsmöglichkeit wird es sich zeigen müssen, ob man seine zuvor postulierten Ziele so meint oder nicht.

7.3 Widerstände der Betroffenen.

Die Widerstände der Mitwelt sind teilweise Widerstände der betroffenen Personen selbst. Daneben ergeben sich Schwierigkeiten, die akzentuiert die handelnden Personen betreffen, weil sie aus dem Handlungsvollzug entstehen können.

7.3.1 Angst vor Beeinträchtigung der eigenen Persönlichkeit.

Personen, die an einem Kommunikationsseminar teilnehmen, haben häufig die Angst, sie könnten in ihrer Persönlichkeit verändert werden, könnten "manipuliert" werden, nicht mehr sie selbst sein. Bestünde die Gefahr, wäre die Angst verständlich. Jeder Mensch möchte seine Identität bewahren, als Person respektiert werden. Von Laien wird gegenüber Psychologen immer noch die Angst geäußert, "durchschaut" zu werden, womit dem Psychologen eine gewisse Macht zugestanden wird. Diese diffuse Angst gilt es zu sehen und sich mit ihr auseinanderzusetzen.
Nach dem Verständnis der Autoren dieses Buches kann ein verändertes Kommunikations - oder Interaktionsverhalten nur dadurch erfolgen, indem die Personen sich verändern. Damit scheinen auf den ersten Blick die Befürchtungen bestätigt. Setzt man sich jedoch nüchtern mit der Problematik auseinander, so sind die Ängste dann nicht begründet, wenn das Kommunikationstraining anspruchsvoll ist. Zunächst gilt ganz grundsätzlich, daß Leben Veränderungen unterworfen ist, weil es sich ständig Herausforderungen stellen muß. Personen sind so keine starren Wesen, sondern solche, die sich mit der Welt auseinandersetzen, sich in ihr behaupten wollen, aber auch von ihr beeindruckt werden. Nicht starres, sondern flexibles, ziel- orientiertes Verhalten ist wünschenswert. Was für Verhalten generell gilt, trifft auch für das in Kommunikationsseminaren zu. Allerdings wird der Teilnehmer hier gezielter mit problematischen Situationen konfrontiert, die zum Nachdenken herausfordern. Aber das ist damit nichts grundsätzlich neues, sondern kommt nur konzentrierter vor.
Das neue Verhalten und, damit verbunden, die Veränderung der eigenen Persönlichkeit ist nun nichts, das auf Glauben beruht, auch nicht durch irgendeine Art von Gehirnwäsche herbeigeführt wird, sondern gründet auf eigener Einsicht. Diese wird erreicht durch vertiefte Auseinandersetzung, die zu einer besseren Wahrnehmung der eigenen Bedürfnisse und Fähigkeiten führt und sich dadurch von dem schematischen, schlagwortartigen Umgang mit sich selbst unterscheidet. Es sind Prozeße, die -wenn auch manchmal schwierig- von dem Betroffenen konkret beschreibbar und damit überprüfbar sind. Die erfolgten Veränderungen seiner Persönlichkeit sind so von ihm selbst getragen und verantwortet; es ist seine Entwicklung und damit nichts personfremdes. Die Person bleibt deshalb in ihrem Verhalten auch natürlich, da sie sich nicht eines Rituals bemächtigt, sondern auf eine vollständigere Weise sie selbst ist. Durch die Veränderung wird die eigene Person nicht beeinträchtigt, sondern selbstgewollt weiterentwickelt. Sich selbst treu bleiben, heißt somit, sich in seiner Entwicklung treu bleiben. Wer an einem Kommu-

nikationstraining aus freiem Antrieb teilnimmt, ist wohl auf der Suche nach Entwicklungsmöglichkeiten seiner Person.

7.3.2 Angst zu unterliegen.

Jedes Individuum hat das Bestreben, in der Welt zu bestehen. Das eigene Verhalten ist u. a. daran orientiert, dies sicherzustellen. Dieses Verhalten zu ändern, könnte bedeuten, seine eigene Position zu schwächen. Gerade junge Menschen meinen, man müsse kämpfen, seine eigene Ansicht rigoros vertreten - so die Aussagen jugendlicher Teilnehmer unserer eigenen Kurse. Dem anderen entgegenkommen, wird mit äußerster Skepsis bewer tet. Dem potentiellen Gegenspieler etwas freundliches zu sagen, wird als "schmeicheln" verpönt. Man begreift sich als jemand, der sich im wahrsten Sinne des Wortes behaupten muß und wo eine offene Haltung schon als Schwäche ausgelegt wird.
Man ist derart mit der Verteidigung der eigenen Person beschäftigt, daß die Wahrnehmung der anderen Person aus deren eigenem Anliegen heraus grundsätzlich kaum möglich ist. Wenn überhaupt, versucht man den anderen als gegnerische Person zu verstehen. Muß man jedoch unterliegen, wenn man auch den anderen gelten läßt? Geht man von einem starren Verständnis aus, so läuft es wirklich auf die Frage hinaus, wer ist stärker. Aus einem flexiblen Verständnis stellt sich stattdessen die Frage, was der andere, was man selber will und wie sich beides verbinden läßt. Die Person, die stark ist, die sich ihrer sozialen Kompetenz bewußt ist, wird nicht von Angst geleitet und kann sich deshalb der Welt in offener Weise stellen. Sie kann auch zu ihrem Bedürfnis nach menschlicher Gemeinschaft stehen und sich um einen offenen Dialog bemühen.

7.3.3 Dem Vertrauten verhaftet sein.

Im Verlaufe seines Lebens baut sich jeder Mensch seine eigene Welt auf, in der er sich auskennt. Was man als Lebenserfahrung bezeichnet ist ein geschätztes Gut. Dadurch kommt in unser Leben ein stabilisierender Faktor. Da das Leben jedoch niemals abgeschlossen ist, muß neben die Tendenz zum Bewahren die des Suchens nach neuen Erkenntnissen treten. Es mag nun sein, daß man aufgrund eines anstrengenden Lebens müde geworden ist, immer weiter nach Verbesserungen zu streben, daß man sich mit dem Erworbenen zufriedengeben will. Neue Möglichkeiten menschlichen Lebens werden vielleicht auch dann nicht mehr gesucht, wo es eigentlich unabweislich notwendig ist (z.B.bei der Stabilisierung menschlicher Beziehungen). Es mag sich eine Mischung aus Müdigkeit, Bequemlichkeit, Resignation einstellen.
Diese Ablehnung des Neuen wird vor allem durch die scheinbaren Erfolge des eigenen Lebens genährt. Nicht nur Erwachsene, auch Jugendliche sehen sich mit ihrem Lebensstil als tendenziell erfolgreich. Sie verfahren dann konsequent nach der Formel "never change a wining team". Wenn Menschen sich als attraktiv für andere Menschen erleben, wenn andere ihre Nähe suchen, so werden solche Menschen

kaum das Gefühl haben können, mit ihrer Lebensart voll danebenzuliegen. Kein Mensch ist jedoch rundherum erfolgreich; Mißerfolge gehören zum Leben jedes Menschen. Hier zeigt dann ein Blick auf andere Menschen, daß so etwas normal ist und d.h.nichts ist, was zum Nachdenken veranlassen müßte. Die Medien führen im übrigen vergleichbares Verhalten vor, so daß die Richtigkeit eigenen Tuns bestätigt erscheint. Alles dies dann in Frage zu stellen ist keine leichte Aufgabe. Es müßten schon gravierende Probleme gesehen werden, damit man seine vertraute und irgendwo auch erfolgreiche Welt zur Disposition stellt. Personen, die an einem Kommunikationstraining teilnehmen, haben durch ihre Teilnahme gezeigt, daß sie nicht nur das Alte verwalten wollen, sie sind auch auf der Suche nach Neuem. Die Veranstalter von Trainingsseminaren stehen nun ihrerseits in der Pflicht, diesem Anspruch genüge zu tun.

8 Praktikabilität von Dialogen am Beispiel eines eigenen Projektes

Die Autoren dieses Buches haben selbst ein fünfjähriges Projekt durchgeführt, in dem ca.vierhundert Teilnehmer in Kleingruppen ihr eigenes Kommunikationsverhalten vertiefen wollten; sh.hierzu den Abschlußbericht zu diesem Projekt (Schenk 1993). Das Projekt wurde -wie bereits erwähnt- am Mädchenbildungswerk der Barmherzigen Schwestern v.heiligen Kreuz, Gemünden, durchgeführt, deren damalige Leiterin OStD Sr.Illuminata Hart sich äußerst engagiert für dieses Projekt eingesetzt hatte. Das Vorhaben wurde als Modellprojekt vom Bayerischen Staatsministerium für Arbeit u.Sozialordnung gefördert. Inhaltlich entspricht das Projekt dem in dem vorliegenden Buch vorgestellten Ansatz. Die Teilnehmer wurden im Rahmen der Evaluation dieser Studie mit einem kleinen Fragebogen nach ihrer subjektiven Bewertung des Ansatzes befragt, zusätzlich wurde mit jedem Teilnehmer am Ende des Kurses ein Interview durchgeführt. Das veränderte Kommunikationsverhalten wurde durch einen Gesprächstest zu erfassen gesucht, der in zwei Parallelversionen am Anfang und am Ende des Kurses durchgeführt wurde. Zu den Teilnehmern des Kurses gab es eine Kontrollgruppe von Nichtteilnehmern. Aus der Evaluationsstudie sei auszugsweise berichtet.

8.1 Subjektive Bewertung des Ansatzes durch Teilnehmer.

Am Ende des Kurses waren sich die Teilnehmer einig, daß die bisherige Art der Kommunikation (d.h. wie sie üblich ist) die Entwicklung sozialer Beziehungen behindert. In einer fünfstufigen Skala von Zustimmung zu Ablehnung stimmten ca. 90 Prozent der Teilnehmer einer entsprechenden These zu. Wiederum ca. 90 Prozent der Teilnehmer gewannen durch den Kurs ein verändertes Verständnis vom Kommunikationsgeschehen.
In der Regel beurteilten die Teilnehmer ihr Kommunikationsverhalten anhand einer fünfstufigen Skala vor der Teilnahme als mittelmäßig. Nach der Teilnahme

bewerteten 65 Prozent der Eltern/Lehrer und ca. 85 Prozent der Schülerinnen ihr Kommunikationsverhalten als "einigermaßen gut". Die Einstufung "sehr gut" wurde nahezu nicht gewählt. Dies liegt daran, weil man durch den Kurs ein klareres Verständnis vom Kommunikationsgeschehen gewonnen hat und sieht, daß Kommunikation ein anspruchsvolles Geschehen ist. Insbesondere den Erwachsenen erscheint Kommunikation nach Teilnahme am Kurs schwieriger als zuvor (ca.70 Prozent). Rein theoretisch könnte man ein solches Ergebnis auch so interpretieren, daß die Teilnehmer durch den Kurs verunsichert wurden und Dinge, die vorher funktionierten, nun nicht mehr beherrscht werden. Dagegen spricht zunächst einmal, daß die Teilnehmer mehrheitlich eine Verbesserung ihres Kommunikationsverhaltens erlebten. In anderen Items wurden sie explizit zur Bewertung des Kurses aufgefordert. Ohne die Ergebnisse zu differenziert wiederzugeben, war die eindeutige Tendenz mit ca. 90 Prozent Anteil, daß man den Kurs als nützlich und das Konzept als überzeugend erlebte. Am positivsten reagierten die Erwachsenen, die dennoch ihr eigenes Verhalten kritischer kommentierten als die Schülerinnen. Der Vergleich vorher zu nachher mit einer kritischeren Beurteilung der jetzigen Kommunikationssituation entspricht daher einem vertiefteren Verständnis.

Dies wird besonders durch einen Vergleich deutlich. Die Teilnehmer waren gebeten worden, ihr Kommunikationsverhalten vor und nach dem Kurs zu bewerten; gleichzeitig sollten sie in einer anderen Frage angeben, ob sich ihr Kommunikationsverhalten geändert habe. Wer z.B. sagt, sein Kommunikationsverhalten sei besser geworden, der müßte für den zweiten Zeitpunkt eine bessere Einstufung vorgenommen haben als für den ersten Zeitpunkt. In der Regel ist es auch so. Aber bei ca. 30 Prozent der Teilnehmer kommt es zu inkonsistenten Darstellungen. Das bedeutet, daß Teilnehmer eine Verbesserung ihres Kommunikationsverhaltens behaupteten, für die beiden Zeitpunkte aber eine gleich positive Bewertung vornahmen, was oberflächlich gesehen einen Widerspruch darstellt. Eine Verbesserung müßte sich in einer besseren Bewertung zum zweiten Zeitpunkt niederschlagen. Dies allerdings nur dann, wenn der Bewertungsmaßstab gleichgeblieben ist, was aber offensichtlich nicht der Fall war. Im Sinne des obigen Trends bedeutet es, daß die Teilnehmer durch den Kurs ihren Maßstab gewechselt hatten. Was früher als gut galt, das war nach dem Kurs nicht mehr gut. So konnte es z.B. sein, daß man sich durch den Kurs verbessert erlebte und sich trotzdem eine gleich gute Note für den zweiten Zeitpunkt gab, im Extremfall sogar eine schlechtere. Um zum zweiten Zeitpunkt eine gleich gute Note zu erhalten, mußte eine deutliche Leistungssteigerung erfolgen, weil die Maßstäbe strenger geworden waren. Diese Veränderung der Maßstäbe war letztlich das Ziel des Kurses und so sind die inkonsistenten Daten eine Bestätigung für das Anliegen der Kursleiter. Bei den Personen, die konsistent bewertet hatten, mag im übrigen auch ein Paradigma-Wechsel erfolgt sein. Bei ihnen mag jedoch die erlebte eigene Veränderung den Paradigma-Wechsel noch übertroffen haben, so daß sich immer noch eine positive Bilanz ergab.

Inhaltlich bestand eine sehr klare Tendenz der Teilnehmer in der Selbstbeschreibung, wonach sie den Mitmenschen besser verstehen, sich selbst besser ausdrücken können und Konflikte eher lösen können. Den anderen besser verstehen zu können gaben ca. 95 Prozent der Erwachsenen (= Eltern und Lehrer) an, ebenso die Schülerinnen der Fachakademie, die das Berufsziel Erzieherin haben. Von den Schülerinnen der Realschule und des Gymnasiums, die entsprechend jünger sind, wählten die beiden zustimmenden Reaktionen ca. 85 Prozent. Diese hohen Prozentzahlen werden für die Inhalte "sich selbst ausdrücken" und "Konflikte lösen" nicht ganz erreicht. Das mag zwei Ursachen haben: zum einen lag der Akzent im Kurs mehr auf dem Aspekt "verstehen", ohne den Kurs allerdings zu bestimmen; zum andern mag der Teilaspekt "verstehen des anderen" als erster Schritt leichter realisierbar sein, weil man bei den beiden anderen Punkten stärker auf die Mithilfe des Partners angewiesen ist (ein Sender wird sich dauerhaft nur ausdrücken können, wenn er die Unterstützung des Partners findet).

8.2 Gesprächstest

Kursteilnehmer und die Personen der Kontrollgruppe wurden gebeten, für den gleichen zurückliegenden Zeitraum eines halben Jahres anzugeben, ob sie sich nach ihrem Urteil geändert hätten. Die Beurteilung erfolgte anhand vorgegebener Adjektive und einer fünf stufigen Skala. Am interessantesten ist hier der Vergleich von Experimental- und Kontrollgruppe der Fachakademieschülerinnen, weil hier die Stichprobe der Kontrollgruppe am größten ist und -bedingt durch die Ausbildung- Veränderungen auch bei der Kontrollgruppe naheliegend sind (die Fachakademieschülerinnen erhalten eine Ausbildung zur Erzieherin). Beide Pbn-Gruppen erleben sich in der Retrospektive als verändert, wobei sich die Kursteilnehmerinnen als stärker verändert wahrnehmen. So geben Pbn beider Gruppen an, daß sie z.B. offener, selbstbewußter geworden seien, daß sie den Partner besser verstehen und die Gefühle des Partners wahrnehmen, aber auch die eigenen Gefühle deutlich machen können. Nach diesen Daten könnte man meinen, bei diesen Pbn gebe es eine allgemeine Veränderung, die durch den Kurs bei den Kursteilnehmern noch verstärkt werde. Es gibt jedoch einen hochsignifikanten Unterschied zwischen Experimental- und Kontrollgruppe, der nicht ganz in den Trend paßt: während sich die Pbn der Kontrollgruppe in ihrem Streitverhalten als nicht verändert erleben, geben die Kursteilnehmer an, daß sie weniger streitbar seien! Unterstellt, die Veränderungen folgten einer gemeinsamen Logik, so stellt sich die Frage, warum gerade bei diesem Item sich ein Ergebnis gegen den Trend ergibt. Wie ist es möglich, daß die Pbn der Kontrollgruppe sich als verständnisvoller, sensibler und sicherer erleben, ihr Streitverhalten aber nicht geändert haben? Müßten die berichteten Veränderungen nicht im Verbund mit dem Streitverhalten stehen? So scheint es jedenfalls bei den Kursteilnehmern, die sich entsprechend als weniger streitbar ein- stuften.

Man muß sich bei diesen Daten in Erinnerung rufen, daß es sich dabei um Selbstbeurteilungen handelt, die jeder Pb auf der Basis seines eigenen Verständnishorizonts vornimmt. Nichts ist mit diesen Daten darüber ausgesagt, ob es solche Veränderungen tatsächlich gegeben hat! Der in Kapitel vier erwähnte Gesprächstest ist ein erster Versuch, das tatsächliche Verhalten zu erfassen - und damit einen Vergleich mit der Selbstbeurteilung möglich zu machen. Dieser Gesprächstest ist

ein Fehlererkennungstest, durch den in indirekter Weise das Kommunikationsverständnis der Pbn erfaßt wird. In seiner Logik ist es vergleichbar einem Rechentest, in dem die Pbn eine Reihe von durchgeführten Rechnungen vorgelegt bekommen und sie diejenigen ankreuzen müssen, wo das Ergebnis falsch ist. Aus der Fehlerkennung darf man dann auf die Rechenkünste des Pb schließen. Im Fall der Ge--sprächsführung sind die Beispiele und deren Auswertung zwar komplizierter, folgen aber der gleichen Logik.
Pbn zum Zeitpunkt t1 erreichen bei diesem Test generell niedrige Werte, weil sie die Aufgabenstellung gar nicht verstehen. Wie bereits dargestellt, sind sie inhaltsorientiert und beurteilen ein Gespräch nur nach dem Ergebnis. Gefällt ihnen das Ergebnis, war das Gespräch gut. Auf die Struktur des Gesprächs achten sie nicht. So bleibt es auch für die Pbn der Kontrollgruppen, auch wenn sie wie im Fall der FAK-Kontrollgruppe in einer Ausbildung auf die Erziehung von Menschen vorbereitet werden. Im Gegensatz dazu verbessert sich das Testergebnis von Kursteilnehmern äußerst signifikant. Für die FAK-Pbn war aufgrund ihrer Zahl die Auswertung mittels Varianzanalyse möglich. Danach ergab sich ein Interaktionseffekt der Variablen "Gruppen" und "Zeit" auf dem 1-Promille-Niveau. Über die Zeit hinweg verbessert sich nur für die Kursteilnehmer der Gesprächsscore. Nur Kursteilnehmer verstehen die Aufgabenstellung, bewerten das Gespräch selbst, bekommen ein Gespür für die Interaktion. Es zeigt sich auch beim Vergleich von Kursteilnehmern, die eine Abnahme bzw Zunahme des jeweiligen Veränderungsitems erlebt hatten, bezüglich des erzielten Gesprächsscores zum Zeitpunkt t2. Bis auf einen von zwölf Vergleichen waren alle signifikant. Der nicht signifikante Vergleich betraf das Item "selbstbewußt". Bei allen anderen Items hatten Teilnehmer, die positive Veränderung erlebten, bessere Scores im Gesprächstest.
Dies bedeutet, daß die erlebten Veränderungen der Kontrollgruppe-Pbn mit Vorsicht zu behandeln sind. Pbn, die von sich der Meinung waren, sie seien verständnisvoller, einfühlsamer geworden, reagierten bei entsprechenden Beispielen so eben nicht. Im Gegensatz zu den Kursteilnehmern, die durch ihre Teilnahme zu einem vertieften Verständnis von Kommunikation gekommen sind, mangelt es den Pbn der Kontrollgruppen daran, handelten sie aus dem alten defizitären Verständnis heraus. Es bleibt eine offene Frage, warum sie sich solchermaßen verändert erlebten, wo sie doch -zumindest nach dem Testergebnis- gleichgeblieben sind. Eine mögliche Erklärung wäre, daß sie sie sich auf bestimmte theoretische Positionen eingeschworen hätten, dadurch mehr persönliche Sicherheit und sich entsprechend kompetenter erlebten. Gerade das aber kann der Schritt in die falsche Richtung sein.

8.3 Interviews

Das unkritische Verhalten der Bevölkerung bezüglich Kommunikation wird auch durch Interviewergebnisse am Ende des Kurses bestätigt. Es macht dabei keinen Unterschied, ob Erwachsene (Lehrer und Eltern) schon an anderen Kursen teilgenommen hatten. Über das Thema Kommunikation hat sich nahezu niemand Gedanken gemacht; entsprechend waren die Teilnehmer ahnunglos, was im Kurs auf sie zukommen würde. Nachdem die Teilnehmer im weitesten Sinne eine Positiv-Auswahl darstellen, darf man vermuten, wieviel distanzierter andere Personen zu diesem Thema stehen. Teilnehmer haben oft berichtet, daß sie auf Unverständnis, ja auch offene Kritik stießen, weil sie an einem solchen Kurs teilnahmen. Vier Zitate sollen die Ausgangsbasis der Teilnehmer illustrieren:

Teilnehmerin: "Mein Verständnis von Kommunikation hat sich verändert - was Zuhören betrifft. Mir ist klar geworden, daß ich den Leuten, mit denen ich mich unterhalten habe, nicht zugehört habe bzw. nicht auf sie eingegangen bin. Das ist für mich das wesentliche, daß ich darauf aufmerksam geworden bin.
Interviewer: "Das war Ihnen vorher nicht bewußt?"
Teilnehmerin: "Nein, überhaupt nicht."
Interviewer: "Was sagen Sie dazu, daß es Ihnen nicht aufgefallen ist?"
Teilnehmerin: "Sonderbar."
Interviewer: "Wieso?"
Teilnehmerin: "Das habe ich noch nie gehört. Das hat mir noch keiner gesagt. Also, ich habe das nicht gelernt und bin auch 'nirgendwo mal darauf gestoßen."
Interviewer: "Meinen Sie, die anderen haben es auch nicht gemerkt?"
Teilnehmerin: "Wahrscheinlich."

Interviewer: " Als sie sich zur Teilnahme entschlossen, wußten Sie, woran Sie teilnehmen würden?"
Teilnehmerin: "Ich konnte mir eigentlich nichts darunter vorstellen."
Interviewer: "Und als Sie es dann mitbekamen?"
Teilnehmerin: "Das war für mich schnell einsichtig und es kam auch schnell die Überzeugung, das hätte ich schon lange gebraucht. Das hätte ich schon vor 20 Jahren gebraucht. Ich habe vieles falsch gemacht bei meinem Mann und bei meinem Kind."

Teilnehmer: "Ich muß ganz ehrlich sagen, anfangs wollte ich nicht teilnehmen. Ich hab' mir immer gesagt, ich hör' schon bewußt zu, ich versuche, keinen zu übergehen. Meine Frau sagte dann 'doch, ich nehme teil'. Und dann hab' ich mir gesagt, 'Mensch, komm, eigentlich kann es dir nicht schaden'. Nach dem ersten Abend war alles ganz anders gewesen, da habe ich die Sache schon ganz anders beurteilt."

Teilnehmer: "Ich habe jetzt in der Berufssituation gemerkt, daß es mir viel gebracht hat. Daß ich mich speziell mit dieser Person unterhalten habe, das hätte ich vorher nicht gekonnt. Weil es mir gar nicht aufgefallen wäre.
Interviewer: "Was sagen Sie dazu, daß es Ihnen gar nicht aufgefallen wäre?"
Teilnehmer: "Es ist traurig."

Die Teilnehmer erfuhren erst durch die Teilnahme, um welches Thema es geht und wurden dadurch sensibilisiert. Selbst wenn man sich schon als kompetent

einstufte und an Seminaren teilgenommen hatte, erlebte man eine neue Herausforderung und stellte sich ihr. Den Teilnehmern wurde ihre naiv egozentrische, aktivistische Haltung bewußt. Ein Teilnehmer sagte: "Ich höre auf jeden Fall mehr zu, wenn einer was sagt. Sonst wollte ich immer gleich gute Ratschläge geben und habe gemeint, ich habe Recht mit meinen guten Ratschlägen. Wenn ich mir das so rückwirkend überlege, die Ratschläge sind von den anderen nie so zustimmend empfangen worden, daß die sagten, das ist gut. So war das eigentlich gar nicht. Aber man erwartet das irgendwie, daß die anderen sagen, 'prima'. Darauf bezogen hat sich das schon sehr bei mir verändert, daß ich keine Ratschläge mehr gebe." Eine Teilnehmerin meinte im Interview: "Ich versuche, nicht sofort zu antworten und nicht gleich fertige Produkte zu liefern. Ich laß' erst einmal den anderen sprechen und frage ihn dann, warum das alles so ist. Früher habe ich immer gesagt, 'das macht man dann so und so', und jetzt versuche ich erst einmal den Sachverhalt zu erforschen, warum die Probleme da sind, warum der andere z.B. überhaupt so böse ist." Interviewer: "Zeigt der Gesprächspartner dann eine Reaktion?" Teilnehmerin: "Er spricht sich erst einmal aus und man kann sich dann überhaupt erst zusammenreimen, was ist. Ich verstehe ihn dann besser."
Die Teilnehmer verzichten nicht nur auf ein bestimmtes Verhalten, sondern gewinnen aus einem vertieften Verständis des Kommunikationsverhaltens neues Verhalten hinzu. Teilnehmerin: "... und daß ich mich früher nie getraut habe, nachzufragen. Ich weiß nicht, woher das kommt - vielleicht von der Erziehung, vielleicht von der Gesellschaft. Wenn jemand ein Problem angesprochen hat, war ich einfach zu schüchtern, wirklich zu schüchtern, nochmals nachzuhaken. Ich habe das irgendwie als Neugierde ausgelegt oder als Eindringen in die Intimsphäre eines anderen. Ich habe gedacht, das ist doch unhöflich, das kannst du doch nicht machen. Und jetzt ist es so, daß ich es bewußt mache, ich frage bewußt nach. Wenn mir jemand etwas erzählt, frage ich bewußt etwas Intimes oder Naheliegendes und dann sagt er seltsamerweise etwas darauf. Ich habe mir früher gedacht, da blockt der doch sofort ab und sagt 'es geht micht nichts an' und heute ist es so, daß das gar nicht stimmt". Schülerin: "Man kann nicht jedesmal, wenn jemand so reagiert, sagen, daß der dumm ist. Man muß auch 'mal überlegen, was da vorher war und warum das so ist. Das hat sich bei mir schon geändert."
Als Empfänger vertiefen sie ihr Verständnis von Interaktionen, was an der Auseinandersetzung mit Filmen deutlich wird. Teilnehmer: "Die Spielfilme fand ich sehr gut. Denn ich habe alle gekannt und ich habe sie eigentlich unter diesem Gesichtspunkt noch nie gesehen. Besonders faszinierend war für mich der letzte Film, den habe ich nämlich oft genug gesehen. Im Unterbewußtsein habe ich eigentlich schon mitgekriegt, daß der irgendwie eine linke Bazille ist. Aber wie elegant er das ausgedrückt hat und was er eigentlich gesagt hat, das habe ich nicht mitgekriegt und das fand ich gut, daß das durch die Analyse deutlich wurde. Das fand ich sehr gut." Teilnehmerin: "Ich finde, man sieht jetzt solche Filme irgendwie bewußter an. Ich habe den letzten Film vor dem Kurs ganz anders gesehen, als Unterhaltungsfilm und er hat mir gefallen. Aber dann war ich fast ein wenig schokkiert, wie der im Kurs kommentiert wurde und daß man den auch so sehen kann.

Insbesondere über den Vater... ich habe vorher den Vater so goldig gefunden -muß ich ganz ehrlich sagen- und war eigentlich über mich selber schockiert -über den Vater und über mich- daß ich den so gesehen habe". Teilnehmerin: "Was für mich interessant war, das waren die Filme. Vor allem kann man das jetzt 'mal wirklich mit den Kindern besprechen, sich hinterher 'mal hinsetzen nach einem Fernsehfilm und den 'mal so richtig durchsprechen. Also das fand ich sehr gut."

Das Verstehen ist für den Interaktionsprozeß eine außerordentlich bedeutsame Variable, aber Interaktion vollzieht sich nur, wenn jemand sich mitteilt, wenn er sich diesem Wagnis stellt. Teilnehmerin: "Senderverhalten ist schwieriger, weil man sich selbst hergeben muß." Teilnehmerin: "Gefühle mitteilen, das ist eine Sache, die wieder einüben muß. Ich habe verhindert, daß meine Gefühle sichtbar geworden sind. Früher kamen mir viel zu schnell die Tränen, wenn irgendetwas war. Jetzt bin ich schon fast abgestumpft oder abgestorben in mancehn Dingen. Das merke ich eigentlich erst jetzt, daß das Normalere das war, was früher war. Aber durch den Umgang miteinander... Ich habe den Eindruck, daß es zwischen meinem Mann und mir passiert ist. In der Firma meines Mannes wurde ein ganz anderer Umgangston gepflegt, den ich nie gekannt habe. Ich kann mich an einer Zeit erinnern, wo ich gedacht habe, 'so, jetzt reicht es mir, jetzt werde ich genauso sarkastisch und eklig', weil ich einfach nicht mehr eingesehen habe, daß das immer nur mit mir gemacht wurde. Das ist aber völlig falsch gewesen, das habe ich jetzt erkannt. Ich habe bisher immer gedacht, es ist nicht richtig, Gefühle zu zeigen und habe immer die Leute bewundert, die sie nicht gezeigt haben. Mir hingegen hat jeder immer angesehen, was ich habe." Teilnehmerin: "Im Prinzip habe ich jetzt ein anderes Verständnis von Kommunikation. Ich habe sonst gedacht, 'was will ich groß, es kommt doch keine Rückmeldung'. Aber jetzt kann ich mir das eher vorstellen, daß ich mir Mühe geben kann und dabei etwas herauskommt. Beispielsweise schreibe ich jemand einen Brief und der antwortet nicht darauf. Früher habe ich das einfach geschluckt und nicht mehr weiter nachgefragt. Jetzt könnte ich mir durchaus vorstellen, daß ich nach dem Warum frage, frage 'warum hast du mir nicht geantwortet' und daß dann ein Gespräch zustande kommt. Das hätte ich früher nie getan. Ich tue es jetzt vielleicht. Ich kann mir vorstellen, daß von dem anderen eine Rückmeldung kommt. Damit habe ich sonst nie gerechnet."

Wer in einem solch umfassenden Sinne den Kommunikationsprozeß verstanden hat, weiß auch, daß der sich nicht in Ritualen erschöpft, sondern in der Begegnung den ganzen Menschen fordert, der sich dieser konkreten Situation stellt. Versagt man vor diesem Anspruch, so muß es nicht verwundern, wenn der Kommunikationsprozeß verkommt. Dies wird aus dem folgenden Interviewauszug deutlich. Interviewer: "Reagieren denn ihre Gesprächspratner?" Teilnehmer: "Ja, am Anfang aber vollkommen unerwünscht. Man benutzt Redewendungen, die wir im Kurs als Totmacher bezeichnet haben, und hat gedacht, mit denen kommt man an's Ziel. Es ist gar nicht so einfach, diese stereotypen Fragen abzulegen. Sie drängen sich einem auf. Mit einer solchen Frage muß man nicht viel wissen, man fragt halt ganz allgemein 'oh, du hast ein Problem, was ist es denn?' Man stellt eine solche Frage, ohne daß man das bereits bekannte Problem aus dem vorausgegangenen

Gespräch beim Namen nennt. So etwas macht man unvermeidlich und die entsprechende Reaktion ist in der Tat auch so." Interviewer: "Daß die sich zurückziehen?" Teilnehmer: "Ja, und daß die sich veräppelt vorkommen. Um wirklich im Gespräch darauf einzugehen -mal ganz ehrlich- das erfordet viel Konzentration und Kraft."

Die Kommunikationspartner reagieren jedoch nicht nur bei Fehlverhalten, sondern auch bei richtigem Verhalten. Teilnehmerin: "Gegenüber den Kindern nehme ich mir vor, mehr zuzuhören." Interviewer: "Hat das Auswirkungen?" Teilnehmerin: "Das hat schon Auswirkungen, weil die sich dann besser verstanden fühlen, wenn sie mehr mit mir sprechen können und man ihnen nicht gleich in's Wort fällt, um ihnen eine nMeinung aufzudiktieren. Sie sprechen dann selber mehr." Schülerin: "Durch intensive Gespräche lernt man die anderen besser kennen als wenn man nur patzige Antworten zurückgibt." Interviewer: "Und die Reaktion der anderen?" Schülerin: "Die verhalten sich anders. Sie gehen dann mehr auf das Gespräch ein. Wenn ich versuche, das Gespräch intensiver zu führen, dann blocken die nicht ab, sondern versuchen es genauso. Dann entsteht auch ein besseres Verhältnis."

Diese größere Offenheit füreinander muß auch Auswirkungen auf die Bewältigung von Konflikten haben. Schülerin: " Ich red' halt auch etwas. Früher habe ich das nie getan, habe mir alles gefallen lassen. Jetzt sage ich meine Meinung, früher habe ich das nie getan." Eine andere Schülerin: "Ich versuche auf jeden Fall, den anderen zu verstehen. Auch wenn ich merke, daß ich im Recht bin, versuche ich zu verstehen, warum er meint, im Recht zu sein." Dieses größere Verständnis auch im Konfliktfall beschrieb eine Frau, die bisher immer große Schwierigkeiten mit ihrer Mutter hatte. Teilnehmerin: "Das andere ist, daß man Sachen, die die Mutter sagt, nicht mehr ganz so persönlich nimmt. Man ist gerade bei der Mutter leicht geneigt, daß man beleidigt reagiert. Das ist jetzt nicht mehr ohne weiteres so. Ich vermute nicht mehr hinter jeder ihrer Äußerungen, daß sie mich kränken will. Ich versuche mehr den Grund herauszufinden, warum sie so etwas sagt." Interviewer: "Und das ist für sie nicht mehr kränkend, wenn Sie den herausgefunden haben?" Teilnehmerin: "Genau." Interviewer: "Das richtet sich gar nicht gegen Sie?" Teilnehmerin: "Nein. Sie kann oft nichts anders, sie hat schon viele Sorgen. Man muß auch sehen, sie hat schon viel mitgemacht und durchgemacht. Ich habe einfach auch mehr Verständnis für ihre Situation."

Das Verhalten der Teilnehmer ist insgesamt durch mehr Vertrauen geprägt, zu sich selbst und zum anderen. Man kann deshalb sich dem anderen mehr zuwenden und ihm entgegenkommen, selbst im Falle eines Konfliktes, man kann sich selbst auch mehr öffnen, sich der Mitwelt zeigen, wie man ist. Dennoch veranlaßt es die Teilnehmer nicht zur Blauäugigkeit, wie schon im Fall des Gesprächstests der Paradigma-Wechsel zeigt. Man ist sich der Schwere der Aufgabe durchaus bewußt, zweifelt aber dennoch nicht an der Richtigkeit dieses Weges. Schülerin: "Man weiß schon, daß man Fehler macht, aber das zu ändern ist schon schwer." Teilnehmerin: "Ich empfinde es als eines der schwierigsten Dinge, die es gibt. Es ist seltsam, aber es ist enorm." Teilnehmer: "Ich nehme schon einigermaßen Fortschritte wahr. ... aber eben auch wie weit's noch fehlt. Das ist die andere Seite der

Medaille. Man merkt viel häufiger als früher, wo man sich falsch verhalten hat, wo man sich verbessern muß. Deswegen sind Fortschritte nicht so klar zu sehen, weil man eben die Fehler besser kennt." Trotz dieser erkannten Probleme werden die Teilnehmer an dem eingeschlagenen Weg nicht irre. Teilnehmer: "Ich ertappe mich oft dabei, daß ich schon wieder im alten Fahrwasser bin, 'ich bin der und du bist du und dabei belassen wir es'." Interviewer: "Wenn Sie sich ertappen, was denken Sie dann?" Teilnehmer: "Wir haben soviele interessante Beispiele gehabt und trotzdem verlierst du es wieder. Ich bin negativ überrascht, daß man das so nicht im Griff hat wie man es sich vorgestellt hat. Dann denke ich über mich selber, 'bist du eine Pflaume, daß du das nicht locker vom Hocker herunterziehst'. Ich ärgere mich über mich." Interviewer: "Es kommen Ihnen dann keine Zweifel am Verfahren?" Teilnehmer: "Nein, da kommen mir keine Zweifel. Den Ansatz sehe ich trotzdem als richtig an." Die Handlungsmöglichkeiten beeindrucken mehr als die Schwierigkeiten, wie aus dem Kommentar einer Teilnehmerin hervorgeht: "Man kann mit Gesprächen viel bewirken. Die Erkenntnis habe ich gewonnen. Wenn man es richtig macht. Wenn Konflikte auftreten oder wenn man so Situationen miterlebt, die eigentlich hoffnungslos erscheinen, daß man da eigentlich mehr Möglichkeiten hätte." Ein Teilnehmer erklärt, warum Veränderungen nur mühsam möglich sind. Teilnehmer: "Weil es heute in der Gesellschaft nicht mehr möglich ist, genau zuzuhören. Man kann nur etwas erreichen, wenn man seinen Standpunkt gleich ganz kräftig vertritt. Ich denke z.B. an Vereine und ähnliches. Also nicht im Privaten, da kann man mit hin und her und für und wider gut zum Ziel kommen. Nur nach außen, etwa in Vereinen, muß man seinen Standpunkt kräftig behaupten, weil die anderen nicht so..., weil die anderen ihren Standpunkt genauso behaupten und darum muß man da einfach mitziehen." Interviewer: "Weil das Ganze auf Konkurrenz angelegt ist?" Teilnehmer: "Auf Konkurrenz angelegt ist, genau."

Zu Beginn des Kurses waren die Teilnehmer von ihrem naiv-egozentrischen Vorgehen vollkommen überzeugt. Es fiel ihnen schwer, die Problematik zu begreifen. Erst als sie in den Rollenspielen und dann später in der Besprechung der Filme miterleben mußten, wie wenig ihre Wahrnehmung und ihr Verhalten situationsangemessen waren, entstand ein Problemverständnis. Die Teilnehmer erlebten dabei eine so starke Diskrepanz, daß viele schockiert und total verunsichert waren. Es wurde ihnen klar, daß sie sich immer wieder falsch verhalten würden. Im Übergang wurde ihnen nachträglich der Fehler bewußt, das richtige Verhalten aber war für sie noch nicht verfügbar. Nur in zähem Ringen, begleitet von Phasen der Resignation, entstand allmählich eine andere Einstellung, durch die adäquateres Verhalten möglich wurde. Der Zweifel an der eigenen Person war jedoch immer weniger verbunden mit einem Zweifel an dem neuen Ansatz. Je mehr man sich in die Beispiele eindachte, umso überzeugter wurden die Teilnehmer von dem dialog-orientierten Ansatz. Und auch das eigene Verhalten begann sich in diesem Sinne zu ändern. Am deutlichsten wurde es in den abschließenden Interviews, wo die Teilnehmer eine große Problemeinsicht zeigten und sie oftmals in Beispielen ein Verständnis für den Mitmenschen aufscheinen ließen, was zu Beginn des Kurses nahezu niemals vorkam. Auch wenn sie von einer idealen Form noch weit entfernt waren, was angesichts der mangelnden Unterstützung durch die Kultur nicht verwundern wird, sie waren auf dem Wege, daß der Mensch dem Menschen ein Mitmensch wird.

9 Literaturverzeichnis

Allerbeck, K. & W.Hoag (1985). Jugend ohne Zukunft? München: Piper
Altenthan, S., S.Betscher-Ott, W.Dirrigl, M.Fischer-Fröndhoff, W.Gotthardt, H. Hobmair, W.Ott & S.Rätsch (1992). Psychologie. Köln: Stam
Altman, I. & D.A.Taylor (1973) Social penetration: the development of interpersonal relationships. New York: Holt, Rinehart & Winston
Amelang, W. (1991) Einstellungen zu Liebe und Partnerschaft: Konzepte, Skalen und Korrelate. in: Amelang,M., H.J.Ahrens & H.W.Bierhoff (Hrsg) Partnerwahl und Partnerschaft. Göttingen: Hogrefe S. 153 - 196
Amelang, M., H.J.Ahrens & H.W.Bierhoff (Hrsg) (1991). Partnerwahl und Partnerschaft. Göttingen: Hogrefe
Ard, B.N. (1977) Sex in lasting marriages: a longitudinal study. in: Journal of Sex Research 13, S. 274 - 285
Argyle, M. & A.Furnham (1982). The ecology of relationships: Choice of situations as a function of relationship. British Journal of Social Psychology 21, S. 259 - 262
Argyle, M. & A.Furnham (1983): Sources of satisfaction and conflict in long-term relationships. in: Journal of marriage and the family 45
Aries, E. (1987) Gender and communication. in: Ph.Shaver & C.Hendrick (Eds) Sex and gender. Beverly Hills: Sage
Aries, E.J. & F.L.Johnson (1983) Close friendship in adulthood: conversational content between same-sex friends. in: Sex roles 9,
Aries, Ph .(1975) The family, prison of love. Interview von Ph.Mousseau mit Aries. Psychology today, August 1975 S.53 - 58
Auclair, M. (1977^2) Mehr Freude. Mein Leben aus dem Evangelium. Freiburg: Herder
Bach, G.R. & R.M. Deutsch (1972) Pairing. Düsseldorf: Diederichs
Bach, G.R. & P.Wyden (1970) Streiten verbindet. Gütersloh: Bertelsmann
Barnes, M.L. & D.M. Buss (1985) Sex differences in the interpersonal behavior of married couples. in: Journal of personality and social psychology 48
Barron, A.B., D.Byrne & W.Griffitt (1974) Social psychology. Boston: Allyn and Bacon
Bastian, G. (1988) Kommunikationsfehler in gewachsenen sozialen Beziehungen. Würzburg: Diplom-Arbeit
Baumgartner, K. (1982) Das Seelsorgegespräch in der Gemeinde. Würzburg: Echter
Beck, H.T., H.J.Rush, B.F.Shaw & G.Emery (1981) Kognitive Therapie der Depression. München: Urban & Schwarzenberg
Becker, P & B.Minsel. (1986) Psychologie seelischer Gesundheit. Bd.2, Göttingen: Hogrefe
Becker, W. & K.Becker (1985) Füreinander begabt. Stuttgart: Kreuz-Verlag
Beer, U. (1984) Ehekriegsspiele. München: Goldmann
Belardi, N., G.Eurich & W.Wangler (1980): Soziale Arbeit, Bd 3. Frankfurt: Diesterweg

Bellack, A.S. & M.Hersen (Eds; 1979) Reaearch and Practice in Social Skills Training. New York: Plenum Press

Berg, J.H. (1987) Responsiveness and self-disclosure. in: V.J.Derlega & J.H.Berg (Eds) Self-disclosure. New York: Plenum Press. S. 101 - 129

Berg, J.H. & R.L.Archer (1978): Disclosure of concern: a look at liking for norm breakers. in: Self-disclosure and responsivity: an attributional analysis. Symposium presented at the meeting of the American Psychological Association, Toronto

Berg, J.H. & R.D.McQuinn (1986) Attraction and exchange in continuing and noncontinuing dating relationships. in: Journal of personality and social psychology 50,

Berg, J.H. & L.A.Peplau (1982) Loneliness: the relationship of self-disclosure and androgyny. in: Personality and social psychology bulletin 8, S. 624 - 630

Bernard, J.(1982) The good-provider role. in: American psychologist 36

Bierhoff, H.W.: Liebe. in:Amelang,M., H.J.Ahrens & H.W.Bierhoff (Hrsg, 1991) Partnerwahl und Partnerschaft. Göttingen: Hogrefe S. 197 - 234

Bigelow, B.J.(1977) Children's friendship ecpectations: a cognitive-developmental study. in: Child Development 48 S. 246 - 253

Bigelow, B.J. (1980) Developmental changes in the conceptual friendship expectations associated with children's friendship preferences. in: Human relations 33, S. 225 - 239

Billingham, R.E. & A.R.Sack (1987): Conflict tactics and the level of emotional committment among unmarrieds. in: Human relations 40

Birchler, G.R. (1979) Communication skills in married couples. in: A.S.Bellack & M.Hersen (Eds) Research and practice in social skills training. New York: Plenum Press

Birkmann, A. (1981) Die Bedeutung einer Vertrauensfreundschaft für verheiratete Männer. Diplom-Arbeit, Würzburg

Blancpain, R., M.Zeugin & E.Hänselmann (1983) Erwachsen werden. Bern: Haupt

Blau, P.M.(1964) Exchange and Power in Social Life. New York: Wiley

Bleske, E.(1981) Konfliktfeld Ehe und christliche Ethik. München: Kösel

Blood, R.O. (1967) Love match and arranged marriage. New York: Free press

Borchert, W. (1947) Draußen vor der Tür. Drama

Borchert, W.: Schischifusch.

Borys, S. & D.Perlman (1985): Gender differences in loneliness. in: Personality and social psychology bulletin 11

Bourne, L.E., R.L.Dominowski & E.F.Loftus (1979) Cognitive processes. Englewood Cliffs: Prentice Hall

Branden, N.(1980) The psychology of romantic love. Los Angeles: Tarcher

Brandtstädter, J. (1982) Grundlagen psychologischer Prävention. in: J.Brandtstädter & A.v. Eye: Psychologische Prävention. Bern: Huber

Brandtstädter, J. & A.v.Eye: Psychologische Prävention. Bern: Huber 1982

Brock, G. & H.Joaning (1983): A comparison of the relationship enhancement program and the Minnesota couple communication program. in: Journal of marital and family therapy 9

Broder, S.N. (1982) Own disclosure and partner disclosure in female roommates. in: Journal of social psychology 117
Buber, M. (1962) Das dialogische Prinzip. Heidelberg: Schneider 1962; (Neuausgabe von "Die Schriften über das dialogische Prinzip"; Heidelberg: Schneider 1954)
Buber, M. (1972[6]) Der Weg des Menschen nach der chassidischen Lehre. Heidelberg: Schneider
Bundesinstitut für Bevölkerungswissenschaft (1984) Demographische Fakten und Trends in der Bundesrepublik Deutschland. in: Zeitschrift für Bevölkerungswissenschaft 10
Burke, R.J., T.Weir & D.Harrison (1976) Disclosure of problems and tensions experienced by marital partners. Psychological Reports 38, S. 531 - 542
Byrne, D. (1969) Attitudes and attraction. in: L.Berkowitz (Ed) Advances in experimental social psychology. Vol.4, New York: Academic Press S.35 - 85
Cawood, D. (1983) Assertiveness for managers. Vancouver: International self-counsel press
Cadwallader, M.(1975) Marriage as a wretched institution. in: J.G.Wells (Ed) Current issues in marriage and the family. New York S. 26-31
Campbell, A. (1981) The sense of well-being in America. New York
Charny, I.W. (1972) Marital love and hate. New York: Macmillan Comp.
Chelune, G.J. (Ed; 1979): Self-disclosure: origins, patterns and implications of openness in interpersonal relationships. San Francisco: Jossey-Bass
Chelune, G.J. u.a.: Self-disclosure. San Francisco: Jossey-Bass 1979
Clark, M. & J.Mills (1979) Interpersonal attraction in exchange and communal relationships. in: Journal of personality and social psychology 37, S. 12 - 24
Coates, D. & T.Winston (1987): The dilemma of distress disclosure.in: V.J. Derlega & J.H.Berg (Eds) Self-disclosure. New York: Plenum Press S. 229 - 255
Cohn, N.B. & D.S. Strasberg (1983): Self-disclosure reciprocity among preadolescents. in: Personality and social psychology bulletin 9
Cuber, J.F. & P.B.Harroff (1963) The more total view: relationships among men and women of the upper middle-class. Journal of Marriage and the Family 25, S. 140 - 145
Curran, J.P. (1979) Social skills: Methodological issues and future directions. in: A.S.Bellack & M. Hersen (Eds) Research and practice in social skills training. New York: Plenum press
Davis, M.H. (1980) A multidimensional approach in individual differences in empathy. in: JSAS Catalog of selected documents in psychology 10, (Ms.No.2124)
Davis, M.H. & S.L. Franzoi (1986) Adolescent loneliness, self-disclosure and private self-consciousness: a longitudinal investigation. in: Journal of personality and social psychology 51
Davis, M.H. & S.L.Franzoi:(1987) Private self-consciousness and self-disclosure. in: V.J.Derlega & J.H.Berg (Eds): Self-disclosure. New York: Plenum Press S. 59 - 79.

Degenhardt, J. (1984) Grußwort an die Tagungsteilnehmer. in: Arbeitskreis katholischer Schulen in freier Trägerschaft (Hrsg) Dialog - Grundprinzip für Unterricht und Erziehung. Materialien 3

Denton, W. (Ed, 1986): Marriage and family enrichment. London: Haworth press

Derlega, V.J. & J.H.Berg (Eds; 1987) Self-disclosure. New York: Plenum press

Derlega, V.J. & A.I.Chaikin (1975) Sharing intimacy. What we reveal to others and why. Englewood Cliffs: Prentice-Hall

Dindia, K.(1982) Reciprocity in self-disclosure: a sequential analysis. in: M.Burgoon (Ed) Communication yearbook 6. Beverly Hills: Sage S. 506 - 528

Dindia, K. (1985) A functional approach to self-disclosure. in: R.L.Street & J.N.Cappella (Eds) Sequence and pattern in communication behavior. London: Arnold S. 142 - 160

Dirks, W. (1964) Ehestand. in: F.H.Ryssel (Hrgb) Der Christ in der neuen Wirklichkeit. Frankfurt: Ullstein

Dosenberger, A. (1983) Es brennt eine Sehnsucht. in: A.Dosenberger, A.Frank & P.Hinsen: Der Mensch. Antworten aus dem Glauben auf Grundfragen des Lebens. Friedberg: Pallotti-Verlag

Douvan, E. & J.Adelson (1966) The adolescent experience. New York: Wiley

Dreikurs, R. & V.Soltz (1991^{22}) Kinder fordern uns heraus. Stuttgart: Klett

Duck, St. & R. Gilmour (Eds, 1981) Personal relationships.New York: Academic Press

Duss von Werdt, J. (1970) Hauptschwierigkeiten der Ehe. in: Ehe, Zentralblatt für Ehe- und Familienkunde 7, S. 153 -161

D'Zurilla, T.J. & A.Nezu (1982) Social problem solving in adults. in: P.C.Kendall (Ed) Advances in cognitive-behavioral research and therapy. Vol.1. New York: Academic Press S.201 - 224

Egan, G. (1982^2) The skilled helper. Monterey: Brooks/ Cole Pub.Comp.

Eisele, G. & R.Lindner (1975) 'Ich brauche Hilfe'. Umgang mit Menschen in seelischer Not. Gladbeck: Schriftenmissions-Verlag

Ellis, A. (1977) Die rational-emotive Therapie. München: Pfeiffer

Engl, J. & F.Thurmaier (1994^2) Wie redest du mit mir? Freiburg: Herder 1992, 1994^2

Epstein, E.K. (1992) Zur Abkoppelung familientherapeutischer Theorien von gesellschaftlichen Lebensbedingungen. in: Politische Psychologie. PP-Aktuell Heft 1 + 2, Jg.11, S.28 - 41

Falk, D.R. & P.N.Wagner (1985) Intimacy of self-disclosure and rsponse processes as factors affecting the development of interpersonal relations. in: Journal of social psychology 125, S. 557 - 570

Fatke, R. & R.Valtin (1988) Wozu man Freunde braucht. Psychologie heute Heft 4 S. 22 - 29

Feldberg, R. & J.Kohen (1976) Family life in an anti-family setting: a critique of marriage and divorce. The Family Coordinator 25, S. 151 - 159

Fenigstein, A., M.F.Scheier & A.H.Buss (1975) Public and private self-consciousness: Assessment and theory. Journal of consulting and clinical psychology 43, S. 522 - 527

Fiddelke, H.M. (1993) Onlife - Wege zum positiven Selbst. Frankfurt: Ullstein

Fiedler, F.E. (1964) A contingency model of leadership effectiveness. in: L. Berkowitz (Ed) Advances in experimental social psychology. Vol.1, New York: Academic press

Fields, N.S. (1983) Satisfaction in long-term marriages. Social Work 28, S.37 - 41

Fisher, R.J. (1982) Social psychology. New York: St.Martin's press

Fischer, A., W.Fuchs & J.Zinnecker (1985): Jugendliche und Erwachsene '85. Opladen: Leske & Budrich

Fischer, C.S. & S.L.Phillips (1982) Who is alone? Social characteristics of people with small networks. in: L.A.Peplau & D.Perlman (Eds) Loneliness. New York: Wiley

Fitzpatrick, M.A.(1988) Between husbands and wives. Beverly Hills: Sage

Flaherty, T. (1975) In defense of traditional marriage.in: J.G.Wells (Ed) Current issues in marriage and the family. New York: S. 20 - 25

Fox, R.M. & R.Tausch (1983) Wesentliche seelische Qualitäten in Partnerschaftsbeziehungen. in: Zeitschrift für personenzentrierte Psychologie und Psychotherapie 2, S. 499 - 509

Franzoi, S.L. & M.H.Davis (1985) Adolescent self-disclosure and loneliness: private self-consciousness and parental influences. in: Journal of Personality and Social Psychology 48, S. 768 - 780

Franzoi, S.L., M.H.Davis & R.D.Young (1985) The effects of private self-consciousness and perspective taking on satisfaction in close relationships. in: Journal of personality and social psychology 48, S.1584 - 1594

Fries, M. (1986) Macht in partnerschaftlichen Beziehungen. Pfaffenweiler: Centaurus-Verlagsgesellschaft

Fromm, E. (1990[43]) Die Kunst des Liebens. Frankfurt: Ullstein

Fromme, A. (1965) The ability to love. New York: Farrar, Straus & Giroux

Furstenberg, F.F. (1982) Conjugal succession: reentering marriage after divorce. in: P.B.Baltes & O.G.Brim (Eds) Life-span development and behavior. New York: Academic press

Gagnon, J.H. & C.S.Greenblat (1978) Life designs. Glenview: Scott, Foresman

Genovese, R.J. (1975) Marriage encounter. in: Small group behavior 6, S.45 - 56

Gilbert, S.J.(1976) Self-disclosure, intimacy and communication in families. in: The family coordinator 25, S. 221 - 231

Gilbert, S.J. & D.Horenstein (1975) Communication of self-disclosure: level versus valence. in: Human Communication research 1, S. 316 - 322

Giles, H. & R.L.Street (1985) Communicator characteristics and behavior. in: M.L.Knapp & G.R.Miller (Eds) Handbook of interpersonal behavior. Beverly Hills: Sage S. 205 -261

Glenn, N.D. & Ch.N.Weaver (1979) A note on family situation and global happiness. in: Social Forces 57, S. 960 - 967

Goldberg, H. (1983) The new male-female relationship. New York: Morrow

Goldberg, St., F.Deutsch (1977) Life-span individual and family development. Monterey: Brooks/Cole

Goodrich, W., R.G.Ryder & H.C.Raush (1986) Patterns of newlywed marriages. Journal of Marriage and the Family 30, S. 383 - 391

Goodstein, L.D. & V.M.Reinecker (1974) Factors affecting self-disclosure: a review of the literature. in: B.A.Maher (Ed) Progress in experimental personality research. Vol.7. New York: Academic Press S. 49 - 77

Gordon, Th. (1972,1976) FamilienkonferenzHamburg: Hoffmann & Campe

Gordon, Th. (1977) Lehrer-Schüler-Konferenz. Hamburg: Hoffmann & Campe

Gordon, Th. (1979) Managerkonferenz. Hamburg: Hoffmann & Campe

Gottman, J.M. (1979) Marital interaction. New York

Gottman, J.M. (1982) Emotional responsiveness in marital conversation. in: Journal of communication 32

Gottman, J.M., C.Notarius, J.Gonso & H.Markman (1976) A couple's guide to communication. Champaign: Research press

Gresham, F.M.: Social Skills. in: J.C.Witt, St.N.Elliott & F.M.Gresham (Eds, 1988) Handbook of behavior therapy in education. New York: Plenum Press

Grün, A. (1992) Sich ändern lernen. Perspektiven für die Seelsorge Bd.6. Würzburg: Echter

Guerney, B.G. (1977) Relationship enhancement. San Francisco: Jossey-Bass

Güttinger, T. (1980) Mark Twain - Meistererzählungen. Zürich: Manesse

Guggenbühl-Craig, A.(1981) Die Ehe ist tot - es lebe die Ehe. Zürich: Schweizer Spiegel Verlag

Hahlweg, Schindler & Revenstorf sh. Schindler, Hahlweg & Revenstorf 1980

Hatfield, E. (1984) The dangers of intimacy. in: V.J.Derlega (ed) Communication, intimacy and close relationships. Orlando: Academic press

Hatfield, E.& J.Traupmann (1981) Intimate relationships: a perspective from equity theory. in: S.Duck & R.Gilmour (Eds) Personal relationships. I. London: Academic Press S. 165 - 178

Hauck, M. (1989) Reizkonsum und Reizsuche im Alltagsleben. Dissertationsschrift. Würzburg: Verlag M.Hauck

Hazo, R.G. (1967) The idea of love. New York: F.A.Praeger

Heekerens, H.-P. (1985) : Nach der Scheidung: Wiederheirat. Zeitschrift für personenzentrierte Psychologie und Psychotherapie 4, S.155 - 191

Heekerens, H.-P. (1985) Effektivität des Gordon-Eltertrainings - eine Sekundäranalyse. in: Gruppendynamik 17, S. 399 - 420

Hendrick, S. (1981) Self-disclosure and marital satisfaction. in: Journal of personality and social psychology 40, S. 1150 - 1159

Hendrick, C. & S.Hendrick (1983) Liking, loving and relating. Monterey: Brooks/Cole

Henslin, J.M. (1985) Why so much divorce? in: J.M.Henslin (Ed) Marriage and family in a changing society. New York: The Free Press S. 424 - 428

Henss, R. & U. Böning (1983) Auswirkungen eines Kommunikationstrainings für Paargruppen. in: Gruppendynamik 14, S. 203 - 215

Hersher, L. (1970) Four Psychotherapies. New York

Hindy, C.G. (1980) Children's friendship concepts and the perceived cohesiveness of same-sex friendship dyads. Psychological Reports 47, S. 191 - 203

Hoffmann, M. & J.Schenk (1988) Bipolar locus-of-control scales. in: Personality and Individual Differences 9, S. 839 - 841

Hofstätter, P.R. (1986) Bedingungen der Zufriedenheit. Zürich: Edition Interfrom

Holmes, Th.H. & R.H.Rahe (1967) The social readjustment rating scale. Journal of Psychsomatic Research 11, S.213 -218

Holtzworth-Munroe, A. & N.S.Jacobson (1985): Causal attributions of married couples: When do they search for causes? What do they conclude when they do? in: Journal of personality and social psychology 48

Horkheimer, M. (1963) Sozialpsychologische Forschungen zum Problem des Autoritarismus, Nationalismus und Antisemitismus. in: Politische Psychologie, Bd.2. Frankfurt: Europäische Verlagsanstalt S.61 - 66

Horx, M. & U.Stock (1985) Wehe, wehe, Ehe. in: "Die Zeit" 25.10.1985 Nr.44 S. 17 - 18, 20.

Husslein, A. (1982) Voreheliche Beziehungen. Wien

Huston, T.L. (1983) Power. in: H.H.Kelley et alii: (Eds) Close relationships. New York: Freeman S.169 - 219

Huston, T.L. & R.L.Burgess (1979): Social exchange in developing relationships: An overview. in: R.L.Burgess & T.L.Huston (Eds) Social exchange in developing relationships. New York: Academic Press S. 3 - 28

Ickles, W., B.Schermer & J.Steen (1979): Sex and sexrole-influences in same-sex dyads. in: Social psychology quarterly 42

Impulse (1990) Wer ist der Beste im ganzen Land? Management-Gurus im Test. in: Impulse Heft 11 S. 180 - 186

Innerhofer, P. (1977) Das Münchner Trainingsmodell. Berlin: Springer

Jacobson, N.S. (1983) Expanding the range and applicability of behavioral marital therapy. in: The Behavior Therapist 6, S. 189 - 191

Jaspers, K. (1956) Philosophie. Bd.2: Existenzerhellung. Berlin: Springer 1956

Johnson, M.P. & L.Leslie (1982) Couple involvement and network structure: a test of the dyadic withdrawal hypothesis. in: Social psychology quarterly 45

Johnson, St.M. (1987) Nach der Trennung wieder glücklich. Düsseldorf: Econ

Jones, W.H., B.N.Carpenter & D.Quintana (1985) Personality and interpersonal prediczors of loneliness in two cultures. in: Journal of personality and social psychology 48

Jorgensen, St.R. (1986) Marriage and the family. New York: Macmillan

Jorgensen, S.R. & J.C.Gaudy (1980) Self-disclosure and satisfaction in marriage: the relation examined. in: Family relations 29

Jost,G., E.Schätzle, J.Schenk & E.Wagner (1985) Interaktionen mit Ehepartnern, Freunden, Berufskollegen und Nachbarn. in: Zeitschrift für experimentelle und angewandte Psychologie 32

Jourard, S.M. (1959) Self-disclosure and other-cathexis. Journal of abnormal and social psychology 59, S. 428 - 431
Jourard, S.M. (1971 a) Self-disclosure. New York: Wiley
Jourard, S.M. (1971 b) The transparent self. New York: Van Nostrand
Kanfer, F.H., H.Reinecker & D.Schmelzer (1991) Selbstmanagement-Therapie. Heidelberg: Springer
Kath, J. (1984) Infogaps. München: Müller Verlag
Kellerhals, J. (1979) Fragen und Vorschläge zum soziologischen Studium der Krise der Familie in: M.Perrez (Hrgb) Krise der Kleinfamilie. Bern: Huber
Kelley, H.H. u.a. (1983) Close relationships. Oxford: Freeman
Kieffer,G., J.Kaiser & A.Hilke (1980) Einführung in die Psychologie. Bad Homburg vor der Höhe: Gehlen
Klima, I. (1994) Liebe im 21. Jahrhundert. Der Spiegel Heft 2 vom 20.1.1994 S. 150 - 154
Kmieciak, P. (1976) Wertstrukturen und Wertewandel in der Bundesrepublik Deutschland. Göttingen: Verlag Otto Schwarz
König, R. (1979) Zur Geschichte der Monogamie. in: R.Kurzrock (Hrsgb) Die Institution der Ehe. Berlin S. 9 - 16
Kolb, W. (1948) Sociologically established family norms and democratic values. in: Social Forces 26, S. 451 - 456
Kolb, W. (1950) Family sociology, marriage education, and the romantic complex: a critique. in: Social Forces 29, S. 65 - 72
Komarovsky, M. (1967) Blue-collar marriage. New York
Korczak, D. (1979) Ehe als freie Lebensgemeinschaft. in: R.Kurzrock (Hrsg) Die Institution der Ehe. Berlin S.44 - 52
Künkel, F. (1973[4]) Charakter, Liebe und Ehe. Darmstadt: Wissenschaftliche Buchgesellschaft, (unveränderter Nachdruck der dritten Ausgabe 1942); Erstausgabe 1936
L'Abate, L. (1978) Enrichment: Structured interventions with couples, families and groups. Washington: University free press of America
L'Abate, L. & M.A.Milan (Eds, 1985): Handbook of social skills training and research. New York: Wiley
LaGaipa, J.J. (1977) Testing a multidimensional approach to friendship. in: St.Duck (Ed) Theory and practice in interpersonal attraction. London: Academic Press S. 249 - 270
Lasch, C. (1977) Heaven in a heartless world.: the family besieged. New York: Basic Books 1977
Lasswell, Th.E. & M.E.Lasswell (1985) The meaning of love. in: J.M.Henslin (Ed) Marriage and family in a changing society. New York: The Free Press S. 198 - 205
Lauster, P. (1980) Die Liebe. Düsseldorf: Econ
Lauster, P (1984) Wege zur Gelassenheit. Düsseldorf: Econ
Lauster, P.(1991[3]) Lebenskunst. Düsseldorf: Econ
Lazarus, A.A. (1978) Multimodale Verhaltenstherapie. Frankfurt: Fachbuchhandlung für Psychologie

Lederer, W.J. & D.D.Jackson (1968) The mirages of marriage. Norton & Comp.
Lee, J.A. (1974) The styles of loving. in: Psychology today Oktober S. 45 - 50
Lee, J.A. (1977) A typology of styles of loving. in: Personality and social psychology bulletin 3
Lee, J.A. (1988) Love-styles. in: Sternberg, R.J., M.L.Barnes (Eds): The psychology of love. New Haven: University Press S. 38 - 67
Lerner, H. (1990) Wohin mit meiner Wut? Frankfurt: Fischer (Original 1985),
Lersch, Ph. (1950) Vom Wesen der Geschlechter. München: Reinhardt
Leslie; G.R. (1976[3]) The family in social context. New York: Oxford University Press
Levinger, G. (1964) Task and social behavior in marriage. in: Sociometry 27, S.433 - 448
Levinger,G. & D.J.Senn (1967) Disclosure of feelings in marriage. in: Merrill-Palmer quarterly 13, S.237 - 249
Levinger, G. & J.D.Snoek (1977) Attraktion in Beziehungen. in: G.Mikula & W.Stroebe (Hrsg) Sympathie, Freundschaft und Ehe. Bern: Huber S. 108 -
Levinger , G. & J.D.Snoek (1972) Attraction in relationshsips: a new look at interpersonal attraction. Morristown: General Learning Press
Long, E.C.J. & D.W.Andrews (1990) Perspective taking as a predictor of marital adjustment. in: Journal of Personality and Social Psychology 59, S. 126 - 131
Luhmann, N. (1975) Macht. Stuttgart: Enke
Mace, D.R. (1975) We call it acme. in: Small group behavior 6
Mandel, A., K.H. Mandel u.a. (1971) Einübung in Partnerschaft durch Kommunikationstherapie und Verhaltenstherapie. München: Pfeiffer
Marx, I. (1982) Determinanten für Freundschaftsverhalten verheiraterer Frauen. Diplom-Arbeit. Würzburg
Maslow, A. (1954) Motivation and Personality. New York: Harper
Mason, R.L. (1985) Fourteen days to a richer marriage: a do-it-yourself marriage enrichment program. in: L.Cargan (Ed) Marriage and family. Belmont: Wadsworth Pub Comp S. 176 - 182
Masuda, M, Th.H.Holmes (1967) The social readjustment rating scale: a cross-cultural study of Japanese and Americans. Journal of Psychosomatic Research 11, S. 227 - 237
Mayntz, R. (1955) Die moderne Familie. Stuttgart: Enke
McKenzie, R.B. & Tulloch, G. (1984) Homo oeconomicus. Frankfurt: Campus
Meichenbaum, D., L.Butler & L.Gruson (1981) Toward a conceptual model of social competence. in: J.D.Wine & M.D.Smye (Eds) Social competence. New York: Guilford S. 36 - 60
Metz-Göckel, S. & U.Müller (1986) Der Mann. Weinheim: Beltz
Mikula, G., W.Stroebe (1991) Theorien und Determinanten der zwischenmenschlichen Attraktion. in: Amelang,M., H.J.Ahrens & H.W.Bierhoff (Hrgb) Partnerwahl und Partnerschaft. Göttingen: Hogrefe S. 61 - 104
Milardo, R.M. (1982) Friendship networks in developing relationships: converging and diverging social environments. in: Social psychology quarterly 45

Milardo, R.M., M.P.Johnson & T.L.Huston (1983) Developing close relationships: changing patterns of interaction between pair members and social networks. in: Journal of personality and social psychology 44
Milardo, R.M. & B.J.Murstein (1979) The implications of exchange orientation on the dyadic functioning of heterosexual cohabitators. in: M.Cook & G.Wilson (Eds) Love and attraction. New York S. 279 - 285
Miller, L.C. & J.H.Berg (1984) Selectivity and urgency in interpersonal exchange. in: V.J.Derlega (Ed) Communication, intimacy and close relationships. New York: Academic Press S. 161 - 206
Miller, S., E.W. Nunnally & D.B.Wackman (1975) Alive and aware. Improving communication in relationships. Minneapolis: Interpersonal communications programs
Miller, L.C., J.H.Berg & R.L.Archer (1983) Openers: Individuals who elicit intimimate self-disclosure. in: Journal of personality and social psychology 44, S. 1234 - 1244
Morton, T.L. (1978) Intimacy and reciprocity of exchange: a comparison of spouses and strangers. in: Journal of Personality and Social Psychology 36, S.72 - 81
Müller, B. (1990) Studie zum Kommunikationsverhalten in partnerschaftlichen Beziehungen. Diplom-Arbeit. Würzburg
Murstein, B.I. (1971) A theory of marital choice and its applicability to marriage adjustment.in: B.I.Murstein (Ed) Theories of attraction and love. New York: S. 100 - 151
Murstein, B.I. (1977) Die Stimulus- Werthaltungs- Rollentheorie der Ehepartnerwahl. in: G.Mikula & W.Stroebe (Hrgb) Sympathie, Freundschaft und Ehe. Bern: Huber
Murstein, B.I. (1981) Process, filter and stage theories of attraction. in: M.Cook (Ed) The bases of human sexual interaction. London: Academic press
Murstein, B.I. (1986) Paths to marriage. Beverly Hills: Sage
Murstein, B.I. (1988) A taxonomy of love. in: R.J.Sternberg & M.L.Barnes (Eds) The psychology of love. New Haven: Yale University Press S. 13 - 37
Myers, D.G.(1988[2)]) Social Psychology. New York: McGraw-Hill Book Company
Navran, L. (1967) Communication and adjustment in marriage. in: Family process S. 173 - 184
Neuberger, O. (1985[7]) Miteinander arbeiten - miteinander reden. Hrgb: Bay. Staatsministerium für Arbeit u. Sozialordnung , München
Newcomb, T.M. (1968) Interpersonal balance. in: R.P.Abelson, E.Aronson u.a. (Eds): Theories of cognitive consistency: A sourcebook. Chicago: Rand McNally
Nietzsche, Friedrich: Die fröhliche Wissenschaft. Leipzig: Fritzsch 1987[2]; zitiert nach: Kritische Gesamtausgabe (Hrsg.: G.Colli & M.Montinari), Band V_2. Berlin: Gruyter 1973 S. 11 - 335
Noelle-Neumann, E. & E.Piel (1983) Eine Generation später. München: Saur
Noelle-Neumann, E. & E.Piel (Hrgb, 1983) : Allensbacher Jahrbuch der Demoskopie, Bd.8. München: Saur

Norton, R. & B.M.Montgomery (1982) Style, content, and target components of openness. in: Communication research 9, Heft 3, S. 399 - 431
Notarius, C.I. & J.S.Johnson (1982) Emotional expression in husbands and wives. in: Journal of marriage and the family
Nye, F.I & St. McLaughlin (1976) Role competence and marital satisfaction. in: F.I.Nye (Ed) Role structure and analysis of the family. Beverly Hills: Sage S.191 - 205
Ott, A. (1992) Kommunikation - Anspruch und Wirklichkeit. Diplomarbeit; Würzburg
Otto, H.A. (1976) Marriage and family enrichment programs: an overview of a movement. in: H.A.Otto (Ed) Marriage and family enrichment. Nashville: Abingdon S. 11 - 27
Pallasch, W. (1987) Pädagogische Gesprächsführung. Weinheim: Juventa
Parlee, M.B. (1979) The friendship bond. in: Psychology today. Oktober S. 43 - 54 u. S. 113
Parsons, T. & R.F.Bales (1955) Family. London
Peal, E. (1975) "Normal" sex roles: an historical analysis. in: Family Process 14, S. 389 - 409
Pearce, W.B. & S.M.Sharp (1973) Self-disclosing communication. in: Journal of communication. 23, S. 409 - 425
Perrez, M., B.Minsel & H.Wimmer (1974²) Eltern-Verhaltenstraining. Salzburg: Otto-Verlag
Petermann, F. & U.Petermann (1987) Training mit Jugendlichen. München/Weinheim: Psychologie Verlags Union 1987
Peters, E. (1920) Menschen in der Ehe. Konstanz
Pfefferkorn, R. (1984) Kommunikation in der Partnerschaft. Diplom-Arbeit. Würzburg
Pfeil, E. (1975) "Männliche" und "weibliche" Rolle - Dynamik und unausgetragene Konflikte. in: Zeitschrift für Soziologie 4
Pfingsten, U. & Hinsch, R. (1991²) Gruppentraining sozialer Kompetenz. Weinheim: Psychologie Verlags-Union
Pfrang, H. & J.Schenk (1986) Kontrollüberzeugungen als Moderator des Zusammenhangs zwischen Verstärkungswert und Verhalten. in: Zeitschrift für Sozialpsychologie 17, S.99 - 108
Phillips, G.M. & J.T.Wood (1983) Communication and human relationships. New York: Macmillan
Plankenhorn, U. (1986) Mögliche Ursachen distanzierter Interaktion zwischen gleichgestellten Kollegen. Diplom-Arbeit. Freiburg
Pohl, K., B.Störtzbach & H.Wendt (1992) Die demographische Lage in Deutschland und in der Europäischen Gemeinschaft. Zeitschrift für Bevölkerungswissenschaft 18, S. 3 - 93
Pompey, H. (1980) Eheprozeßbegleitung durch marriage-encounter Gruppen. in: Lebendige Seelsorge 31, S.203 - 205

Prunty, K.G. (1976) The care-lab: a family enrichment program. in: H.A.Otto (Ed) Marriage and family enrichment. Nashville: Abingdon S. 58 - 72
Rahner, K. (1968^4): Biblische Predigten. Freiburg: Herder
Rahner, K. (1982^2): Wer ist dein Bruder? Freiburg: Herder
Rahner, K. (1982, 1985) Mein Problem. Freiburg: Herder
Rathenow, L. (1982) Zangengeburt. München: Piper
Raush, H.L., W.A.Barry, R.K.Hertel & M.A.Swain (1974) Communication, conflict, and marriage. San Francisco: Jossey-Bass
Rawlins, W.K. (1983) Openness as problematic in ongoing friendships: two conversational dilemmas. in: Communication monographies 50, S. 1 - 13
Reich, Ch.A. (1970) The Greening of America. New York: Random House
Reiss, I.L (1960) Toward a sociology of the heterosexual love relationship.in: Marriage and Family Living 22, bzw in: M.E.Lasswell & T.E.Lasswell (Eds) Love, marriage, family: a developmental approach. Glenview: Scott, Foresman & Comp. 1973 S. 170 - 177
Reiss, I. (1980^3) Family systems in America. New York: Holt, Rinehart & Winston
Renne, K.S. (1970) Correlates of dissatisfaction in marriage. in: Journal of marriage and the family 32
Rogers, C.R. (1973) Entwicklung der Persönlichkeit. Stuttgart
Rogers, C.R (1977) Therapeut und Klient. München: Kindler
Rosch, E. (1973) On the internal structure of perceptual and semantic categories. in: T.E.Moore (Ed) Cognitive development and the acquisition of language. New York: Academic Press S. 111 - 144
Rosch, E. (1978) Principles of categorization. in: E.Rosch & B.Lloyd (Eds) Cognition and categorization. Hillsdale: Erlbaum S. 27 - 48
Rosenfeld, L.B. (1979) Self-disclosure avoidance: Why I am afraid to tell who I am. in: Communication monographs 46, S. 63 - 74
Rubin, L.B. (1976) Worlds of pain. New York: Basic books
Rubin, Z. (1970) Measurement of romantic love. in: Journal of personality and social psychology 16
Rubin, Z. (1974) From liking to loving: patterns of attraction in dating relationships. in: Huston (Ed) Foundations of interpersonal attraction. New York: Academic Press S. 383 - 401
Rubin, Z., Ch.T.Hill, L.A.Peplau & Ch.Dunkel-Schetter (1980) Self-disclosure in dating couples: sex roles and the ethic of openness. in: Journal of marriage and the family S. 305 - 317
Russell, D., L.A.Peplau & C.E.Cutrona (1980): The revised UCLA loneliness scale: concurrent and discriminant validity evidence. in: Journal of Personality and Social Psychology 39, S. 472 - 480
Ryffel-Gercke, Ch. (1983) Männer in Familie und Beruf. Diessenhofen: Verlag Rüegger
Saint-Exupery, A. de (1956) Der kleine Prinz. Düsseldorf: Rauch Verlag (Original: 1946)
Salter, A. (1949) Conditioned reflex therapy. New York: Capricorn

Sauter-Servaes, H. (1979) Hat Familie Zukunft? in: Dt.Ärzteblatt 76, Heft 38 S. 2435 - 2436
Scanzoni, L.D. & J.Scanzoni (1981[2]) Men, women, and change. New York
Schaef, A.W. (1990) Die Flucht vor der Nähe. Hamburg: Hofmann & Campe
Scheier, M.F. & Ch.S.Carver (1985) The self-consciousness scale: a revisited version for use with general populations. in: Journal of applied social psychology 15,
Schellenbaum, P. (1993[10]) Das Nein in der Liebe. München: Deutscher Taschenbuch Verlag
Schenk, J. (1994) Daß jeder Mensch er selbst werden will. in: H.Meesmann & B.Sill (Hrgb) Androgyn. Jeder Mensch in sich ein Paar!? Weinheim: Deutscher Studien Verlag S. 92 - 125
Schenk, J. (1993) Kommunikations- und Konfliktlösungstraining. Abschlußbericht. Gemünden
Schenk, J. (1984) Die Begegnung der Geschlechter in der Ehe. in: M.R.Textor (Hrgb) Die Familie. Frankfurt: Haag & Herchen
Schenk, J. (1983) Glück und Interaktion in der Ehe. in: G.Bittner (Hrgb) Personale Psychologie. Göttingen: Hogrefe S. 258 - 281
Schenk, J. & M.Hahn (1987) Die Bedeutung der differenzierten Erfassung von Instrumentalität/ Expressivität und deren Situationsabhängigkeit für die Beschreibung der Geschlechter. in: Psychologische Beiträge 29
Schenk, J. & R.Heinisch (1986) Self-descriptions via sex role scales and personality scales: a critical evaluation of some recent masculinity and femininity scales. in: Personality and individual differences 7
Schenk, J. & H.Pfrang (1983) Aspekte des Geschlechtsrollenbildes bei Verheirateten. in: Psychologische Beiträge 25, S.176 - 193
Schenk, J. & H.Pfrang Freundschaftsverhalten Verheirateter. Unveröffentlichte Daten.
Schenk, J., H.Pfrang & M.Textor (1984) Stierlins Familientherapie: ein Vergleich von Theorie und Praxis. in: Partnerberatung 21, S.27 - 42
Schindler, L., K.Hahlweg & D.Revenstorf (1980) Partnerschaftsprobleme: Möglichkeiten zur Bewältigung. Berlin: Springer
Schlesinger, A. (1973) An informal history of love. in: M.E.Lasswell & Th.E.Lasswell (Eds) Love, marriage, family. Glenview. S. 14 - 21
Schlör, J. (1994) Carl R.Rogers - ein pädagogischer Klassiker? Biographische Rekonstruktionen. Dissertationschrift. Würzburg
Schmid, P.F. (1990) Personenzentrierte seelsorgliche Beratung und Begleitung im Einzelgespräch. in: K.Baumgartner & W.Müller (Hrgb) Beraten und Begleiten. Handbuch für das seelsorgliche Gespräch. Freiburg: Herder
Schmid-Tannwald, R. & A.Urdze (1983) Sexualität und Kontrazeption aus der Sicht der Jugendlichen und der Eltern. Stuttgart: Kohlhammer
Schneider, H.-D. (1985) Kommunikation in Organisationen. in: H.Schuler & W.Stehle (Hrsg) Organisationspsychologie und Unternehmenspraxis: Perspektiven der Kooperation. Stuttgart: Verlag für Angewandte Psychologie S. 153 - 161

Schramm, W. (1973) Kommunikationsforschung in den Vereinigten Staaten. in: W.Schramm (Hrsg) Grundfragen der Kommunikationsforschung. München

Schulz v.Thun, F. (1981) Miteinander reden: Störungen und Klärungen. Reinbek: Rowohlt

Schumm, W.R. (1983) Theory and measurement in marital communication training programs. in: Family relations 32

Schwarz, K. (1981) Ehescheidungen in den USA. Zeitschrift für Bevölkerungswissenschaft 7, S. 128

Schwarz, K. (1982) Bericht 1982 über die demographische Lage in der Bundesrepublik Deutschland. in: Zeitschrift für Bevölkerungswissenschaft 8

Schwermer, J. (1981^2) Partnerzentrierte Gesprächsführung. Salzkotten: Meinwerk-Verlag

Seeber, D. (1988) Ehe im Übergang. Herder-Korrespondenz 42, Heft 6 S. 257 - 260

Selman, R.L. & A.P.Selman: Children's ideas about friendship: a new theory. Psychology today 1979, Heft 10 S. 71 ff.

Semmer, N. & M.Pfäfflin (1978) Interaktionstraining. Weinheim: Beltz

Sennett, R. (1983) Verfall und Ende des öffentlichen Lebens. Frankfurt: Fischer

Shaver, Ph. & J. Freedman (1976) Your pursuit of happiness. in: Psychology today. August S. 26, 28-29, 31-32 u.75

Shure, M.B. & G.Spivack (1981) Probleme lösen im Gespräch. Stuttgart: Klett

Skolnick, A. (1985) The paradox of perfection. in: J.M.Henslin: Marriage and family in a changing society. New York: The Free Press S. 59 - 66

Solano, C.H., Ph.G.Batten & E.A.Parish (1982) Loneliness and patterns of self-disclosure. in: Journal of personality and social psychology 43, S.524 - 531

Sommer, G. u.a. (1978) Gemeindepsychologie. in: L.J.Pongratz (Hrgb) Handbuch der Psychologie, Bd.8, 2.Halbband. Göttingen: Hogrefe

Sorge, H. (1972) Verbessserung mitmenschlicher Beziehungen aufgrund von Erfahrungen der Gesprächspsychotherapie. in: P.Rohner (Hrsg) Verständnis für den anderen. München: Pfeiffer S. 67 - 82

Sporr, K.-H. & J. Schenk (1980) Validitätsproblematik klinischer Skalen: Klinische Skalen als methodische Verkürzung sozialer Prozeße. Zeitschrift für Klinische Psychologie 9, S. 129 - 139

Sprenkle, D. & D.H.Olson (1978) Circumplex model of marital systems. in: Journal of Marriage and Family Counseling 4, S. 59 - 74

Steinmann, A.. & D.J. Fox (1966) Male - female perceptions of the female role in the United States. in: Journal of psychology 64

Sternberg, R.J. (1988) Triangulating love. in:Sternberg, R.J. & M.L.Barnes (Eds) The psychology of love. New Haven: Yale University press S. 119 - 138

Sternberg, R.J. & M.L.Barnes (Eds, 1988) The psychology of love. New Haven: Yale University press

Sternberg, R.J. & S.Grajek (1984) The nature of love. in: Journal of personality and social psychology 47

Stierlin, H. (1980^2)Das erste Familiengespräch. Stuttgart: Klett

Stinnett, N. (1985) Strong families. in: J.M.Henslin: Marriage and Family in a changing society. New York: The Free Press S. 304 - 314
Stroebe, W. (1987) The social psychology of interpersonal attraction and partner choice. in: H.Todt (Hrsg) Die Familie als Gegenstand sozialwissenschaftlicher Forschung. S. 47 - 60
Strommen, E.A. (1977) Friendship. in: E.Donelson & J.E.Gullahorn (Eds) Women: a psychological perspective. New York: Wiley S. 154 - 167
Strong, L.D. (1978) Alternative marital and family forms: their relative attractiveness to college students and correlates of willingness to participate in nontraditional forms. in: Journal od Marriage and the Family S. 493 - 503
Stuart, R.B. (1980) Helping couples change. New York: Guilford Press
Suls, J. & Ch.Marco (1991) The self. in: R.M.Barron & W.G.Graziano (Eds) Social psychology. Fort Worth: Holt, Rinehart & Winston S. 68 - 107
Swensen, C.H. & F.Gilner (1964) Factor analysis of self-report statements of love relationships. in: Journal of individual psychology 20
Tausch, R.: Gesprächspsychotherapie. Göttingen: Hogrefe. zitiert nach der sechsten Auflage 1974
Tausch, R.& A.Tausch: Personenzentrierte Gesprächspsychotherapie. in: L.J.Pongratz (Hrsgb,1978) Handbuch der Psychologie; Bd.8: Klinische Psychologie, 2.Halbband. Göttingen: Hogrefe S. 1911 - 1954
Tavris, C. & C.Offir (1977) The longest war. New York: Harcourt Brace Jovanovich
Taylor, D.A, & F.Z.Belgrave (1986) The effects of perceived intimacy and valence on self-disclosure reciprocity. in: Personality and Social Psychology Bulletin 12, S. 247 - 255
Taylor, D.A. & F.Z.Belgrave (1986) The effects of perceived intimacy and valence on self-disclosure reciprocity. in: Personality and social psychology bulletin 12, S.47 - 255
Taylor, D., I.Altman & R.Sorrentino (1969) Interpersonal exchange as a function of rewards and costs and situational factors. in: Journal of experimental social psychology 5
Thielen, H. Verstrickende Partnerschaft. Video-Band aus der Reihe "Psychologie der Gesprächsführung", Hrgb: A. Vukovich. Medienprojekt im Auftrag der Bayerischen Landesuniversitäten o.D.
Thurmaier, F., J.Engl, V.Eckert & K.Hahlweg (1993) Ehevorbereitung - Ein partnerschaftliches Lernprogramm. EPL. München: Ehrenwirth
Tolstedt, B.E. & J.P.Stokes (1984) Self-disclosure, intimacy and the depenetration process. in: Journal of personality and social psychology 46, S.84 - 90
Tomlinson, T.M. & R.E. Whitney (1970) Values and Strategy in Client-Centered Therapy: A Means to an End. in: J.T.Hart & T.M.Tomlinson (Eds) New Directions in Client-Centered Therapy. New York
Tubbs, St.L. & J.W.Baird (1976) The open person. Columbus: Merrill

Twentyman, C.T. & R.T. Zimering (1979) Behavioral training of social skills: a critical review. in: M.Hersen, R.M.Eisler & P.M.Miller (Eds) Progress in behavior modification. Vol.7. New York: Academic press

Veroff, J.B. (1981) The dynamics of help-seeking in men and women: a national survey study. in: Psychiatry 44

Veroff, J.B., E.Douvan & R.A.Kulka (1981) The inner American. New York: Basic books

Vogler, K. & P.Ebersole (1981) Adults' meaning in Life. in: Psychological Reports 49, S. 87 - 90

Wampler, K.S. (1982) The effectiveness of the MCCP. A review of research. in: Journal of marital and family therapy 8

Waring, E.M. & G.J.Chelune (1983) Marital intimacy and self-disclosure. in: Journal of clinical psychology 39, S. 183 - 190

Waring, E.M., M.P.Tillman, L.Frelick, L.Russell & G.Weise (1980) Concepts of intimacy in the general population. in: Journal of nervous and mental disease 168,

Watzlawick, P. u.a. (1974) Lösungen. Bern: Huber

Watzlawick P., J.H. Beaven & Jackson (1969) Menschliche Kommunikation. Bern: Huber

Waugh, E. (1950) Tod in Hollywood. Zürich: Verlag Schifferli

Weber, W. (1975) Wege zum helfenden Gespräch. München

Weisbach, Ch.R. (1987) Ihr sollt nicht zuviel fragen. in "Die Zeit" 30.1. 1987

Wessels, M.G. (1982) Cognitive psychology. New York: Harper & Row

Wheeler, L., H.Reis & J.Nezlek (1983) Loneliness, social interaction and sex roles. in: Journal of personality and social psychology 45, S.943 - 953

Wilson, J.D. (1987) A Reader's Guide to the Short Stories of Mark Twain. Boston: Hall & Co.

Witkin, S.L., J.L.Edelson, S.D.Rose & J.A.Hall (1983) Group training in marital communication: a comparative study. in: Journal of marriage and the family 45,

Wolpe, J. (1958) Psychotherapy by reciprocal inhibition. Stanford: Stanford University Press

Worthy, M., A.L.Gary & G.M.Kahn (1969) Self-disclosure as an exchange process. in: Journal of personality and social psychology 13

Young, C.E., D.E.Gilesa & M.C.Plantz (1982) Natural networks: help-giving and help-seeking in two rural communities. in: American journal of community 10, S. 457 - 469

Zaretsky, E. (1973) Capitalism, the family, and personal life. New York: Harper Colophon Books

Zeitlupe: Man kann unterschiedlich miteinander umgehen. Zeitlupe Nr. 14

Zimmer, D., K.Raschert & M.Weinert (1978) Manual zum Fragebogen Kommunikation in der Partnerschaft (KIP). Materialien Nr.12 der DGVT e.V., Tübingen

Zucha, R.D. & S.D.Schlick (1983) Rede- und Verhandlungstraining. in: Zeitschrift für Sozialpsychologie und Gruppendynamik 8

Zweig, S.: Die Augen des ewigen Bruders. 1922. Nachdruck in: St.Zweig: Legenden. Berlin: Deutsche Buch-Gemeinschaft 1962